HISTOIRE
DES GUERRES CIVILES
DE LA
RÉPUBLIQUE ROMAINE.

TOME TROISIÈME.

HISTOIRE

DES GUERRES CIVILES

DE LA

RÉPUBLIQUE ROMAINE,

TRADUITE

DU TEXTE GREC D'APPIEN D'ALEXANDRIE

PAR J. J. COMBES-DOUNOUS,

Ex-législateur, et membre de quelques sociétés littéraires.

Hæc et apud seras gentes, populosque nepotum,
Sive suâ tantùm venient in sæcula famâ,
Sive aliquid magnis nostri quoque cura laboris
Nominibus prodesse potest : cùm bella legentur,
Spesque, metusque simul, perituraque vota, movebunt.
(LUCAN. Lib. VII, v. 207 et seq.)

TOME TROISIÈME.

PARIS,

DE L'IMPRIMERIE DES FRÈRES MAME,

rue du Pot-de-Fer, n°. 14.

1808.

HISTOIRE
DES GUERRES CIVILES
DE LA
RÉPUBLIQUE ROMAINE.

LIVRE CINQUIÈME.

CHAPITRE I.

Après la mort de Cassius et de Brutus les triumvirs abandonnent les environs de Philippes. Antoine se rend en Asie. Octave reprend le chemin d'Italie; le premier pour amasser de l'argent, le second pour faire les distributions de terres promises aux troupes. Antoine tombe amoureux de Cléopâtre. Cet amour commence par lui susciter une guerre.

I. Après la mort de Cassius et de Brutus, Octave retourna en Italie, et Antoine prit le chemin de l'Asie. Ce fut là que Cléopâtre, reine d'Égypte, se rendit auprès de ce dernier, et le subjugua dès la première entrevue. Cette passion les perdit l'un et l'autre, et toute l'Égypte avec eux. Une partie de ce livre contiendra donc quelques détails sur l'histoire d'Égypte;

Ans de Rome. 712.

mais non pas en assez grand nombre pour mériter d'en prendre le titre, parcequ'il en contiendra de bien plus étendus sur la suite des guerres civiles; car après Cassius et Brutus, il y eut d'autres guerres du même genre. A la vérité, elles ne furent point dirigées par un chef unique, comme elles l'avoient été auparavant. Ce ne furent que des guerres partielles, jusqu'à ce que Sextus Pompée, le plus jeune des fils de Pompée le Grand, dernier soutien du parti de son père, eut péri, après Brutus (1), et que Lépidus eut été dépouillé de sa place dans le triumvirat. Alors tout l'empire romain ne se trouva plus partagé qu'entre Antoine et Octave. Voici les détails de chacun de ces évènements.

II. Cassius, surnommé Parmésius (2), avoit été laissé, par Cassius et Brutus, en Asie, avec des vaisseaux et des troupes, pour recevoir de l'argent. Après la mort de Cassius, ne craignant pas que Brutus fît la même fin tragique, il choisit trente des vaisseaux des Rhodiens, qu'il se crut en état d'équiper, et incendia tous les autres, à l'exception du vaisseau sacré, pour empêcher que les Rhodiens ne fussent en mesure de se révolter. Après cette opération, il quitta Rhodes suivi de ces trente vaisseaux et de sa propre flotte. Clodius, que Brutus avoit envoyé dans cette même île avec treize vaisseaux, trouva les Rhodiens en révolte, car le bruit de la mort de Brutus étoit déjà venu jusqu'à eux; il en retira la garnison, qui étoit de trois mille hommes, et alla joindre Parmésius. Turulius, qui avoit également sous ses ordres beaucoup de vaisseaux, et qui avoit à sa disposition l'argent qu'il avoit antérieurement reçu à Rhodes, se rendit aussi auprès d'eux. A cette flotte, qui présentoit déjà un aspect imposant, vinrent se réunir tous les chefs qui se trouvoient répandus en Asie pour diverses destinations; on l'équipoit autant que possible de légionnaires. On prenoit pour rameurs des esclaves, des prisonniers dont on avoit rompu les fers, et même des insulaires fournis par les îles que l'on parcouroit. Auprès de ces chefs, se rendirent également Cicéron le fils, et tous ceux des grands personnages qui s'étoient sauvés de l'île de Thase. Il y eut bientôt beaucoup de monde. Cette réunion de chefs, de troupes, de vaisseaux, avoit déjà de l'importance. Elle fut accrue par l'arrivée de Lépidus, qui, à la tête d'un autre corps de troupes, avoit soumis l'île de Crète à Brutus. On fit voile vers la mer d'Ionie, où Murcus et Domitius Ænobarbus commandoient des forces considérables. Alors les uns suivirent Murcus en Sicile, et joignirent leurs forces à celles de Pompée. Les autres restèrent auprès d'Ænobarbus, et firent bande à part (3). Ce fut ainsi que se rallièrent d'abord les débris des deux armées de Cassius et de Brutus.

III. De leur côté, Antoine et Octave célébrèrent de pompeux sacrifices en l'honneur de la victoire qu'ils venoient de remporter à Philippes. Ils haranguèrent leurs troupes, et firent l'éloge de leur valeur. Ils songèrent à accomplir les brillantes promesses qu'ils leur avoient faites. Octave se rendit en Italie pour leur distribuer les terres assignées, et organiser les colonies. Il se chargea de cette fonction, de préférence, à raison de sa mauvaise santé. Antoine alla parcourir les provinces asiatiques, pour y ramasser l'argent qu'ils avoient promis à l'armée. Ils renouvelèrent entre eux le partage de provinces qu'ils avoient déjà fait, et ils y comprirent celles qui avoient composé le lot de Lépidus (4). Octave fut d'avis de rendre l'indépendance à la Gaule cisalpine, ainsi que César son père l'avoit projeté. Quant à Lépidus, on leur avoit appris qu'il trahissoit les intérêts du triumvirat au profit de Pompée (5), et il fut réglé que, s'il résultoit des renseignements qu'Octave prendroit à cet égard que ce n'étoit qu'une calomnie (6), on donneroit à Lépidus d'autres provinces. Ils licencièrent tous ceux de leurs soldats qui avoient achevé leur temps de service, à l'exception de huit mille qui leur demandèrent de servir encore, ce qui leur fut accordé; et en conséquence, ils les distribuèrent en cohortes prétoriennes. Il leur resta, en y comprenant les troupes de l'armée de Brutus qui s'étoient rangées de leur côté, onze légions en infanterie et quatorze mille hommes de cavalerie. Antoine eut pour sa part, à cause de la campagne qu'il alloit faire, six légions et dix mille chevaux. Octave eut pour lui cinq légions et le reste de la cavalerie. Il céda ensuite deux de ses légions à Antoine, à la charge de prendre en compensation deux des légions qu'Antoine avoit laissées en Italie sous les ordres de Calénus. Cela fait (7), Octave se mit en route pour aller traverser la mer d'Ionie.

IV. Antoine, de son côté, se rendit à Éphèse. Il

offrit de magnifiques sacrifices à Diane. Tous ceux des Romains qui étoient venus chercher un asile dans cette cité, après la catastrophe de Brutus et de Cassius, et qui vinrent se jeter à ses pieds au milieu du temple, il leur fit grace, à l'exception de Pétronius, qui avoit été un des complices de la mort de César, et de Quintus, qui, à Laodicée, avoit trahi Dolabella au profit de Cassius. Ayant réuni, et les chefs des Grecs de cette contrée, et les députés des peuples de l'Asie qui habitent Pergame et ses environs, envoyés pour négocier avec lui, et d'autres qu'il fit appeler, il leur tint le discours suivant : « Peuples
« grecs, Attalus, votre roi, vous a légués à nous par
« son testament, et soudain votre condition en est
« devenue meilleure ; car nous vous avons affranchis
« des contributions que vous vous étiez obligés de
« payer à Attalus, jusqu'à l'époque où les troubles
« publics qui nous ont agités nous ont rendu ces
« contributions nécessaires; et lors même qu'elles
« furent commandées par le besoin, nous ne les éta-
« blîmes point sur la base d'une appréciation déter-
« minée, ce qui nous auroit procuré une perception
« exempte de toutes chances. Nous nous contentâ-
« mes de vous demander une quote part de vos
« denrées de toute espèce, ce qui nous faisoit parta-
« ger avec vous les contrariétés des produits. Lorsque
« les publicains qui avoient affermé ces contribu-
« tions, sous l'autorité du sénat, exercèrent contre
« vous des exactions, en demandant plus qu'il n'étoit
« dû, César vous fit remise du tiers de ce que vous
« aviez à leur payer, et vous mit à couvert de toutes

« vexations ultérieures; car ce fut à vous qu'il confia
« le soin de percevoir les contributions chez les culti-
« vateurs eux-mêmes. Or, c'est à lui, c'est à César que
« ces hommes vertueux, nos concitoyens, ont donné
« le nom de tyran; et cependant c'est à ces hommes
« vertueux eux-mêmes que vous avez fourni d'abon-
« dantes contributions d'argent, eux qui avoient
« égorgé votre bienfaiteur; et en cela, vous leur
« avez aidé à nous combattre, nous, qui n'avions
« pris les armes que pour le venger.

V. « Maintenant que la fortune, dans sa justice,
« a décidé du sort de la guerre, non comme vous le
« désiriez, mais comme le réclamoit l'équité, si nous
« devions vous traiter comme les auxiliaires de nos
« ennemis, notre bras vengeur devroit s'étendre sur
« vous. Mais, spontanément convaincus que nous
« sommes que vous n'avez fait que céder à l'empire
« de la nécessité, nous vous faisons grace de la rigueur
« de nos châtiments. Cependant il nous faut de
« l'argent, des terres, des villes, pour distribuer à
« notre armée les récompenses dues à son courage.
« Nous avons à gratifier vingt-huit légions d'infan-
« terie, qui, en y comprenant les suppléments, for-
« ment un total de plus de cent soixante et dix mille
« hommes : encore dans ce nombre ne faisons-nous
« pas entrer la cavalerie, et les autres troupes. Cette
« multitude de soldats peut vous faire juger de tout
« ce qui nous est nécessaire pour l'étendue de nos
« besoins. Octave se rend en ce moment en Italie,
« pour distribuer les terres et les villes; et s'il faut
« dire réellement ce qui en est, il va faire passer toutes

« les propriétés de l'Italie dans d'autres mains (8).
« Quant à vous, afin que vous ne soyez dépouillés
« ni de vos terres, ni de vos villes, ni de vos mai-
« sons, ni de vos temples, ni de vos tombeaux, nous
« vous avons réservés pour les contributions en ar-
« gent, non pour la totalité, car cela vous seroit
« impossible, mais seulement pour une partie, pour
« une très petite partie, que vous ne trouverez point
« exorbitante lorsque nous l'aurons déterminée.
« Ce que vous avez fourni à nos ennemis en deux
« années, savoir, vos contributions d'environ dix
« ans, nous nous contenterons de le recevoir, mais
« dans une seule année; car nos besoins sont urgents.
« Sensibles à tant d'indulgence de notre part, vous
« nous dispenserez d'ajouter que notre demande
« n'est proportionnée à rien de ce que vous avez fait
« contre nous. »

VI. C'est ainsi que parla Antoine. Il ne fit mention que de vingt-huit légions d'infanterie à récompenser, quoique les triumvirs en eussent, je crois, quarante-trois lorsqu'ils traitèrent ensemble à Modène, et qu'ils leur promirent ces récompenses. Mais il est probable que la guerre les avoit par degrés réduites à ce nombre. Quant aux Grecs, Antoine parloit encore, qu'ils s'étoient eux-mêmes jetés à terre, alléguant que la contrainte et la violence que Brutus et Cassius avoient exercées contre eux étoient dignes, non de châtiment, mais de commisération; qu'ils étoient spontanément disposés à fournir des secours à leurs bienfaiteurs; mais qu'il ne leur avoit été rien laissé par les ennemis, auxquels ils avoient livré non seulement tout leur argent, mais encore tous leurs ornements, tous leurs meubles de prix, au défaut d'argent, objets que les ennemis avoient fait monnoyer eux-mêmes. A force de supplications, ils finirent par obtenir de ne payer que les tributs de neuf années, en deux ans de temps. Les rois, les princes, les villes libres, furent taxés d'ailleurs chacun selon ses facultés.

VII. Pendant qu'Antoine parcourut ces provinces, Lucius, le frère de Cassius, et tous ceux qui avoient des raisons de redouter sa vengeance, instruits des exemples de clémence qu'il avoit donnés à Éphèse, vinrent vers lui en suppliants. Il leur fit grace à tous, à l'exception de ceux qui avoient trempé dans la conjuration contre César. Ils furent les seuls contre lesquels il se montra inexorable. Il consola les villes, celles sur-tout qui avoient le plus souffert. Il exempta les Lyciens de toute contribution; il engagea les Xanthiens à reconstruire leur ville; il rendit aux Rhodiens Andros (9), Tenos (10), Naxos (11) et Myndes (12), possessions dont ils furent dépouillés peu de temps après, à cause de la dureté avec laquelle ils les administroient. Il rendit la liberté aux habitants de Laodicée et de Tarse, et les affranchit de toute contribution. Par un édit formel, il délivra de la servitude ceux des habitants de ces villes qui avoient été vendus comme esclaves. Aux Athéniens, qui lui envoyèrent une députation, il leur donna en échange de Tenos, Égine, Icon (13), Céos (14), Skiatos (15) et Péparethos (16). En parcourant la Phrygie, la Mysie, la Gallogrèce, la Cappadoce, la

Cilicie, la Cœlésyrie, la Palestine, l'Iturie, et toutes les autres provinces de Syrie, il leur imposa à toutes d'énormes tributs. Chemin faisant, il s'interposa comme arbitre entre les rois et les cités. Dans la Cappadoce, par exemple, il prononça entre Ariarathe et Sisinna, et ce fut à ce dernier qu'il adjugea la couronne, parcequ'il avoit été frappé de l'extrême beauté de Glaphyra sa mère (17). En Syrie, il chassa des villes tous ceux qui y avoient usurpé la tyrannie (18).

VIII. Il étoit dans la Cilicie, lorsque Cléopâtre se rendit auprès de lui. Il lui fit des reproches de ce qu'elle n'avoit pris aucune part à une guerre entreprise pour venger César. Elle entra, pour se justifier, dans le détail de tout ce qu'elle avoit fait. Elle lui dit qu'aussitôt qu'elle avoit été informée de cette guerre, elle s'étoit empressée d'envoyer à Dolabella les quatre légions qu'elle avoit en Égypte ; qu'après avoir disposé une nouvelle expédition, elle avoit été empêchée de la faire partir par la contrariété des vents et par la défaite précipitée de Dolabella. Elle lui dit que, quoique Cassius lui eût fait faire deux fois de grandes menaces, elle avoit constamment refusé de marcher à son secours ; et que, pendant qu'Octave et lui faisoient le trajet de la mer d'Ionie, elle avoit mis à la voile, avec une flotte nombreuse, et une grande quantité de munitions de guerre, sans craindre Cassius, sans chercher même à éviter Murcus qui tenoit la mer ; mais qu'une tempête avoit saccagé sa flotte, et lui avoit causé à elle-même une sérieuse maladie, dont les suites ne lui avoient pas permis de s'embarquer de nouveau, à l'époque où elle apprit la nouvelle de leur triomphe. Antoine, étonné de son esprit (19) autant que de sa beauté, en devint sur-le-champ amoureux comme un jeune homme, quoiqu'il eût atteint alors sa quarantième année. On rapporte, d'ailleurs, qu'il avoit toujours eu beaucoup de penchant pour les passions de ce genre, et qu'antérieurement, pendant que Cléopâtre étoit encore dans son enfance, il avoit jeté sur elle des regards de concupiscence, dans le temps qu'il commandoit un corps de cavalerie, à Alexandrie, sous les ordres de Gabinius.

IX. Dès ce moment, Antoine cessa tout à coup de s'occuper de ses plus grands intérêts. Il fit exécuter toutes les volontés de Cléopâtre, sans aucun respect pour les lois divines et humaines. Sa sœur Arsinoë avoit cherché un asile à Milet, dans le temple de Diane *Leucophryne* (20). Antoine envoya des satellites pour la faire égorger. Sérapion, qui commandoit pour elle dans l'île de Cypre, et qui avoit fourni des secours à Cassius, s'étoit également réfugié dans un asile à Tyr. Les Tyriens eurent ordre de livrer Sérapion à Cléopâtre. Un imposteur, qui se donnoit pour Ptolémée, frère de Cléopâtre, lequel avoit disparu au milieu de la bataille navale que César lui livra sur les eaux du Nil, s'étoit aussi retiré dans un asile chez les Aradiens (21). Les Aradiens reçurent l'ordre de mettre ce prétendu Ptolémée entre les mains de Cléopâtre. Elle demanda également qu'on lui amenât le prêtre du temple de Diane à Éphèse, distingué par le nom de Mégabyze (22),

et qui avoit fait antérieurement à Arsinoë un ac- Ans
cueil de reine. Mais les Éphésiens ayant fait pré- Rome.
senter des supplications à cet égard à Cléopâtre, ce 713.
prêtre leur fut rendu. Telle fut la révolution subite
qui s'opéra chez Antoine. Cette passion devint l'origine et le terme des malheurs qu'il éprouva depuis.
Après que Cléopâtre se fut embarquée pour retourner
dans ses états, Antoine envoya sa cavalerie contre
la ville de Palmyre, sur les bords de l'Euphrate,
pour la mettre au pillage, quoiqu'il n'eût que peu
de chose à reprocher à ses habitants; savoir, que,
placés sur les confins des provinces romaines, et des
Parthes, ils avoient l'adresse de se ménager également entre les Parthes et les Romains.; car les habitants de Palmyre étoient adonnés au commerce. Ils
faisoient venir par la Perse les produits de l'Inde et
de l'Arabie, et les répandoient dans les pays soumis
aux Romains. La véritable intention d'Antoine étoit
de gorger sa cavalerie de butin; mais les habitants
ayant été prévenus, transportèrent tout ce qu'ils
avoient de plus précieux au-delà de l'Euphrate; ils
se rangèrent sur le rivage, armés de flèches, espèce
d'arme dans le maniement de laquelle ils sont supérieurs, et ils attendirent l'ennemi. La cavalerie
d'Antoine trouva la ville déserte à son arrivée; elle
s'en retourna, sans tenter de passer le fleuve, et sans
rien enlever.

X. Il paroît que ce fut cette conduite d'Antoine
envers la ville de Palmyre qui alluma la guerre
qu'il eut à soutenir peu de temps après contre les
Parthes, chez lesquels s'étoient réfugiés les tyrans

qu'il avoit chassés de Syrie. Cette région avoit été gouvernée par des rois, depuis Antiochus le Pieux, et Antiochus son fils, jusqu'aux descendants de Séleucus Nicator, ainsi que je l'ai raconté dans cette partie de mon histoire. Pompée s'en étant emparé au nom du peuple romain, en confia le gouvernement à Scaurus. Le sénat donna à Scaurus des successeurs, et entre autres Gabinius, qui avoit fait la guerre à Alexandrie, ensuite Crassus, qui périt dans le pays des Parthes, et enfin Bibulus après Crassus. A l'époque de la mort de César, et des troubles qui l'accompagnèrent, l'autorité fut envahie dans les principales villes de la Syrie par des tyrans dont la conduite fut appuyée par les Parthes; car après la catastrophe de Crassus, les Parthes entrèrent dans la Syrie, et secondèrent les projets ambitieux des tyrans en question. Chassés par Antoine, ces usurpateurs se réfugièrent chez les Parthes. Antoine, d'un autre côté, imposa aux peuples de cette région des tributs singulièrement onéreux. Il se permit l'acte d'iniquité dont je viens de parler contre les habitants de Palmyre; et sans attendre que le calme eût été rétabli dans ces pays agités, il y distribua son armée en quartiers d'hiver, et il alla joindre Cléopâtre en Égypte.

XI. Cléopâtre le reçut avec beaucoup de magnificence. Il passa l'hiver à Alexandrie, séparé de tous les signes extérieurs de sa puissance, vêtu comme un simple particulier, et vivant en homme privé, soit parcequ'il étoit dans un pays de domination étrangère, et dans une ville soumise à une autorité royale, soit qu'il regardât son quartier d'hiver comme un temps de fêtes; car il écarta tout soin des affaires. Il ne voulut point recevoir les visites de ses lieutenants. A sa robe romaine, il substitua une robe carrée à la grecque; il prit pour chaussure un brodequin blanc, à la mode d'Athènes, brodequin à l'usage des prêtres athéniens et des prêtres d'Alexandrie, qui porte le nom de *Phœcasion*. Il ne sortit que pour se rendre dans les temples, dans les gymnases, et dans les lieux de rendez-vous des philologues (23). Il ne fréquenta guère que des Grecs (24), et tout cela pour faire sa cour à Cléopâtre, à laquelle il voulut que son séjour à Alexandrie parût absolument consacré. Telle étoit la conduite d'Antoine en Égypte.

NOTES.

(1) Je soupçonne de deux choses l'une, ou qu'il y a ici une faute de typographie dans le texte de Schweighæuser, ou une altération réelle dans le texte grec. Λοιπὸς ὤν ἐπὶ τῆσδε τῆς ϛάσεως, τοῖς ἀμφὶ τὸν Βροῦτον ἐπανῃρέθη. Je crois que la préposition ἐπὶ, dans cette leçon, est mal placée, et qu'il faut λοιπὸς ὤν τῆσδε τῆς ϛάσεως, ἐπὶ τοῖς ἀμφὶ τὸν Βροῦτον ἐπανῃρέθη; ou bien si la proposition ἐπὶ reste à sa place, on peut en effet supposer qu'elle est là pour régir le génitif qui la suit, il est alors évident que le texte est tronqué, et qu'il faut lire, λοιπὸς ὤν ἐπὶ τῆσδε τῆς ϛάσεως, ὁμοίως τοῖς ἀμφὶ τὸν Βροῦτον ἐπανῃρέθη, ou quelque autre équivalent d'ὁμοίως; mais entre ces deux leçons, je donnerois la préférence à la première.

(2) Il faut lire *Cassius Parmensis*. C'est celui des assassins de César dont Paterculus place la mort à l'époque de la bataille d'Actium, et qui, selon cet historien, périt le dernier de tous. *Ultimus autem ex interfectoribus Cæsaris Parmensis Cassius morte pœnas dedit, ut dederat Trebonius.* Lib. II, c. 87. Ces dernier mots, *pœnas dedit ut dederat Trebonius*, donnent lieu de penser qu'Octave traita Cassius Parmensis comme Dolabella avoit traité Trébonius. Voyez ci-dessus note 17, chap. XIV.

(3) Καὶ τὴν αἵρεσιν ἐφ' ἑαυτῶν καθίϛαντο. Schweighæuser a rendu ces mots par *propriam factionem constituit*.

(4) Dion Cassius rapporte en effet qu'Antoine et Octave s'élevèrent au-dessus de Lépidus immédiatement après la bataille de Philippes, et il ajoute que ce nouvel arrangement devoit amener bientôt la guerre entre ces deux chefs de « l'empire romain. « Il étoit difficile, dit cet historien, que « trois hommes, ou même deux, élevés au même degré « d'une puissance qui n'étoit que l'ouvrage des armes, pus- « sent vivre long-temps en bonne intelligence. » Dion Cassius, liv. XLVIII, au commencement.

(5) On remarquera que j'ai suivi la judicieuse conjecture de Schweighæuser, qui dit. τὰ παρ' αὐτῶν πομπηΐῳ *videtur legendum.* Ce qui prouve la justesse de cette correction, c'est qu'à la fin de la page suivante, l'on trouve le même verbe προδιδόναι avec les deux mêmes régimes, l'accusatif et le datif, προδόντος ἐν Λαοδικείᾳ Κασσίῳ Δολαβέλλαν.

(6) Dion Cassius ne dit rien de cette perfidie présumée de Lépidus. Il rapporte seulement qu'Octave et Antoine separtagèrent l'Ibérie, la Numidie, la Gaule et l'Afrique; qu'Octave eut pour sa part les deux premières provinces, qu'Antoine eut les deux autres, et qu'il fut convenu qu'en cas de réclamation de la part de Lépidus, Antoine lui abandonneroit l'Afrique. *Ibidem.*

(7) Antoine et Octave traitèrent ensemble avec tant de bonne foi, ils avoient l'un en l'autre tant de confiance, qu'après avoir tout réglé entre eux, ils rédigèrent leurs conventions en double, ils y apposèrent respectivement leurs sceaux, afin de pouvoir s'accuser et se convaincre respectivement, en cas de contestation. *Hæc ita inter se composita conscriptaque et consignata, alter ab altero accepit, ut uter eorum conventis non stetisset, is ex syngraphâ convinci posset.* Dio. Cass. Lib. XLVIII, *initio.*

(8) *Faire passer toutes les propriétés de l'Italie dans d'autres mains !* Sylla d'abord, et César ensuite, avoient fait, comme on l'a déjà vu, de ces spoliations arbitraires des citoyens au profit de leurs adhérents, une des bases fondamentales de leur domination; mais ils n'avoient usé de ces mesures violentes qu'avec divers tempéraments, selon les lieux et les personnes. Les triumvirs sentoient le besoin de renchérir sur les exemples politiques de César et de Sylla, parcequ'ils renchérissoient sur leur audace et leur ambition. Ce n'est donc pas sans raison que nous lisons dans Dion Cassius le tableau des transes affreuses, des terreurs de tout genre avec lesquelles on reçut à Rome les nouvelles de l'approche et de l'arrivée d'Octave. Parmi les bruits que l'on fit courir à ce sujet, on répandit celui de sa mort, qui faisoit

plaisir à beaucoup de monde. *Inter alios rumores is quoque spargebatur, diem eum suum obiisse, eratque id multis voluptati.* On pensoit qu'il ne s'avançoit lentement que parcequ'il étoit occupé à méditer les plans de ses fureurs et de ses vengeances. *Existimantes non tàm infirmitate detentum, quàm mali aliquid molientem moras nectere.* Les terreurs allèrent au point que plusieurs individus, désespérant de tout moyen de salut, se préparèrent à mourir. Ceux qui conservoient quelque sécurité étoient en fort petit nombre: *Plerique in tantum pavorem devenerant ut cùm nullas inire suæ salutis rationes possent, interitui sese omninò pararent : paucissimi erant qui animo essent bono.* Dio. Cass. lib. XLVIII, *init.*

(9) Andros étoit une des Cyclades. Elle fut ainsi nommée d'Andros, fils d'Eurymaque ou du frère d'Anius, qui fut le père des Œnotropes. *Voy.* Etienne de Byzance. Elle étoit à une petite distance de la pointe australe de l'Eubée, et très voisine de l'île de Tenos. *Voyez* Cellarius, lib. II, cap. 14, 139.

(10) Selon Pline, Tenos n'étoit éloignée d'Andros que d'environ mille pas. C'étoit aussi une des Cyclades. Selon Etienne de Byzance, elle avoit eu deux autres noms; le premier, Hydrusse, à cause de la multitude et de l'abondance de ses fontaines ; le second, Ophiusse, parcequ'on y trouvoit beaucoup de serpents. Athénée, dans le second livre de ses Dypnosophistes, prétend que l'eau d'une des fontaines de cette île avoit cette propriété singulièrement remarquable, c'étoit de ne pas se mélanger avec le vin.

(11) C'étoit encore une des Cyclades, fameuse sous plusieurs rapports. On varie sur l'origine de son nom. Euphorion, entre autres, prétend qu'elle étoit aussi nommée d'un mot grec νάξαι, qui signifie *sacrifier* selon quelques interprètes. Cette étymologie supposeroit que les habitants de cette île étoient singulièrement religieux. Selon Asclépiade, les femmes de l'île de Naxos étoient les seules qui eussent la prérogative d'accoucher le huitième mois de leur gros-

sesse, soit qu'elles en fussent redevables à Junon, lorsqu'elle se fut liée d'amitié avec Bacchus, soit qu'elles en eussent obligation à Bacchus lui-même, en considération de ce qu'il étoit venu au monde le huitième mois. *Voy.* Étienne de Byzance.

(12) Myndes étoit une ville sur les côtes de la Carie, dans le voisinage l'Halicarnasse. Voyez Cellarius, *liv. III*, c. 3, 116.

(13) Selon Étienne de Byzance, c'étoit une des Cyclades des plus voisines de l'Eubée. Strabon, Tite-Live et Scylax en font mention.

(14) Céos étoit une île de la mer Égée. Témoin ce vers pentamètre d'Ovide.

Cingitur Ægæo nomine Cea mari.

C'étoit dans son sein que le célèbre Simonide avoit reçu le jour. Voyez Cellarius, *liv. II*, c. 14, 141. C'est dommage que l'article qui concerne cette île, chez Étienne de Byzance, ait été enveloppé dans une lacune de cet auteur.

(15) Suivant le Scholiaste d'Apollonius Rhodius, Skiathos étoit une petite île de la mer de Thessalie, voisine de l'Eubée. Voyez Étienne de Byzance et Cellarius, *liv. II*, c. 14, n. 161.

(16) C'étoit une des Cyclades, avec une ville de même nom. Il paroît qu'elle avoit anciennement été appelée *Euœnos*, à cause de la supériorité de son vin. Pline l'ancien rapporte, dans son quatorzième livre, chap. VII, à la fin, que le médecin Apollodore, dans la nomenclature des bons vins dont il avoit conseillé au roi Ptolémée de s'abreuver, avoit compris le vin de Péparèthe, qui n'avoit un peu moins de réputation que les autres par lui indiqués, que parcequ'il n'étoit potable qu'au bout de six ans.

(17) Il est probable que Sisinna, instruit par les amours d'Antoine et de Cléopâtre, de l'empire que les charmes du beau sexe avoient sur cet arbitre du destin des nations,

comprit que la beauté de sa mère étoit le meilleur argument à opposer aux prétentions d'Ariarathe, et qu'il la mena avec lui pour qu'elle lui aidât à plaider sa cause devant le tribunal d'Antoine. On se rappelle qu'à Rome une belle femme sauva la vie à son époux, mis au nombre des proscrits, en accordant ses faveurs à ce triumvir.

(18) N'est-il pas curieux de voir Antoine, revêtu du triumvirat, magistrature tyrannique élevée sur les débris de la liberté romaine, devenir chez les barbares l'exterminateur des tyrans. Cela rappelle ces beaux vers de Juvénal, où ce poëte peint avec tant d'énergie un contraste de ce genre.

« *Quis tulerit Gracchos de seditione querentes*,
« *Quis cœlum terris non misceat et mare cœlo*,
« *Si fur displiceat Verri, homicida Miloni*,
« *Clodius accuset mæchos, Catilina, Cethegum.*

D'ailleurs, il ne faut pas être la dupe de cette conduite d'Antoine : ce n'étoit pas pour rendre leur indépendance aux villes de la Syrie, qu'il donna la chasse aux usurpateurs qui s'en étoient emparés. C'étoit pour les faire repasser sous une servitude pire que la première, puisque c'étoit sous la sienne.

(19) Schweighæuser a remarqué sur ces mots du texte ἐπὶ τῇ ὄψει τὴν σύνεσιν καταπλαγείς, que Geslen n'en avoit pas bien saisi le sens en traduisant *ex aspectu mentem saucius*. Desmares s'y est trompé pour avoir aveuglément suivi Geslen. Il auroit mieux fait s'il eût pris, dans ce passage, Claude de Seyssel pour guide. Ce dernier traducteur a en effet rendu le vrai sens du grec, en traduisant, « Antoine voyant la beauté de la royne, et considérant « sa prudence, etc. »

(20) Strabon, dans son quatorzième livre, page 445, de l'édition d'Isaac Casaubon, fait mention d'un temple consacré à *Diane Leucophryne* dans la ville de l'ancienne Æolie, qui avoit pris la place de la ville de Magnésie, et qui, selon

Xylander, est la ville de Smyrne. *In eâ quæ hodiè est Smyrna, fanum Dianæ Leucophrynés*. Cet historien géographe ajoute que ce temple de *Diane Leucophryne* le cédoit à celui que la même déesse avoit à Ephèse, par sa grandeur et par la multitude de ses offrandes ; mais qu'il étoit d'une architecture bien plus régulière et plus riche d'ornements. Strabon ne dit rien d'ailleurs de l'étymologie de ce surnom de cette déesse. Celle qu'on trouve hasardée dans l'Encyclopédie par ordre de matières, tome III, part. II *des Antiquités*, sous le mot *Leucophryne*, est une véritable dérision. « Leucophryne, dit l'auteur, surnom que les Ma-
« gnésiens donnoient à Diane, et qui est pris, soit de Leu-
« cophrys, ville d'Asie en Phrygie, sur les bords du Méandre,
« selon Xénophon, soit de Leucophris, ancien nom de l'île
« de Ténédos, où Diane avoit un temple célèbre. » Quoi ! parceque Xénophon, dans le quatrième livre de son histoire grecque, fait mention d'une ville nommée Leucophrys, située dans les plaines arrosées par le Méandre, il s'ensuit, sans autre raison, que c'est de cette ville que Diane a tiré son surnom de *Leucophryne* ? parceque l'ancien nom de l'île de Ténédos a été Leucophrys, selon Etienne de Byzance et selon Strabon, liv. XIII, p. 415, édition de Casaubon, et que Diane y a eu un temple célèbre, c'est de là que dérive, pour cette déesse, le surnom dont il s'agit ? Cette étymologie, j'en conviens, ne m'a pas paru plausible. Le citoyen Johannau, un des hommes de France que je connoisse des plus versés dans la science des étymologies, n'en a pas été plus content que moi, et il a pensé, comme moi, que ce surnom de Diane tiroit son origine du sens littéral des deux radicaux grecs dont il est composé, λευκὸς et ὀφρῦς, ou pour m'exprimer selon les règles de la syntaxe, λευκῆ, ὀφρῦς, *blanc sourcil*. On sait en effet que, dans la mythologie, Diane est la même chose que la lune. Cet astre, dans son croissant, a la forme courbe d'un *sourcil*; et la teinte de blancheur que lui donne la lumière du soleil dans cet aspect, nous la présente réellement sous l'apparence d'un *sourcil*

blanc. De là probablement le surnom de *Leucophryne*. C'étoit en général dans les phénomènes de la nature, comme dans leur véritable source, que les anciens instituteurs religieux puisoient la dénomination des divers objets de leur culte ; et quoi qu'on puisse penser d'ailleurs de cette étymologie du mot Leucophryne, elle a du moins sur l'autre l'avantage de coincider avec le principe que nous venons de poser. Lilius Giraldi fait mention de ce surnom de Diane ; et quoiqu'il soit assez soigneux, d'ailleurs, de donner en pareil cas les étymologies des surnoms des dieux ou des déesses, il n'a rien dit de celui-ci. Il s'est contenté de nous apprendre qu'Ægius, au lieu de *Leucophryne*, avoit imaginé de lire *Leucophryène*. Cette conjecture est digne de cette glose d'Orléans qui a la réputation d'être plus obscure que le texte.

(21) C'étoient les habitants d'une ville nommée *Aradus* par Étienne de Byzance et par Strabon. Elle étoit dans la Méditerranée, en face de la Phénicie, dans le voisinage de Tyr et de Sidon. Sur les côtes étoit une ville célèbre, selon Diodore de Sicile, liv. XVI, nommée Tripolis, à cause que les citoyens qui la peuploient étoient, partie Tyriens, partie Sidoniens, partie Aradiens. Dion Cassius parle de ces derniers, et rapporte qu'ils se révoltèrent contre les agents qu'Antoine leur envoya pour les mettre à contribution, et qu'ils poussèrent les choses jusqu'à en égorger quelques uns. Dion Cassius, *liv. XLVIII*.

(22) Je ne sais à quel propos Seyssel, en parlant de ce prêtre de Diane, donne à entendre qu'il étoit distingué par le nom de Mégabyze, *pour raison d'un long habillement de toile blanche qu'il porte*. Il n'y a rien dans le texte grec à quoi ces mots de sa version correspondent. Schweighæuser a pensé, avec quelque apparence de raison, qu'il étoit ici question d'un de ces prêtres du temple d'Éphèse dont parle Strabon dans son quatorzième livre, pag. 441, édition de Casaubon, et que cet historien nomme Mégalobyzes, Μεγαλοϐύζους. Sur ce pied-là, il faudroit lire dans Appien Με-

NOTES.

γαλοβύζον, au lieu de Μεγαβύζον. Une chose, par exemple, qui mérite d'être remarquée, c'est ce que nous apprend Strabon au sujet de ces prêtres de Diane, savoir, qu'ils étoient *eunuques*. Il y avoit de bonnes raisons pour cela, ainsi qu'on va le voir, c'est que ces prêtres devoient avoir des jeunes personnes pour confrères. C'étoit en effet, on en conviendra, l'unique moyen de s'assurer de la virginité des prêtresses et de la chasteté des prêtres. On croiroit que ce genre de précaution devoit éloigner les novices d'un sacerdoce de cette nature. Pas du tout. Strabon rapporte qu'on attachoit un grand honneur à y être admis. Voici le texte de cet historien. Ἱερέας δ'Εὐνούχους εἶχον, οὓς ἐκάλουν Μεγαλοβύζους, καὶ ἀλλαχόθεν μετιόντας ἀεί τινας ἀξίους τῆς τοιαύτης προςασίας. Καὶ ἦγον ἐν τιμῇ μεγάλῃ· συνιεράσθαι δὲ τούτοις ἐχρῆν παρθένους. A propos de ces prêtres eunuques, les lecteurs qui aiment l'érudition ne seront peut-être pas fâchés de trouver ici un extrait de ce que le docte Walkenaer a laissé en manuscrit dans ses leçons inédites sur les antiquités grecques. *Dodonæi sacerdotes dicti fuêre* τόμουροι. *Sic illos vocat Lycophron in Alexandrâ,* v. 233. *Istum locum tractans Eustathius ad Iliad.* π. p. 1074. τόμουροι, *inquit,* οἱ ἐκεῖ τοῦ Διὸς ὑποφῆται, καὶ τομουραι αἱ μαντεῖαι. *Respicit ibi locum ex Odyss.* π. v. 403. *ubi in vetustissimis codicibus pro* θέμισης *lectum fuisse* τόμουραι *idem Eustathius meminit ad locum Odysseos,* p. 611. *Prostant super hâc appellatione variorum conjecturæ ; è quibus cæteris præstare videtur illa Triglandii dissertationum theologicarum et philologicarum, anno* 1728, *Delphis editarum,* p. 475; *existimat vir doctissimus hâc voce designari circumcisos,* τόμουρος ἀπὸ τὸ τέμνειν τὴν οὐραν. *Dodonæi quippè sacerdotes veri nominis erant eunuchi. Consuetudines Dodonæi sacrarii ægyptiacas fuisse constat, et ipsius oraculi origo indè videtur repetenda. Jam verò Ægyptii more suæ gentis vulgò circumcidebantur, sed sacerdotes Ægyptii ut castimoniam observarent, partem sibi virilem præcidebant. Hoc ubi de illis tradit Eustathius ad Iliad.* τ. p. 1150. *verba adfert non nominati cujusdam comici quæ Anaxandridæ esse comici liquet, ex Athenæo, lib. VII, p. 300. Introducitur in isto loco Græcus ostendens Ægyptiorum consuetudines Græcorum moribus prorsus esse contrarias.*

Οὐκ ἐσθέεις ὕικα, ἐγὼ δὲ γ' ἥδομαι
Μάλιςα τούτοις, κύνα σέβεις, τύπτω δ' ἐγὼ
Τούψον κατεσθίουσαν, ἥνικ' ἂν λάβω.
Τοὺς ἱερέας ἐνθάδε μὲν ὁλοκλήρους νόμος
Εἶναι, παρ' ὑμῖν δὲ, ὡς ἔοικεν, ἀπηργμένους.

hæc sunt latina Grotii in excerptis, p. 642.

*Non vesceris suillâ, mihi nulla est caro
Quæ sapiat melius; tum tu veneraris canem,
Ego eundem, si epulis prægustarit, verbero.
Lex nostra solos qui integro sunt corpore,
Ast vestra mutilos lex sacerdotes probat.*

C'est à M. Marron, ministre de l'église réformée de Paris, et disciple du célèbre Walkenaer, que je suis redevable de cet extrait.

(23) Φιλολόγων διατριβαὶ μόναι. Les deux mots grecs, φιλόλογος et φιλολογία sont en usage puisqu'on les trouve dans Platon. Le grammairien Hérodien le reconnoît; mais il condamne le verbe φιλολογεῖν. S'il entend le proscrire, comme synonyme de φιλοσοφεῖν, il a raison : φιλολογεῖν, οὐ καλὸν, ἀλλὰ φιλοσοφεῖν; mais s'il prétend qu'on ne puisse pas dire φιλολογεῖν dans le même sens qu'on dit φιλόλογος et φιλολογία, il a tort. Le docte Pierson l'a bien prouvé par un passage d'Athénée, liv. IV, dans lequel (chose remarquable) les deux verbes, comme on va le voir, figurent l'un à côté de l'autre; ce qui prouve bien clairement la différence de leur acception respective.

Καὶ μὴν φιλοσοφεῖν φιλολογεῖν τ' ἀκηκοὼς
Ὑμᾶς ἐπιμελῶς, καρτερεῖν θ' αἱρουμένους,
Τὴν πεῖραν ὑγιῆ λήψομαι τῶν δογμάτων.

Dans les idées reçues des anciens, comme dans les nôtres, la *philologie* étoit bien différente de la *philosophie*. Il y a loin en effet de l'une à l'autre. Au surplus, il est à remarquer que les auteurs du Dictionnaire de l'Académie, qui ont fait aux deux mots *philologie* et *philologue* l'honneur de les admettre, ont laissé le verbe *philologuer* dans l'état de réprobation auquel Hérodien l'avoit condamné. Anathème assez bizarre ; car si la *philologie* est quelque chose, et qu'il y ait des *philologues*, on conçoit qu'il peut y avoir des hommes qui regardent comme un bonheur de passer leur vie à *philologuer*.

(24) Desmares est tombé ici dans un contre-sens; il a traduit « ne faisoit habitude qu'avec les Grecs qui étoient au « service de Cléopâtre. » Ni le texte, ni les interprètes latins n'ont dit cela.

CHAPITRE II.

Octave arrivé à Rome, éprouve beaucoup de difficultés pour distribuer à ses troupes les terres promises. Manœuvres de Lucius Antonius, frère d'Antoine. Intrigues de Fulvie sa femme, et de Manius, à cet égard. Mutinerie des troupes d'Octave. Il les fait rentrer dans la subordination.

Ans de Rome. 713.

XII. TANDIS qu'Octave s'en retournoit à Rome, sa maladie devint plus grave. A Brindes, elle parut même dangereuse, au point de faire répandre le bruit de sa mort (1). Après s'être rétabli, il fit son entrée à Rome, et remit aux amis d'Antoine les lettres qui leur étoient adressées. Les amis d'Antoine ordonnèrent à Calénus de faire passer deux de ses légions sous les ordres d'Octave; et ils envoyèrent en Libye un message à Sextius, pour qu'il remît également entre les mains d'Octave le commandement de cette province; ce qui fut exécuté. Les renseignements qui furent pris sur la conduite de Lépidus n'ayant fourni rien de grave à sa charge, Octave lui donna la Libye en compensation de son lot antérieur. Il fit vendre le reste des biens confisqués sur les proscrits qui n'étoient point vendus encore. Il éprouva beaucoup de difficultés pour distribuer son armée en colonies, et pour lui partager les terres; car les soldats demandoient les mêmes villes qui leur avoient été promises avant la guerre, et qui avoient été choisies parmi les plus importantes de l'Italie. Les habitants de ces villes demandoient, au contraire, que toute l'Italie contribuât à cette répartition, ou bien que le sort en décidât entre elles et les autres ; les citoyens qui devoient être dépouillés de leurs propriétés demandoient à être indemnisés au prorata de leur valeur ; et il n'y avoit point d'argent. Les jeunes gens, les vieillards, les femmes, les enfants, se rendoient successivement à Rome, et remplissoient le Forum et les temples de leurs doléances et de leurs clameurs. Ils disoient qu'ils n'étoient nullement coupables ; et que, quoiqu'ils fussent citoyens d'Italie, on leur enlevoit leurs possessions, leurs foyers domestiques, comme à des peuples conquis. Ce spectacle, ces lamentations excitoient la commisération, faisoient couler les larmes des citoyens de Rome ; sur-tout lorsqu'ils réfléchissoient que ce n'étoit point pour l'intérêt de la patrie, mais que c'étoit pour l'intérêt personnel des triumvirs, pour le changement de la forme de gouvernement que la guerre avoit été entreprise, et qu'on avoit promis de si amples récompenses ; lorsqu'ils songeoient que les colonies qu'il étoit question d'établir, et qui seroient composées, au profit des triumvirs, de mercenaires disposés à les servir en cas de besoin, n'avoient pour objet que d'empêcher le retour du gouvernement populaire.

XIII. Octave opposoit aux réclamations des villes la loi de la nécessité. L'armée avoit l'air de ne pas se contenter de cette répartition ; et elle ne s'en contenta pas en effet. Les soldats empiétoient avec une insolente audace sur les propriétés de leurs voisins; ils s'étendoient au-delà de ce qui leur avoit été concédé, et ils choisissoient les meilleures terres. Octave avoit beau leur reprocher leur conduite, et leur faire de plus amples concessions; ils alloient leur train, parcequ'ils sentoient que les triumvirs ne pouvant se passer d'eux pour se maintenir, ils pouvoient eux-mêmes n'avoir aucun égard à leurs remontrances; car le terme des cinq ans pour lequel ils s'étoient investis de l'autorité triumvirale approchoit, et le besoin qu'ils avoient les uns des autres devenoit pour eux un lien de sécurité commune; pour les triumvirs, afin de se perpétuer dans le triumvirat à la faveur de l'armée; pour l'armée, afin de se perpétuer dans la propriété de ses concessions à la faveur des triumvirs qui les avoient faites; car les soldats sentoient bien que cette propriété ne seroit que précaire, si l'autorité de ceux à qui ils en étoient redevables ne reposoit sur de solides fondements; et par conséquent une bienveillance nécessaire leur commandoit de les protéger et de les défendre. Octave porta la générosité jusqu'à prendre dans les temples, à titre d'emprunt, pour étendre ses largesses envers les plus pauvres de ses soldats. Il en résulta que l'armée tourna toute son affection du côté de sa personne. Ce qui contribua sur-tout à lui concilier plus particulièrement celle du plus grand nombre d'entre eux, c'est que, quoique par les largesses qu'il fit à ses troupes, soit en propriétés foncières, soit en propriétés urbaines, soit en argent, soit en habitations, il excitât contre lui les vives clameurs de ceux qui étoient spoliés; il brava toutes ces clameurs par considération pour ses soldats.

XIV. Témoins de cette conduite d'Octave, Lucius Antonius, le frère du triumvir, alors consul, Fulvie, la femme du triumvir, et Manius, qui étoit chargé de la gestion de ses affaires en son absence, cherchèrent à empêcher que toutes ces opérations ne parussent être l'ouvrage unique d'Octave; ils craignirent que, seul, il ne recueillît toute la reconnoissance de l'armée, et qu'Antoine ne se trouvât par ce moyen de côté dans l'affection des soldats. Dans cette vue, ils imaginèrent des prétextes pour faire suspendre les distributions de terres jusqu'à son arrivée; mais l'impatience des troupes ne permettant point ce délai, ils demandèrent à Octave qu'il prît parmi les officiers des légions d'Antoine les chefs des colonies qu'il formoit de ces légions mêmes (2). Quoique Antoine eût abandonné tous ces détails à Octave, c'étoit pour eux une manière de se plaindre de ce qu'il agissoit en son absence. Ils allèrent jusqu'à présenter Fulvie et les enfants d'Antoine à l'armée, la suppliant avec de très vives instances de ne pas oublier Antoine, de garder le souvenir de sa gloire, de ses bienfaits, de ses services; car, à cette époque, Antoine jouissoit de la plus haute renommée, aux yeux des troupes, comme aux yeux de tous les autres citoyens. Tout le monde, en effet, lui attribuoit tout l'honneur du gain des batailles de Philippes, auquel Octave n'avoit pu prendre qu'une foible part, à cause de sa maladie. Octave ne se dissimula pas que cette prétention du frère et de la femme d'Antoine étoit un at-

Ans de Rome. 713.

tentat contre le traité qu'il avoit fait avec lui; mais il céda par égard pour Antoine, et il leur laissa le choix de ceux des officiers de ses légions qui seroient mis à la tête des colonies (3). Ceux-ci, afin de se donner l'air envers les soldats d'avoir pour eux encore plus d'affection qu'Octave, leur permirent d'agir avec encore plus de licence. Il en résulta que plusieurs autres villes, voisines de celles dont le territoire avoit été distribué aux troupes, et qui se voyoient livrées à toute l'insolence de leurs usurpations, vinrent en foule réclamer auprès d'Octave, et se plaindre de ce que l'envoi des colonies étoit encore plus désastreux que les proscriptions; de ce que celles-ci n'atteignoient du moins que des ennemis, au lieu que les autres faisoient le malheur de ceux qui n'avoient rien à se reprocher.

XV. Octave sentoit toute la justice de ces réclamations, mais il étoit sans moyen pour porter remède à ces maux; car il n'avoit point d'argent pour payer la valeur des terres aux cultivateurs que l'on dépouilloit, et d'un autre côté, il ne pouvoit point différer d'acquitter envers ses troupes les récompenses promises, à cause des guerres qui lui restoient encore à faire. Pompée étoit en effet maître de la mer, et en mesure d'affamer Rome. Domitius Ænobarbus et Murcus se renforçoient chaque jour en troupes et en vaisseaux, et il étoit à craindre que l'ardeur des légions ne vînt à se relâcher, si les premières promesses qu'on leur avoit faites n'étoient point accomplies. Il étoit d'ailleurs très important pour les triumvirs de franchir le terme des cinq années d.

leur magistrature qui étoit très prochain, et d'être appuyés encore une fois, à cet égard, par l'influence des légions. Tels étoient les motifs qui les portoient à dissimuler pour le moment leurs excès, et leur insolence. Un soldat s'étoit présenté au théâtre, pour assister à un spectacle auquel Octave assistoit lui-même. Ce soldat n'ayant pas pu se placer à l'endroit où sa place étoit assignée, étoit venu sans façon s'asseoir dans les rangs des chevaliers. Le peuple fit remarquer cette incongruité par ses cris, et Octave envoya ordre au soldat de se retirer; l'armée en témoigna de l'indignation. Une foule de soldats entourèrent le triumvir au moment qu'il se retira du théâtre, et réclamèrent leur camarade qu'ils croyoient qu'il avoit fait mettre à mort, parcequ'ils ne le voyoient pas : ce soldat parut, et les autres crurent alors qu'il ne faisoit que de sortir de prison. Il nia qu'on l'eût emprisonné, et raconta la chose comme elle s'étoit passée; mais ses camarades lui reprochèrent de s'être laissé endoctriner pour mentir, et ils lui dirent des injures, attendu qu'il trahissoit leurs communs intérêts (4). Tel fut l'excès d'insolence dont cet évènement donna l'exemple.

XVI. L'armée ayant été convoquée dans le champ de Mars, pour y traiter la matière du partage des terres, les troupes se hâtèrent d'y aller prendre poste avant le jour; Octave se fit attendre, et elles en montrèrent du mécontentement. Le centurion Nonius prit la liberté de leur en faire franchement des reproches; il les rappela aux égards convenables de la part des subordonnés envers leurs chefs, et représenta que la lenteur d'Octave étoit l'effet de sa mauvaise santé, sans nulle intention de mépris de sa part. Les troupes commencèrent par molester ce centurion, en l'accusant de flagornerie. Les esprits s'étant échauffés à ce sujet de proche en proche, ce centurion fut chargé d'invectives : on en vint aux coups, il prit la fuite; on le poursuivit, il s'élança dans le Tibre; on l'en retira; on le mit à mort (5), et son cadavre fut jeté sur le chemin même par où Octave devoit arriver. Les amis du triumvir s'efforcèrent de le détourner de se rendre au champ de Mars, et de se présenter à son armée en fureur; mais il s'y rendit, dans la crainte que cette fureur ne fît de plus grands progrès, si les troupes ne le voyoient point paroître. A l'aspect du corps de Nonius, il se détourna un peu de son chemin; il parla de cet attentat, et s'en plaignit, en le regardant comme l'ouvrage d'un petit nombre d'individus; il exhorta ses soldats à avoir, à l'avenir, plus d'indulgence les uns pour les autres; il procéda au partage des terres; il permit à ceux qui s'étoient distingués de demander des gratifications; il en donna à quelques uns de ceux qui n'en avoient pas mérité, et qui ne s'y attendoient pas. Le grand nombre de ses soldats, étonnés de la prudence (6) qu'il montra dans cette occasion, se repentirent de l'excès auquel on s'étoit porté contre Nonius; ils en rougirent, ils se le reprochèrent à eux-mêmes, et invitèrent Octave à faire rechercher ceux qui avoient commis l'attentat, et à les faire punir. Il leur répondit qu'il les connoissoit, mais qu'il ne les puniroit que par le seul remords de leur crime, et par la honte que leur en faisoient leurs compagnons d'armes. Ce trait de clémence, joint à l'abondance de ses largesses envers ses soldats, changea sur-le-champ en acclamations honorables leurs séditieuses dispositions.

XVII. Nous ne citerons que ces deux exemples, entre beaucoup d'autres, de la difficulté qu'avoient les triumvirs à contenir leurs troupes dans le devoir. Cette indiscipline avoit plusieurs causes. Le plus grand nombre des chefs étoient constitués en autorité, sans aucune forme légale d'élection, ainsi que cela se pratique au milieu des discordes civiles. Les armées n'étoient plus levées ni enrôlées selon les anciennes lois militaires (7); elles ne l'étoient plus pour le service de la patrie : ce n'étoit plus pour les intérêts de la république qu'on les mettoit sur pied ; ce n'étoit que pour l'intérêt personnel de ceux qui s'en arrogeoient le commandement; et ceux-ci n'invoquoient pas envers leurs troupes l'autorité des lois, ils se les concilioient en leur promettant personnellement des largesses. Ce n'étoit point contre les ennemis de Rome qu'ils les faisoient marcher, c'étoit contre leurs propres ennemis; ce n'étoit point contre les étrangers, c'étoit contre leurs propres concitoyens, contre leurs égaux (8). Telles furent les causes qui détruisirent le frein de la discipline militaire. Les soldats pensoient que c'étoit moins pour une expédition qu'ils portoient les armes, que pour appuyer de leur bienveillance et de leur opinion l'intérêt d'un parti; et que leurs chefs avoient besoin d'eux nécessairement pour leur propre avantage. La défection étoit anciennement un délit irrémissible pour les troupes romaines. Alors elle étoit récompensée par des largesses. Et ce ne furent pas seulement les armées en corps qui en donnèrent l'exemple ; les plus illustres personnages en firent autant. Ils ne regardoient pas comme une défection de passer d'un parti dans un autre du même genre. Car tous les partis se ressembloient. Il n'en existoit aucun autre qui fût séparément dirigé contre des ennemis communs, contre des ennemis du peuple romain. Les chefs de parti, également hypocrites, faisoient tous semblant d'agir uniquement pour le salut de la patrie ; ce qui rendoit les défections d'autant plus faciles, puisqu'on voyoit l'intérêt de la patrie de chaque côté. Ceux qui étoient à la tête des troupes ne se dissimuloient point le véritable état des choses ; mais ils étoient forcés de fermer souvent les yeux sur les excès de leurs soldats, parcequ'ils sentoient que ce n'étoit pas l'autorité des lois, mais l'appât des largesses qui leur en avoit donné le commandement. Telles étoient les sources de l'insubordination et de l'esprit séditieux qui s'étoient répandus généralement parmi les troupes.

NOTES.

(1) Voyez ci-dessus, chap. I, n. 8.

(2) Desmares a traduit, comme si Lucius, Fulvie, et Manius, avoient demandé pour eux-mêmes l'emploi de conduire à leur destination les colonies formées des légions d'Antoine. Je crois qu'il s'est trompé. *Voyez* la version latine de Schweighæuser.

(3) Desmares est tombé ici dans un contre-sens complet. Il a traduit, « et ainsi on mena *ses légions* aux colonies, où « *ils* firent d'étranges désordres. » Il falloit au moins, où *elles* firent; car *légion* est un mot féminin. D'ailleurs, il n'est pas du tout question de désordres dans le texte. On lit dans la version latine de Schweighæuser, *atque ita ab Antonii necessariis nominati sunt qui Antonianas legiones in colonias deducerent.*

(4) Suétone raconte le même fait avec les mêmes circonstances. A la vérité, on remarque de plus dans son récit, que si le soldat en question n'eût point reparu sans avoir aucun mal, Octave auroit été personnellement en danger. *Nam cùm spectaculo ludorum gregarium militum in XIV ordinibus sedentem excitari per apparitorem jussisset, rumore ab obtrectatoribus dilato, quasi eundem mox et discruciatum necasset. Minimùm abfuit quin periret concursu et indignatione turbæ militaris. Saluti fuit quòd qui desiderabatur repentè comparuit incolumis ac sine injuriâ.* Suet. Oct. Cæs. 14.

(5) Le texte porte ἐξειρύσαντες ἔκανον, que la version latine de Schweighæuser a correctement rendu par *aquis extractum necarent.* Desmares a eu donc tort de traduire, *il se jette dans la rivière, ils l'y tuent, le tirent hors de l'eau.*

(6) Cette prudence d'Octave n'étoit qu'une véritable lâcheté. Ce n'étoit pas ainsi que César s'y prenoit lorsque ses

troupes se livroient à la sédition. C'est ce trait de la vie d'Octave et quelques autres du même genre qui ont fourni à Montesquieu de quoi le peindre d'après nature dans le portrait que voici. « Je crois qu'Octave est le seul de tous les capi-
« taines romains qui ait gagné l'affection des soldats en
« leur donnant sans cesse des marques d'une lâcheté natu-
« relle. Dans ce temps-là les troupes faisoient plus de cas
« de la libéralité de leur général que de son courage. Peut-
« être même que ce fut un bonheur pour lui de n'avoir
« point cette valeur qui peut donner l'empire, et que cela
« même l'y porta. On le craignit moins. Il n'est pas im-
« possible que les choses qui le déshonorèrent le plus aient
« été celles qui le servirent le mieux. S'il avoit d'abord
« montré une grande ame, tout le monde se seroit méfié de
« lui; et s'il eût eu de la hardiesse, il n'auroit pas donné
« à Antoine le temps de faire toutes les extravagances qui le
« perdirent. « *Grand. et décad. des Rom.* ch. 13. Montesquieu, comme on voit, ne s'est pas laissé aveugler sur le compte d'Octave par les contagieuses flatteries de Paterculus et de Dion Cassius. Nous avons eu occasion de citer plus haut le même passage de Montesquieu.

(7) Τοῖς πατρίοις ἔθεσιν. C'est le synonyme de πατρίῳ νόμῳ, que nous avons noté ci-dessus, livre II, chap. 7, note 6.

(8) Si l'on étoit tenté de me chicaner sur cette expression, je la justifierois par ce passage de la tragédie de Mahomet de Voltaire, où Zopire dit à Mahomet,

« A Médine où tu règnes, »
« Où tu vois tes égaux à tes pieds abattus. »
MAHOMET.
« Des égaux! Dès long-temps Mahomet n'en a plus. »

CHAPITRE III.

Lucius Antonius, à l'instigation de Fulvie et de Manius, lève l'étendard contre Octave. Efforts des troupes des deux partis, et des grands de Rome, pour les réconcilier. Octave s'y prête de bonne foi. On se dispose à la guerre des deux côtés. Forces respectives de Lucius Antonius et d'Octave. Les hostilités commencent, sans espoir de conciliation.

XVIII. CEPENDANT la famine désoloit Rome. Pompée empêchoit qu'on ne pût y recevoir des vivres par mer, et les guerres avoient anéanti la culture des terres par toute l'Italie. Le peu qu'elle produisoit étoit absorbé par les troupes. Les vols nocturnes devinrent fréquents dans la ville. Au vol se joignirent des brigandages encore plus atroces qui étoient commis impunément, et dont les soldats étoient réputés les auteurs. Au milieu de ces désordres, les plébéiens fermèrent leurs boutiques, et chassèrent des tribunaux les magistrats en fonctions, comme si l'on n'avoit plus eu besoin ni d'arts mécaniques, ni de juridiction dans une ville qui manquoit de tout, et qui étoit la proie des brigands.

XIX. D'un autre côté, Lucius Antonius, citoyen ami des principes populaires, et indigné contre les triumvirs, dont la tyrannie ne paroissoit pas devoir cesser au terme qui lui avoit été prescrit, déclamoit hautement contre Octave, et se montroit chaque

Ans de Rome. 713.

Ans de Rome. 713.

jour plus ouvertement contre lui. Il étoit le seul des grands de Rome qui osât accueillir les infortunés cultivateurs qu'on dépouilloit de leurs héritages, et qui venoient implorer à Rome l'assistance de tous les hommes puissants; il étoit le seul (1) qui osât leur promettre son secours, tandis que, de leur côté, ces malheureux lui promettoient de le servir en quoi que ce pût être. L'armée d'Antoine, d'une part, et celle d'Octave, de l'autre, instruites de cette conduite de Lucius, la lui reprochèrent comme contraire aux intérêts d'Antoine. Fulvie même lui remontra que c'étoit jeter à contre-temps des semences de guerre. Mais Manius eut bientôt adroitement changé les idées de Fulvie à cet égard, en lui insinuant que, tant que la paix se maintiendroit en Italie, Antoine demeureroit auprès de sa Cléopâtre; au lieu que si la guerre s'y allumoit, il y retourneroit bien vite. Excitée par ces sentiments de jalousie naturels chez les femmes, Fulvie encouragea Lucius à continuer de contrarier les opérations d'Octave (2). Celui-ci étant parti pour aller installer ses dernières colonies, Fulvie le fit suivre par les enfants d'Antoine et par Lucius son frère, pour éviter qu'étant seul sous les yeux de l'armée, cette circonstance ne servît à lui donner sur elle un plus grand ascendant. Octave envoya des corps de cavalerie pour battre les côtes du pays des Bruttiens (3) que Pompée ravageoit. Lucius crut, ou fit semblant de croire, que cette cavalerie marchoit contre lui et contre les enfants de son frère. En conséquence, il s'entoura de quelques forces pour la sûreté de sa personne, il se porta vers les colonies formées des troupes d'Antoine, et accusa devant elles Octave de déloyauté envers le triumvir son collègue. Octave leur fit dire au contraire que l'amitié et l'unité d'intérêts régnoient entre Antoine et lui; que Lucius (4) avoit des vues particulières en cherchant à les mettre en état de guerre l'un contre l'autre; qu'il visoit à détruire le triumvirat, dans lequel reposoit la sécurité des soldats à qui des colonies avoient été distribuées, et que la cavalerie qui étoit actuellement sur les côtes du pays des Bruttiens, se renfermoit dans les ordres qu'elle avoit reçus de lui.

XX. Instruits de cette mésintelligence, divers chefs de troupes s'étant réunis à Téanum (5), s'interposèrent (6) pour arbitres, et les rapprochèrent à ces conditions; savoir, que les consuls administreroient les affaires de la république, sans éprouver aucune entrave de la part des triumvirs; que le partage des terres seroit exclusivement circonscrit, et n'auroit lieu qu'en faveur de ceux qui avoient assisté à la bataille de Philippes; que la partie de l'armée d'Antoine qui étoit alors en Italie auroit exactement la moitié de l'argent qui étoit résulté des confiscations, ou que la vente ultérieure des biens des proscrits produiroit encore; que ni l'un ni l'autre des triumvirs ne feroient de nouvelles levées de troupes en Italie; que dans la guerre qu'Octave alloit entreprendre contre Pompée, deux des légions d'Antoine passeroient sous ses ordres; que le chemin des Alpes seroit ouvert aux forces qu'Octave alloit envoyer en Ibérie, et qu'Asinius Pollion cesseroit de leur en fermer le passage (7); qu'enfin, sur la foi de ce traité, Lucius congédieroit la garde personnelle dont il s'étoit environné, et qu'il rempliroit ses fonctions en pleine sécurité. Telles furent les conventions à la faveur desquelles ils se rapprochèrent, par l'entremise de leurs arbitres respectifs; mais il n'y eut d'exécutés que ces deux derniers articles. Lucius licencia sa garde, et Salvidiénus passa les Alpes malgré ceux qui les gardoient (8).

XXI. Comme les autres articles restoient sans exécution, ou tardoient à la recevoir, Lucius se retira à Préneste, disant qu'il se défioit d'Octave, qui étoit entouré de satellites sous prétexte de son titre de triumvir, tandis qu'il étoit lui-même sans défense. Fulvie vint joindre Lucius, en alléguant que, de son côté, elle redoutoit pour ses enfants les manœuvres de Lépidus; car elle se servit du nom de ce dernier au lieu de celui d'Octave (9). Lucius et elle rendirent compte à Antoine, par leur correspondance, de l'état des choses. Des amis lui furent envoyés chargés de ces lettres pour l'instruire dans le plus grand détail. Nous n'avons pu, malgré nos recherches, rien trouver de ce qu'Antoine avoit ostensiblement répondu à ce message. Là-dessus les divers chefs de troupes se réunirent de nouveau, se promirent avec serment de concilier encore une fois Octave et Lucius selon ce qui paroîtroit convenable, et de forcer à se soumettre au traité celui qui s'y refuseroit. En conséquence ils mandèrent Lucius qui refusa de se rendre. Octave profita de ce refus pour déclamer contre Lucius, et pour exciter contre lui l'animosité des chefs qui avoient voulu négocier leur réconciliation et celle des principaux citoyens de Rome. Ceux-ci vinrent vers Lucius; ils l'invitèrent à prendre pitié de Rome et de l'Italie, à ne pas les replonger dans l'horreur des guerres civiles, et à leur permettre, ou aux divers chefs de l'armée, de prononcer entre Octave et lui.

XXII. Pendant que Lucius montroit de la déférence pour ces représentations et pour ceux qui les lui adressoient, Manius prit arrogamment la parole, et dit: « Qu'Antoine n'étoit occupé qu'à ramasser « de l'argent chez les peuples étrangers, tandis « qu'Octave se concilioit d'avance toutes les troupes « et les habitants des lieux les plus importants de « l'Italie, par toutes sortes de complaisances et de « bons offices; qu'il avoit fait à Antoine la perfidie « de rendre l'indépendance à la province des Gaules « dont le commandement lui avoit antérieurement « été donné, et qu'au lieu des dix-huit villes, qui « seules avoient d'abord été promises à l'armée, il « lui distribuoit presque toute l'Italie; qu'au lieu des « vingt-huit légions seulement qui avoient pris part « à la bataille de Philippes, il en admettoit trente-« quatre, non seulement au partage de terres, mais « encore au partage de l'argent qu'il prenoit dans « les temples, sous prétexte de faire la guerre à « Pompée, contre lequel il n'avoit encore rien en-« trepris, quoique Rome fût en proie à la famine (10); « qu'en cela, ses vues étoient de gagner l'affection « de l'armée au détriment d'Antoine, et que, quant « aux biens confisqués, c'étoient moins des ventes que

« de gratuites libéralités qu'il en faisoit aux soldats; « que s'il vouloit sérieusement entretenir la bonne « intelligence, il devoit se soumettre à rendre raison « de tout ce qu'il avoit déjà fait, et, à l'avenir, ne « faire que ce qui auroit été réglé et convenu en « commun. » Ce fut avec ce ton d'arrogance que Manius prétendit qu'Octave ne pût rien faire de son autorité privée, et que les arrangements pris entre Antoine et lui n'eussent aucun effet; car il avoit été déterminé entre eux que chacun exerceroit de son côté une autorité suprême, et qu'ils en imprimeroient le sceau à tout ce qu'ils feroient l'un et l'autre. Octave ne se dissimula plus, d'après toutes ces circonstances, qu'il en faudroit venir aux mains, et des deux côtés l'on se prépara à la guerre.

XXIII. Dans la ville d'Ancone avoient été placées en colonie deux légions qui avoient servi d'abord sous César, le père adoptif d'Octave, et ensuite sous Antoine. Instruites des dispositions que les chefs des deux partis faisoient en particulier l'un contre l'autre, et excitées par l'attachement qu'elles avoient pour Antoine et pour Octave, elles envoyèrent une députation à Rome (11) pour supplier que l'on mît fin à ces dissensions. Octave déclara à ces députés qu'il n'avoit nulle intention de se mettre en état de guerre contre Antoine; mais que Lucius, son frère, cherchoit à se mettre en état de guerre contre lui. Ces députés se réunirent aux autres chefs de ces deux légions, et convinrent d'envoyer en commun une députation à Lucius pour l'inviter à laisser prononcer juridiquement sur les différents qui existoient entre lui et Octave ; ils laissèrent entrevoir d'ailleurs ce qu'ils étoient décidés à faire, si cette proposition étoit refusée. Lucius l'accepta. On établit le rendez-vous à Gabies (12), ville qui étoit à une distance égale entre Rome et Préneste. On éleva un tribunal pour les juges, et deux tribunes en avant pour les orateurs, ainsi que dans les tribunaux ordinaires. Octave arriva le premier, et il envoya de la cavalerie, du côté par où Lucius devoit arriver, afin d'observer si l'on ne lui tendoit pas quelque piège. Ce détachement en ayant rencontré un autre envoyé par Lucius, ou pour le devancer, ou pour éclairer également les chemins, il fondit dessus et tua quelques hommes. Lucius rétrograda, dans la crainte, comme il le déclara, d'une embuscade. Les chefs de la négociation lui firent dire de se rendre, en lui promettant de lui envoyer une escorte ; mais il s'y refusa.

XXIV. Toute conciliation étant ainsi devenue impraticable, Lucius et Octave résolurent de prendre les armes, et ils commencèrent par s'attaquer réciproquement avec amertume dans leurs proclamations. Les forces de Lucius consistoient en six légions, dont il avoit déjà le commandement lorsqu'il arriva au consulat, et en onze autres légions d'Antoine, qui étoient sous les ordres de Calénus, et qui toutes se trouvoient en Italie. Quant à Octave, il avoit à Capoue quatre légions ; il avoit auprès de lui ses cohortes prétoriennes, et Salvidiénus, à la tête de six légions, alloit se rendre en Ibérie. Lucius tiroit son argent des provinces soumises à Antoine, où la paix régnoit. Toutes celles au contraire qui étoient échues à Octave, à l'exception de la Sardaigne, étoient en proie à la guerre. Il mit donc à contribution, en promettant de rendre avec reconnoissance ce qui lui seroit prêté, les trésors des temples, celui du Capitole à Rome, celui d'Antium (14), celui de Lanuvium (15), celui de Némus (16), celui de Tibur, villes dans lesquelles sont encore aujourd'hui de riches trésors sacrés (17).

XXV. On s'étoit soulevé contre lui au-dehors de l'Italie. Les proscriptions, l'établissement des colonies, ses dissensions avec Lucius, avoient concouru à accroître la réputation et les ressources de Pompée; car tous ceux qui craignoient pour leur personne, tous ceux qu'on avoit dépouillés de leurs biens, tous ceux qui abhorroient (18) le triumvirat étoient venus de préférence chercher leur refuge auprès de lui. D'un autre côté, les jeunes gens qui étoient avides, par l'appât du gain, du métier de la guerre, et qui croyoient indifférent de porter les armes pour tel ou tel parti, parcequ'ils voyoient que ce seroit toujours pour des Romains, s'étoient décidés en faveur de Pompée dont la cause leur sembloit plus juste. Le butin qu'il avoit fait sur les mers l'avoit enrichi. Il avoit beaucoup de vaisseaux dont les équipages (19) étoient au complet. Murcus s'étoit joint à lui, en lui amenant deux légions, cinq cents archers, beaucoup d'argent, quatre-vingts vaisseaux et d'autres troupes qu'il avoit tirées de Céphalonie (20). Cette brillante situation de Pompée a fait croire que s'il eût marché contre l'Italie, dans ce moment où elle étoit aux prises avec la famine, où le feu des dissensions civiles venoit de se rallumer, et où tous les regards se tournoient vers lui, il s'en seroit facilement rendu maître. Mais Pompée eut l'imprudence de croire qu'au lieu d'attaquer, il devoit se tenir sur la défensive; ce qu'il fit jusqu'à ce qu'il fût vaincu.

XXVI. Dans la Libye, Sextius, lieutenant d'Antoine, venoit, en vertu de l'ordre que lui en avoit fait donner Lucius, de remettre l'armée dont il avoit le commandement à Fangon, lieutenant d'Octave. Sur l'avis qu'il reçut de reprendre ce commandement, il marcha contre Fangon, qui ne voulut point le lui rendre, avec une armée qu'il forma de déserteurs de Fangon qui repassèrent sous ses drapeaux, de Libyens, et d'autres troupes que lui fournirent les rois du pays. Les deux ailes de Fangon furent battues, son camp fut pris. Il crut que ce revers étoit l'œuvre de la trahison; il se donna la mort, et Sextius reprit le commandement des deux Libyes (21). Lucius engagea Bocchus, roi de Mauritanie, de porter la guerre en Ibérie contre Carinas, lieutenant d'Octave. D'un autre côté, Ænobarbus, à la tête de soixante-dix vaisseaux montés par deux légions, par un certain nombre d'archers et de frondeurs, par quelques troupes légères et quelques gladiateurs, parcouroit la mer Ionienne, ravageant toutes les côtes soumises aux triumvirs. Il s'étoit dirigé sur Brindes; il s'étoit emparé d'une partie des trirèmes d'Octave; il avoit brûlé les autres. Il avoit bloqué les habitants de cette ville dans l'enceinte de leurs murailles, et livré leurs campagnes au pillage (22).

XXVII. Cependant Octave envoya une légion à Brindes, et se hâta de faire rétrograder Salvidiénus, qui étoit en route pour se rendre en Ibérie (23). Lucius et lui répandirent des émissaires en Italie, chargés de leur lever des troupes. Ces troupes s'attaquèrent réciproquement, tantôt par escarmouches, tantôt par des combats plus importants, et le plus souvent par des embuscades. Les peuples de l'Italie avoient beaucoup d'inclination à se ranger du parti de Lucius, parcequ'ils regardoient la guerre qui se préparoit comme destinée à les défendre contre les nouvelles colonies. Ce n'étoit pas seulement parmi les habitants des villes dont le territoire avoit été promis spécialement aux armées, que se manifestoient ces dispositions à se soulever, c'étoit parmi ceux de toute l'Italie, qui craignoient la même spoliation. On chassoit des villes, on égorgeoit ceux qui empruntoient, pour le compte d'Octave, les trésors sacrés; on s'emparoit des murailles, et l'on se déclaroit ouvertement pour Lucius. D'un autre côté, ceux des soldats à qui des colonies avoient été assignées, se déclaroient en faveur d'Octave. Chacun prenoit ainsi parti, comme dans une guerre où il s'agissoit de ses intérêts personnels.

XXVIII. Sur ces entrefaites, Octave eut encore recours au sénat et à l'ordre des chevaliers; et après les avoir convoqués, il leur tint le discours suivant: « Les partisans de Lucius, je le sais, m'accusent de « foiblesse et de lâcheté, parceque je n'ai point voulu « employer encore contre eux la force des armes, e

« je m'attends bien qu'ils me reprocheront encore
« la démarche que je fais, en ce moment, auprès de
« vous. Cependant j'ai des troupes pleines d'ardeur
« et de courage, soit celles qui, dépouillées par Lu-
« cius des colonies que je leur avois assignées, par-
« tagent avec moi cette injure, soit les autres qui
« sont sous mes ordres. Je suis également en mesure
« sous les autres rapports. Il ne me reste plus qu'à me
« décider. Mais je répugne à rallumer le feu de la
« guerre civile, sans une extrême nécessité, et à
« mettre aux prises, les uns contre les autres, le peu
« de citoyens qui nous restent. Sur-tout quand je
« réfléchis que les détails de cette guerre civile ne
« nous viendront plus de la Thrace ou de la Macé-
« doine, mais de l'Italie même, de l'Italie, qui, sans
« parler du sang dont elle doit être inondée, doit
« se voir exposée à tant de calamités, si elle devient
« pour nous le théâtre de la guerre. J'y répugne par
« ces motifs, pour ce qui me concerne; et je déclare
« encore ici, en ce moment, que je n'ai nulle in-
« tention de rien faire contre les intérêts d'Antoine,
« et qu'à cet égard je n'ai contre lui aucune plainte
« à former. Je vous exhorte donc, au nom de vos
« propres intérêts, à faire sentir à Lucius ses torts
« envers moi, et à nous réconcilier ensemble. S'il
« ne se laisse point persuader actuellement, je lui
« prouverai sur-le-champ que ma modération,
« jusqu'à ce moment, a été le fruit de ma prudence,
« et non pas de ma lâcheté. Au surplus, je vous prie
« de me servir de témoins, soit auprès de vous-
« mêmes, soit auprès d'Antoine, de la déclaration

Ans
de
Rome.
713.

« de mes sentiments, et de vous ranger de mon « parti, si Lucius persévère dans son insolence. »

XXIX. Après ce discours d'Octave, quelques uns des sénateurs se rendirent de nouveau à Préneste. Lucius leur répondit que déjà les hostilités étoient commencées de part et d'autre; qu'Octave n'étoit qu'un hypocrite, et qu'il venoit d'envoyer à Brindes une légion pour s'opposer au retour d'Antoine. Manius, de son côté, montra une lettre vraie ou fausse d'Antoine, dans laquelle il ordonnoit de prendre les armes, si quelqu'un osoit attenter à son autorité. Les sénateurs lui observèrent que si, en effet, il avoit été commis quelque attentat contre l'autorité d'Antoine, il devoit céder à l'invitation qu'on lui faisoit de faire prononcer juridiquement là-dessus. Mais Manius éluda la proposition, en supposant beaucoup d'autres griefs; de manière que les députés du sénat s'en retournèrent sans avoir rien obtenu. Il n'y eut pas de nouvelle convocation du sénat pour instruire Octave du résultat de cette démarche, soit que chacun lui en rendît compte en particulier, soit par pudeur, soit par toute autre raison. La guerre éclata, et Octave entra en campagne, laissant Lépidus à Rome avec deux légions. Ce fut alors que le plus grand nombre des patriciens manifestèrent leur aversion pour le triumvirat, en se déclarant en faveur de Lucius.

NOTES.

(1) Lucius Antonius étoit consul à cette époque, et l'autorité qu'il avoit à ce titre lui donnoit beaucoup d'avantage.

(2) S'il faut en croire Dion Cassius, Fulvie n'avoit de son sexe que les formes. Elle joignoit à beaucoup de vigueur, à beaucoup de virilité dans l'ame, une grande capacité pour les affaires. A propos du consulat de P. Servilius et de Lucius Antonius, il donne à entendre que ces deux consuls ne furent consuls que de nom, et que tout roula sur la tête de Fulvie. Elle prit, ajoute cet historien, un tel ascendant, que, belle-mère d'Octave et femme d'Antoine, le sénat et le peuple n'agissoient que par son impulsion. L. Antonius avoit sollicité les honneurs du triomphe, à l'occasion de quelques succès militaires. Tant que Fulvie s'y opposa, ces honneurs lui furent refusés. Il ne les obtint que de l'agrément de Fulvie; et comme, selon la judicieuse remarque de l'historien, disposer des honneurs du triomphe, en être l'arbitre, c'est être plus puissant que de les obtenir, Lucius eut beau s'entourer de tous les ornements du triomphe, eut beau même faire célébrer les jeux ordinaires, en pareil cas, on ne vit dans tout cela que Fulvie. Florus prétend, dans le court chapitre qu'il a consacré à la guerre de Péruse, qu'on vit Fulvie ceinte d'un glaive, se mettre quelquefois à la tête des légions. *Fulvia, gladio cincta, virilis militiæ*, etc.

(3) C'étoient les peuples qui habitoient la péninsule de l'Italie qui forme la pointe de la Botte, voisine de la Sicile. Berkélius a judicieusement relevé l'erreur d'Etienne de Byzance, qui fait de la *Bruttie* une partie de la Sicile. Ce pays, qui dépend aujourd'hui du royaume de Naples, porte le nom de Calabre.

(4) Selon Dion Cassius, c'étoit Fulvie qui étoit l'ame de toute cette intrigue; et Octave, afin de ne laisser aucun

doute sur ce point, et de persuader au peuple romain que ce n'étoit qu'à elle qu'il en vouloit, et nullement à Antoine, répudia solennellement Clodia, fille de Fulvie et de Clodius, le célèbre ennemi de Cicéron, son premier mari. A ce premier outrage, Octave en joignit un second. Il prétendit qu'il répudioit Clodia sans avoir jamais consommé son mariage avec elle, quoiqu'il eût été long-temps son époux, soit que ce ne fût de sa part qu'une injurieuse perfidie, soit qu'il eût réellement mis de longue main ce divorce dans ses projets. *Dion Cassius, liv. XLVIII.*

(5) Il y avoit, en Italie, deux *Téanum*, l'une *Téanum Sidicinum*; l'autre, *Téanum Apulum.* Il est assez difficile de déterminer ici dans laquelle de ces deux villes eut lieu l'espèce de congrès dont Appien parle en cet endroit. Il est néanmoins probable que ce fut dans la première de ces deux cités, comme la plus voisine de Rome.

(6) Selon Dion Cassius, ce fut Octave qui, craignant sérieusement les conséquences de la situation critique où il se trouvoit, engagea sous main les chefs des troupes à faire cette démarche. En sacrifiant tour à tour, dans ses puériles vacillations, les intérêts de l'armée à ceux des citoyens, et les intérêts des citoyens à la cupidité de l'armée, il avoit fini par s'aliéner tous les cœurs. De sanglantes rixes avoient eu lieu à Rome et dans plusieurs villes de l'Italie entre la soldatesque et les citoyens. Le corps de troupes auquel il avoit donné ordre de se rendre en Ibérie s'étoit livré à Plaisance à de violents excès contre les habitants, qui furent contraints de se laisser mettre à contribution. Calénus et Ventidius, qui commandoient pour Antoine dans la Gaule Transalpine, étoient entrés en campagne pour venir barrer le chemin de l'Ibérie aux troupes d'Octave. Effrayé de toutes ces circonstances, il sentit la nécessité de composer avec Lucius Antonius et Fulvie. Ce fut dans cette vue qu'il provoqua clandestinement le congrès de Teanum. *Territus Cæsar ne quid gravius pateretur, cum consule et Fulviâ pace componere statuit; et quia ipse per se privatim nihil effi-*

ciebat, *ad veteranos confugit*, *et per eos de pacificatione egit*. Dio. Cassius, lib. XLVIII.

(7) Voyez la note de Schweighæuser sur cet endroit.

(8) Voyez la note précédente.

(9) Fulvie qui vouloit, à quelque prix que ce fût, allumer la guerre pour arracher son époux des bras de Cléopâtre, dut faire tout ce qui étoit en son pouvoir pour rompre cet accord, si tant est qu'il ait été consommé. Ce qui me semble le rendre douteux, c'est que Dion Cassius n'en parle pas, et qu'il dit, au contraire, que Fulvie, connoissant l'avantage de sa situation du moment sur celle d'Octave, se hâtoit d'en profiter. Elle s'étoit formé un conseil des sénateurs et des chevaliers qui avoient embrassé sa cause. Elle y concertoit avec eux toutes ses mesures. Elle faisoit des proclamations selon les circonstances; ce qui étoit moins étonnant que de la voir, ceinte d'un glaive, inspecter les troupes, leur donner elle-même le mot d'ordre, et les haranguer souvent. *Dion Cassius*, *liv. XLVIII*. Au reste, il est curieux de voir l'étrange contre-sens dans lequel Desmares est tombé sur ce passage. « Fulvie se réfugia aussi auprès de Lépide, « sur la crainte qu'elle disoit avoir pour ses enfants; car elle « avoit meilleure opinion de lui que de César. »

(10) Desmares est tombé ici dans une inadvertance assez grave. Il a traduit, « il avoit pris l'argent des temples, ce « qu'on n'avoit point encore fait, quelque famine qui fût « dans la ville. »

(11) S'il faut en croire Dion Cassius, ce fut encore Octave qui provoqua cette députation. Elle fut nombreuse, à ce qu'il paroît. Arrivés à Rome, ces députés se rendirent dans le Capitole. Laissant de côté tout sujet de discussion, ils demandèrent qu'on fît la lecture du traité passé entre Antoine et Octave, après la bataille de Philippes. Ils en consacrèrent la teneur; ils en firent déposer l'acte entre les mains des vestales après l'avoir cacheté, et ils se constituèrent arbitres des différents entre Octave et le consul. Il les assignè-

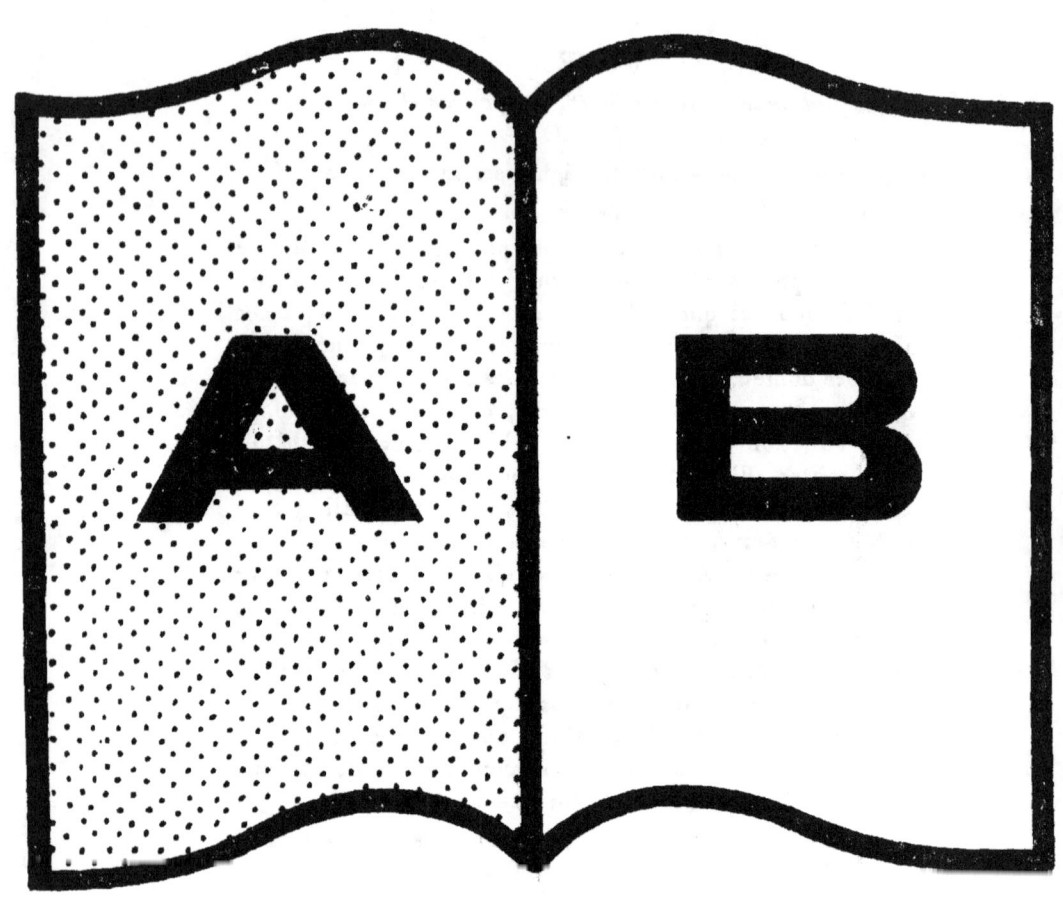

Contraste insuffisant
NF Z 43-120-14

rent à comparoître à Gabies. Octave ne manqua pas de s'y rendre; mais Lucius Antonius ne comparut pas, soit que les choses se passassent ainsi que le raconte Appien, soit que les motifs mentionnés dans Dion Cassius, *liv. XLVIII*, l'en empêchassent.

(12) Voyez l'*Italia antiqua* de Cluvérius.

(13, page 41, ligne 23) Desmares ne parle que de quatre légions. Néanmoins, dans le texte grec et dans la version latine de Schweighæuser, il y a *six légions*.

(14) Voyez l'*Italia antiqua* de Cluvérius.

(15) Voyez *ibidem*.

(16) C'étoit le nom d'une ville située dans des montagnes couvertes de bois, dans le voisinage d'Aricie. Diane y avoit un temple; ce fut du nom latin de cette ville *Nemus*, que cette déesse reçut le surnom de *Nemorensis*, et que le grand-prêtre du temple en question fut appelé *Rex Nemorensis*. Strabon fait mention de ce temple de Diane; il indique même sa véritable situation, sur la gauche du chemin de ceux qui s'y rendoient d'Aricie. Τὸ δ' Ἀρτεμίσιον ὃ καλοῦσι Νέμος, ἐκ τοῦ ἐν ἀριστερᾷ μέρους τῆς ὁδοῦ τῆς ἐξ Ἀρικίας ἀναβαινούσης. C'étoit aux environs de cette ville que Jules César possédoit la maison de campagne dont parle Suétone. *Villam in Nemorensi à fundamentis inchoatam magnoque sumptu absolutam, quia non tota ad animum responderat, totam diruisse, quanquam tenuem adhuc et obœratum.* Jul. Cæs. n. 46. Voyez d'ailleurs sur cette ville, son long article dans l'*Italia antiqua* de Cluvérius.

(17) Quelques savants ont pensé que les peuples anciens, et notamment les Grecs et les Romains, mettoient les trésors publics dans les temples. Il résulte évidemment de ce passage d'Appien qu'à Rome il y avoit un trésor dans le Capitole; mais étoit-ce bien le *trésor public?* voilà la question. Ce qui me feroit penser ici le contraire, ce sont les derniers mots de cette phrase d'Appien, θησαυροὶ χρημάτων ἱερῶν δαψιλεῖς. L'historien dit en propres termes θησαυροὶ χρημάτων ἱερῶν, qui signifie littéralement les *trésors des*

choses sacrées. Je croirois donc plus volontiers que ces *trésors sacrés*, dont les temples des Grecs et des Romains étoient dépositaires, n'étoient point le trésor public de ces peuples, ni en tout, ni en partie; que ces trésors ne se composoient que des offrandes plus ou moins riches, que la superstition accumuloit dans ces temples, selon que les prêtres avoient le talent de les achalander, et que, chez les anciens, *le trésor du Capitole et le trésor du temple de Delphes*, étoient exactement ce qu'étoient chez nous, avant la révolution, le *trésor de Saint-Denis*, et en Italie, *celui de Notre-Dame de Lorette*. On peut consulter là-dessus la note 38 du premier livre de la nouvelle traduction d'Hérodote, de M. Larcher, p. 199.

(18) Ce mot *abhorroient* m'a paru rendre à la lettre les deux mots du texte ὅλως ἀποςρεφόμενοι, *qui improuvoient complètement*.

(19) J'ai donné ici au substantif πληρώματα, l'acception que lui donne Ulpien, *in Demosth. Orat. c. Mid.* p. 188. β. πληρώματα, ναύτας, καὶ ἐπιϐάτας καὶ σκεύη κατ' αὐτάς.

(20) C'est une île de médiocre grandeur dans la mer d'Ionie, entre Ithaque et Zacynthe. Elle avoit quatre villes. Thucydide, Polybe et Strabon ont écrit son nom avec un double λ; Scylax, Ptolémée, et Marcian l'Héracléote, l'ont écrit avec un λ unique. Tite-Live a suivi pour cette orthographe les trois premiers auteurs grecs que nous venons de citer. Pomponius Mela, Pline et Florus ont suivi les trois autres. Voyez Cellarius, *Géograph. antiq. lib. II, cap.* 14, n. 13, p. 1008.

(21) On distinguoit, comme on sait, la grande et la petite Libye. Ce Phangon dont parle ici Appien n'étoit qu'un misérable soldat, du nombre même des mercenaires, que la fortune avoit néanmoins élevé au rang de sénateur. C'est Dion Cassius qui nous apprend cette particularité. Cet historien entre d'ailleurs dans des détails plus amples que ceux d'Appien, touchant les opérations militaires qui eurent lieu

NOTES.

en Afrique entre ce lieutenant d'Octave et Sextius qui défendoit la cause d'Antoine. *Dion Cassius, liv. XLVIII, n. 22.*

(22) On trouve à peu près les mêmes détails dans Dion Cassius, liv. XLVIII, 22.

(23) Voilà la vraie leçon. On a vu en effet qu'Octave impatient de faire passer l'Ibérie sous ses ordres, avoit stipulé avec Lucius, qu'Asinius Pollion cesseroit de lui en fermer le chemin. Il y a donc erreur dans le texte d'Appien, sect. XXIV ci-dessus, ἐξ δὲ ἕτερα Σαλϐιδῖνυὸς ἦγεν ἐξ Ἰϐηρίας. Je suis convaincu qu'il faut lire ἐς Ἰϐηρίαν, au lieu de ἐξ Ἰϐηρίας, et c'est dans ce sens-là que j'ai cru devoir traduire, pour éviter de mettre Appien en contradiction avec lui-même.

CHAPITRE IV.

Lucius Antonius se dirige vers les Gaules. Des lieutenants d'Octave, à la tête de différents corps de troupes, lui en barrent les chemins. Lucius Antonius est réduit à s'enfermer dans Pérouse. Octave vient l'y assiéger. Pressé par la famine, il tente trois sorties consécutives. Il est toujours repoussé.

XXX. Voici les principaux détails de cette guerre. Deux des légions de Lucius, cantonnées à Albe, se livrèrent à des mouvements séditieux. Elles expulsèrent leurs tribuns, et se disposèrent à la défection. Octave et Lucius se hâtèrent de se diriger de ce côté. Lucius arriva le premier, et, à force d'argent et de promesses, il parvint à conserver ces deux légions. Tandis que Furnius amenoit à Lucius un nouveau corps de troupes, Octave tomba sur son arrière-garde. Furnius fit sa retraite sur des hauteurs, et il profita de la nuit pour se hâter d'entrer dans Sentia (1), ville de son parti. Octave n'osa point le suivre la nuit, de peur d'embuscade. Mais lorsque le jour fut arrivé, il assiégea la ville, ainsi que le camp de Furnius. Sur ces entrefaites, Lucius marcha vers Rome en diligence. Il se fit précéder par trois cohortes, qui furent clandestinement introduites dans la ville. Il arriva lui-même à la suite de ses cohortes, avec beaucoup de troupes, avec de la cavalerie et des gladiateurs. Nonius, qui étoit chargé de garder les portes, les lui ouvrit. Il lui remit, en même temps, les soldats dont il avoit le commandement. Lépidus se sauva de Rome (2), et alla joindre Octave. Lucius, maître de Rome, convoqua le peuple et lui dit, « qu'Octave et Lépidus ne « tarderoient pas à recevoir le châtiment de leurs « actes de violence et d'atrocité ; que son frère ab- « diqueroit spontanément le triumvirat ; qu'il réta- « bliroit le consulat, magistrature légale, à la place « d'un pouvoir contraire aux lois ; magistrature « conforme aux principes politiques de la patrie, à « la place d'une autorité tyrannique (3). »

XXXI. Ce discours de Lucius fut accueilli avec des applaudissements universels (4). Tout le monde crut que c'en étoit déjà fait du triumvirat. Lucius ayant été salué *Imperator*, se mit en campagne contre Octave. Il leva de nouvelles troupes dans les colonies formées des légions d'Antoine, et s'assura de tous ces postes, dont l'affection des vétérans pour Antoine lui répondoit d'ailleurs. Un questeur d'Antoine, nommé Barbatius, qui pour quelque malversation s'étoit fait chasser, arrivant en Italie, déclara à tous ceux qui l'interrogeoient, qu'Antoine trouvoit fort mauvais qu'on fît la guerre à Octave, au détriment du pouvoir commun dont ils étoient investis. Tous ceux qui furent les dupes de la supercherie de ce questeur abandonnèrent le parti de Lucius pour celui du triumvir. Lucius marcha à la rencontre de Salvidiénus, qui venoit des Gaules, à la tête de forces nombreuses, pour se réunir à Octave. Salvidiénus étoit suivi de près par

Asinius Pollion et par Ventidius, lieutenants d'Antoine, qui venoient lui couper le chemin. Agrippa, ami particulier d'Octave, craignit que Salvidiénus ne fût cerné. En conséquence, il s'empara du pays des Insubriens (5), dont la situation étoit très importante pour Lucius. Il calcula que par ce mouvement il attireroit à lui Lucius, qui attendoit Salvidiénus, et que Salvidiénus, qui se trouveroit par-là sur les derrières de Lucius, viendroit à son secours. Les choses tournèrent, en effet, ainsi qu'Agrippa s'y étoit attendu. Lucius, déchu de ses espérances, se dirigea du côté d'Asinius Pollion et de Ventidius, harcelé de part et d'autre par Salvidiénus et par Agrippa, qui épioient principalement l'occasion de le surprendre dans des défilés.

XXXII. Lucius pénétra l'intention de l'ennemi par ses mouvements. Il n'osa point en venir aux mains avec les deux corps de troupes qui le serroient de près des deux côtés : il gagna Péruse (6), ville forte auprès de laquelle il campa, en attendant les renforts que Ventidius lui amenoit. Agrippa, Salvidiénus, et Octave qui vint les joindre, se portèrent sur Péruse en même temps que Lucius, et cernèrent cette place avec leurs trois armées. Octave se hâta de faire venir des renforts de tous les côtés. Il tenoit Lucius enfermé, et il regardoit cette circonstance comme décisive pour cette guerre. Il détacha un corps de troupes pour aller couper le chemin à Ventidius qui s'avançoit, quoique lentement, car il n'approuvoit pas du tout la guerre; il ignoroit les intentions d'A e, et existoit d'ailleurs, entre ceux qui étoient à la tête des troupes de son parti, une sorte de rivalité au sujet du commandement en chef, parcequ'ils croyoient y avoir tous les mêmes droits. Lucius, dont le plus grand nombre des forces consistoient en troupes de nouvelle levée, craignit d'en venir à une bataille rangée avec l'armée qui l'entouroit, supérieure en valeur, en nombre et en expérience. Il n'osa pas non plus se remettre en campagne, parceque les trois corps qui le cernoient lui seroient tombés en même temps sur les bras. Il chargea Manius d'aller accélérer la marche de Ventidius et d'Asinius Pollion, pour qu'ils vinssent à son secours. D'un autre côté, il détacha Tisiénus avec quatre mille chevaux, pour piller les convois de vivres d'Octave, et le forcer par-là à s'éloigner (7). Quant à lui, il vint s'enfermer dans Péruse, ville forte, avec l'intention d'y passer l'hiver, s'il le falloit, pour donner le temps à Ventidius d'arriver.

XXXIII. Aussitôt Octave se hâta d'employer toutes ses troupes à former autour de Péruse une ligne de circonvallation, sur un circuit de cinquante-six stades, à cause des hauteurs sur lesquelles cette place est située. Il en étendit de longs embranchements jusqu'au Tibre, pour empêcher qu'on ne fît pénétrer dans la ville chose quelconque. De son côté, Lucius mettoit en défense, par de semblables retranchements, le pied des hauteurs. Sur ces entrefaites, Fulvie excitoit Ventidius, Asinius Pollion, Atéius et Calénus à se hâter d'accourir de la Gaule au secours de Lucius. Elle leva en même temps de nouvelles troupes pour Lucius, et elle chargea Plancus de les lui amener. Plancus tailla en pièces une légion d'Octave qui se rendoit à Rome. Poussés par Fulvie et par Manius, Ventidius et Asinius Pollion, qui n'agissoient qu'avec répugnance et indécision, faute de connoître les véritables intentions d'Antoine, se mirent néanmoins en marche pour venir vers Lucius, et se disposèrent à forcer le passage malgré les troupes qui le leur fermoient. Octave, suivi d'Agrippa, accourut à leur rencontre, en abandonnant le siège de Péruse. Ventidius et Asinius Pollion, qui n'avoient point encore opéré leur jonction et qui ne marchoient pas du meilleur de leur cœur, se dirigèrent, l'un sur Ravenne (8), l'autre sur Ariminum (9), et Plancus gagna Spolette (10). Octave plaça auprès de chacun d'eux des corps de troupes en observation, pour les empêcher de se réunir, et vint reprendre ses positions autour de Péruse. Il fit vite palissader ses retranchements ; il fit doubler la profondeur et la largeur de ses fossés, au point de donner trente pieds à l'une et à l'autre. Il augmenta l'élévation de leurs relèvements. Il y distribua quinze cents tours de bois, à soixante pieds de distance l'une de l'autre. Les relèvements étoient défendus d'ailleurs par de fortes redoutes (11), et on n'avoit rien négligé de ce qu'il falloit pour le double but d'attaquer les assiégés, et de résister à leurs sorties. A ces travaux de fortification se mêlèrent beaucoup d'escarmouches, beaucoup de combats. Les troupes d'Octave étoient supérieures à lancer des flèches, et les gladiateurs de Lucius avoient le dessus dans les actions corps à corps, où ils tuoient beaucoup de monde.

XXXIV. Octave n'eut pas plutôt mis la dernière main à ses ouvrages, que Lucius fut réduit à la famine. Le mal devint chaque jour plus pressant, dans une ville où ni lui, ni les habitants, n'avoient pris à cet égard aucune sorte de précaution. Instruit de cette circonstance, Octave fit garder les passages avec la plus grande vigilance. La veille des calendes de janvier, Lucius, qui avoit songé à profiter de l'occasion de cette fête, dans la pensée que l'ennemi en seroit moins sur ses gardes, se précipita de nuit vers les portes des retranchements, espérant de les forcer, et de faire entrer par ce moyen beaucoup d'autres troupes qu'il avoit dans les environs. Une légion d'Octave, et ses cohortes prétoriennes avec lesquelles il s'étoit mis en embuscade dans le voisinage, accoururent aussitôt; et quoique Lucius combattît avec beaucoup de valeur, il fut repoussé. A la même époque, le peuple pressé, à Rome, par la pénurie des subsistances qu'on réservoit pour les troupes, se répandit ouvertement en imprécations contre la guerre, et contre ce succès récent d'Octave. Il se jeta dans les maisons des particuliers, sous prétexte d'y chercher du blé, et il enleva tout ce qui lui tomba sous la main.

XXXV. Ventidius, et les autres chefs du parti de Lucius, honteux de laisser ce dernier périr de faim, se mirent tous en marche pour aller le dégager, forçant les passages malgré les troupes d'Octave qui les cernoient, qui les harceloient de tous les côtés. Agrippa et Salvidiénus vinrent à leur rencontre avec des forces encore plus considérables. Ils craignirent d'être enveloppés, et ils gagnèrent Fulignium (12), petite ville à cent soixante stades de distance de Péruse. Ayant été comme cernés dans ce poste par Agrippa, ils firent de grands feux, pour informer Lucius de leur approche. Ventidius et Asinius étoient d'avis d'aller en avant, et pour cet effet de livrer bataille. Plancus fut d'avis, au contraire, placés comme ils l'étoient entre Octave et Agrippa, d'attendre encore ce qui en pourroit arriver ; et cet avis prévalut. Les assiégés, qui voyoient les feux du haut de Péruse, étoient dans la joie. Mais quand ils virent que les troupes amies n'avançoient pas, ils conjecturèrent qu'elles étoient harcelées par l'ennemi ; et quand ils cessèrent de voir les feux, ils crurent qu'elles avoient été battues. En conséquence, Lucius, que la faim pressoit de plus en plus, tenta une nouvelle sortie au milieu de la nuit. Il se battit depuis la première veille, jusqu'au point du jour, sur toute la longueur de la ligne ; mais dans l'impuissance de s'ouvrir un passage, il rentra dans la place. Il fit recenser tout ce qui lui restoit de subsistances. Il défendit qu'on en donnât aux esclaves, et fit surveiller ces infortunés, pour empêcher qu'en prenant la fuite ils n'allassent apporter à l'ennemi de nouveaux détails sur la détresse des assiégés. On vit donc les esclaves errer par bandes, et se répandre, soit dans l'intérieur de la ville, soit dans l'intérieur des lignes de Lucius, cherchant quelques brins d'herbe, ou quelques

Ans de Rome. 714.

feuilles vertes pour s'alimenter. Ceux qui moururent, Lucius les fit inhumer dans de grandes fosses. Il ne les fit pas brûler, de peur que la flamme des bûchers n'instruisît l'ennemi. Il ne laissa pas non plus leurs cadavres à découvert, de peur que les exhalaisons ne causassent des maladies.

XXXVI. Cependant, comme on ne cessoit point de manquer de vivres et de mourir de faim, les troupes, furieuses des échecs qu'elles avoient éprouvés jusqu'alors, engagèrent Lucius à faire une nouvelle tentative contre les retranchements ennemis, et parurent disposées à les forcer. Lucius, approuvant cette généreuse impulsion, leur dit : « Derniè-
« rement nous ne nous sommes pas battus, en effet,
« d'une manière digne de la situation critique où
« nous nous trouvons. Aujourd'hui il nous faut, ou
« capituler; ou, si cette extrémité nous paroît pire
« que la mort, nous battre jusqu'à la dernière
« goutte de notre sang. » Tous les soldats accueillirent cette proposition avec ardeur, et afin que l'obscurité de la nuit ne favorisât pas ceux qui pourroient manquer de courage, ils demandèrent d'être menés à l'ennemi en plein jour. Lucius se mit en marche de très grand matin (13). Les soldats portoient beaucoup de ces instruments de fer avec lesquels on attaque les retranchements, et des échelles de toute espèce, toutes préparées. Ils portoient aussi des instruments nécessaires pour combler les fossés, les tours pliantes propres à laisser tomber sur les relèvements des fossés des madriers en guise de pont. Ils portoient des traits de toute espèce, des

pierres, des espèces de claies pour pouvoir travail-
ler à couvert contre les palissades de l'ennemi (14),
et pour ébranler et déraciner les pieux. Ils commencèrent par charger l'ennemi avec beaucoup d'impétuosité. Ils comblèrent le fossé sur certains points,
et franchirent les premières palissades. Arrivés au
pied des murs de revêtement, les uns les déchaus-
sèrent, les autres y appliquèrent les échelles, les autres firent avancer les tours (15). Tous agissoient en
même temps, et chargeoient l'ennemi à coups de
pierres, à coups de flèches, à coups de balles de
plomb, bravant la mort avec beaucoup de courage.
On se battoit avec cette intrépidité sur plusieurs
points, ce qui mettoit l'ennemi dans la nécessité
de diviser ses forces, et l'affoiblissoit d'autant (16).

XXXVII. Les madriers des tours pliantes ayant
été jetés sur les murs de revêtement, l'action devint
alors très chaude pour les soldats de Lucius qui
combattoient du haut de ces madriers. Les traits
et les flèches pleuvoient sur eux en ligne oblique.
Ils ne laissèrent pas d'aller en avant. Quelques uns
s'élancèrent enfin sur les murs de revêtement mêmes,
et furent bientôt suivis par d'autres ; et peut-être,
se battant comme ils le faisoient, en désespérés,
eussent-ils obtenu quelques succès, si, instruit que
l'ennemi n'avoit pas beaucoup de ces machines,
Octave n'avoit pas fait remplacer ses soldats déjà
fatigués par ses meilleurs soldats de réserve : car
alors les soldats de Lucius furent jetés à bas des murs
de revêtement, leurs tours furent mises en pièces,
et on se mit à les darder d'en haut avec un air de

bravade. On en vit qui, criblés de coups dans leurs armures, criblés de blessures sur leurs corps, ayant déjà perdu la parole, conservoient encore toute leur intrépidité. Lorsque les cadavres de ceux qui avoient été tués sur les murs de revêtement furent mis à nu et jetés à bas, leurs compagnons d'armes s'irritèrent de cette injure : ce spectacle leur fit retourner la tête du côté de l'ennemi, et ils furent un moment en suspens, semblables à ces athlètes qui, dans les jeux gymniques, se voient forcés d'abandonner l'arène (17). Lucius, touché de voir ses troupes écumer ainsi de rage, fit sonner la retraite par ses trompettes. Les soldats d'Octave témoignèrent alors leur joie, en opérant avec leurs armes le cliquetis qui est le signe de la victoire. Ces airs de triomphe rendirent aux soldats de Lucius toute leur fureur : ils se saisirent de nouveau de leurs échelles, car il ne leur restoit plus de tours, et s'approchèrent de nouveau des murs de revêtement, en désespérés, mais sans nulle apparence de succès, car ils n'avoient plus de moyens. Lucius courut donc à eux, les supplia de renoncer à se faire tuer, et les ramena malgré eux, les cœurs navrés de regret.

XXXVIII. Telle fut l'issue de cette attaque, qui fut soutenue avec la plus vive chaleur. Cependant Octave, afin d'empêcher qu'on ne fît contre ses retranchements une nouvelle tentative de ce genre, établit sur les retranchements mêmes la partie de ses troupes destinée à surveiller les mouvements de l'ennemi, et fit exercer les autres à s'élancer également sur les retranchements sur d'autres points, au premier signal des trompettes. Elles s'exercèrent en effet tous les jours à cette manœuvre, quoiqu'il n'y eût point de nécessité, afin de se la rendre familière, et d'en imposer d'autant à l'ennemi. Les troupes de Lucius commencèrent à perdre courage, et les sentinelles, comme il arrive en pareille occasion, se négligèrent dans leur vigilance. Il en résulta que beaucoup de transfuges s'échappèrent de la place, et non seulement des individus obscurs, mais encore quelques officiers de marque. Déjà Lucius, touché de voir périr tant de monde, revenoit à des idées de rapprochement et de conciliation ; mais quelques ennemis personnels d'Octave, qui craignoient pour eux-mêmes, le retenoient encore. Enfin, lorsqu'on sut qu'Octave faisoit un bon accueil aux transfuges qui venoient vers lui, circonstance qui donna dans tous les cœurs plus d'activité au désir d'un rapprochement, Lucius craignit, s'il y résistoit plus long-temps, qu'on ne finît par le livrer personnellement à Octave.

NOTES.

(1) Cette ville de l'Ombrie, à laquelle Appien donne le nom de *Sentia*, tout court, Σεντίαν, Dion Cassius, dans son quarante-huitième livre, page 535, édit. de Reimar, lig. 16, la nomme *Sentinatas*, Σεντινάτας επολιόρκησε. On peut consulter la note 41 de Dion Cassius sur ce passage, ainsi que Cellarius, *Geogr. Antiq. lib. II, cap.* 9, *sect. II, n.* 236. Appien a laissé ici de côté, par inadvertance, la première opération d'Octave ; savoir, selon Dion Cassius, sa tentative contre Nursium, ville du pays des Sabins. Octave battit les habitants de Nursium, qui étoient venus en avant pour arrêter sa marche. Mais Tisiénus Gallus, qui défendoit la place, l'empêcha de s'en rendre maître. Ce fut alors qu'il marcha contre Sentia. Je profiterai de l'occasion pour relever ce qui me paroît dans Suétone un anachronisme. Il raconte que les citoyens de Nursium avoient fait graver sur le tombeau de quelques uns de leurs compatriotes qui avoient péri les armes à la main, « qu'ils étoient morts pour la cause « de la liberté, » *pro libertate eos occubuisse*, et qu'Octave, indigné de cette audace, leur avoit imposé une contribution pécuniaire si exorbitante, que, faute de pouvoir l'acquitter, ils avoient été entièrement expulsés de leur ville et de leurs propriétés. Or l'anachronisme de Suétone paroît consister en ce qu'il place ce fait à l'époque de la guerre de Modène, *Mutinensi acie*, au lieu qu'il semble appartenir à l'époque de la guerre de Péruse. Ce n'étoit, en effet, qu'à l'époque de cette guerre, que ceux qui combattoient contre Octave pouvoient se vanter de combattre pour la cause de la liberté. Car Lucius Antonius s'annonçoit comme le défenseur de la république, et l'on va voir tout à l'heure qu'il le déclara à Rome dans une assemblée du peuple. *Voyez Suétone, Vie d'Octave*, n. 12. D'ailleurs Dion Cassius à l'endroit cité, liv. XLVIII, ayant placé ce même fait à l'époque de la guerre de Péruse,

NOTES. 65

l'anachronisme de l'historien des Césars doit être regardé comme constant.

(2) Dion Cassius ne parle pas de cette fuite de Lépidus. Il se contente de dire que, lâche de son naturel, Lépidus n'opposa aucune résistance, non plus que Servilius, le collègue du consul Lucius Antonius.

(3) Ce n'étoit pas seulement pour adresser ce peu de paroles au peuple que Lucius Antonius s'étoit rendu à Rome. Il avoit un motif plus important. C'étoit, suivant Dion Cassius, pour obtenir un décret qui l'autorisât à faire la guerre à Octave ; ce qui lui fut accordé. Le même historien fait remarquer, à cette occasion, que Lucius Antonius parut à la tribune aux harangues, revêtu de son costume militaire ; ce qui étoit un exemple inouï jusqu'alors.

(4) Quoique ce Lucius Antonius eût tous les vices de son frère le triumvir, sans avoir aucune des qualités que ce dernier faisoit quelquefois paroître (*vitiorum fratris sui consors, sed virtutum quæ interdùm in illo erant expers, Patercul. lib. II, c. 74*), il obtint néanmoins le surnom de *Pius*. Dion prétend que ce fut en considération de sa grande tendresse pour le triumvir son frère. J'aime mieux croire à la conjecture de Casaubon. *Hic enim est L. Antonius, qui cognomen meruit Pietas, propter insignem pietatem, ut Dio ait, in fratrem; ut ego putabam, in rempublicam quam ille omni ope annisus est vindicare in pristinam libertatem. Casaub. in notis Suet. Oct. Cæs.* 14. Il est probable, si la conjecture de Casaubon a quelque fondement, comme je le crois, que ce fut à l'occasion dont il s'agit ici dans le texte, que ce surnom lui fut donné.

(5) Les Insubriens étoient un peuple de la Gaule Cisalpine. Leur territoire n'étoit pas éloigné des rives du Pô. Polybe nous apprend que Milan, *Mediolanum*, étoit la principale ville du pays des Insubriens. Μεδιόλανον ἐστι κυριώτατος τόπος τῆς τῶν Ἰσόμβρων χώρας. *Mediolanum præcipuus locus est Insubrium.*

(6) C'étoit une ville du pays des Tusciens ; elle étoit si-

tuée sur un des sommets de l'Apennin, dans l'Etrurie, selon Dion Cassius, entre le lac Trasimène et la rive droite du Tibre. Voy. Cellarius, *liv. II, c.* 9, *sect. II, n.* 186.

(7) L'interprète latin a rendu λεηλατεῖν τὰ Καίσαρος, par è *Cæsarianorum agris prædas agere.* Je n'ai pas pensé qu'il pût être ici question de *champs appartenants au parti d'Octave.* Dans l'ellipse d'Appien j'ai mieux aimé entendre τὰ τῆς ἀγορᾶς, que τὰ πέδια. Le même interprète a rendu ἵνα ἀναστείη, par *ut Cæsar ab obsidione abstraheretur.* Je n'ai pas cru devoir traduire, *et le forcer par-là à lever le siège.* Dans la situation des deux armées, il ne m'a pas paru qu'il y eût encore de *siège* proprement dit, dans le sens du moins que nous donnons à ce mot en français.

(8) Grande et ancienne ville d'Italie sur les bords de la mer Adriatique. On prétend qu'elle avoit été fondée par des Thessaliens à une époque que certains auteurs font remonter au temps de la ruine de Troie, et d'autres à celui de la dispersion des hommes après la confusion des langues entre les constructeurs de la tour de Babel. Voy. Cellarius, *liv. II, c.* 9, *sect. I, n.* 90.

(9) Elle étoit voisine de Ravenne. Entre ces deux villes étoit la petite rivière du Rubicon, à laquelle César a donné tant de célébrité en la passant pour commencer la guerre contre Pompée.

(10) Spolette, ville de l'Ombrie, entre le mont Apennin et le pays des Sabins. Florus la compte parmi les plus importantes des villes municipales. *Municipia Italiæ splendidissima sub hastâ venierunt, Spoletium, Interamnium, Præneste, Fluentia. Lib. III, c.* 21, *n.* 27.

(11) On est fort embarrassé lorsqu'on traduit les auteurs grecs pour rendre les termes techniques qui n'ont point de termes correspondants dans notre langue, sur-tout lorsque la correspondance même des choses n'existe plus. Tels sont les objets particuliers à l'architecture militaire des anciens. Quelques historiens, Appien entre autres, décrivant les détails des campements, des fortifications et des sièges,

emploient des expressions techniques qu'il est impossible de faire passer en français, aujourd'hui que les nouvelles lois de la tactique ont entièrement changé la nature de l'attaque et de la défense des places. Je me permettrai, en passant, une réflexion sur la 388ᵉ note de la traduction d'Hérodote, liv. I, p. 465, nouvelle édition. Sous prétexte qu'*Hésychius* explique le mot ἔπαλξις par πύργος, et le mot προμαχεών par πύργος, également; l'annotateur en conclut que *Julius Pollux*, dans son *Onomasticon* qu'il cite (liv. I, chap. 10, segment. CLXX, tom. 1, p. 110), regarde comme synonymes ces trois termes, πύργος, ἔπαλξις, et προμαχεών. Il cite en entier un passage destiné à la nomenclature de tout ce qui a rapport à l'ouvrage de fortification que les Grecs appeloient τεῖχος, le voici : Τεῖχυς δὲ μέρη κύκλος, περίκυκλος, περίβολος, προμαχῶνες, πύργοι, ἐπάλξεις, μεσοτείχια, τὰ μεσοπύργια, μεταπύργια : et là-dessus il ajoute, « Les trois « premiers termes étant certainement synonymes, et les trois « derniers l'étant pareillement, il s'ensuit que les trois du « milieu le doivent être aussi. » Dans ce peu de paroles, j'aperçois une erreur de fait et une erreur de logique. D'abord les trois premiers termes ne sont certainement pas synonymes dans le sens de Pollux. Il ne dit rien, absolument rien, de relatif à cette synonymie, et les principes de l'étymologie y répugnent. J'en dis autant des trois derniers. D'un autre côté, les trois premiers et les trois derniers fussent-ils synonymes, ce ne seroit pas une raison pour penser qu'il en fût de même des trois autres. Je pense au contraire que chacun de ces neuf mots avoit une acception différente dans l'architecture militaire des anciens, et je crois en voir la démonstration, au moins pour le cinquième et le sixième, dans ce passage d'Appien, où les mots πύργους et ἐπάλξεις me paroissent employés dans une acception différente : τό τε περιτείχισμα ὕψου, καὶ πύργους ἐπ' αὐτοῦ ξυλίνους δι' ἑξήκοντα ποδῶν ἵστη χιλίους καὶ πεντακοσίους· καὶ ἐπάλξεις τε ἦσα αὐτῷ πυκναὶ, καὶ ἡ ἄλλη παρασκευὴ πᾶσα διμέτωπος. Je vois là *quinze cents tours de bois* attachées à ce περιτείχισμα, placées à soixante pieds de distance. Je vois ensuite plusieurs de ces pièces de fortifications appelées proprement ἐπάλξεις, et qui certainement ne sont pas ici d'autres *tours*. Enfin les derniers mots ἄλλη παρασκευὴ πᾶσα διμήτωπος annoncent que toutes les autres pièces de fortification servant à l'attaque et à la défense étoient là.

(12) Les auteurs latins l'on nommée *Fulginia*. Témoin ce vers de Silius,

Patuloque jacens sine mœnibus arvo
Fulginia.   Lib. VIII. v. 460.

Elle étoit située sur les bords du Tinia, entre le Tibre et l'Appennin. Freinshémius l'a appelée *Fulginium*, Supplém. l. 126, n. 15.

(13) Le texte porte littéralement, *avant le jour*, πρὸ ἡμέρας. Mais la phrase précédente dit clairement que ce πρὸ ἡμέρας ne doit pas être entendu à la lettre. L'interprète latin l'a bien senti ; il a traduit *sub diluculum*.

(14) Le mot γέρρα qui est dans ce passage d'Appien m'a donné de la tablature. On le trouve dans Harpocration, dans Hésychius, dans Suidas, mais avec une grande variété d'acceptions. Ce qui m'a décidé au milieu de ces incertitudes, c'est un passage de Josephe, que m'a indiqué Juste-Lipse. (Poliorketikōn, lib. I, Dial. 7.) ainsi conçu : οἱ μὲν πρὸς ἀλεωρὴν τῶν ὕπερθεν ἀφιεμένων βελῶν, γέρρα διατείναντες ὑπὲρ τῶν χαρακωμάτων, ἔχουν ὑπ' αὐτοῖς. *Illi quidem ad depulsionem incidentium supernè jaculorum crates extendentes in stipitibus, sub iis fodiebant.* Festus interprétant le mot latin *guerra*, qui n'est que le mot grec, le rend par *crates vimineæ*, claies d'osier.

(15) Les tours pliantes dont l'auteur vient de parler, cela s'entend.

(16) Le texte est évidemment altéré en cet endroit. Schweighæuser l'a judicieusement remarqué. *Post* τινας, dit-il, *adjeci signum lacunæ.* Il ajoute, *cujus nulla suspicio foret, si abesset* τινας, *et lineâ abhinc tertiâ pro* δέ που *legeretur*

δὴ που. Peut-être cela ne suffiroit point : car la phrase se termine évidemment à πάντα ἦν; et alors ἐπειδὴ δα qui la commence semble appeler quelque chose de plus.

(17) En donnant ici au mot διαναπαυόμενοι un sens différent de celui que lui a donné l'interprète latin, je crois avoir mieux rendu la pensée d'Appien, et mieux saisi l'esprit de la situation. J'en laisse le jugement au lecteur; et pour lui mettre sous les yeux de quoi comparer, je lui présente la version de Desmares, qui a traduit, « Ainsi que les com-
« battants aux jeux gymniques, quand ils veulent se re-
« poser. »

CHAPITRE V.

Lucius Antonius se voit entièrement destitué de ressources. Il capitule avec Octave. Accueil qu'il en reçoit. Conduite d'Octave après la capitulation. Péruse est réduite en cendres.

Ans de Rome. 714.

XXXIX. Lorsque quelques tentatives préliminaires l'eurent assuré du succès, Lucius assembla ses troupes, et leur parla ainsi : « Compagnons
« d'armes, mon intention étoit de vous rendre votre
« ancienne forme de gouvernement, quand je vis que
« la tyrannie du triumvirat, établi sous prétexte de
« combattre Cassius et Brutus, subsistoit encore
« après leur mort. Lépidus avoit été dépouillé de
« son autorité; Antoine étoit dans des régions loin-
« taines, occupé à ramasser de l'argent, tandis
« qu'Octave disposoit, à lui seul, de tout à son
« gré, et qu'il ne restoit plus des anciennes institu-
« tions de notre patrie qu'un simulacre ridicule.
« Songeant donc à rétablir notre ancienne liberté et
« notre ancien gouvernement populaire, je deman-
« dai, qu'après avoir décerné à l'armée les récom-
« penses qui lui avoient été promises pour ses
« victoires, le pouvoir monarchique des triumvirs
« fût anéanti. N'ayant pu l'obtenir par les voies de
« la persuasion, j'essayai d'amener ce résultat par
« la voie des armes, à la faveur de l'autorité dont
« j'étois revêtu. Cependant Octave me calomnia
« auprès de l'armée, en m'accusant de contrarier

« l'établissement des colonies par égard pour les
« propriétaires des terres. Long-temps j'ignorai
« cette calomnie; et lors même qu'elle vint à ma
« connoissance, je ne pensai pas que personne pût
« en être la dupe, en réfléchissant que c'étoit moi
« qui avois demandé que ce fût parmi les troupes
« dont j'avois le commandement que fussent pris
« les chefs qui devoient vous distribuer les colonies
« qui vous étoient assignées. Néanmoins quelques
« individus se laissèrent fasciner les yeux par cette
« imposture; ils se déclarèrent pour Octave, croyant
« combattre réellement contre moi. Mais ils durent
« voir bientôt qu'ils combattoient contre eux-mêmes.
« Quant à vous, je vous déclare que vous aviez
« embrassé la cause la meilleure, et que vous avez
« combattu pour elle au-dessus des forces humaines.
« Ce n'est point par l'ennemi que nous sommes
« vaincus; c'est par la famine, à laquelle nous ont
« laissés en proie nos chefs armés pour la même
« cause (1). Quant à moi, il m'étoit beau de com-
« battre jusqu'à la dernière extrémité pour la patrie;
« une telle mort auroit ajouté aux éloges que méri-
« toient d'ailleurs mes intentions. Mais je ne résiste
« pas plus long-temps; je cède par égard pour vous,
« dont les intérêts me sont plus chers que ceux de
« ma gloire. Je vais donc députer vers le vainqueur.
« Je vais lui faire dire de réunir sur moi seul tous les
« traits de sa fureur, au lieu de les étendre jusqu'à
« vous tous; de ne pas user de clémence envers moi,
« mais de la réserver pour vous seuls, qui êtes ses
« concitoyens, qui avez ci-devant servi sous ses

« ordres, qui aujourd'hui même n'avez aucun tort à
« son égard, qui n'avez porté les armes contre lui que
« pour défendre une belle cause, et qui êtes moins
« vaincus par la guerre que réduits par la famine. »

XL. Après ce discours, Lucius s'empressa de choisir trois des plus éminents personnages qui étoient auprès de lui, et les députa. Le plus grand nombre de ceux qui avoient embrassé son parti gémissoient, navrés de douleur, les uns par intérêt pour eux-mêmes, les autres par attachement pour leur chef, dont les intentions républicaines excitoient leur admiration et leurs éloges, et qu'ils voyoient succomber sous la loi de la nécessité. Cependant les trois députés qui se rendirent auprès d'Octave lui rappelèrent que les deux armées appartenoient à la même patrie, qu'elles avoient fait les mêmes campagnes, que les patriciens des deux partis étoient unis par les liens de l'amitié, et que chez leurs vertueux ancêtres on ne poussoit jamais les dissensions jusqu'au point de les rendre incurables (2). En un mot, ils firent valoir toutes les considérations de ce genre qu'ils crurent propres à le déterminer. Octave, qui savoit que les forces de l'ennemi étoient composées en partie de troupes de nouvelle levée, encore sans expérience, et en partie de vétérans vieillis sous les armes, répondit avec artifice, qu'il pardonnoit à tous ceux qui avoient servi sous Antoine, par considération pour lui; mais quant aux autres, il exigea qu'ils se rendissent à discrétion. Voilà ce qu'il répondit publiquement aux trois députés. Mais ayant pris ensuite Furnius, un des trois, en particulier, il lui fit espérer beaucoup plus de clémence et d'humanité de sa part, envers Lucius et les autres ses partisans. Il n'en excepta que ses propres ennemis.

XLI. Ceux donc des ennemis personnels d'Octave qui étoient auprès de Lucius, instruits de l'entretien particulier qu'avoit eu Furnius avec lui, soupçonnèrent qu'ils en avoient été le sujet. Ils accablèrent Furnius d'outrages à son retour; ils demandèrent à Lucius d'envoyer une nouvelle députation pour obtenir les mêmes conditions en faveur de tous, ou de se battre jusqu'à la mort (3). Ils lui représentèrent que ce n'étoit point ici une guerre personnelle et de parti, mais une guerre entreprise pour la cause de la patrie. Lucius applaudit à ces représentations; il s'attendrit sur le sort de tant d'illustres personnages (4). Il promit d'envoyer d'autres députés; et remarquant là-dessus que personne n'étoit plus propre que lui à cette négociation, il se mit sur-le-champ en marche, sans se faire précéder par aucun héraut, et seulement quelques avant-coureurs vinrent annoncer son arrivée à Octave, qui, de son côté, vint sur-le-champ à sa rencontre. On les vit l'un et l'autre entourés de leurs amis, ayant un brillant cortège de troupes et de drapeaux, revêtus l'un et l'autre du costume militaire de général en chef. Lucius se sépara de ses amis, et, suivi de deux licteurs seulement, il continua d'aller en avant, donnant à connoître par-là son intention. Octave, qui comprit ce que cela vouloit dire, en fit autant de son côté afin de faire connoître à Lucius avec quelle bienveillance il en useroit à son égard; et comme il vit Lucius se diriger grand train vers l'entrée de ses retranchements, voulant par-là donner à entendre qu'il commençoit par se mettre lui-même à la discrétion d'Octave, celui-ci le prévint et sortit lui-même de ses lignes pour conserver à Lucius la liberté de stipuler à son aise pour ses intérêts. Tels furent les signes qu'ils se donnèrent l'un à l'autre de leurs dispositions réciproques, à mesure qu'ils s'avançoient.

XLII. En arrivant tous deux auprès du fossé (5), ils se saluèrent tour à tour, et Lucius prenant la parole, s'exprima dans les termes suivants : « Si « c'étoit, Octave, comme étranger (6) que j'eusse « pris les armes contre vous, j'aurois honte d'être « vaincu comme je le suis, et je serois bien plus « honteux de capituler. J'aurois trouvé en moi- « même un moyen facile de me soustraire à cette « ignominie (7). Mais puisque c'est contre un de « mes concitoyens, contre un de mes égaux que j'ai « pris les armes, et pour l'intérêt de la patrie, je ne « regarde plus comme une honte d'être vaincu pour « une telle cause par un semblable ennemi. En vous « tenant ce langage, mon but n'est point de me « dérober à ce qu'il peut vous plaire d'ordonner de « moi; car c'est pour me mettre pleinement à votre « discrétion que je suis venu dans votre camp sans « avoir préalablement traité avec vous. Mais mon « but est de vous demander pour d'autres que moi « des conditions pleines de justice, et réclamées « par votre propre intérêt. Je dois donc dans cette « matière séparer ma cause de celle des autres, afin

« qu'instruit que c'est moi seul qui suis l'auteur de
« tout ce qui vient de se passer, ce soit sur moi que
« vous fassiez tomber tout le poids de votre colère,
« et que vous ne pensiez pas que je ne viens ici que
« pour invectiver contre vous avec une entière li-
« cence (car ce seroit à contre-temps), mais pour
« vous parler le langage de la vérité; car il n'est pas
« en mon pouvoir d'en parler un autre.

XLIII. « Quand j'ai pris le parti de vous déclarer
« la guerre, je n'ai point eu l'ambition de succéder
« à votre pouvoir après vous avoir fait succomber;
« mon intention étoit de rendre à la patrie les formes
« républicaines de son gouvernement (8), détruites
« par le triumvirat, et je ne pense pas que vous
« puissiez en disconvenir. Car lorsque vous l'avez
« constitué, vous avez reconnu vous-même qu'il
« étoit contraire aux lois; mais vous avez allégué
« que la nécessité, que les circonstances deman-
« doient son établissement, parceque Cassius et
« Brutus existoient encore, et que nulle réconcilia-
« tion n'étoit praticable entre eux et vous. Mais
« après la mort de ces deux chefs de la guerre civile,
« et lorsque les partisans de cette faction, s'il en
« reste encore, au lieu de porter les armes contre
« la république, ne les portent que parcequ'ils vous
« redoutent, au moment sur-tout où les cinq ans de
« votre triumvirat alloient expirer, j'ai voulu rétablir
« les magistratures selon les anciennes lois de la pa-
« trie (9), sans préférer à elle mon frère même, espé-
« rant qu'à son retour il y souscriroit de grand
« cœur. J'ai accéléré cette opération, désirant qu'elle

76 HISTOIRE DES GUERRES CIVILES

Ans de Rome. 714.

« fût consommée pendant que j'étois en fonction.
« Si vous en aviez eu les prémices, vous en auriez
« eu toute la gloire. Il me fut impossible de vous
« faire adopter ces vues. J'étois votre concitoyen;
« j'avois quelque renommée : j'étois revêtu du
« consulat; je crus donc devoir prendre le chemin
« de Rome pour vous y contraindre. Voilà les seules
« causes qui m'ont mis les armes à la main contre
« vous. Ce ne sont ni mon frère, ni Manius, ni
« Fulvie, ni l'assignation des colonies que vous avez
« faite aux vainqueurs de Philippes, ni aucun sen-
« timent de commisération pour les particuliers à
« qui l'on enlevoit leurs héritages, puisque c'est
« moi qui ai donné aux vétérans de l'armée de mon
« frère les chefs qui devoient leur distribuer les
« terres mêmes dont ces particuliers étoient dé-
« pouillés. Cependant vous m'avez vous-même ca-
« lomnié auprès des troupes, en attribuant à l'as-
« signation des colonies le motif de la guerre que je
« vous avois déclarée, tandis que ce motif ne re-
« gardoit que vous seul. C'est à l'aide de cette
« supercherie que vous avez séduit vos vétérans, et
« que vous m'avez vaincu; car ils sont persuadés
« que c'est à eux que j'ai voulu faire la guerre (10),
« et qu'ils ne font que résister à leur ennemi. Sans
« doute vous aviez besoin de ces artifices pour me
« combattre. Mais à présent que vous m'avez vaincu,
« si vous êtes l'ennemi de la patrie, vous devez me
« regarder comme votre ennemi personnel, puisque
« j'ai voulu faire pour elle ce que je croyois impor-
« tant pour ses intérêts, et ce que la famine m'a
« empêché d'exécuter.

XLIV. « En vous tenant ce langage, je me mets, « ainsi que je vous l'ai déjà dit, entre vos mains et « à votre discrétion. Mais j'ai voulu vous montrer ce « que j'ai pensé de vous ci-devant, ce que j'en pense « encore en ce moment, quoique je sois venu seul « auprès de vous. Voilà pour ce qui me concerne. « Quant à mes amis et à toute l'armée, si ce que je « vais vous en dire ne doit point vous paroître sus- « pect, je vous donnerai pour conseil ce qui sera le « plus conforme à vos intérêts, de ne leur faire « aucun mal à cause des dissensions qui ont eu lieu « entre vous et moi; de songer qu'homme comme « vous l'êtes, et exposé aux vicissitudes de la fortune, « la chose du monde la moins constante (11), il vous « importe de ne point attiédir le zèle de ceux qui, « dans d'autres conjonctures, pourroient courir des « dangers pour vous, en leur apprenant, par votre « conduite en cette occasion, qu'il est difficile aux « vaincus de trouver grace auprès de vous. Si d'ail- « leurs ces conseils vous paroissent suspects et peu « dignes de foi dans la bouche d'un ennemi, je ne « laisse pas de vous supplier de ne point faire subir « à mes amis la peine de mes torts envers vous, et « de ma mauvaise fortune, mais de faire tout re- « tomber sur moi seul, qui suis la cause de tout. « Au reste, en me séparant d'eux tout à l'heure (12), « je n'ai eu d'autre intention que d'éviter de pa- « roître vouloir vous intéresser artificieusement en « ma faveur, en vous tenant ce langage en leur « présence. »

XLV. Après que Lucius eut cessé de parler,

Octave lui répondit en ces termes : « Lorsque je
« vous ai vu, Lucius, venir vers moi avant que d'a-
« voir conclu aucune capitulation, je me suis em-
« pressé de venir à votre rencontre et de vous
« joindre pendant que vous étiez encore hors de
« mes lignes, afin que, maître encore de vous-même,
« vous pussiez proposer pour vous, dire et faire
« pour vos intérêts, tout ce qui vous sembleroit bon.
« Mais puisque vous vous abandonnez à ma dis-
« crétion, et qu'en cela vous vous conduisez en
« homme qui avoue ses torts, je n'ai plus besoin de
« discuter les objets sur lesquels vous venez de cher-
« cher artificieusement à m'en imposer. Vous avez
« d'abord tenté de me nuire, et vous me nuisez en
« effet en ce moment (13); car, en me faisant faire
« des propositions de capitulation, vous les auriez
« obtenues telles que devoit vous les accorder un
« vainqueur qui avoit à se plaindre de vous. Mais en
« venant mettre à ma discrétion, et votre personne,
« et vos amis, et toutes vos troupes, avant qu'au-
« cune capitulation soit arrêtée entre nous, vous
« m'ôtez tout sujet de ressentiment, vous me dé-
« pouillez d'un pouvoir qu'en traitant vous m'au-
« riez nécessairement laissé. Vous me réduisez à
« prendre en considération à la fois les égards que
« je vous dois à vous tous, et ce que les lois de la
« bienséance et de la justice exigent de moi. Mais
« je me complais bien mieux dans cette situation,
« Lucius, soit par rapport aux Dieux, soit par rap-
« port à moi-même, soit par rapport à vous; et je
« ne frustrerai point la confiance avec laquelle vous

« êtes venu auprès de moi (14). » Tels furent les discours qu'ils s'adressèrent l'un à l'autre, autant que la langue grecque peut rendre ce que j'ai trouvé là-dessus dans les matériaux sur lesquels j'ai travaillé. Lorsqu'ils se séparèrent, Octave se répandit en éloges et en témoignages d'admiration sur la conduite de Lucius, qui avoit parlé sans blesser par aucun propos, ni la générosité, ni les bienséances, comme on le fait communément en pareil cas. Lucius de son côté loua beaucoup la clémence d'Octave, et le talent de son laconisme. Les autres cherchèrent à lire sur le visage et dans les regards de tous deux ce qu'ils avoient pu se dire.

XLVI. Lucius envoya ses chiliarques prendre l'ordre auprès d'Octave. Ils lui apportèrent en même temps le contrôle de l'armée. C'est encore l'usage aujourd'hui, que lorsqu'un chiliarque vient demander l'ordre au général en chef (15), il lui présente un registre contenant jour par jour le nombre des hommes présents sous les drapeaux. Les chiliarques, après avoir reçu l'ordre, conservèrent encore leurs postes. Octave avoit en effet ordonné que les deux armées resteroient, la nuit suivante, chacune dans ses postes respectifs. Au point du jour, Octave fit des sacrifices, et Lucius lui envoya son armée avec armes et bagages comme si elle se fût mise en campagne. Les troupes saluèrent de loin Octave comme leur chef, et elles s'arrêtèrent, légion par légion, à l'endroit qui leur avoit été assigné. Les vétérans étoient séparés des troupes de nouvelle levée. Octave, après avoir achevé ses sacrifices, monta sur son tribunal, ayant autour de sa tête une couronne de laurier, symbole de la victoire, et ordonna aux troupes de Lucius de poser les armes dans le lieu même où elles étoient stationnées. Cela fait, il donna ordre aux vétérans de s'avancer. Il avoit l'intention de leur reprocher leur ingratitude à son égard, et de leur en imposer par ces reproches; mais cette intention avoit été pénétrée, et ses propres troupes, soit de dessein prémédité et d'après des instructions suggérées, comme cela se pratiquoit souvent alors, soit par sensibilité pour d'anciens camarades, quittèrent elles-mêmes d'impatience leurs propres rangs, allèrent se mêler et se confondre avec les vétérans de Lucius comme avec leurs anciens compagnons d'armes, les embrassèrent, unirent leurs acclamations, sollicitèrent en leur faveur la clémence d'Octave, et continuèrent à vociférer et à s'embrasser réciproquement, jusqu'à faire partager aux troupes de nouvelle levée ces élans de sensibilité; de manière qu'il n'étoit plus possible de séparer ni de distinguer les vainqueurs des vaincus.

XLVII. Il fut donc encore une fois impossible à Octave d'exécuter son projet (16). Mais lorsqu'après beaucoup d'efforts il fut parvenu à rétablir le calme, il s'adressa à ses propres soldats et leur dit : « C'est « ainsi, compagnons d'armes, que vous en agissez « toujours avec moi; je ne peux rien exécuter à « mon gré (17). Sans doute, je sais que les troupes « de nouvelle levée de Lucius n'ont pris les armes « que parcequ'elles y ont été contraintes. Mais j'avois « l'intention de demander aux vétérans, qui ont

« souvent servi avec vous sous les mêmes enseignes, « et pour le salut desquels vous vous montrez si « ardents en ce moment, quels étoient les sujets de « plaintes que je pouvois leur avoir personnelle- « ment donnés, quel étoit le bienfait que je leur « avois refusé, quels étoient les plus grands avan- « tages qu'ils pouvoient espérer sous d'autres dra- « peaux, pour avoir pris, comme ils l'ont fait, les « armes contre moi, contre vous, et contre eux- « mêmes. Tous les désagréments personnels que j'ai « eus à éprouver ont eu pour cause ces concessions « de colonies dans lesquelles ils avoient aussi leur « part. Si vous voulez me le permettre, je leur ferai « cette question (18). » Ses soldats ne le lui permirent point; mais ils continuèrent à implorer sa clémence. « J'accorde, leur dit-il, tout ce que vous demandez; « je leur pardonne, à condition qu'à l'avenir ils me « seront aussi attachés que vous l'êtes. » Les uns et les autres le promirent. Les acclamations, les actions de grace pour Octave retentirent de tous les côtés. Il permit à quelques uns de son armée de donner l'hos- pitalité à quelques amis. Il ordonna à tout le reste de planter leurs tentes séparément, dans les endroits où ils avoient été stationnés, et cela jusqu'à ce qu'il leur eût assigné des villes pour quartiers d'hiver, et qu'il leur eût nommé les chefs qui devoient les y conduire.

XLVIII. Cependant Octave se plaça sur son tri- bunal, et fit appeler de Péruse Lucius et tous les Romains constitués en dignité; ils furent suivis de beaucoup de sénateurs, de beaucoup de chevaliers

Ans de Rome. 714.

auxquels ce rapide revers de fortune avoit généralement donné un extérieur déplorable. Au moment où tous ces personnages sortirent de Péruse, un corps de troupes en prit possession. Lorsque ce cortège fut arrivé auprès d'Octave, celui-ci fit asseoir Lucius à son côté, les autres, les amis d'Octave et ses centurions, conformément aux instructions qu'ils avoient tous reçues d'avance, se les partagèrent, tant pour leur faire honneur que pour s'assurer de leurs personnes sans en avoir l'air (19). Il ordonna qu'on fît venir auprès de lui tous les citoyens de Péruse, qui, du haut de leurs murailles, lui tendoient des mains suppliantes. Il n'excepta que leurs magistrats (20). Lorsqu'ils furent rendus auprès de lui, il leur fit grace. Quant à leurs magistrats, il les fit d'abord arrêter, jeter en prison, et peu de temps après mettre à mort, à l'exception d'Æmilius Lucius (21), qui, ayant été antérieurement du nombre des commissaires chargés du jugement des assassins de César, avoit ostensiblement déposé dans l'urne la boule qui condamnoit à la mort (22), et avoit engagé tous ses collègues à en faire autant, afin d'expier plus solennellement (23) cet attentat.

XLIX. Quant à la ville même de Péruse, Octave avoit d'abord résolu de l'abandonner à ses troupes pour la piller; mais un de ses habitants, Cestius, atteint de démence, qui avoit fait la guerre en Macédoine, et qui de là s'étoit donné à lui-même le surnom de Macédonien (24), mit le feu à sa maison et se précipita dans les flammes, qui, poussées par les vents, répandirent l'incendie dans toute la ville. Elle se brûla en entier, à l'exception du temple de Vulcain. Telle fut la catastrophe de Péruse, ville recommandable par son ancienneté et par son importance. On prétend qu'elle avoit été anciennement fondée par les Tyrrhéniens, et qu'elle avoit été une des douze principales villes qu'ils bâtirent en Italie. C'étoit par cette raison que les Pérusiens adoroient Junon principalement, ainsi que les Tyrrhéniens. Après cet incendie, tous ceux de ses habitants qui se partagèrent les restes de la ville prirent Vulcain pour le Dieu tutélaire de leur patrie, à la place de Junon (25). Le lendemain, Octave fit la paix avec tous les vaincus; mais ses troupes ne cessèrent d'être en rumeur contre quelques uns de ces infortunés, ennemis personnels d'Octave, jusqu'à ce qu'elles eurent obtenu leurs têtes (26). Les principaux de ces ennemis (27) d'Octave étoient Canutius (28), C. Flavius, Clodius le Bithynique, et quelques autres. Ce fut ainsi que se terminèrent, et ce siège de Péruse soutenu par Lucius, et cette guerre qu'on avoit craint devoir être plus longue et plus funeste à l'Italie.

NOTES.

(1) Allusion à Ventidius, à Asinius Pollion, et aux autres chefs du parti d'Antoine, qui n'avoient pas fait tout ce qui étoit possible pour venir dégager Lucius. C'étoit tout simple. Ventidius, Asinius Pollion, et les autres chefs, jetoient leurs regards dans l'avenir. Antoine touchoit au bout de sa carrière; Octave ne faisoit que commencer la sienne. La prudence leur commandoit donc de se conduire de manière qu'à tout évènement Octave n'eût pas à leur reprocher un jour d'avoir agi trop vigoureusement contre lui.

(2) C'est très vrai, et la raison en est évidente ; les ancêtres des patriciens dont il est ici question étoient des Romains *vertueux* ; la vertu, la véritable vertu, la vertu proprement dite, la vertu qui arrachera l'hommage des méchants même, tant qu'il y aura des hommes sur la terre, cette vertu étoit l'ame de ces Romains-là. Du temps d'Octave c'étoit un peu différent : témoin, Octave lui-même. On va voir tout à l'heure comme il profite du droit du plus fort pour se baigner dans le sang de ses concitoyens.

(3) On verra tout à l'heure si ces membres du sénat, si ces chevaliers qui avoient suivi la fortune de Lucius, avoient raison de demander de se battre jusqu'à la mort.

(4) Le grec porte littéralement *de ces citoyens de même rang que lui et qu'Octave*. C'est une expression qui revient souvent dans Appien.

(5) Voilà un passage d'Appien qui démontre bien clairement que, dans la construction des camps de l'antiquité, le fossé, τάφρος, étoit en dehors; que l'amoncellement de terres, χαράκωμα, étoit en dedans, et même qu'il y avoit une certaine distance de l'un à l'autre.

(6) Le texte porte ξένος ὤν, au nominatif, qui se rapporte par conséquent à Lucius. C'est donc sur lui personnellement que porte cette idée de ξένος, par où il débute, et non point

sur Octave, ainsi que l'interprète latin l'a entendu. *Si cum externo hoste bellum hoc gessissem.* Le début de la phrase suivante prouve en faveur de cette remarque. Car dans ἐπεὶ δὲ πολίτῃ διηνέχθην, καὶ ὁμοτίμῳ, c'est tout comme si on lisoit, επεὶ δὲ πωλίτης πωλίτῃ διηνέχθην, καὶ ὁμοτίμος ὁμοτίμῳ. κ. τ. λ. Desmares s'est laissé induire en erreur par la version de Geslen; il a traduit : « César, si vous étiez un « étranger. »

(7) . . . . *Opinor*
Hoc sentit, moriar : mors ultima linea rerum.
HORAT.

(8) L'original porte ἵνα τὴν ἀριστοκρατίαν ἀναλάβω. Pourquoi Appien ne parle-t-il ici que des formes *aristocratiques*, qui étoient bien un des élémens du gouvernement de la république romaine, mais qui ne le constituoient pas en entier ? Un peu plus haut, sect. XXXIX, lorsque Lucius a harangué ses troupes, Appien lui a mis dans la bouche les mots de *liberté*, de *démocratie*; ἅπερ ἐγώ μεταβάλλειν ἐς τὴν ἄνωθεν ἐλευθερίαν τε καὶ δημοκρατίαν ἐπινοῶν. Pourquoi cette différence d'expression ? Est-ce parceque, en parlant à des soldats, il falloit présenter l'image de la *liberté* et de la *démocratie*, mots inconvenans dans une harangue adressée à un triumvir; à moins qu'il ne faille entendre ici le passage de notre historien dans le sens de la *synecdoche*.

(9) Le texte porte à la lettre, *J'ai voulu que les magistratures relevassent la tête selon les lois de la patrie*, ἀνακύψαι τὰς ἀρχὰς ἐπὶ τὰ πάτρια ἠξίουν.

(10) Telle avoit été exactement la tactique hypocrite de César contre Pompée. On se rappelle en effet qu'au moment d'engager l'action à Pharsale, il avoit dit à ses soldats : « Les voilà ceux qui ont voulu vous licencier sans récom- « pense, sans vous accorder ni honneurs du triomphe, ni « gratification militaire après avoir combattu pendant dix « ans, après avoir obtenu tant de succès, remporté tant de « victoires, et avoir subjugué, au profit de la patrie, les

« peuples nombreux de l'Ibérie, des Gaules et de la Grande-
« Bretagne. » Voyez ci-dessus, liv. II, sect. LXXIII.

(11) Ἀγαθὴ γὰρ ἡ τύχη τοὺς μέγα φρονοῦντας παραδόξως σφῆλαι καὶ διδάξαι μηδὲν ἄγαν κατελπίζειν. C'est ainsi que s'exprime Diodore de Sicile, dans le livre XV de son Histoire; et l'occasion me paroît si heureuse pour citer ici le beau passage de cet historien au sujet de la conduite d'Alexandre envers la famille de Darius, que je ne peux résister à la tentation de le transcrire. Αἱ μὲν γὰρ τῶν πόλεων πολιορκίαι καὶ παρατάξεις, καὶ τὰ ἄλλα τὰ κατὰ τὸν πόλεμον προτερήματα τὰ πλείονα διὰ τύχην ἢ δι' ἀρετὴν ἐπιτυγχάνεται· ὁ δ' ἐν ταῖς ἐξουσίαις εἰς τοὺς ἐπταικότας ἔλεος μεριζόμενος διὰ μόνης τῆς φρονήσεως γίνεται. οἱ πλεῖστοι γὰρ διὰ τὴν εὐτυχίαν ἐπαίρονται μὲν ταῖς εὐπραξίαις, ὑπερήφανοι, ἐν ταῖς εὐτυχίαις γιγνόμενοι τῆς ἀνθρωπίνης καὶ κοινῆς ἀσθενείας ἐπιλανθάνονται. Διὸ καὶ νῦν τοὺς πλείστους ὁρᾶν εἶναι τὴν εὐτυχίαν, ὥσπερ τὶ βαρὺ φορτίον, φέρειν ἀδυνατοῦντας. Diod. Sic. lib. XVII, p. 517, edit. Wichel. 1604.
« La plupart des succès que l'on obtient à la guerre, soit
« dans les sièges, soit dans les champs de bataille, sont
« souvent plutôt l'ouvrage de la fortune que du talent. Mais
« les sentiments de pitié et de commisération que l'on ac-
« corde au malheur, lorsqu'on est soi-même au faîte de la
« puissance, voilà l'ouvrage qui n'appartient qu'à la pru-
« dence et à la sagesse; car le commun des hommes se
« laisse emporter par les succès, aveugler par la prospérité.
« L'arrogance et l'orgueil que leur inspirent les faveurs de la
« fortune leur font oublier que la foiblesse est l'apanage
« commun de l'espèce humaine. De là vient que nous voyons
« aujourd'hui tant d'individus pour lesquels leur prospérité
« semble n'être qu'un lourd fardeau qu'ils ne peuvent point
« supporter. » Si l'on considère que Diodore de Sicile étoit
contemporain de César et d'Octave, il ne sera pas malaisé
de voir sur qui cet estimable historien portoit ses vues, en
écrivant le passage vraiment remarquable que nous venons
de traduire.

(12) On a vu en effet, un peu plus haut, que Lucius, en

s'approchant d'Octave, avoit laissé tout son cortège derrière lui, à une certaine distance.

(13) Ἐξαρχῆς δὲ με βλάψειν ἑλόμενος, καὶ νῦν ἔβλαψας. Voilà le texte que la version latine de Schweighæuser a rendu par ces mots : *Sed sicut indè ab initio consilium mihi nocendi cepisti, sic etiam mihi noces.* Sur quel fondement donc Desmares a-t-il pu traduire, « Vous aviez dès « le commencement envie de me vaincre; maintenant vous « m'avez vaincu. » Il y a dans cette tournure un jeu de mots que je ne vois point dans le grec.

(14) Après un semblable discours de la part d'Octave, on doit naturellement s'attendre que tout se passera dans cette capitulation, sans atrocité, sans effusion de sang. On verra bientôt avec quelle horrible perfidie se conduisit le triumvir lorsque la place eût été rendue.

(15) Il importe de remarquer ici l'emploi que fait Appien du mot τῷ βασιλεῖ. Il est bien évident qu'on ne peut pas le rendre par le mot *roi*. Appien lui donne ici son acception primitive, son acception étymologique, le sens qu'il avoit dans les temps reculés de l'antiquité, où le besoin de la guerre, et la nécessité de la discipline, demandant des chefs investis d'une grande mesure d'autorité, leur imposèrent, afin qu'ils n'oubliassent pas de qui ils la tenoient et à quelle fin elle leur étoit conférée, le nom de βασιλεῖς, c'est-à-dire, *appuis du peuple, champions du peuple, défenseurs du peuple, protecteurs du peuple.* C'est ce sens-là qu'a ce mot βασιλεὺς dans ces vers de l'Iliade,

.... Εἷς κοίρανος ἔστω,
Εἷς βασιλεὺς ....

Et lorsque Ammonius, dans son Recueil περὶ ὁμοίων καὶ διαφόρων λέξεων, assigne une différence entre les trois mots βασιλεὺς, κοίρανος et ἡγεμών, et qu'il dit que le « premier « s'entend de celui qui arrive au pouvoir suprême par voie « de succession paternelle ou autre, » βασιλεὺς μὲν γὰρ ἔστι ὁ πατρόθεν ἢ ἀπὸ γένους τὴν ἀρχὴν παραλαβών, ce n'est qu'un sens restreint et particulier qu'il lui donne.

(16) C'est-à-dire qu'il ne fut pas plus le maître d'agir envers les vétérans de Lucius, selon ses projets, qu'il ne l'avoit été de régler avec Lucius lui-même les articles de la capitulation. C'est, en effet, par un reproche à cet égard qu'il débute en s'adressant à ses troupes dans le discours qu'on va lire.

(17) Les anciennes éditions portent εὐτυχῆσαι. Le manuscrit sur lequel *Claude de Seyssel* a travaillé présentoit probablement la même leçon, puisqu'il a traduit, « tellement « que je ne peux rien exécuter à ma volonté »; ce qui me paroît être le vrai sens de l'original. J'ai donc regardé comme une erreur la conjecture de *Musgrave*, adoptée par Schweighæuser, sur la foi du manuscrit d'Augsbourg, dont le premier a cru devoir lire, et l'autre devoir exprimer ἀτυχῆσαι, ce qui ne rend pas un sens aussi naturel à beaucoup près; témoin la version latine: *Ita vos commilitones semper erga me gessistis, ut nihil frustra à me petere possitis.* Au demeurant, on peut choisir entre ma version et celle de Desmares, qui a traduit : « Vous avez toujours « agi tellement avecque moy, mes compagnons, qu'il ne « m'est pas possible de vous rien refuser. »

(18) « Mais ne trouvez point mauvais si, pour ce qui les « regarde, je ne m'en mesle plus. » Il est évident que Desmares n'a pu tomber dans un contre-sens aussi bien conditionné, que parcequ'il a pris dans son texte grec un mot pour un autre, et qu'il a lu probablement παύσομαι, au lieu de πεύσομαι, c'est-à-dire, *je cesserai, je m'abstiendrai*, au lieu de *je demanderai, je ferai une question*. Si Desmares eût jeté les yeux sur la version de Seyssel, il auroit lu, « Et « si vous me laissez dire, je leur demanderai encore. » Dans la version latine de Geslen, il auroit trouvé, *quorum ego insolentiam vel nunc compescam, si modò sinitis.*

(19) Je ne sais si l'interprète latin a rendu sa version assez correcte et assez claire, en traduisant, *ut et in honore et in*

latente custodiâ eos haberent; et j'ai pensé que les deux mots de l'original φυλακὴν ἄσημον, devoient être ici figurément entendus.

(20) Il y a dans le grec ἄνευ τῆς βουλῆς μόνης, littéralement, *à l'exception du sénat.* Mais comme on ne peut pas donner ce nom aux magistrats de cette ville, il faut entendre par l'expression grecque la collection des magistrats qui composoient *le conseil municipal, l'autorité prépondérante* de cette cité.

(21) Comme il étoit féroce, cet Octave, jusque dans les motifs de ses bienfaits! Il excepte Æmilius Lucius de la proscription dont il frappe les magistrats de Péruse, parceque cet homme avoit servi à son gré sa vengeance dans le jugement rendu contre les assassins de César.

(22) Ce motif d'exception faisoit sans doute grand honneur à Æmilius Lucius, et Octave lui avoit sur ce pied-là de grandes obligations. La meilleure manière, en effet, de commander aux suffrages, et de faire voter comme il vouloit, c'étoit bien de faire voter à découvert; et il y a grande apparence qu'Æmilius Lucius, en montant sur le siège du tribunal, avoit reçu d'avance les instructions nécessaires à cet égard. Appien nous a donné en trois mots, que nous aurons occasion de citer une seconde fois tout à l'heure, le secret ordinaire de la tactique d'Octave, οἷα προδιδάσκονται πολλάκις. Sect. XLVI. Au surplus, cet épouvantable exemple de contraindre à voter à découvert pour commander aux suffrages, n'est pas unique dans l'histoire romaine. On le retrouve parmi les horreurs qui signalèrent le règne de ce Tibère entre les mains duquel Octave mourant remit les rênes de l'Empire. Granius Marcellus, proconsul de Bithynie, étoit accusé d'avoir tenu des discours sinistres sur le compte de Tibère. « La mort de Marcellus étoit inévitable, « dit Tacite, puisque le crime qu'on lui imputoit étoit d'avoir « tympanisé Tibère dans ses propos, et d'avoir parlé de toutes « les horreurs qu'il commettoit, ainsi que de toutes ses tur- « pitudes. » Car, comme il n'y avoit rien que de vrai dans

les horreurs et les turpitudes de Tibère, dont Hispon l'accusateur soutenoit que Marcellus avoit fait le sujet de ses propos, Tibère pensoit que l'accusateur articuloit la vérité. *Exarsit adeò*, ajoute Tacite, *ut ruptâ taciturnitate proclamaret se quoque in eâ caussâ laturum sententiam, PALAM, et juratum; quo cœteris eadem necessitas fieret. Manebant etiam tùm vestigia libertatis morientis. Igitur Cn. Piso, quo, inquit, loco censebis Cæsar? Si primus, habebo quod sequar; si post omnes, vereor ne imprudens dissentiam.* Heureusement cette vigoureuse apostrophe de Pison déconcerta Tibère; la honte le força de rétracter son PALAM. Le sénat vota comme à l'ordinaire, au scrutin secret, et Marcellus fut acquitté : *tulit absolvi reum criminibus.* Tacit. Annal. lib. I, 74. Au surplus, en ce qui concerne la contrainte de voter à haute voix pour commander aux suffrages, le lecteur sentira de reste, que ce n'est pas faute d'exemples modernes, que je n'en cite que d'anciens.

(23) *Plus solennellement* n'est pas littéralement dans le texte; mais j'ai cru le lire dans l'énergie de la préposition qui entre dans la composition du participe ἐκλυομένους.

(24) Velléius Paterculus ne désigne ce citoyen de Péruse que par son surnom. Il l'appelle *Macedonicus*, tout court, et l'épithète de *princeps*, qu'il lui donne, suppose peut-être qu'il jouoit un des premiers rôles dans la cité de Péruse. *Urbs incensa, cujus initium incendii princeps ejus loci fecit Macedonicus*; à moins que *princeps* ne soit une altération dans le texte.

(25) Il ne paroît pas qu'il y eût grandement lieu à ce changement de patron. Le temple de Junon avoit été la proie des flammes; mais sa statue, au rapport de Dion Cassius, avoit été respectée, si bien qu'Octave la fit transporter à Rome, en conséquence de l'avis qu'il en avoit reçu en songe. Dion Cassius, *liv. XLVIII*, n. 14.

(26) Il ne faut pas être la dupe ici de cette rumeur des troupes d'Octave. On vient de voir qu'il avoit voulu excepter

de la capitulation ses ennemis particuliers. C'étoit évidemment pour les faire égorger. La vigoureuse démarche de Lucius paroissoit l'avoir ramené à la clémence. Il voulut même s'en donner tous les honneurs. Mais il fit sous main endoctriner ses troupes de manière à obtenir le même résultat par leurs mouvements séditieux. Appien nous a donné lui-même le secret de cette manœuvre, en disant un peu plus haut, sect. XLVI, οἷα προδιδάσκονται πολλάκις. Car quel intérêt ces troupes qui avoient sollicité avec tant de chaleur l'impunité de leurs compagnons d'armes, auroient-elles eu à demander la tête de quelques sénateurs ou de quelques chevaliers, dont elles n'avoient point personnellement à se plaindre? Au lieu qu'Octave visoit à usurper de longue main le pouvoir suprême, et il savoit qu'il n'y avoit qu'un fleuve de sang qui pût l'y conduire. Au surplus voilà ce qu'Appien a puisé dans les commentaires d'Octave, qui s'est bien gardé, comme on se l'imagine, de révéler lui-même le plus épouvantable de ses actes de férocité. On en trouvera les détails dans la note suivante.

(27) Voici d'abord le langage de Suétone, Oct. Cæs. 15. *Perusiâ captâ, in plurimos animadvertit (Octavius). Orare veniam, vel excusare se conantibus unâ voce occurrens, moriendum esse. Scribunt quidam trecentos ex dedititiis electos utriusque ordinis, ad aram Divo Julio exstructam, idibus martiis, hostiarum more, mactatos.* Chaque mot de cet horrible passage fait, comme on le voit, dresser les cheveux sur la tête. On y remarque Octave faisant égorger plusieurs des vaincus, et ne répondant aux prières ou aux excuses qu'ils lui adressoient, en lui demandant la vie, que par ce mot atroce qu'il empruntoit de la férocité de Marius, *Il faut mourir;* on l'y voit choisissant parmi ceux qui s'étoient rendus, *ex dedititiis,* trois cents sénateurs ou chevaliers romains, *trecentos* (et Suétone est modeste, car Dion Cassius dit quatre cents), et les faisant conduire à Rome pour être immolés comme des victimes, le jour des ides de mars, au pied de la statue de César. Dion Cassius,

tout partisan déclaré qu'il est d'Octave, tout empressé qu'il se montre à faire les honneurs de son humanité et de sa clémence, rapporte le même fait à peu près avec les mêmes circonstances que Suétone, si ce n'est qu'il porte le nombre des victimes à quatre cents au lieu de trois cents. Quant à Velléius Paterculus, on sent que, favori de Tibère, il n'a pas dû faire mention d'un acte si propre à couvrir d'opprobre la mémoire du père adoptif de cet empereur. Aussi ne parle-t-il que du massacre de quelques citoyens de Péruse, encore a-t-il l'adresse de l'imputer à la cruauté des soldats plus qu'à la volonté d'Octave, qu'il ménage au point de ne pas même le nommer. *In Perusinos magis irâ militum quàm voluntate sævitum ducis.* Lib. II, c. 74.

(28) Ce Tibérius Canutius, qu'Appien et Dion Cassius nomment parmi les victimes d'Octave, lui avoit cependant antérieurement rendu un service. En qualité de tribun, il avoit embrassé sa cause contre Antoine. Mais Octave n'étoit pas la dupe de ce bon office, à l'époque où Canutius avoit convoqué, dans l'intérêt d'Octave, l'assemblée du peuple; c'étoit moins sa cause personnelle que celle de la liberté et de la république, que Canutius avoit pour but de servir en agissant contre Antoine. Or on sent que ce fut un motif de plus pour Octave de profiter de l'occasion pour perdre Canutius. Dion Cassius, *liv. XLVIII, n.* 14.

CHAPITRE VI.

Conduite des autres chefs du parti de Lucius Antonius. Fulvie quitte l'Italie. Octave se défiant d'Antoine, s'empare des Gaules, et de l'armée d'Antoine, qui occupoit cette province. Il s'empare également de l'Ibérie. Antoine quitte l'Asie. Domitius Ænobarbus vient le joindre. Ils se présentent l'un et l'autre devant Brindes qui refuse de les recevoir. Ils en font le siège, et appellent Pompée au secours. Octave arrive pour défendre Brindes. Entremise des soldats pour réconcilier Octave et Antoine.

L. APRÈS ces évènements, Asinius Pollion, Plancus, Ventidius, Crassus, Atéius, et tous les autres chefs du même parti, qui commandoient des corps de troupes plus ou moins importants, s'élevant à un total d'environ treize légions de soldats expérimentés, et de six mille cinq cents chevaux, regardant Lucius comme ayant été l'acteur principal de cette guerre, se retirèrent du côté de la mer, les uns par une route, les autres par une autre. L'un gagna Brindes, l'autre Ravenne, un troisième Tarente (1). Celui-ci vint se joindre à Murcus et à Ænobarbus; celui-là se rendit auprès d'Antoine. Ils étoient suivis de près par les amis d'Octave, qui leur faisoient des propositions de paix, et qui chargeoient leurs troupes, principalement leur infanterie, lorsqu'ils

Ans de Rome, 714.

n'y accédoient pas. Agrippa fut le seul qui obtint quelque succès, à cet égard, auprès de deux légions de Plancus, qu'il intercepta à Camérie (2). Fulvie se sauva d'abord à Dicéarchie (3), et de là à Brindes avec ses enfants, et trois mille chevaux que les chefs du parti d'Antoine lui avoient donnés pour escorte. Cinq grands vaisseaux qu'on lui avoit envoyés de la Macédoine à Brindes étant arrivés, elle s'embarqua. Plancus, qui n'eut pas le courage de demeurer à la tête des troupes qui lui restoient, s'embarqua avec elle. Ces troupes se donnèrent elles-mêmes à Ventidius. Asinius Pollion traita avec Ænobarbus pour l'associer au parti d'Antoine. Ils l'informèrent de ce traité; et pensant qu'il se rendroit incessamment auprès d'eux, ils s'assurèrent de certains postes sur les côtes de l'Italie, pour assurer son débarquement, et firent des provisions de vivres.

LI. Cependant Octave agissoit (4) pour attirer dans son parti une autre nombreuse armée qu'Antoine avoit du côté des Alpes, sous les ordres de Fufius Calénus. Il commençoit à se défier d'Antoine; et il calculoit que, s'ils restoient amis, il lui conserveroit ses troupes; et que, si la guerre s'allumoit entre eux, il auroit de plus grandes forces. Pendant qu'il hésitoit encore et qu'il cherchoit les moyens de ménager les bienséances, Calénus vint à mourir. Octave, à qui cet évènement présenta un heureux prétexte, sous le double rapport de ses vues, se rendit auprès de cette armée, en prit le commandement, ainsi que celui de la Gaule et de l'Ibérie, provinces qui étoient du lot d'Antoine; et tout cela à la barbe du fils de Calénus auquel il en imposa, et qui lui livra tout sans coup férir. Octave s'étant ainsi, d'un seul trait, rendu maître de onze légions, et d'une si grande étendue de pays, destitua tous les chefs, en établit à leur place d'autres de son parti, et prit le chemin de Rome.

Ans de Rome. 714.

LII. Antoine, de son côté, avoit retenu auprès de lui, durant tout l'hiver, les députés des vétérans qui étoient venus l'instruire, et il ne laissa rien transpirer de ses desseins. Dès le printemps, il se rendit d'Alexandrie à Tyr. De Tyr il fit voile vers l'île de Cypre, vers Rhodes, et vers l'Asie. Sur ces entrefaites, il apprit ce qui s'étoit passé à Péruse. Il blâma beaucoup la conduite de son frère, de Fulvie, et sur-tout celle de Manius. Il trouva à Athènes Fulvie qui s'y étoit réfugiée de Brindes. Pompée lui envoya Julie (5) sa mère, qui étoit venue chercher un asile auprès de lui, et lui donna pour cortège, à son départ de la Sicile, les plus illustres des personnages attachés à sa fortune, savoir, Lucius Libon son beau-père, Saturninus, et quelques autres, qui, s'efforçant de mettre à profit l'amour qu'avoit Antoine pour les nouveautés (6), lui proposèrent de se réconcilier avec Pompée, et de faire, de concert avec lui, la guerre à Octave. Antoine leur répondit qu'il savoit très grand gré à Pompée de ses procédés envers sa mère, et qu'il lui en témoigneroit dans le temps sa reconnoissance. Qu'au surplus, s'il étoit obligé d'en venir aux mains avec Octave, il prendroit Pompée pour son allié; mais que, si Octave restoit fidèle aux conventions qu'ils avoient faites ensemble, il ne négligeroit rien pour opérer entre Pompée et lui une heureuse réconciliation. Voilà quelle fut sa réponse.

LIII. Octave se rendit de la Gaule à Rome, lorsqu'il apprit ce voyage des amis de Pompée à Athènes. Mais ne connoissant pas exactement la réponse qu'Antoine leur avoit faite, il s'efforça d'exciter l'animosité des vétérans contre lui, sous prétexte qu'il tendoit à ramener avec Pompée les propriétaires des terres desquelles ils étoient déjà en possession ; car c'étoit auprès de Pompée que le plus grand nombre de ces propriétaires s'étoient réfugiés. Quoique cette intention, qu'Octave prêtoit à Antoine pour irriter les esprits, eût beaucoup de vraisemblance, elle n'étoit pas suffisante pour décider les troupes à prendre les armes avec ardeur contre lui; tant la haute réputation qu'il s'étoit faite dans les champs de Philippes plaidoit pour sa cause. Octave savoit que ses forces réunies étoient plus nombreuses que toutes celles d'Antoine, de Pompée, et d'Ænobarbus; car il avoit alors plus de quarante légions sous ses ordres ; mais il n'avoit aucun vaisseau. Il n'avoit pas le temps d'en faire construire; et il craignoit que les autres, avec les cinq cents vaisseaux qu'ils avoient, en occupant les parages de l'Italie, ne le réduisissent à la famine. Après avoir réfléchi là-dessus (on lui avoit déjà fait diverses propositions de mariage) il écrivit à Mécène de demander pour lui la main de Scribonie, sœur de Libon, le beau-père de Pompée, afin d'avoir par cette union un moyen de se réconcilier avec ce der-

DE LA RÉP. ROM. LIV. V, CHAP. VI. 97

nier (7), si cette réconciliation lui devenoit nécessaire. Libon, informé de cette proposition, répondit à sa famille de conclure ce mariage (8) avec empressement. Octave éloigna en même temps, sous divers prétextes, ceux des amis d'Antoine desquels il n'étoit pas sûr, en les envoyant les uns d'un côté, les autres d'un autre. Il fit partir Lépidus pour la Libye qui lui avoit été assignée, et lui fit emmener six des légions d'Antoine sur lesquelles il pensoit ne devoir pas trop compter.

Ans de Rome. 714.

LIV. Sur ces entrefaites, il manda Lucius. Il donna des éloges à l'amitié qu'il avoit montrée pour son frère, en se chargeant lui seul du tort de la guerre, dans le cas où il n'auroit fait en cela que suivre les instructions qu'il avoit reçues; mais en même temps, il lui observa que ce seroit manquer à la reconnoissance qu'il lui devoit pour la manière généreuse dont il en avoit agi avec lui à Péruse, si en ce moment il ne lui confessoit la vérité du bruit qui couroit, que son frère avoit ouvertement traité avec Pompée. « Quant à moi, lui dit-il, je vous
« déclare avec confiance qu'à la mort de Calénus
« je ne pris, par l'intermédiaire de mes amis, le
« commandement de l'armée qui étoit sous ses or-
« dres, et des provinces qui lui avoient été mises
« entre les mains, que pour empêcher que cette armée
« et ces provinces ne se trouvassent dépourvues de
« chefs, et que pour les conserver à Antoine (9);
« mais aujourd'hui que le piège est à découvert, je
« retiens le commandement de ces provinces et de
« cette armée; et je vous permets d'aller en pleine

3. 7

« sécurité joindre votre frère si vous le voulez. »
Octave tint ce langage à Lucius, soit pour le mettre
à l'épreuve, soit pour faire retomber sur Antoine ce
qu'il venoit de dire. Mais Lucius lui répéta ce qu'il
lui avoit déjà dit. « Je savois que Fulvie approuvoit
« l'usurpation monarchique du triumvirat. Quant à
« moi, je me suis servi des troupes de mon frère
« pour vous combattre vous tous; et aujourd'hui,
« si mon frère venoit pour anéantir le triumvirat,
« je me rendrois auprès de lui, ou clandestinement,
« ou à découvert; j'irois combattre encore pour la
« cause de la patrie contre vous, de quelques bien-
« faits que je vous sois déjà redevable. Si, au
« contraire, il embrasse un autre parti, et qu'il
« se décide en faveur de ceux qui seront prêts à
« défendre le triumvirat, je prendrai les armes avec
« vous contre lui, tant que je pourrai penser que
« vous ne tendrez point à l'établissement d'une
« autorité monarchique; car la patrie l'emportera
« toujours dans mon cœur sur les droits du sang
« comme sur les droits de la reconnoissance (10) ».
Telle fut la réponse de Lucius à Octave. Elle lui
inspira pour lui une nouvelle admiration. « Non,
« lui répliqua-t-il, je ne vous ferois point prendre
« les armes contre votre frère, quand même vous
« le voudriez. Mais je vous confierai le commande-
« ment de l'Ibérie entière, ainsi que de l'armée qui
« l'occupe, et vous aurez pour lieutenants Péducéus
« et Lucius Carinas, qui ont en ce moment l'une et
« l'autre sous leurs ordres. » Tel fut le prétexte honorable à la faveur duquel Octave éloigna Lucius,

après avoir fait sous main avertir ses lieutenants de le surveiller, sans qu'il s'en doutât.

LV. Pendant qu'Octave faisoit ainsi ses dispositions, Antoine laissa Fulvie malade à Sicyone, et de l'île de Corcyre il fit voile vers la mer Ionienne, suivi de peu de troupes, mais amenant deux cents vaisseaux qu'il avoit fait construire en Asie. Il fut informé qu'Ænobarbus venoit au-devant de lui avec une grosse flotte et de grandes forces ; et il ne paroissoit pas à certains de ses amis qu'il dût se fier à lui, malgré le traité fait entre eux ; car Ænobarbus étoit du nombre de ceux qui avoient subi une condamnation au sujet de l'assassinat de César; il avoit été porté sur les tables de proscription en conséquence de ce jugement, et il avoit combattu contre Antoine et Octave à l'époque de la (11) bataille de Philippes. Néanmoins, afin de paroître avoir de la confiance en lui, il avança avec cinq de ses meilleurs vaisseaux, ayant donné ordre aux autres de le suivre à une certaine distance. Lorsqu'on aperçut Ænobarbus arrivant à force de rames avec toutes ses forces navales, Plancus, qui étoit à côté d'Antoine, commença d'avoir des craintes. Il lui donna le conseil de s'arrêter, et d'envoyer quelqu'un en avant pour éprouver Ænobarbus, qu'il regardoit comme suspect. Mais Antoine lui répondit qu'il aimoit mieux périr victime de la violation d'un traité, que de paroître vouloir se sauver avec lâcheté, et il continua sa marche. Ils étoient déjà près l'un de l'autre; déjà les vaisseaux que montoient les chefs se distinguoient réciproquement par leurs pa-

Ans de Rome. 714.

villons; déjà ils se faisoient face, lorsque le premier des licteurs d'Antoine, placé sur la proue, selon l'usage, soit qu'il ne fît pas attention que c'étoit un homme équivoque, chef d'une flotte et d'une armée à lui qui arrivoit, soit par l'impulsion de quelque mouvement généreux, commanda qu'on amenât le pavillon, ainsi qu'il l'auroit commandé à une flotte vaincue, ou à une flotte subordonnée qu'on auroit rencontrée. Ænobarbus fit amener en effet, et fit ranger son vaisseau à côté de celui d'Antoine. Lorsqu'au moment où ils s'aperçurent ils se furent donné les signes d'amitié, et que toute la flotte d'Ænobarbus eut salué Antoine *imperator* (12), Plancus n'en eut pas pour cela guère plus de confiance. Antoine reçut Ænobarbus dans son vaisseau. Ils firent voile vers Pallentia (13), où étoient les légions d'Ænobarbus, et celui-ci céda sa tente à Antoine.

LVI. De là ils firent voile pour Brindes qui étoit gardée par cinq cohortes d'Octave. Les habitants fermèrent leurs portes à Ænobarbus, sous prétexte qu'il étoit depuis long-temps leur ennemi déclaré; et à Antoine, sous prétexte qu'il amenoit leur ennemi. Antoine, indigné, jugea que ce n'étoient là que de spécieux subterfuges, et que la vérité étoit que les troupes d'Octave lui fermoient les portes en vertu des ordres qui leur avoient été donnés à cet égard. En conséquence, il forma sa ligne de circonvallation autour de la ville, et fit construire des retranchements. Brindes est située sur une langue de terre, tout contre un port en forme de croissant.

Dès-lors il devint impossible d'arriver du côté de terre sur le monticule où elle est placée, après qu'on en eut intercepté le passage, et qu'on y eut élevé des fortifications. Antoine fit former de fortes redoutes le long du port qui est fort étendu, et dans les îlots qui y sont parsemés. Il envoya des troupes le long des côtes de l'Italie, pour s'emparer des postes les plus avantageux; il donna ordre en même temps à Pompée de côtoyer l'Italie, et d'y répandre le ravage autant qu'il pourroit. Pompée, joyeux de cet ordre, fit partir sur-le-champ Ménodore avec une flotte nombreuse et quatre légions. Ménodore entraîna dans le parti d'Antoine la Sardaigne, qui étoit du parti d'Octave, et deux légions qui la gardoient. L'étonnement causé par le rapprochement de Pompée et d'Antoine opéra cette défection. Les troupes d'Antoine occupèrent en Italie Sipunte (14), ville de l'Ausonie. Pompée mit le siège devant Thurium (15) et Consentia (16), et ravagea les environs de ces deux places avec sa cavalerie.

Ans de Rome, 714.

LVII. Octave, se voyant attaqué avec cette rapidité sur plusieurs points, envoya Agrippa dans l'Ausonie au secours des peuples de cette contrée que l'on saccageoit. Agrippa fit, chemin faisant, prendre les armes aux vétérans, qui ne le suivirent qu'à une certaine distance, par l'effet de la répugnance qu'ils avoient à marcher contre Pompée; et lorsqu'ils apprirent que la guerre qui venoit de s'allumer étoit l'ouvrage d'Antoine, ils se retirèrent sans bruit sur-le-champ. Cette défection en imposa très-sérieusement à Octave. Néanmoins, en se rendant de son côté à Brindes à la tête d'une autre armée, il sollicita de nouveau les vétérans; il changea leurs dispositions; il amena avec lui ceux à qui il avoit personnellement distribué des colonies. Ils eurent honte de refuser de marcher, et ils marchèrent d'ailleurs avec l'intention secrète d'opérer la réconciliation d'Antoine et d'Octave, et de se ranger du parti de ce dernier, si l'autre refusoit de se rapprocher. Octave fut retenu pendant quelques jours à Canusium (17), pour cause de maladie. Quoiqu'il eût des forces supérieures à celles d'Antoine, il n'osa rien entreprendre contre Brindes, qu'il trouva entourée de retranchements; il se contenta de camper dans son voisinage, et il attendit les événements (18).

LVIII. Antoine, supérieur de son côté par la force de ses retranchements et des postes qu'il occupoit, étoit en mesure de ne rien craindre, malgré l'infériorité du nombre. En attendant, il appela en diligence l'armée qu'il avoit en Macédoine. Il employa ensuite un stratagème. La nuit, il faisoit secrètement embarquer, dans de grands vaisseaux, et dans des vaisseaux de transport, un grand nombre d'individus, qui, s'avançant en mer, et rétrogradant ensuite quand le jour étoit venu, naviguoient à la file armés comme des soldats qui avoient l'air d'arriver de la Macédoine, et ils exécutoient cette manœuvre sous les yeux même d'Octave. Déjà les machines d'Antoine étoient prêtes. Il étoit sur le point de battre les murs de Brindes, au grand regret d'Octave, qui n'avoit aucun moyen pour venir au secours de la place. Mais sur le soir on annonça des deux côtés qu'Agrippa étoit rentré en possession de Sipunte, que Pompée avoit été repoussé par les habitants de Thurium, mais qu'il étoit encore devant Consentia. Ces nouvelles donnèrent de l'inquiétude à Antoine. On lui annonça, en même temps, que Servilius amenoit à Octave quinze cents chevaux (19). Il fut impossible à Antoine de ne pas céder alors à l'impétuosité de son courage. A l'issue du dîner, il monte à cheval, accompagné de ceux de ses amis qui se trouvèrent prêts à le suivre, il se met avec eux à la tête de quatre cents hommes de cavalerie, et, emporté par son intrépidité, il marche contre les quinze cents hommes de l'ennemi, qu'il trouve encore couchés dans le voisinage d'Urie (20). Il leur inspire tant de terreur, qu'il les fait passer de son côté sans coup férir (21), et le même jour, il est de retour à Brindes. Ce fut à ce point que le nom d'Antoine, depuis la réputation d'invincible qu'il s'étoit faite à la journée de Philippes, en imposa à ces quinze cents cavaliers.

LIX. Vaines de cette réputation, les cohortes prétoriennes d'Antoine s'approchoient par pelotons des lignes de circonvallation d'Octave, et demandoient d'un ton injurieux à leurs anciens compagnons d'armes, s'ils étoient venus pour combattre Antoine, par qui ils avoient tous été sauvés à la bataille de Philippes. Les soldats d'Octave répondoient : « C'est vous qui êtes venus pour combattre « contre nous. » Là-dessus, on se tenoit des propos de part et d'autre : des deux côtés, on se reprochoit ses griefs. Les partisans d'Antoine se plaignoient que les portes de Brindes leur eussent été fermées; que l'on eût pris d'autorité le commandement de l'armée de Calénus. Les partisans d'Octave se plaignoient, de leur côté, que Brindes eût été cernée; qu'on en eût formé le siège; qu'on eût ravagé l'Ausonie; qu'on eût traité avec Ænobarbus, un des assassins de César, et avec Pompée qui étoit l'ennemi commun. Finalement, les soldats d'Octave dévoilèrent leur intention à ceux d'Antoine : ils déclarèrent qu'ils s'étoient rendus auprès d'Octave, sans oublier les égards dus aux talents militaires d'Antoine, avec l'intention de les réconcilier ensemble; mais décidés à faire la guerre contre Antoine et à le combattre s'il s'y refusoit. Ils allèrent tenir ce même langage auprès des lignes de circonvallation d'Antoine.

NOTES.

(1) Ancienne et célèbre ville d'Italie dans le fond du golfe de même nom. Les Grecs l'appeloient *Taras*, et Lucain lui a conservé ce nom dans le 376ᵉ vers du cinquième livre de sa Pharsale.

Antiquusque Taras, secretaque littora Leucæ.

On croit que ce fut dans cette ville que vint débarquer le Lacédémonien Phalanthus, lorsque, banni de son pays, il fut forcé d'aller s'établir sur une terre étrangère. Tarente n'étoit pas éloignée du Galèse, petite rivière qui a son embouchure dans le golfe. Témoin ces paroles de la sixième Ode du livre II des Odes d'Horace.

Dulce pellitis ovibus Galesi
Flumen, et regnata petam Laconi
Rura Phalanto.

(2) C'étoit une ville du pays des Sabins. C'est là que la placent Tite-Live et Pline l'ancien, qui en font mention l'un et l'autre. Voyez Cellarius, *liv. II*, *chap.* 9, *sect. II*, *n.* 318.

(3) C'est le nom grec de cette ville de la Campanie, que les auteurs latins nomment au pluriel *Puteoli*, Pouzzoles. Voy. Cellarius, *liv. II*, *c.* 9, *sect. IV*.

(4) Il est étonnant qu'Appien passe ici sous silence un des faits mémorables de cette époque, qui nous a été conservé par Velléius Paterculus, et par Dion. C'est celui qui regarde T. Claudius Néron. Il commandoit alors dans la Campanie; et, à l'exemple de Lucius Antonius, il avoit levé l'étendard en faveur des propriétaires qu'Octave avoit l'intention de dépouiller de leurs terres, pour les convertir en colonies: mais lorsque Claudius Néron fut informé du sort de Lucius Antonius, lorsqu'il eut appris la conduite d'Octave envers

les sénateurs et les chevaliers romains qui s'étoient déclarés pour ce parti, il se hâta, comme de raison, de prendre la fuite. Il gagna la Sicile, suivi de Livie, sa femme, de cette même Livie, qui depuis fut épousée par Octave, toute grosse qu'elle étoit, et de son jeune fils Tibérius Claudius Néron, qui, depuis, devenu fils adoptif et gendre d'Octave, lui succéda. C'est au sujet de ces bizarres vicissitudes de la fortune, que Paterculus s'exprime en ces termes : *Quis Fortunæ mutationes, quis dubios rerum humanarum casus satis mirari queat? Quis non diversa præsentibus, contrariaque expectatis aut speret, aut timeat? Livia, nobilissimi et fortissimi viri Drusi Claudiani filia, genere, probitate, formâ Romanarum eminentissima, quam posteà conjugem Augusti vidimus, tunc fugiens mox futuri sui Cæsaris manus, binum hunc Tiberium Cæsarem, futurumque ejusdem filium, gestans sinu, per avia itinerum, vitatis militum gladiis, uno comitante, quò faciliùs occultaretur fuga, pervenit ad mare, et cum viro Nerone pervecta in Siciliam est.* Lib. II, c. 75. Voy. Dion Cassius, liv. XLVIII, n. 15.

(5) Cette Julie, mère des trois Antonius, étoit fille de L. César, qui avoit été consul l'an de Rome 664. Elle avoit été mariée avec M. Antonius, surnommé Créticus, et ensuite avec Lentulus, le complice de la conspiration de Catilina. Selon Plutarque, elle le disputoit en vertu aux Romains les plus illustres de son temps. On se rappelle qu'à l'époque des proscriptions du triumvirat, elle donna asile dans sa maison à L. César, son frère, qui avoit été inscrit le premier sur les tables fatales. Ce L. César avoit été aussi consul et collègue de Figulus, l'an de Rome 690. Sextus Pompée, en renvoyant à Antoine Julie sa mère, chargea cette dernière de négocier un traité d'alliance entre son fils et lui, et de lui proposer de s'unir tous deux contre Octave. Voyez Dion Cassius, *ibidem*.

(6) Geslen a rendu ces mots du texte, ὅσοι χρῄζοντες τῆς Ἀντωνίου μεγαλοπραγίας, par *qui captantes magnificentiam Antonii*. Le mot μεγαλοπραγίας ne signifie pas et ne peut pas

signifier *magnificentiam.* Dans l'édition de Schweighæuser, on lit, *qui desiderantes Antonii ingenium majoribus rebus gerendis aptum*, ce qui ne m'a pas paru plus correct. Dans aucun *lexique*, on ne trouve le substantif μεγαλοπραγία. Je l'ai du moins vainement cherché dans *Scapula*, dans *Henri Etienne*, dans *Constantin*, dans *Hésychius*, dans *Suidas*. J'ai donc cru avoir la liberté de le prendre dans le sens propre à l'adjectif μεγαλοπράγμων, que Constantin traduit, *factiosus*, *magnarum rerum inceptator et susceptor*, à quoi j'ajoute la nuance de *novarum rerum*.

(7) S'il faut en croire Dion Cassius, lorsqu'Octave fut informé que Pompée étoit en négociation avec Antoine, par l'intermédiaire de Julie, mère de ce dernier, et lorsqu'informé d'ailleurs de l'état des affaires de Pompée, il crut avoir à craindre de ne pas le réduire aussi facilement qu'il l'avoit d'abord imaginé, il songea sérieusement à traiter lui-même avec Pompée, et, à cet effet, il lui envoya Mutia, sa mère, en Sicile. Mais cette tentative de rapprochement entre Pompée et lui ne produisit rien. *Dion Cassius, liv. XLVIII, n.* 16.

(8) Ce mariage eut lieu en effet; mais Octave ne tarda pas à répudier Scribonia, dont il eut une fille. Il mit même dans cette répudiation un procédé bien révoltant; car il l'a déclara le jour même des couches de cette femme. *Dion Cassius, liv. XLVIII, n.* 34. Suétone rapporte qu'Octave avoit consigné, dans ses Commentaires, qu'il n'avoit répudié Scribonia qu'à cause de son inconduite. *Oct. Cæs. c.* 62. Mais il donne un peu plus bas un autre motif à ce divorce, *quòd liberiùs doluisset nimiam potentiam pellicis.* Ce qui prouve, en passant, qu'Octave aimoit les plaisirs de l'adultère. « Ses amis même, dit Suétone, ne l'ont pas nié; mais
« ils l'ont excusé sous prétexte que les adultères n'étoient pas
« chez lui une affaire de libertinage, mais un calcul poli-
« tique, qui avoit pour but de lui faire connoître, par le ca-
« nal des femmes, ce qui se passoit dans le cerveau des ma-

« ris. » C'étoit, comme on voit, une singulière mesure de haute police.

(9) C'est ainsi qu'Octave se montre constamment fidèle à son système de dissimulation et d'hypocrisie, dont sa mère lui avoit si sagement donné le conseil, ce qui est de sa part un aveu tacite de l'impuissance de ses moyens; car, comme le dit fort sensément Mahomet à Zopyre.

« C'est le foible qui trompe, » etc.

(10) Si Lucius a en effet tenu ce langage à Octave, il n'étoit pas, à le considérer du moins sous les rapports de citoyen, un aussi mauvais sujet que Paterculus le prétend, liv. II, c. 74. *L. Antonius, consul, vitiorum fratris sui consors, sed virtutum quæ interdùm in illo erant expers.* A la vérité, le beau zèle et l'amour véhément que Lucius Antonius étale ici pour les formes républicaines du gouvernement de l'ancienne Rome, n'étoient pas du nombre des vertus que Paterculus, adulateur de Tibère, devoit honorer.

(11) Le traducteur latin a traduit : *et Philippensi prælio contra Cæsarem Antoniumque steterat*, ce qui semble propre à faire penser qu'Ænobarbus assista à la bataille de Philippes, tandis qu'on a vu plus haut que, le jour même de cette bataille, Ænobarbus battoit sur la mer Ionienne une flotte des triumvirs. J'ai cru devoir éviter cette disparate.

(12) Ce n'est point du mot αὐτοκράτορα qu'Appien s'est servi ici. C'est du mot ἡγεμόνα, qui signifie proprement *chef*, *commandant*, et qui dans ce passage signifie par excellence, κατ' ἐξοχὴν, *général en chef* ou *amiral en chef*. Ce qui sert à confirmer ce que nous avons remarqué plus haut, que le mot *imperator*, dans la pureté de son acception originaire, n'a pas un autre sens.

(13) Il paroît que le nom de cette ville a été défiguré dans le texte d'Appien par les copistes. C'est de Pallentia qu'il s'agit évidemment ici, ville située dans le pays des Picènes,

sur les côtes de la mer Adriatique qui regardoient le septentrion. On la trouve dans Etienne de Byzance sous le nom grec de πολλευτος, par un *omicron* à la première syllabe, au lieu d'un *alpha*. C'est la même ville dont parle Tite-Tive, liv. XXXIX, chap. 44. *Eodem anno coloniæ duæ, Pollentia in Picenum*, etc. Il ne faut pas la confondre avec une ville de même nom qui étoit dans la Ligurie, et dont Silius fait mention au 598 vers de son huitième livre, en ces termes,

. . . *Ferax fusci Pollentia villi.*

Elle étoit voisine d'une ville appelée par les auteurs latins *Urbs Salvia*, et connue dans la géographie moderne sous le nom d'Urbisaglia. Selon Cellarius, le docte Cluvérius a de la peine, dans son *Italia antiqua*, à distinguer ces deux villes l'une de l'autre. *Voyez* ces deux auteurs.

(14) C'étoit une ville de l'ancienne Apulie, aujourd'hui la Pouille. Elle étoit sur la côte de la mer Adriatique, à l'embouchure du Cerbalus. Il paroît résulter d'un passage du trente-quatrième livre de Tite-Live, chap. 45, que c'étoit une colonie romaine. *Voyez* Cellarius et Cluvérius.

(15) Un passage de Pline l'ancien fixe, d'une manière assez précise, sa situation. *Oppidum Thurii inter duos amnes Crathin et Sybarin.* Diodore de Sicile, liv. XII, chap. 10, paroît croire que c'est l'ancienne Sybaris rebâtie dans un autre endroit par les Athéniens, après que les Crotoniates eurent ruiné de fond en comble leur rivale et leur ennemie, et que, d'une fontaine voisine, nommée en grec Θουρία, on lui donna tout naturellement le nom de *Thurium*. Selon Tite-Live, les Romains y envoyèrent une colonie sous le nouveau nom de *Copia*; mais celui de Thurium a prévalu. C'étoit sous ce dernier nom qu'elle étoit désignée du temps de Cicéron, de César et de Paterculus, ainsi que l'attestent les passages de ces écrivains que l'on trouvera recueillis dans Cellarius, *liv. II, c.* 9, *sect. IV*, 624.

(16) Strabon fait de Consentia la métropole du pays des

Bruttiens. Ptolémée la place dans la même région de l'Italie. D'autres la comptent parmi les villes de la Lucanie; mais comme la Lucanie et le pays des Bruttiens étoient limitrophes, et que Consentia paroit située sur les frontières de ce dernier pays, il est probable que cette circonstance a donné lieu à la diversité d'opinion qui existe à cet égard. Voyez Cellarius, *liv. II*, *c.* 9, *sect. IV*. 663.

(17) Elle étoit dans l'Apulie, sur la rive droite de l'Aufidus. Ce fut sur Canusium que les Romains, selon Tite-Live, firent leur retraite après la bataille de Cannes. Voy. Cellarius, *liv. II*, *c.* 9, *sect. IV*, 561.

(18) Καὶ τοῖς γιγνομένοις ἐφήδρευεν. C'est cette locution d'Appien que j'ai déjà eu occasion de noter plusieurs fois, pour justifier ce que j'en ai dit, liv. I. chap. 3, note 10, plus bas sect. CIII, on la retrouve avec une légère variante ἐφεδρεύειν τοῖς ἐσομένοις.

(19) Dion Cassius le nomme Publius Servilius Rullus, liv. XLVIII, n. 28. L'annotateur de Dion Cassius se demande si ce Rullus est celui contre qui Cicéron parla avec tant de force pour combattre une loi agraire qu'il proposoit; mais il ne résout pas cette question.

(20) Il y avoit deux *Uria* qu'il ne faut pas confondre; l'une dans l'Apulie, au pied du mont Garganus, et l'autre dans la Calabre, sur le chemin de Brindes à Tarente. Il est évident que c'est de cette dernière qu'il est ici question. Un passage d'Hérodote, liv. VII, chap. 170, marque qu'elle fut fondée par des Crétois.

(21) Selon Dion Cassius, Antoine chargea la cavalerie de Servilius; il en tua une partie, et fit passer le reste sous ses ordres. *Liv. XLVIII*, *n.* 28.

CHAPITRE VII.

Antoine et Octave se réconcilient de nouveau par les bons offices de Lucius Coccéius, de Julia, mère d'Antoine, et par l'intervention des troupes. On annonce la mort de Fulvie. Les deux triumvirs font entre eux un nouveau partage de l'empire romain. Afin de cimenter plus fortement leur réconciliation, on fait épouser à Antoine Octavie, sœur d'Octave. Les deux triumvirs se rendent ensemble à Rome.

LX. Sur ces entrefaites, on annonça la mort de Fulvie (1). On prétendit qu'elle avoit eu beaucoup de chagrin des reproches qu'Antoine lui avoit faits ; que le chagrin l'avoit fait tomber malade ; et qu'elle avoit spontanément aggravé sa maladie, à cause de la colère qu'Antoine lui avoit montrée en s'éloignant d'elle dans l'état où elle étoit, et en refusant de la voir avant son départ. Cette mort parut d'une très haute importance pour les deux partis. On se voyoit délivré d'une femme dont le caractère brouillon et entreprenant avoit allumé cette guerre dans les fureurs de sa jalousie contre Cléopâtre. Antoine ne laissa pas néanmoins d'être très affligé de cet évènement, parcequ'il s'en croyoit un peu la cause. Il avoit pour ami particulier Lucius Coccéius, également ami particulier d'Octave, qui le lui avoit envoyé en députation, l'été précédent, avec Cæcina. Celui-ci

Ans de Rome: 714.

s'en étoit retourné ; mais Coccéius étoit demeuré auprès d'Antoine. Coccéius, profitant de la circonstance, fit semblant d'avoir été invité par Octave à venir le voir. Antoine lui permit de se rendre auprès de lui. Coccéius lui demanda, pour le pressentir, s'il vouloit le charger de quelque réponse au message qu'il lui avoit apporté, l'été précédent, de la part d'Octave. Antoine lui répondit : « Maintenant
« que nous sommes ennemis, que pourrions-nous
« nous écrire l'un à l'autre, que des choses désobli-
« geantes. D'ailleurs, je répondis alors à Octave par
« le retour de Cæcina ; et si vous voulez, vous pouvez
« prendre copie de ce que je lui écrivis. » A cette plaisanterie d'Antoine, Coccéius répliqua : « Je ne
« peux souffrir que vous donniez le nom d'ennemi
« à Octave, après la conduite qu'il a tenue envers
« Lucius votre frère, et vos autres amis. » Antoine lui riposta : « Ne m'a-t-il pas fait fermer les portes
« de Brindes ? ne m'a-t-il pas enlevé les provinces,
« les armées dont j'avois le commandement ? et
« quant à ses procédés envers mes amis seulement,
« il a eu moins pour but de les épargner par égard
« pour moi, que de se les concilier par des bienfaits,
« et de les rendre mes ennemis. » Coccéius, ainsi instruit des griefs d'Antoine contre Octave, n'excita pas davantage l'animosité du premier, et se rendit auprès de l'autre.

LXI. En le voyant arriver, Octave lui montra de l'étonnement de ce qu'il n'étoit pas venu plus tôt. « Car je n'ai pas, lui dit-il, sauvé la vie à votre
« frère, afin que vous soyez mon ennemi. » Coccéius

lui répondit : « Comment arrive t-il que, tandis que
« de vos ennemis vous vous en faites vos amis, vous
« traitiez, d'un autre côté, des amis en ennemis, et
« que vous leur enleviez leurs légions et leurs pro-
« vinces ? » Octave lui répondit : « Après la mort
« de Calénus, il ne falloit pas laisser entre les mains
« de son fils, encore jeune, de si puissants moyens
« de remuer, pendant qu'Antoine étoit encore éloi-
« gné, et de suivre l'exemple de Lucius, qui, em-
« porté par sa frénésie, avoit tourné contre moi,
« ainsi qu'Asinius Pollion et Ænobarbus, voisins
« les uns des autres, les forces dont ils avoient le
« commandement. Quant aux légions de Plancus, je
« ne me hâtai de m'en assurer que pour empêcher
« qu'elles ne se déclarassent en faveur de Pom-
« pée ». La cavalerie de ces deux légions s'étoit en
effet embarquée pour la Sicile. Coccéius lui répliqua :
« On racontoit les choses d'une autre manière; mais
« Antoine avoit refusé d'y ajouter foi, jusqu'au mo-
« ment qu'il s'est vu fermer les portes de Brindes. »
« Je n'ai donné à cet égard aucun ordre », lui dit
Octave. « Je ne savois point qu'il fît voile vers cette
« place, et je ne m'attendois pas qu'il s'y rendît
« avec mes ennemis Ce sont les habitants de Brindes
« eux-mêmes, et le chef des troupes que j'y avois
« mises en garnison, pour la défendre des incur-
« sions d'Ænobarbus, qui, de leur propre mouve-
« ment, ont refusé l'entrée de leurs murailles à
« Antoine, parcequ'il avoit traité avec Pompée,
« l'ennemi commun; parcequ'il amenoit avec lui
« Ænobarbus, un des assassins de mon père; Æno-

« barbus qui avoit été juridiquement condamné à « raison de ce crime; qui avoit été inscrit sur les « tables de proscription ; Ænobarbus qui avoit « assiégé cette même place après la bataille de Phi-« lippes; qui tenoit bloquée toute la mer Ionienne; « qui avoit brûlé mes vaisseaux, et rempli l'Italie « de ses brigandages. »

LXII. « Mais, lui répliqua Coccéius, n'étoit-il « pas convenu entre vous que vous pourriez traiter, « chacun de votre côté, avec qui bon vous semble-« roit? D'ailleurs, Antoine, qui n'a pas moins de véné-« ration que vous, pour la mémoire de votre père, « n'a traité avec aucun de ses assassins. Ænobarbus « n'est pas de ce nombre. Des animosités personnelles « furent le motif du jugement rendu contre lui (2); « car il ne prit nulle part quelconque à la conjura-« tion (3). Si nous pensions qu'il fallût lui en vouloir « parcequ'il a été l'ami de Brutus, il y a peu de « citoyens romains auxquels ce sentiment d'inimitié « ne dût s'étendre (4). Antoine n'a point traité avec « Pompée de manière à devenir son allié. Il a traité « à condition que Pompée le seconderoit, au cas « où vous lui déclareriez la guerre; et que, dans le « cas contraire, il s'interposeroit entre Pompée et « vous, pour vous réconcilier avec un ennemi qui « n'a rien fait qui vous rende irréconciliable avec « lui. Au surplus, c'est vous qui êtes cause de tout « cela; car, si vous n'aviez point attaqué Antoine « en Italie, ni Ænobarbus, ni Pompée n'auroient « eu le courage d'envoyer à Antoine des négocia-« teurs. » Octave, toujours sur le même ton de

reproche, prétendit que c'étoient Fulvie, Manius et Lucius qui lui avoient déclaré la guerre, ainsi qu'à toute l'Italie ; et que Pompée, qui jusqu'alors n'avoit rien tenté contre lui, infestoit maintenant les côtes d'Italie, depuis qu'il comptoit sur l'appui d'Antoine. « Ce n'est pas, lui dit Coccéius, parce-
« qu'il compte sur l'appui d'Antoine, c'est parcequ'il
« en a reçu de la part d'Antoine l'ordre formel ;
« car je ne vous dissimulerai point qu'avec ses
« nombreuses forces de mer, il étendra ses ravages
« sur tout le reste de l'Italie dénuée de vaisseaux,
« si vous ne vous réconciliez avec Antoine. » Octave, ayant fait attention à cette artificieuse confidence de Coccéius, réfléchit un moment, et lui dit : « Mais
« Pompée ne s'en trouvera pas trop bien ; car, le
« malheureux, le voilà déjà assez ignominieusement
« repoussé par les habitants de Thurium. » Coccéius, remarquant que tous les points de sa négociation étoient hérissés de difficultés de part et d'autre, amena la conversation sur la mort de Fulvie. Il en raconta les détails. Il dit qu'elle étoit tombée malade du chagrin que lui avoit causé le mécontentement qu'Antoine avoit eu de sa conduite, que sa maladie avoit été aggravée par le dépit qu'elle avoit eu de ce qu'Antoine n'étoit pas même venu la voir pendant sa maladie, d'où il résultoit qu'il avoit contribué à sa mort. « A présent qu'elle n'est plus,
« ajouta-t-il, il ne vous reste qu'à vous expliquer
« franchement entre vous deux sur les sujets que
« vous avez de vous plaindre l'un de l'autre. »

LXIII. Coccéius passa toute la journée auprès

Ans de Rome. 714.

d'Octave, l'entretenant sur cette matière, et finit par l'inviter, étant le plus jeune, à écrire une lettre à Antoine qui étoit plus âgé que lui. Octave lui répondit : « Je n'écrirai point de nouveau à quelqu'un « qui est en guerre contre moi, car il ne m'a point « écrit; mais j'écrirai à sa mère pour me plaindre (5), « de ce qu'unie à moi par les liens du sang, et ayant « été constamment l'objet de mes prévenances les « plus distinguées, elle s'est enfuie de l'Italie, comme « si elle n'eût pas dû trouver auprès de moi autant « de déférence que si j'eusse été son fils. » Telle fut l'artificieuse tournure que prit Octave pour avoir un prétexte d'écrire à la mère d'Antoine (6). Cependant, comme Coccéius sortoit du camp, plusieurs chefs de cohortes vinrent lui communiquer les intentions de l'armée. Coccéius rendit compte de tous les détails à Antoine, et de ce dernier fait particulièrement, afin de ne pas lui laisser ignorer que l'armée d'Octave le combattroit, s'ils ne se réconcilioient pas ensemble. Il lui conseilla donc de rappeler Pompée des parages qu'il infestoit et de le faire rentrer en Sicile; et quant à Ænobarbus, de l'envoyer quelque part, jusqu'à ce que la réconciliation fût opérée. La mère d'Antoine l'engageoit elle-même à prendre ce parti; car elle appartenoit à la famille des Julius (7). Antoine craignoit d'avoir la honte d'être forcé de rappeler Pompée à son secours, si la négociation n'avoit pas un heureux succès. Mais sa mère lui faisant espérer que la négociation réussiroit, et Coccéius l'affermissant dans cette confiance, en lui faisant entendre qu'il avoit là-dessus des données plus particulières (8), Antoine céda. En conséquence, il envoya ordre à Pompée de se retirer en Sicile, pour y préparer les mesures qui avoient été concertées entre eux; et il fit partir Ænobarbus pour la Bithynie, dont il lui conféra le commandement.

Ans de Rome. 714.

LXIV. Aussitôt que l'armée d'Octave fut instruite de ces détails, elle choisit une députation, la même pour tous deux. Les députés laissèrent de côté les sujets respectifs de reproches, comme ayant été chargés, non de prononcer sur ces motifs de dissension, mais seulement d'opérer une réconciliation. Ils s'étoient adjoint Coccéius, ami commun, et en outre Pollion du côté d'Antoine, et Mécène du côté d'Octave. Ils firent convenir et arrêter que le passé seroit entièrement oublié entre Octave et Antoine, et que l'amitié règneroit entre eux à l'avenir; et comme il n'y avoit pas long-temps que Marcellus, l'époux d'Octavie, sœur d'Octave, étoit décédé, les conciliateurs jugèrent convenable qu'Octave donnât sa sœur en mariage à Antoine. Octave y consentit sur-le-champ. Antoine et Octave s'embrassèrent (9). Tout le reste du jour et tout le long de la nuit, l'armée fit retentir les acclamations de l'allégresse, et toute sorte de vœux de prospérité pour l'un et pour l'autre.

LXV. Octave et Antoine se partagèrent de nouveau entre eux tout l'empire romain. Ils prirent pour limite respective Scodra (10), ville de l'Illyrie, qui paroissoit couper le golfe adriatique en deux parties égales. Il fut convenu qu'Antoine auroit pour son lot toutes les provinces et toutes les îles de l'Orient, depuis Scodra jusqu'à l'Euphrate; et qu'Octave auroit pour le sien tout ce qui étoit au Septentrion, jusqu'à l'Océan; que Lépidus conserveroit la Libye qu'Octave lui avoit donnée; qu'Octave feroit la guerre à Pompée, sauf évènement (11), et qu'Antoine la feroit aux Parthes, pour venger l'infraction des traités commise envers Crassus; que les conventions faites entre Antoine et Ænobarbus seroient communes à ce dernier avec Octave (12), et que chacun des deux pourroit sans obstacle lever une armée d'égale force en Italie. Telles furent les dernières conditions de conciliation entre Antoine et Octave. Sur-le-champ, ils firent respectivement partir leurs amis particuliers pour les destinations urgentes. Antoine envoya Ventidius en Asie, pour réprimer les progrès des Parthes et de Labiénus (13), fils du Labiénus, qui, secondé par ces barbares, avoit profité de la guerre entre Antoine et Octave pour faire des incursions dans la Syrie et jusques en Ionie. Les succès et les revers des Parthes et de Labiénus, dans ces circonstances, seront détaillés dans mon livre de la guerre des Parthes.

LXVI. Sur ces entrefaites, Hélénus, lieutenant d'Octave (14), avoit repris de vive force possession de la Sardaigne. Mais Ménodore, lieutenant de Pompée, l'en rechassa (15). Octave, singulièrement indigné de cet évènement, résista aux tentatives que fit Antoine pour le réconcilier avec Pompée. Arrivés à Rome, ils exécutèrent le mariage projeté (16). Antoine fit mettre à mort Manius, pour le punir d'avoir excité la jalousie de Fulvie, d'avoir calomnié Cléopâtre, et d'avoir été la cause de tout ce qui s'étoit passé entre Lucius et Octave (17). Il révéla en même temps à Octave, que Salvidiénus, qui commandoit ses troupes sur les bords du Rhône, avoit eu le projet d'abandonner son parti, et qu'il lui avoit fait faire à lui-même des propositions à cet égard, pendant le siège de Brindes (18). Dans cette confidence, que tout le monde n'approuva pas (19), Antoine ne fit que s'abandonner à sa candeur naturelle, à l'effusion de ses sentiments de bienveillance dans ses liaisons d'amitié. Octave s'empressa de mander Salvidiénus, comme ayant à lui communiquer quelque chose qu'il ne pouvoit dire qu'à lui seul, et comme s'il eût dû retourner aussitôt à la tête de son armée. Salvidiénus étant arrivé, Octave lui reprocha sa conduite et le fit mettre à mort (20). Quant à ses troupes, qu'il regarda comme suspectes, il les fit passer sous les ordres d'Antoine.

NOTES.

(1) Elle mourut à Sicyone. Sa jalousie contre Cléopâtre, qui avoit fini par subjuguer son époux, la rage de ses mauvais succès dans la guerre qu'elle avoit allumée en Italie contre Octave, et les justes reproches qu'Antoine lui avoit faits à cet égard, furent probablement les trois causes principales qui ôtèrent la vie à cette femme qui avoit des qualités bien supérieures à celles de son sexe, et à qui il n'a manqué que d'en faire un meilleur usage pour laisser un grand nom dans l'histoire.

(2) Quoi qu'en dise ici l'ami d'Antoine, Cn. Domitius Ænobarbus étoit regardé comme ayant réellement trempé dans la conjuration contre César. Appien, jusqu'ici, nous l'a présenté comme un des conjurés, et ce n'est qu'au moment où Octave articule, parmi ses griefs contre Antoine, sa réconciliation avec un des assassins de son père, qu'il met dans la bouche de Coccéius la tournure qu'on vient de voir. Il est constant que Domitius Ænobarbus fut compris dans la liste de ceux des conjurés contre lesquels Octave fit procéder juridiquement. Octave lui-même vient de le déclarer. Il est constant encore que Dion Cassius a toujours parlé d'Ænobarbus, comme d'un des complices de la conjuration. Lorsqu'à la fin de son quarante-huitième livre, il parle du projet de mariage d'Ænobarbus avec une fille qu'Antoine avoit eue d'Octavie, sœur d'Octave, cet historien ne manque pas de remarquer que ce projet eut lieu, quoique Domitius Ænobarbus fût du nombre des assassins de César, et qu'il eût été mis sur la liste des proscrits. Au reste, ce même Ænobarbus parvint au consulat l'an de Rome 722, en qualité de créature d'Antoine, et mourut de sa belle mort, après avoir abandonné le parti de son bienfaiteur pour passer dans celui d'Octave. *Dion Cassius, liv. L, n.* 13. Velléius Paterculus remarque qu'Ænobarbus étoit le seul des

officiers d'Antoine qui n'eût jamais salué Cléopâtre que par son nom personnel, *virque clarissimus Cn. Domitius, qui solus Antonianarum partium nunquàm reginam nisi nomine salutavit.* Lib. II, c. 84; et s'il ajoute ces mots à propos de sa défection, *maximo et præcipiti periculo transmisit ad Cæsarem,* ce n'est évidemment que parceque, aux yeux de cet historien, il y avoit quelque danger, pour un des complices de la mort de César, à se mettre à la discrétion d'Octave, sur-tout après la conduite qu'il avoit tenue envers lui, à l'entrée de son consulat, ainsi que Dion le rapporte au commencement de son cinquantième livre.

(3) Casaubon entend dans un autre sens ces mots du texte : οὐδὲ γὰρ τῆς βουλῆς πω τότε μετεῖχεν. Selon lui, ces mots signifient *il n'avoit pas encore l'âge requis pour être sénateur.* Le texte se prête en effet à ce sens. Puisque c'étoit en plein sénat que César devoit être assassiné, il ne devoit y avoir que des membres du sénat dans la conjuration. Voyez la note de Casaubon sur ces mots de Suétone, Vie de Néron, *is inter conscios Cæsarianæ necis*, n. 3.

(4) Voilà bien en peu de mots le plus bel éloge de Brutus qu'on puisse faire. Et c'est un ami d'Octave qui loue ainsi Brutus en parlant à Octave même. O ascendant de la vertu !

(5) Desmares est tombé ici dans un contre-sens, il a traduit, « mais il se plaignit de la mère d'Antoine, etc. » Seyssel l'a évidemment induit en erreur, *mais il se doulut grandement de Julia, mère d'icelui Antoine.* Il est cependant bien clair que μεμψέσθαι est au futur, et qu'il n'en faut pas davantage pour fixer le sens de l'original. Schweighœuser ne s'y est pas trompé : *sed apud matrem (Antonii ait per litteras) se conquesturum.*

(6) Ces détails sur la négociation qui amena dans cette circonstance la réconciliation des deux triumvirs, sont très étendus. Appien est le seul des historiens qui nous les ait transmis. Au reste, c'est à cette époque que Velléius Paterculus place la mort tragique de Rufus Salvidiénus, un des

principaux officiers attachés au parti d'Octave. *Per quæ tempora Rufi Salvidieni scelesta consilia patefacta sunt.* Lib. II, c. 76. Ce Salvidiénus étoit un homme sorti de la boue, *natus obscurissimis initiis;* mais ce n'étoit pas assez pour lui d'être arrivé au faîte des honneurs, d'être le troisième après le grand Pompée et César, qui fût arrivé au consulat avant que d'être sénateur. Comme, dans la carrière de l'ambition et au milieu des guerres civiles, l'appétit vient en mangeant, si l'on peut se servir de cet adage vulgaire, Salvidiénus, qui voyoit qu'Octave et Antoine devoient tout à leur audace et à leur fortune, fut probablement tenté de faire comme eux, et de se mettre en mesure de les supplanter; mais ses projets furent découverts, et Octave le fit égorger. *Parùm habebat, summa accepisse et proximus à Cn. Pompeio ipsoque Cæsare ex equestri ordine consul creatus esse, nisi in id ascendisset quo infra se et Cæsarem videret et rempublicam. Ibidem.* Voy. Dion Cassius, liv. XLVIII, p. 430. On verra plus bas, dans Appien, par quel artifice Octave s'assura de sa personne.

(7) Nous avons déjà vu (ci-dessus, chap. VI, n. 5) que Plutarque la compte parmi les femmes de ce temps-là les plus recommandables par leurs vertus et l'honnêteté de leurs mœurs. Il confirme, d'ailleurs, ce que dit ici Appien, qu'elle étoit de la maison des Césars. Τοῦ Καισάρων οἴκου, ταῖς ἀρίσταις τότε καὶ σωφρονεστάταις ἐνάμιλλος.

(8) Τι πλέον εἰδέναι, à la lettre, qu'il en savoit là-dessus plus qu'il n'avoit dit. Il est probable en effet que Coccéius avoit pénétré dans le fond de l'ame d'Octave, malgré le ton d'assurance et de dignité qu'il avoit affecté à ses yeux, et qu'il y avoit lu qu'Octave désiroit bien plus sérieusement de se réconcilier avec Antoine, qu'Antoine n'avoit besoin de se réconcilier avec lui; mais Coccéius, par égard pour Octave dont il étoit l'ami, autant qu'il étoit l'ami d'Antoine, avoit jugé à propos de ne pas pousser les choses jusqu'à lever le voile dont Octave s'étoit efforcé de couvrir le secret de ses intentions.

(9) **Desmares** a laissé cette phrase de côté. Seyssel auroit dû lui faire éviter cette inadvertance.

(10) Les éditions ordinaires portent Κοδρόπολιν, tout un mot, que les interprètes latins ont traduit tout bonnement *Codropolin.* Claude de Seyssel a lu comme les autres, puisqu'il a dit, *depuis la cité de Codropolis qui est au pays d'Illyrie.* Mais Jac. Palmérius a très judicieusement remarqué que nul géographe de l'antiquité ne faisoit mention de Codropolis, mais que Polybe, *in Excerptis legat.*, cap. 76, faisoit mention de *Scodra*, grande et fameuse ville en Illyrie, que Tite-Live la mentionnoit trois fois, et notamment dans son quarante-quatrième livre, et que Ptolémée l'a placée tab. V., chap. 17. En conséquence, Schweighæuser a pensé qu'il falloit lire Σκοδραν πολιν en deux mots. On l'appelle aujourd'hui *Scutari*, ville importante de l'empire ottoman.

(11) Le texte porte εἰ μή τι συμβαίνοι, mots qui pourroient bien être rendus par, *à moins qu'on ne traitât avec lui.* C'est dans ce sens que Claude de Seyssel et Candidus ont traduit. Schweighæuser a traduit, *ni quid aliud interveniret.*

(12) D'après la répugnance invincible qu'Octave avoit montrée jusqu'alors à l'égard de tout rapprochement avec les assassins de César, se seroit-on attendu à le voir finir par céder aux circonstances, et traiter avec quelques uns de ses plus odieux ennemis? D'ailleurs, s'il faut en croire Dion Cassius, Domitius Ænobarbus ne fut pas le seul des complices de la mort de César avec qui Octave chanta la palinodie à cette occasion. Nous citerons cet historien dans sa version latine. *Quæ causa præcipuè fuerat Cæsari cur impunitate propositâ ad se reciperet eos qui bello Perusino contra se stetissent, ac nonnullos etiam ex patris percussoribus, interque eos Domitium, omnes item proscriptos, ac qui Cassii Brutique castra secuti fuissent, vel Antonium post modò adjuvissent.* Tel fut pour Octave l'empire de cet intérêt du moment, qui fut, dans toutes les périodes de sa carrière, sa boussole et son guide. C'étoit sans doute une disparate bien étrange dans la conduite de ce triumvir; mais

dans les temps de sédition et de guerre civile, ainsi que le remarque sentencieusement l'historien que nous venons de citer, *in seditionibus et bellis civilibus omnia præter rationem eveniunt; ubi non jure sed utilitate suâ amicos inimicosque suos hi qui rerum potiuntur existimant, ac pro opportunitate temporis eosdem et hostes et necessarios judicant.* Ceci rappelle le mot de Mahomet à Zopire, lorsque l'usurpateur musulman propose au pontife de la Mecque de traiter avec lui et de s'attacher à sa fortune. Zopire répond à la proposition :

« Connois-tu quelque Dieu qui fasse un tel miracle ?

MAHOMET.

« J'en connois un puissant, et toujours écouté,
« Qui te parle avec moi.

ZOPIRE.

Quel ?

MAHOMET.

La nécessité.

(13) Labiénus avoit été chargé par Cassius et Brutus d'aller demander pour eux des secours aux Parthes ; et ayant appris les résultats de la bataille de Philippes, il étoit resté chez ces Barbares. Convaincu qu'il n'avoit rien à espérer de la part des triumvirs, il s'attacha aux peuples qui lui donnoient l'hospitalité. Il leur fit sentir qu'il étoit de leur intérêt de profiter des circonstances de dissension et de guerre civile où l'ambition respective d'Antoine et d'Octave alloit les jeter l'un et l'autre, et de saisir cette occasion de secouer le joug de l'empire romain. Ces insinuations réussirent. Les Parthes prirent les armes sous les ordres de Labiénus et de Pacorus, le fils d'un des rois de leur voisinage. Ils débutèrent par de grands succès ; mais l'arrivée de Ventidius fit changer la fortune. Voyez Dion Cassius, liv. XLVIII, et Florus, liv. IV, chap. 9.

(14) Cet Hélénus étoit, suivant Dion, un des affranchis d'Octave. Ménas ou Ménodore l'ayant fait prisonnier, et

étant instruit qu'Octave avoit pour lui une affection singulière, il le renvoya sans rançon, et se ménagea par-là d'avance les bontés du triumvir, selon le même historien, dans le cas où des circonstances qu'il prévoyoit le forceroient à se déclarer pour lui, *liv. XLVIII.*

(15) Dion Cassius donne à ce lientenant de Pompée le nom de Ménas. Après avoir vigoureusement ravagé l'Etrurie, il avoit fait voile vers la Gaule Narbonnaise, et y avoit fait prisonnier M. Titius, fils d'un proscrit de ce nom, qui avoit trouvé un asile auprès de Pompée. Ce M. Titius brigandoit sur ces parages pour son propre compte, lorsqu'il fut amené vivant en Sicile, où Pompée lui sauva la vie par égard pour son père, mais principalement parceque sur les boucliers de ceux qui combattoient sous ses ordres, on avoit remarqué l'effigie de Pompée. O inconcevable bizarrerie des vicissitudes humaines! Ce même Titius que Sextus Pompée ne livra point à la mort, fut celui qui, profitant méchamment de l'équivoque de deux dépêches d'Antoine, le fit égorger lui-même à Milet, quelques années après, comme on le verra plus bas.

(16) Plutarque rapporte dans la vie d'Antoine, au sujet de ce mariage, qu'il ne pouvoit avoir lieu sitôt, selon les lois, attendu qu'il n'y avoit pas encore dix mois qu'Octavie étoit veuve de Marcellus; mais la raison d'état l'emporta sur la loi de Romulus qui défendoit aux veuves de passer à de secondes noces avant les dix mois du décès de leur époux. Le sénat rendit un sénatus-consulte tout exprès pour accorder à Octave la dispense nécessaire. Nous remarquerons que cet intervalle de dix mois auquel Romulus, fidèle interprète de la nature, avoit restreint ce qu'on appelle, chez les jurisconsultes, *l'an de deuil*, resta le même jusqu'à l'époque où les empereurs Gratien, Valentinien et Théodose, rendirent la loi 2, *si qua ex feminis*, Cod. *de secund. nupt*, qui ajouta deux mois de plus, *tametsi id exiguum*.

(17) Voilà un homme joliment récompensé d'avoir défendu les intérêts d'Antoine, son ami, avec tant de zèle et

de chaleur contre Octave, dont la marche en effet, dans les détails qui précédèrent la guerre de Péruse, tendoit évidemment à supplanter, dans l'affection des vétérans, le triumvir dont il méditoit déjà la ruine.

(18) Encore une atrocité de la part d'Antoine. C'est par des infamies de ce genre qu'il mérita d'être abandonné par ses meilleurs amis, lorsque la querelle, qui fut vidée devant Actium, éclata entre Octave et lui.

(19) Cela se conçoit en effet; et certes Appien a beau faire, ce qu'il dit pour excuser Antoine est incapable de produire cet effet.

(20) Voyez ci-dessus, note 6.

CHAPITRE VIII.

Octave prend la résolution d'aller attaquer Pompée en Sicile. Il est question d'établir sur le peuple un nouvel impôt. Fermentation populaire à ce sujet. Le peuple force les triumvirs à négocier avec Pompée. Ils traitent en effet avec lui, par l'intermédiaire de Libon, beau-père de Pompée. Ces trois chefs se séparent. Conduite d'Antoine avant son départ. Il va passer l'hiver à Athènes. Il fait ses préparatifs de guerre contre les Parthes au commencement du printemps.

LXVII. Cependant la famine étoit à Rome. Les marchands de l'Orient avoient cessé toute navigation, par la crainte que leur inspiroit Pompée occupant la Sicile; ceux de l'Occident ne naviguoient pas non plus, à cause que la Sardaigne et la Corse étoient au pouvoir de ses lieutenants. Ceux de l'Afrique redoutoient également Pompée, qui étoit maître de la mer dans tous ces parages. Il en résultoit que toutes les denrées renchérissoient tous les jours. Le peuple attribuoit ce fléau à la mésintelligence de ceux qui avoient le pouvoir en main; il tenoit contre eux toute sorte de propos, et il demandoit avec instance que l'on se réconciliât avec Pompée. Malgré ces clameurs, Octave n'adopta point ce parti, et alors Antoine lui donna le conseil d'entreprendre la guerre sans différer, pour faire cesser la famine.

Ans de Rome. 714.

Ans de Rome. 714.

Mais comme il n'avoit point d'argent pour cette expédition, il fit un édit par lequel tous les propriétaires (1) d'esclaves furent tenus de payer, par chaque tête, la moitié des vingt-cinq drachmes (2) qu'on avoit payées pour l'expédition contre Cassius et Brutus. Tous ceux qui recueilloient quelque chose à titre gratuit, par testament, furent obligés de contribuer à concurrence d'une quote part. Le peuple, furieux, arracha cet édit (3). Il étoit indigné, qu'après avoir mis à sec le trésor public, qu'après avoir saccagé les provinces, qu'après avoir épuisé l'Italie à force de contributions, d'impôts, de confiscations, non pas pour des guerres qui intéressassent la république, et l'agrandissement de son Empire, mais pour combattre leurs propres ennemis, mais pour établir leur domination personnelle, ce qui avoit donné lieu aux proscriptions, aux massacres, et à la cruelle famine qui suivoit ces calamités, les deux triumvirs cherchassent encore à dépouiller les citoyens du peu qui leur restoit. Le peuple se souleva, se répandit en vociférations, tomba sur le corps de ceux qui ne se rangeoient pas de son côté, menaça de livrer leurs maisons au pillage et de les incendier, jusqu'à ce qu'enfin l'insurrection devint générale.

LXVIII. Octave, suivi de ses amis et d'un petit nombre de ses hypaspistes, vint pour se présenter au peuple. Il désiroit de le haranguer, et de répondre aux reproches qu'il mêloit à ses clameurs. Aussitôt que le peuple l'aperçut, il se jeta sur lui sans aucun ménagement; et quoiqu'il soutînt cette voie de fait avec courage, qu'il se présentât lui-même à ceux qui vouloient le frapper, et qu'il eût même déjà reçu quelques blessures, le peuple n'en eut pas plus de respect pour lui. Antoine, informé de cet état de choses, se hâta de venir au secours d'Octave. Le peuple, qui le vit arriver par la voie sacrée, ne se jeta pas sur lui, parcequ'il savoit qu'il inclinoit à se réconcilier avec Pompée, mais il lui ordonna de se retirer; et comme il refusa de le faire, le peuple lui tomba dessus. Alors il donna ordre de faire entrer en plus grand nombre les troupes qu'il avoit hors des murs de Rome. Le peuple n'ayant point lâché prise, malgré cet ordre, les troupes s'avancèrent, distribuées des deux côtés de la voie sacrée et du Forum, pénétrant par les petites rues, et faisant main basse sur tous ceux qu'elles rencontroient. Bientôt il leur fut impossible de faire fuir la multitude, tant elles furent accablées par le nombre, et mises dans l'impuissance de se faire jour. Cependant elles faisoient un carnage horrible. Le sang couloit de tous les côtés. Du haut des toits tout retentissoit de lamentations et de cris. Antoine, après beaucoup d'efforts, parvint à se dégager; ce fut lui-même qui sauva Octave, dans cette occasion éclatante, du péril imminent auquel il étoit exposé, et qui le ramena dans sa maison. Le peuple ayant fini aussi par prendre la fuite, on fit jeter les cadavres dans le Tibre, afin de dérober ce spectacle à tous les regards. Mais ce n'en fut pas un moins horrible que de voir ces cadavres flottants sur les eaux, que de voir les soldats les mettre à nu, que de voir les plus scélérats d'entre les citoyens qui les secondoient, emporter, comme leur appartenant, la dépouille de ceux qui avoient des vêtements d'une certaine valeur. Cette insurrection fut calmée par la terreur qu'inspirèrent les triumvirs, qui n'en devinrent que plus odieux. La famine empira de jour en jour. Le peuple continua de gémir, mais il se tint coi.

LXIX. Antoine fit dire aux amis de Libon de le faire venir de Sicile pour recevoir ses compliments de congratulation au sujet de la parenté qui venoit de se former entre eux, et peut-être pour des choses d'un plus grand intérêt. Il se chargea lui-même de pourvoir à sa sûreté. Les amis de Libon lui écrivirent sur-le-champ, et Pompée consentit à ce voyage. Libon vint débarquer à l'île de Pithécuses (4), qu'on nomme aujourd'hui Ænaria (5). Le peuple, instruit de ce voyage de Libon, se rassembla de nouveau, et vint en lamentation supplier Octave d'envoyer un sauf-conduit à Libon, qui venoit dans l'intention de lui faire des propositions de paix. Octave envoya ce sauf-conduit, quoique à contre-cœur. D'un autre côté, le peuple se rendit auprès de Mutia (6), la mère de Pompée, et la menaça de la faire périr dans les flammes, si elle ne se chargeoit point d'aller engager son fils à une réconciliation. Libon, qui comprit que ses ennemis commençoient à céder, demanda que les trois chefs se réunissent pour convenir ensemble des conditions de leur traité. Le peuple força la main sur ce point à Octave et à Antoine, qui se rendirent à Baies (7).

LXX. Tous les amis de Pompée, d'une voix unanime, lui conseilloient de faire la paix. Mais Ménodore lui avoit mandé de Sardaigne, ou de pousser la guerre avec vigueur, ou de temporiser encore, attendu que la famine combattoit pour lui, et que du moins, lorsqu'il jugeroit à propos de traiter, il obtiendroit des conditions plus avantageuses. Il l'avoit en même temps averti de se défier de Murcus, qui abondoit dans le sens de la paix, parcequ'il la regardoit comme propre à le conduire lui-même au pouvoir. Pompée, à qui Murcus étoit en effet à charge, à cause de la considération personnelle dont il jouissoit, et de l'opiniâtreté qu'il mettoit dans ses opinions, prit encore plus d'aliénation contre lui, et cessa de lui rien communiquer. Murcus, indigné de cette défiance, se retira à Syracuse, et voyant qu'il étoit suivi de près par quelques uns des satellites de Pompée, il éclata ouvertement en leur présence en invectives contre lui (8). Pompée corrompit un des chiliarques et des centurions de Murcus, qu'il chargea de l'égorger, et de répandre ensuite qu'il avoit été égorgé par ses esclaves. Pour accréditer cette imposture, il fit en effet punir ces esclaves du dernier supplice; mais il ne demeura point enseveli dans les ténèbres, cet attentat de sa part, le second après celui qu'il avoit commis sur la personne de Bithynicus; attentat dirigé contre un citoyen illustre par ses talents militaires, qui avoit été un des plus zélés champions de son parti dès le commencement, qui lui avoit rendu personnellement des services signalés en Ibérie, et qui étoit venu spontanément se réunir à lui en Sicile. Telle fut la fin tragique de Murcus.

LXXI. Les autres amis de Pompée ne cessoient de le presser de faire la paix, et de rendre Ménodore lui-même suspect d'ambition, en lui insinuant que, s'il étoit d'un avis contraire, c'étoit moins par attachement pour lui que pour se maintenir dans le commandement d'une armée et d'une province. Pompée ayant enfin cédé, il se rendit dans l'île d'Ænaria (9), suivi d'un grand nombre de ses meilleurs vaisseaux, monté lui-même sur une magnifique embarcation à six rangs de rames. Ce fut avec ce cortège que, sur le soir, il passa superbement devant Dicéarchie (10), sous les yeux mêmes des ennemis. Dès le point du jour, des pieux furent plantés dans la mer (11) en deux endroits différents, à peu de distance l'un de l'autre, et des planches furent disposées sur ces pieux. Antoine et Octave se placèrent sur celui de ces deux plateaux qui étoit le plus voisin du rivage; Pompée et Libon sur celui qui étoit le plus avant dans la mer. Ils n'étoient séparés les uns des autres que par un petit courant, de manière qu'ils pouvoient s'entendre sans avoir besoin de crier (12). Pompée pensoit qu'il étoit venu pour être associé au triumvirat à la place de Lépidus. Octave et Antoine ne vouloient lui accorder rien de plus que son rappel. De sorte qu'il n'y eut rien de conclu d'abord. Néanmoins les amis communs alloient et venoient, apportant des deux côtés diverses propositions. Pompée demanda pour les proscrits, et pour tous ceux qui avoient embrassé sa querelle, savoir, pour ceux qui avoient trempé leurs mains dans le sang de César, un lieu d'exil où ils fussent sûrs de n'être point inquiétés; et pour les autres, un rappel honorable, et la restitution de leurs biens. Octave et Antoine, pressés de traiter par le peuple et par la famine, accordèrent, quoiqu'avec peine, que le quart des biens qu'on rachèteroit des possesseurs actuels seroit rendu. On écrivit aux proscrits pour leur donner connoissance de ces conditions, en espérant qu'ils en seroient satisfaits. Ils les acceptèrent en tous points, car déjà ils redoutoient Pompée depuis l'attentat commis contre Murcus (13). Ils se rendirent auprès de Pompée, et le pressèrent de conclure. Alors Pompée déchira ses vêtements, en disant qu'il étoit trahi par ceux pour lesquels il avoit combattu; et il répéta souvent le nom de Ménodore, comme le seul qui eût le cœur d'un brave et qui lui eût montré de l'attachement.

LXXII. Il étoit pressé, d'un autre côté, par Mutia sa mère, et par Julia sa femme. En conséquence, ils se réunirent tous trois, Octave, Antoine et Pompée, sur le môle de Dicéarchie, que les flots battent des deux côtés, et autour duquel alloient et venoient les vaisseaux qui veilloient à leur sûreté. Voici à quelles conditions ils traitèrent : il fut convenu que toute guerre cesseroit entre eux, tant sur mer que sur terre; que les vaisseaux marchands passeroient par-tout sans obstacle; que Pompée retireroit toutes les garnisons qu'il avoit dans divers postes de l'Italie; qu'il n'ouvriroit plus d'asile aux esclaves fugitifs; que ses vaisseaux n'infesteroient plus les parages de l'Italie; qu'il auroit le gouvernement de la Sardaigne, de la Corse, de la Sicile, et de toutes les

Ans de Rome. 715.

autres îles dont il étoit actuellement en possession, pendant tout le temps qu'Octave et Antoine conserveroient le gouvernement des autres provinces romaines; qu'il enverroit à Rome les mêmes tributs de froment auxquels ces îles étoient depuis longtemps soumises; qu'il auroit en outre le gouvernement du Pélopoenèse; qu'il rempliroit, quoique absent, les fonctions de consul, par l'entremise de celui de ses amis qu'il choisiroit; et qu'il seroit inscrit dans le collège des souverains pontifes (14). Voilà pour ce qui concernoit Pompée : que tous les patriciens encore en exil seroient rappelés, à l'exception de ceux qui auroient été condamnés judiciairement à raison de la mort de César; que, quant aux biens, ils seroient rendus en entier à tous ceux que la terreur seule avoit fait sauver de Rome, ainsi que tout ce qui leur avoit été enlevé de vive force, à l'exception du mobilier, et qu'aux proscrits on ne leur en rendroit que le quart; que tous les esclaves qui avoient servi sous Pompée étoient déclarés libres; et que les hommes de condition libre qui avoient porté les armes pour lui recevroient à leur retraite le même traitement que les vétérans d'Octave et d'Antoine (15).

LXXIII. Telles furent les conditions du traité (16). Ils les rédigèrent par écrit; ils y appliquèrent leurs sceaux, et le diplôme fut envoyé à Rome, et déposé, pour être gardé, entre les mains des vestales (17). Ils se visitèrent tour à tour, et se régalèrent, après avoir tiré au sort l'ordre dans lequel ils se donneroient respectivement à manger. Pompée commença (18), et pour cet effet, il fit approcher son vaisseau à six rangs de rames aussi près du môle qu'il fût possible (19). Les jours suivants, Antoine et Octave reçurent Pompée dans des tentes qu'ils firent dresser sur le rivage, soit afin de pouvoir y donner leurs festins à découvert, soit peut-être pour écarter toute idée de soupçon et de défiance. Néanmoins les précautions n'étoient point négligées; car les vaisseaux veilloient autour du vaisseau de Pompée, les patrouilles veilloient autour des tentes d'Octave et d'Antoine; et pendant les repas ils avoient tous trois à la ceinture des glaives cachés sous leurs robes. On rapporte que Pompée, le jour même qu'il donnoit à dîner aux triumvirs, avoit reçu un message de Ménodore (20), par lequel il lui donnoit pour conseil de prendre les triumvirs dans un piège, de venger ainsi les attentats commis sur la personne de son père et de son frère, en profitant avec promptitude de l'occasion de reprendre l'autorité dont son père étoit investi, ajoutant que lui-même, à la tête de ses vaisseaux, il veilleroit pour empêcher qui que ce fût de se sauver; mais que Pompée avoit répondu d'une manière digne de sa race et de la situation où il se trouvoit : « Plût aux dieux que Ménodore pût « exécuter ce qu'il propose sans que j'y prisse au-« cune part! car Ménodore pourroit commettre un « parjure, mais moi je ne le puis point (21). » A ce dîner, on arrangea le mariage de la fille de Pompée, petite-fille de Libon, avec Marcellus (22), le beau-fils d'Antoine, et le neveu d'Octave. Le lendemain, ils réglèrent la nomination des consuls pour quatre années ; savoir, pour la première année, Antoine et Libon, avec la faculté donnée à Antoine de se faire remplacer par qui bon lui sembleroit ; pour la seconde année, Pompée et Octave ; pour la troisième année, Ænobarbus et Sossius ; pour la quatrième, Antoine et Octave, ce qui devoit être leur troisième consulat ; et ils espéroient (23), à cette époque, pouvoir rendre au peuple romain l'ancienne forme de son gouvernement.

LXXIV. Cela fait, ils se séparèrent. Pompée revint en Sicile. Octave et Antoine reprirent le chemin de Rome. Aussitôt que la nouvelle de cet événement y fut répandue, ainsi que dans tout le reste de l'Italie, on entendit de toutes parts des acclamations d'allégresse. On se félicitoit de la paix. On se regardoit comme affranchi de tous les fléaux de la guerre, de la conscription militaire par intérêt pour ses enfants, de l'insolence des garnisons, de la fuite et de la désertion des esclaves, du ravage des campagnes, de l'inertie de l'agriculture, et par-dessus tout, de la famine, qui réduisoit tout le monde à l'extrémité. Aussi Antoine et Octave virent-ils, le long de leur route, célébrer en leur honneur des sacrifices, comme à des dieux sauveurs. A Rome, on se disposoit à les recevoir d'une manière brillante, si, pour en épargner la dépense (24), ils n'avoient préféré entrer la nuit, sans être vus de personne. Les seuls qui en eussent du mécontentement étoient ceux à qui avoient été adjugées, dans la répartition des colonies, les terres des citoyens que cet évènement rappeloit. Ils craignoient d'avoir pour voisins de leurs possessions des ennemis irréconciliables, qui même leur nuiroient, s'ils en avoient jamais le pouvoir. Tous les fugitifs qui s'étoient retirés auprès de Pompée s'empressèrent de l'embrasser, à Dicéarchie, et de s'embarquer pour Rome, à l'exception d'un petit nombre. Leur arrivée excita une nouvelle joie et de nouvelles acclamations parmi le peuple, qui voyoit le retour inespéré de tant d'illustres personnages (25).

LXXV. Octave prit ensuite le chemin des Gaules, où des troubles avoient éclaté; et Antoine se rendit en Asie, pour faire la guerre aux Parthes. Le sénat rendit un décret qui ratifioit tous les actes passés et futurs de son administration (26). En conséquence, il envoya des lieutenants de tous côtés, dans les provinces qui lui étoient soumises, et disposa de tout à son gré. Il établit, dans quelques pays, des rois à sa fantaisie, en leur imposant, comme de raison, certains tributs; savoir, dans le Pont, Darius, fils de Pharnace, et petit-fils de Mithridate; dans l'Idumée et à Samarie, Hérode; dans la Pisidie, Amyntas; dans une partie de la Cilicie, Polémon; et d'autres en d'autres régions. Afin d'enrichir et d'exercer à la fois l'armée qui devoit passer l'hiver avec lui, il en envoya une partie combattre les Parthéniens, peuple de l'Illyrie, voisin d'Epidamne, et qui avoit montré beaucoup d'affection à Brutus; et une autre partie attaquer les Dardaniens, autre peuple de l'Illyrie, qui avoit continuellement infesté la Macédoine. Il retint le reste en Epire, de manière à tenir toutes ses forces autour de lui, prêtes à faire voile pour Athènes, où il vouloit aller passer l'hiver.

Il chargea, d'un autre côté, Furnius d'aller lui chercher en Libye les quatre légions que commandoit Sextius, et qu'il vouloit employer contre les Parthes. Il ne savoit pas encore que Lépidus en avoit ôté le commandement à Sextius.

LXXVI. Après avoir fait ces dispositions, il alla passer l'hiver à Athènes avec Octavie, comme il avoit passé l'hiver précédent à Alexandrie avec Cléopâtre; ne lisant que la correspondance des lieutenants qui avoient ses divers corps de troupes sous leurs ordres; vivant avec la simplicité d'un homme privé, au lieu d'étaler l'appareil imposant du pouvoir; portant son vêtement carré, son brodequin attique, et ne voyant personne. Il sortoit sans être entouré des attributs de sa magistrature, n'ayant avec lui que deux amis, et deux individus à sa suite, et fréquentant les écoles des professeurs, ou les rendez-vous de lecture (27). Dans ses repas, il se faisoit servir à la manière des Grecs; il partageoit avec eux tous les plaisirs de la saison, et jouissoit avec Octavie de toutes leurs fêtes. Car Antoine avoit naturellement la passion des femmes (28), et il étoit fortement épris d'Octavie. A la fin de l'hiver, comme s'il n'eût plus été le même homme, il changea de costume, et en changeant de costume, il fit tout changer d'aspect autour de lui. Dès-lors on vit continuellement à sa porte des licteurs, des chefs, des sentinelles, tout l'extérieur de la terreur et de l'épouvante. Il admit les députations qui avoient été ajournées jusqu'à cette époque; il se livra au soin des affaires; il fit mettre les vaisseaux à la mer, et faire toutes les autres dispositions militaires (29).

NOTES.

(1) Ἐπὶ μὲν τοῖς θεράπουσι τοὺς κεκτημένους. L'expression τοὺς κεκτημένους est là comme synonyme de τοὺς δεσπότας. C'est dans le même sens qu'on trouve ce participe attiquement employé, c'est-à-dire avec la signification active, dans le quatrième vers du Plutus d'Aristophane :

Ἢν γὰρ τὰ βέλτισθ' ὁ θεράπων λέξας τύχῃ
Δόξῃ δὲ μὴ δρᾶν ταῦτα τῷ κεκτημένῳ.

(2) Desmares n'a pas fait attention qu'il ne s'agissoit ici que de *la moitié de la subvention* exigée au sujet de la guerre contre Cassius et Brutus.

(3) Le mot du texte καθεῖλεν, que j'ai rendu littéralement par arracha, suppose que cet édit avoit été affiché dans les divers quartiers de Rome. Ce qui prouve, en passant, que ce n'étoit pas toujours à cri public par le ministère des hérauts que se faisoient les publications de l'autorité.

(4) C'étoit une île située dans le golfe de Cumes, *in Cumano sinu*. Pline, dans son troisième livre, chap. VI, nous apprend que les Grecs l'appeloient Pithécuses, qu'Homère la désignoit sous le nom d'Inarime, et que les Latins la nommoient Ænaria, parcequ'Enée y avoit jeté l'ancre, *Ænaria è statione navium Æneæ, Homero Inarima dicta, Græcis Pithecusa*. Pomponius Mela distingue l'île de Pithécuses de l'île d'Ænaria, Tite-Live en fait autant, liv. VIII, chap. 22. *In insulas Ænarim et Pithecusas egressi*. Suétone *in vitâ Oct. Cæs.* cap. 22, la nomme Ænaria, et Strabon, liv. V, donne le nom de *Pithécuses* à l'île qu'Octave céda aux habitants de Néapolis en échange de l'île de Caprée. Voy. Cellarius, *liv. II, c.* 10, *n.* 21, p. 762.

(5) Voyez la note précédente.

(6) Mutia ne se soucioit probablement pas beaucoup de

faire auprès de son fils une nouvelle démarche, après le mauvais succès de la première.

(7) Baies, que Josephe, dans ses Antiquités judaïques, liv. XXII, chap. 9, appelle une petite ville, πολίδριον, étoit sur le bord de la mer entre Pouzzole (*Puteolum*) et le promontoire de Misène. Elle étoit célèbre par ses eaux minérales; et à l'instar de tous les lieux qui ont ce genre de célébrité, elle ne tarda pas à devenir un brillant rendez-vous, où l'on venoit plutôt pour se livrer aux plaisirs et aux jouissances du luxe que pour soigner sa santé. C'étoit le *Spa* ou le *Barèges* des Romains. On prétend qu'elle avoit tiré son nom de celui d'un des compagnons d'Ulysse qui y fut inhumé. Témoin ce passage de Silius Italicus, liv. XII, v. 114.

. . , ... *Docet ille tepentes*
Undè ferant nomen Baia, comitemque dedisse
Dulichiæ puppis, stagno sua nomina monstrat.

Sénèque parle de Baies dans un passage de son Epître LI, qui présente sur les rendez-vous de ce genre, une réflexion morale bien judicieuse, et que je copie ici par cette raison. *De secessu cogitans (vir probus et sapiens) nunquàm Canopum eliget, quamvis neminem Canopus esse frugi vetet. Ne Baias quidem diversorium vitiorum esse cœperunt. Illic sibi plurimùm luxuria permittit. Illic tanquam aliqua licentia debeatur loco, magis solvitur.* Voyez Cellarius *ibid.* chap. 9, sect. IV, p. 669. Dion Cassius fait une description de cette ville et de ses bains, d'où il paroît résulter que ce que les médecins appellent aujourd'hui *bains de vapeurs*, étoit connu des médecins de son temps. *Liv. XLVIII, in fine*, p. 565 et 566, de l'édition de Reimar.

(8) Desmares a ajouté au texte, en disant *cela avança sa perte*. Ces mots ne sont pas dans le grec.

(9) Voyez ci-dessus, note 4.

(10) Nous avons déjà dit que c'est le Puteoli des Romains. Étienne de Byzance prétend qu'on l'appela de ce dernier

nom, à cause qu'une odeur fétide s'exhaloit de l'eau de ses puits, *quia δυσώδη τὰ φρέατα ἔχει*. Festus appuie cette étymologie : *Puteolos dictos aiunt ab aquæ calidæ putore.* Voyez Cellarius, liv. II, chap. 9, sect. IV, n.,462. Voyez ci-dessus, chap. 6, note 3.

(11) Ce fut au pied du promontoire de Misène. *Cum Pompeio quoque circa Misenum pax inita*. Paterculus, *lib. II*, c. 77. Tous les historiens sont unanimes sur ce point.

(12 Desmares a fait ici un contre-sens remarquable. *De sorte qu'ils ne pouvoient entendre ce qu'ils se disoient l'un à l'autre qu'en parlant à haute voix.* Il l'eût évité, s'il eût consulté Seyssel. Schweighæuser, dans sa version latine, n'a eu garde de s'y tromper ; *ut sine clamore voces invicem exaudirentur.*

(13) On a vu un peu plus haut que, sur de vains motifs, Pompée avoit fait égorger d'une manière atroce ce Murcus auquel il avoit tant d'obligation. Et tout à l'heure on va le voir se piquer d'une grandeur d'ame admirable envers les deux triumvirs, ses ennemis personnels qui avoient eu l'infamie de le faire comprendre dans l'arrêt de mort judiciairement prononcé contre les assassins de César, quoiqu'à cette époque il fût en Ibérie encore dans l'obscurité ; qui, à ce titre, l'avoient inscrit sur les tables de proscription ; et qui, dans ce moment, ne faisoient avec lui une paix simulée que parceque le peuple à Rome leur avoit forcé la main.

(14) La religion avoit à Rome tant d'influence dans les affaires du gouvernement, que les citoyens du premier rang briguoient les sacerdoces comme les autres magistratures. Nous avons vu plus haut Lépidus, le lendemain de la mort de César, passer à moitié dans le parti des champions des conjurés, séduit par l'espoir qu'on lui donna de le nommer souverain pontife, place devenue vacante par l'assassinat du dictateur. Plutarque nous apprend qu'à l'époque de la réconciliation entre Octave et Antoine, dont il étoit question tout à l'heure dans Appien, Octave donna un témoignage particulier d'affection à Antoine, en lui faisant décerner les

fonctions de grand-prêtre dans le culte divin récemment institué en l'honneur de César. Plut. *Vie d'Antoine;* et l'on voit ici que, pour honorer Pompée, on lui promet une place du même genre. Suivant Dion Cassius, c'étoit dans le collège des augures que Pompée devoit être admis. Οἰωνιστὴν ἀποδειχθῆναι.

(15) Nul autre des historiens n'a donné les conditions du traité avec ce détail et cette précision, à l'exception de Dion Cassius, *liv. XLVIII*, n. 36.

(16) Rien n'est plus touchant que de lire les détails de Dion Cassius, au sujet de ce qui se passa entre les troupes des triumvirs, et celles de Pompée, lorsqu'elles se livrèrent réciproquement à la joie que leur inspiroit cette paix. Liv. XLVIII, n. 37.

(17) Tout cela n'étoit de la part des triumvirs qu'une véritable jonglerie, comme la suite le prouva bientôt. Dion Cassius ajoute qu'ils se touchèrent les mains, et qu'ils s'embrassèrent. *Ibid.* 48.

(18) Plutarque, dans la Vie d'Antoine, est parfaitement d'accord avec Appien sur ce fait.

(19) Il est singulier qu'Appien ne fasse aucune mention d'un mot prononcé par Pompée à cet égard, qui forme en latin un véritable calembourg, et qui a paru assez remarquable à Paterculus et à Plutarque pour le conserver. Il faut savoir que le grand Pompée avoit à Rome, dans un quartier appelé en latin *Carinæ*, sur le penchant du mont Capitolin, une magnifique maison dont Antoine s'étoit emparé, et où il avoit actuellement son domicile. Lors donc que le traité fut conclu entre eux trois, il fut arrêté qu'ils se régaleroient. Antoine demanda à Pompée, « où nous donnerez-vous à dîner? » Pompée lui répondit en latin, *in carinis meis*, ce qui signifioit proprement dans mes vaisseaux, et faisoit allusion en même temps à la maison de son père, dont Antoine étoit en possession. Les détails de Paterculus à ce sujet sont plus précis que ceux de Plutarque. *Cum Pompeio quoque circa Misenum pax inita, qui haud absurdè, cùm in navi Cæsa-*

remque et Antonium cœnâ exciperet, dixit, in carinis suis se cœnam dare, referens hoc dictum ad loci nomen in quo paterna domus ab Antonio possidebatur. Lib. II, c. 77. Dion Cassius, qui rapporte la même chose, remarque que ce fut le seul trait par lequel ce dernier parut conserver quelque souvenir du passé. *Liv. XLVII*, n. 38.

(20) J'aime mieux le récit de Plutarque, d'après lequel il paroît que Ménas (car il donne à cet affranchi de Pompée le même nom que Paterculus et Dion) étoit à côté de Pompée sur son vaisseau, et qu'il lui dit à l'oreille ce qu'Appien lui fait, contre toute vraisemblance, transmettre par un message. « Mais au milieu du festin, comme ils commen-
« çoient à s'eschauffer, et à gaudir Antoine de l'amour de
« Cléopâtre, Ménas le coursaire s'approcha de Pompeius,
« et luy dit tout bas en l'oreille, veux-tu que je coupe les
« cordages des ancres, et que je te face seigneur, non seu-
« lement de Sicile et de Sardaigne, mais aussi de tout l'état
« et empire de Rome ; Pompeius, après avoir un petit pensé
« en soy-mesme, luy répondit, tu le devois faire sans m'en
« advertir, mais maintenant contentons-nous de ce que nous
« avons ; car quant à moy, je n'ay pas appris de faulser ma
« foy, ni de faire acte de trahison. »

(21) Voyez la note précédente.

(22) Il étoit fils d'Octavie et du Marcellus qu'elle venoit de perdre lorsqu'elle épousa Antoine. C'est ce Marcellus au sujet duquel Virgile fit de si beaux vers.

(23) Cette espérance, à coup sûr, n'étoit pas sincère de leur part ; et pour ceux à qui ils la donnoient, il est évident qu'elle n'étoit qu'un leurre.

(24) L'original porte ἐκκλίνοντες τὸ φορτικὸν, qui veut dire à la lettre *évitant ce qu'il y avoit d'onéreux*. J'ai donc cru devoir traduire, *pour en épargner la dépense*, plutôt que de donner à ces mots le sens dans lequel les a entendus l'interprète latin, *declinantes ejus invidiam*. Antoine et Octave ne m'ont pas paru avoir eu beaucoup à craindre ce sentiment de jalousie dans un moment où ils venoient de donner la paix

à la république. Au demeurant, on peut choisir; mais nous remarquerons que Freinshémius y a été embarrassé, *dubium impensam ne an invidiam vitantes.* 127, n. 42.

(25) Paterculus est le seul des historiens qui nomme quelques uns de ces illustres personnages que la paix faite avec Pompée ramena à Rome. Ce furent Claudius Néron, le mari de cette Livie, qui alloit bientôt devenir la femme d'Octave, M. Silanus, Sentius Saturninus, Aruntius et Titius. *Quæ res et alios clarissimos viros, et Neroném Claudium, et M. Silanum, Sentiumque Saturninum, et Aruntium et Titium.* Car c'est ainsi que j'ai lu, au lieu de *Arnutium Actium*, qui est évidemment une leçon fautive, *lib. II, c. 77.*

(26) Selon Dion Cassius, cette ratification du sénat embrassa les actes de l'administration d'Octave, aussi-bien que ceux de l'administration d'Antoine. C'étoit en effet dans l'ordre. *Liv. XLVIII, n. 34.*

(27) Antoine avoit donc quelque goût pour la culture des lettres; car nous avons vu plus haut, sect. XI, que l'hiver précédent, à Alexandrie, il ne sortoit que pour aller visiter les temples, et pour assister aux exercices du gymnase ou aux conférences des philologues.

(28) L'expression grecque est bonne à noter ταχὺς ὢν ἐς ἔρωτας γυναικῶν.

(29) Ni Seyssel, ni Desmares ne paroissent s'être doutés du véritable sens du verbe grec dont cette phrase, καὶ νῆες καθείλκοντο Ils n'ont pas su peut-être que les anciens étoient dans l'usage de retirer leurs vaisseaux de la mer dans une infinité de circonstances, mais sur-tout aux approches de l'hiver, pour empêcher qu'ils ne s'endommageassent pendant la durée de cette mauvaise saison, et qu'ensuite ils les remettoient à la mer. Entre autres passages d'auteurs grecs que je pourrois citer à l'appui de cet usage, je me bornerai à ce que dit Homère, au second chant de l'Iliade, vers 151 et suivant. Agamemnon vient de haranguer les Grecs, et de leur annoncer qu'il faut s'en retourner dans sa patrie, et renoncer au siège de Troye. Aussitôt tous les Grecs s'agitent,

NOTES.

se mettent en mouvement, se disposent à quitter les rivages de la Phrygie, et en conséquence, dit le poëte, « ils s'exci-
« tent les uns les autres à mettre la main à l'œuvre et à pous-
« ser les vaisseaux à la mer :

. . . . Τοὶ δ' ἀλλήλοισι κέλευον
Ἅπτεσθαι νηῶν, ἠδ' ἑλκέμεν εἰς ἅλα δῖαν.

Un moment après, lorsque Minerve, envoyée p a Junon pour empêcher ce départ, arrive dans le camp des Grecs, le poëte fait remarquer qu'Ulysse n'étoit pas de ceux qui travailloient à remettre les vaisseaux à la mer,

. . . . Οὐδ' ὅγε νηὸς ἐϋσσέλμοιο μελαίνης
Ἅπτετ'. . .

Enfin, dans le discours que Minerve adresse à Ulysse, elle termine par ces mots, « persuadez à chacun de rester, et ne souffrez pas qu'on mette les vaisseaux à la mer. »

Σοῖς δ' ἀγανοῖς ἐπέεσσιν ἐρήτυε φῶτα ἕκαστον,
Μηδὲ ἔα νῆας ἅλαδ' ἑλκέμεν ἀμφιελίσσας.

Horace a rappelé cet usage dans le second vers de l'Ode 4e de son premier livre.

Trahuntque siccas machinæ carinas,

et Jean Bond, son docte commentateur, a déterminé l'époque où l'on retiroit les vaisseaux, et celle où on les remettoit à la mer ; *atque ideò siccas, quòd à principio novembris usque ad initium martii conquieverant extra aquam in navalibus.*

———※———

CHAPITRE IX.

Le feu de la guerre se rallume entre Octave et Pompée, contre l'avis d'Antoine. Actions navales sur la mer de Sicile. Supériorité de Pompée. Une flotte de Pompée vient attaquer Octave, et le force de s'échouer. Détresse d'Octave. Il lui arrive des secours en forces de terre et de mer.

Ans de Rome. 716.

LXXVII. PENDANT qu'Antoine faisoit ainsi ses préparatifs, le traité de paix fut rompu entre Octave et Pompée, pour des raisons particulières dont on se doutoit. Quant aux motifs qui furent publiquement allégués par Octave, c'étoient les suivants; savoir, qu'Antoine avoit cédé le Péloponnèse à Pompée (1), à condition que cette province ne laisseroit point de lui payer les tributs que l'on lui devoit encore; et que si Pompée recevoit cet argent, il le lui rendroit, ou bien qu'il ne prendroit possession de ce pays qu'après qu'il auroit fait le recouvrement de sa dette; tandis que Pompée prétendoit n'avoir point reçu le Péloponnèse à cette condition, et qu'il pensoit qu'il lui avoit été cédé en entier, y compris ce qui étoit dû. Octave disoit donc que Pompée faisoit de cela un sujet de querelle, ou par cette raison même, ou par la perfidie naturelle à son caractère, ou par jalousie de voir Antoine et Octave à la tête de forces supérieures aux siennes, ou parceque Ménodore l'excitoit à regarder le traité condu plutôt comme une trêve que comme une paix solide, et qu'en conséquence il faisoit construire d'autres vaisseaux, qu'il recrutoit ses équipages, et que, dans une harangue qu'il avoit adressée à ses troupes, il leur avoit dit qu'il falloit se tenir prêt à tout évènement. Des pirateries clandestines continuoient à désoler les mers, et le peuple romain n'éprouvoit presque aucun soulagement à l'égard de la famine. De là des clameurs, au milieu desquelles on se plaignoit de ce qu'au lieu d'avoir guéri le mal, le traité de paix n'avoit fait que donner un tyran de plus (2). Octave ayant fait arrêter et mettre à la torture quelques pirates, apprit d'eux que c'étoit Pompée qui les faisoit naviguer. Il en rendit publiquement compte au peuple, et envoya un message à cet effet à Pompée, qui désavoua le fait, et qui se plaignit, de son côté, de la querelle qu'on lui faisoit au sujet du Péloponnèse (3).

Ans de Rome. 716.

LXXVIII. Tous ceux des grands personnages qui étoient encore auprès de Pompée, voyant qu'il se laissoit toujours conduire par ses affranchis, en corrompirent quelques uns, soit dans leur propre intérêt, soit dans l'intérêt d'Octave, afin de les engager à desservir Ménodore dans l'esprit de Pompée, au sujet de l'ascendant qu'il prenoit sur lui. Ces affranchis, jaloux personnellement du crédit de Ménodore, entrèrent volontiers dans cette intrigue; et Pompée prit en effet, par degrés, de l'aliénation envers Ménodore. A la même époque, Philadelphe, un des affranchis d'Octave, fit voile vers Ménodore, à raison de quelque convoi de froment; et Micylius, l'ami de confiance de Ménodore, se rendit auprès d'Octave pour traiter de sa défection. Ménodore lui fit offrir de remettre en son pouvoir la Sardaigne, la Corse, trois légions, et un grand nombre de ses amis. Soit que cette négociation fût le résultat des manœuvres de Philadelphe, ou de l'intrigue pratiquée contre Ménodore auprès de Pompée, Octave, sans la consommer pour le moment, en adopta les propositions, parcequ'il regardoit le traité entre Pompée et lui comme rompu par le fait. Il invita Antoine à se rendre, à jour marqué, d'Athènes à Brindes, pour délibérer avec lui touchant cette guerre. En attendant, il dirigea en diligence, sur Brindes et sur Pouzzoles, une flotte de grands vaisseaux qu'il avoit à Ravenne, l'armée qu'il avoit dans les Gaules, et toutes sortes de munitions, afin d'être en mesure de faire voile vers la Sicile de deux côtés, si Antoine étoit de cet avis.

LXXIX. Antoine arriva en effet à Brindes, au jour assigné, avec une peu nombreuse suite. Mais n'y ayant point trouvé Octave, il ne l'attendit pas; soit qu'il n'approuvât point la guerre contre Pompée, comme contraire au traité, soit que les grands préparatifs d'Octave lui en imposassent (car le désir qu'ils avoient l'un et l'autre d'envahir tout le pouvoir les tenoit perpétuellement en défiance), soit qu'il fût effrayé par quelque sinistre pronostic. Car quelqu'un de sa suite qui avoit passé la nuit couché autour de sa tente fut trouvé dévoré par des bêtes féroces, qui ne laissèrent que la tête, comme pour faire connoître cet évènement, sans que le malheureux ainsi dévoré eût poussé aucun cri, ou du moins sans qu'il eût été entendu par ceux qui reposoient à côté de lui; et les citoyens de Brindes disoient avoir vu, en effet, un loup s'enfuir de l'endroit où étoient les tentes, de très grand matin (4). Mais il écrivit à Octave de ne pas rompre le traité, et il menaça Ménodore du supplice, comme son esclave fugitif; car ce Ménodore avoit été l'esclave du grand Pompée, et Antoine avoit acheté tous les biens de ce dernier, lorsqu'ils furent légalement vendus, comme biens d'un ennemi de la patrie (5).

LXXX. Sur ces entrefaites, Octave envoya prendre possession de la Sardaigne et de la Corse, que Ménodore avoit mises à sa disposition. Il distribua de fortes garnisons dans les postes maritimes de l'Italie, de peur que Pompée ne vînt les infester de nouveau. Il donna des ordres à Rome et à Ravenne pour faire construire de nouvelles trirèmes. Il fit venir des forces nombreuses qu'il avoit en Illyrie. Aussitôt que Ménodore se fut rendu auprès de lui, il le déclara libre, d'affranchi (6) qu'il étoit auparavant. Il lui conserva le commandement de sa flotte, en le subordonnant à Calvisius, chef de ses forces navales. Après avoir fait ses dispositions, et réuni de plus grands moyens militaires, Octave temporisa. Il écrivit à Antoine, pour se plaindre de ce qu'il ne l'avoit pas attendu. Il donna ordre à Cornificius d'amener de Ravenne à Tarente les vaisseaux qui étoient déjà prêts. Pendant que Cornificius faisoit sa traversée, il fut battu par une tempête au milieu de laquelle il ne perdit qu'un seul vaisseau, mais ce fut celui qui avoit été préparé pour Octave. Cette singularité fut regardée comme un pronostic. Instruit que beaucoup de personnes pensoient encore que la guerre contre Pompée étoit une infraction du traité, Octave s'occupa des moyens de faire cesser ces scrupules. A cet effet, il écrivit à Rome, il déclara lui-même à son armée que c'étoit Pompée qui avoit violé le traité en continuant d'infester les mers; que les pirates lui avoient fait l'aveu à lui-même que c'étoit par son ordre qu'ils alloient leur train; que Ménodore lui avoit dévoilé, à cet égard, toutes les intentions de Pompée; qu'Antoine en étoit informé, et que c'étoit la raison pour laquelle il ne lui laissoit pas prendre possession du Péloponnèse.

LXXXI. Aussitôt que toutes ses forces disponibles furent prêtes à agir, Octave fit voile vers la Sicile. Il partit, lui, de Tarente; Calvisius Sabinus et Ménodore partirent de la Toscane. Il vint faire à Rheggium la revue de ses troupes de terre, et donna ordre à tout avec la plus grande célérité. Pompée n'apprit la défection de Ménodore que pendant qu'Octave se mit en mouvement contre lui. Pour faire face à l'ennemi des deux côtés, il attendit lui-même Octave à Messine (7), et ordonna à Ménécrate, celui de ses affranchis qui étoit l'ennemi le plus implacable de Ménodore, d'aller à sa rencontre et à la rencontre de Calvisius avec de grosses forces navales. Ménécrate fut aperçu en haute mer, sur le soir, par l'ennemi, qui se réfugia dans le golfe de Cumes, où il se tint coi toute la nuit; et

Ménécrate se dirigea sur Ænaria (8). Dès le point du jour, Calvisius et Ménodore filèrent le long du golfe, au plus près de terre qu'ils purent, ayant leur flotte rangée en forme de croissant (9), afin d'éviter qu'elle fût coupée par l'ennemi. Ils aperçurent de nouveau Ménécrate, qui se hâta de s'approcher d'eux; et voyant qu'il ne pouvoit rien entreprendre d'important contre l'ennemi, qui ne songeoit point à gagner le large, il le chargea en l'acculant contre terre. Calvisius et Ménodore se serroient en effet contre les rivages, et repoussoient en même temps les incursions de Ménécrate. Celui-ci avoit la liberté de rétrograder et de retourner à la charge quand il vouloit, et de mettre en œuvre des vaisseaux de rechange, tantôt sur un point, tantôt sur l'autre; au lieu que Calvisius et Ménodore souffroient également, et des rochers contre lesquels ils alloient battre, et de l'immobilité de leurs vaisseaux; car ne pouvant, ni charger l'ennemi, ni reculer, ils ressembloient à des troupes en terre ferme qui luttent contre des forces navales.

LXXXII. Là-dessus Ménodore et Ménécrate s'aperçurent réciproquement, et sur-le-champ, négligeant les autres détails de l'action, ils se coururent sus l'un à l'autre pleins de fureur, et en poussant de grands cris, ayant l'air de faire dépendre le succès général de la bataille, du succès particulier qu'ils obtiendroient l'un à l'égard de l'autre. Leurs vaisseaux se jetèrent l'un contre l'autre avec impétuosité; ils se choquèrent avec force. Le vaisseau de

Ménécrate fracassa la proue du vaisseau de Ménodore, et celui de Ménodore fracassa le timon de celui de Ménécrate. Après que l'on se fut jeté les grappins (10) des deux côtés, les vaisseaux accolés l'un à l'autre ne prirent plus aucune part à l'action. Les deux équipages se battirent, comme dans un combat sur terre, avec le plus grand courage, faisant des prodiges de valeur. Les traits, les javelots, les pierres pleuvoient comme grêle des deux côtés; on jetoit des espèces de ponts pour passer d'un vaisseau dans l'autre. Comme le vaisseau de Ménodore étoit plus élevé de bord que celui de Ménécrate, il étoit plus aisé aux braves de son équipage de descendre dans le vaisseau ennemi, et les coups qui en partoient, venant de plus haut, étoient plus meurtriers. Il y eut beaucoup de morts, et tout le reste fut blessé. Ménodore reçut un coup de flèche au bras, et le fer fut arraché de sa blessure; Ménécrate reçut dans la cuisse un coup de trait à plusieurs pointes et tout de fer, sorte d'arme à l'usage des Ibériens, et il fut impossible d'arracher ce trait sur-le-champ. Ménécrate, quoique mis hors de combat par cette blessure, ne laissa pas de continuer à exciter la valeur des siens, jusqu'à ce que son vaisseau étant pris, il se précipita lui-même dans les flots. Ménodore amarra le vaisseau de Ménécrate au sien et gagna la terre; car il ne pouvoit plus lui-même soutenir le combat.

LXXXIII. Voilà ce qui se passa sur la gauche de la bataille navale. A la droite, Calvisius s'étant mis en mouvement pour se porter vers la gauche, avoit coupé la ligne de Ménécrate, et avoit poursuivi quelques vaisseaux fuyards qui avoient pris le large. Dans cet intervalle, Démocharès, affranchi de Pompée, comme Ménécrate, et lieutenant de ce dernier, tomba sur les autres vaisseaux de Calvisius, fit prendre la fuite aux uns, fit briser les autres sur les rochers, et fit mettre le feu aux carcasses après que les équipages les eurent abandonnées. Calvisius rebroussant alors, rallia ceux de ses vaisseaux qui avoient pris la fuite, et envoya éteindre le feu de ceux qui brûloient. La nuit survint, et, de part et d'autre, on alla la passer dans la même station où l'on l'avoit passée la veille. La bataille navale n'eut pas d'autres suites, et les résultats en furent grandement à l'avantage de la flotte de Pompée. Démocharès désolé de la mort de Ménécrate, comme d'un grand revers, (car Ménédore et Ménécrate étoient les deux premiers officiers de mer au service de Pompée), ne songea (11) plus qu'à faire voile vers la Sicile en grande hâte, comme s'il avoit perdu, non le corps seul, et le vaisseau seul de Ménécrate, mais toute sa flotte.

Ans de Rome. 716.

LXXXIV. Quant à Calvisius, tant qu'il eut à craindre que Démocharès ne vînt l'attaquer de nouveau, il resta à l'endroit où il étoit stationné, parcequ'il étoit hors d'état de combattre; les meilleurs de ses vaisseaux en effet avoient péri, et les autres n'étoient pas capables d'engager ni de soutenir une action. Aussitôt qu'il eut appris que l'ennemi avoit fait voile vers la Sicile, il radouba ses vaisseaux, et navigua le long des côtes en 'nfon nt dans les golfes (12) pour les passer de cette manière.

Ans de Rome. 716.

Cependant Octave s'étoit porté de Tarente à Rheggium avec une grosse flotte et beaucoup de troupes. Il surprit Pompée qui n'avoit alors à Messine que quarante vaisseaux. Ses amis lui conseillèrent de profiter de l'occasion, d'attaquer avec ses forces navales Pompée qui étoit presque au dépourvu, et de lui tomber dessus tandis que les siens n'étoient point auprès de lui; mais il n'écouta point ce conseil. Il voulut attendre Calvisius, en disant qu'il seroit imprudent de rien risquer lorsqu'il attendoit de nouvelles forces. Aussitôt que Démocharès fut arrivé à Messine, Pompée lui donna, ainsi qu'à Apollophanès, un autre de ses affranchis, le commandement de toutes ses forces navales, à la place de Ménécrate et de Ménodore.

LXXXV. Octave ayant appris le résultat de la bataille navale donnée à la hauteur de Cumes, mit à la voile pour aller au travers du détroit à la rencontre de Calvisius. Il avoit déjà fait la plus grande partie de son trajet; il avoit déjà doublé Stylide (13), et il gagnoit le promontoire de Scylla (14) lorsque Pompée, accourant de Messine, se jeta sur son arrière-garde, poussa jusqu'à l'avant-garde, attaqua tous ses vaisseaux et les provoqua au combat. Quoique provoquée, la flotte d'Octave ne se décida point à combattre, parceque Octave n'en donna point le signal, soit qu'il craignît d'engager l'action dans la position resserrée où il se trouvoit, soit qu'il persévérât dans sa première intention de ne pas combattre en l'absence de Calvisius. En conséquence, il donna ordre à tous ses vaisseaux de se serrer contre terre, de jeter leurs ancres, et de combattre du côté de la proue si l'ennemi venoit les charger. Démocharès mit deux de ses vaisseaux aux prises avec chacun des vaisseaux de l'ennemi, de manière que, bientôt désemparés, et se fracassant, ou contre les rochers, ou en se choquant l'un l'autre, ils faisoient eau de tous les côtés. Les vaisseaux d'Octave périrent ainsi sans coup férir, comme les autres avoient péri à la bataille de Cumes, attaqués et chargés avec impétuosité par un ennemi qui avoit la liberté de tous ses mouvements pour la manœuvre (15); car les revers ne cessoient point de poursuivre ses vaisseaux (16).

Ans de Rome. 716.

LXXXVI. Cependant il s'élança lui-même, du vaisseau qu'il montoit, sur une roche; il accueillit tous ceux qui se sauvèrent à la nage, et les amena à sa suite sur le haut d'une montagne. Sur ces entrefaites, Cornificius, et tous les autres chefs qui l'entouroient s'encouragèrent l'un l'autre, coupèrent les cables de leurs ancres, sans en avoir reçu l'ordre, et poussèrent à l'ennemi, aimant mieux périr en combattant, que de se laisser harceler sans combattre et en demeurant immobiles. D'abord Cornificius se jeta avec une audace extraordinaire sur le vaisseau (17) de Démocharès et s'en rendit maître. Démocharès se sauva en s'élançant dans un autre. Au milieu de la chaleur et du carnage de cette nouvelle action, on voyoit déjà venir de loin Calvisius et Ménodore. On ne pouvoit les apercevoir ni des vaisseaux d'Octave, ni de la montagne sur laquelle il s'étoit lui-même réfugié; mais la flotte de Pompée, qui étoit plus au large, les aperçut et se retira. Il se faisoit déjà nuit, et les marins de Pompée étoient tellement fatigués, qu'ils n'osèrent point attendre un ennemi qui ne l'étoit pas; ce qui fut un bonheur pour le reste d'une armée navale qui n'avoit jusqu'alors éprouvé et qui n'éprouvoit encore que des revers.

LXXXVII. La nuit étant arrivée, les matelots de la flotte d'Octave quittèrent leurs vaisseaux, se réfugièrent sur les montagnes, où ils allumèrent de grands feux pour servir de signal à ceux de leurs compagnons d'infortune qui étoient encore en mer; ils y passèrent la nuit sans vivres, sans munitions et manquant de tout. Octave, qui étoit dans le même dénuement que les autres, se portoit de tous les côtés, exhortant tout son monde à prendre patience jusqu'au jour. Dans cette cruelle situation il ne savoit pas encore que Calvisius s'avançoit, et il ne pouvoit tirer aucun secours de ses propres vaisseaux, parceque les équipages étoient occupés à les préserver du naufrage. Par surcroît de bonheur, la treizième légion arriva à travers les montagnes, et informée du désastre que la flotte d'Octave avoit éprouvé, elle se fraya, à la lueur des feux, son chemin au milieu des précipices. Elle trouva son général en chef (18), et les fuyards qui l'avoient suivi excédés de fatigue et d'inanition; elle leur fournit des secours. Les uns se chargèrent de pourvoir aux besoins des autres. Les chefs des cohortes reçurent dans une tente qu'ils construisirent sur-le-champ de ce qui leur tomba sous la main, Octave qui n'avoit auprès de lui aucun des esclaves attachés à son service, parceque la nuit et le désordre les avoient dispersés. Il envoya de tous les côtés annoncer qu'il s'étoit sauvé, et il apprit en même temps que l'avant-garde de la flotte de Calvisius étoit arrivée. Réconforté par ces deux heureux évènements, il prit un peu de repos.

NOTES.

(1) P<small>ATERCULUS</small> et Dion disent l'Achaie au lieu du Péloponnèse.

(2) J'aurois pu traduire, « on se plaignoit de ce que le « traité de paix, au lieu d'avoir guéri le mal, n'avoit fait « qu'ajouter un quatrième tyran aux trois autres. »

(3) C'est à cette époque (l'an 716 de Rome) que Dion Cassius place le mariage d'Octave et de Livie. Il avoit répudié l'année précédente, comme on l'a déjà vu, Scribonie, sa dernière femme, tante de Pompée. Livie étoit fille de Livius Drusus, porté par les triumvirs sur les tables de proscription; il s'étoit donné lui-même la mort après la seconde bataille de Philippes. Lorsqu'il fut question de son mariage avec Octave, elle étoit encore la femme de ce Claudius Néron qui avoit pris les armes contre lui pendant la guerre de Péruse, et qui, forcé par les évènements à prendre la fuite, s'étoit réfugié en Sicile. Il y a plus : dans ce moment-là, elle se trouvoit enceinte de six mois; ce qui prouve, ou que Livie avoit pris bien de l'ascendant sur Octave, ou qu'Octave avoit les passions bien lascives pour l'épouser dans cet état. Lorsque Antoine s'étoit marié avec Octavie, grosse également de six mois, on s'étoit contenté de faire rendre un décret du sénat pour accorder une dispense de laps de temps, attendu qu'il n'y avoit pas dix mois de la mort de Marcellus, son premier époux. Ici, le mari étoit vivant. On n'avoit pas à craindre la loi contre les secondes noces *post obitum*; mais il prit à Octave des scrupules d'un autre genre. En conséquence, il consulta les ministres de la religion pour savoir s'il lui étoit permis d'épouser une femme enceinte. *Ambigenti autem Cæsari, ac sciscitanti à pontificibus fasne esset sibi eam prægnantem ducere.* Quand bien même Dion ne nous apprendroit pas ce que répondirent les prêtres, nous le devinerions sans peine. L'on sait et l'on sent que, dans

toutes les doctrines sacerdotales, « il est, comme dit Tar-
« tuffe,

« Il est avec le ciel des accommodements. »

Responsum est, si quidem ex quo mulier concepisset dubitaretur, opus esse ut nuptiæ differentur; quia verò de eo constaret, nihil impedire, quin statìm fierint. Le poëte Prudentius prétend que ce fut à Apollon qu'Octave s'adressa, et la réponse qu'il prête à ce Dieu va plus loin encore que celle qu'on vient de lire.

*Idque Deûm sorteis, et Apollinis antra dederunt
Consilium, nunquàm melius nam cædere tædas,
Responsum est quam cum prægnans nova nupta jugatur.*

N'en déplaise à Prudentius, *nunquàm melius* est un peu fort, et je doute que nos casuistes, et sur-tout nos petits maîtres du jour s'accommodassent de cette doctrine. S'il faut en croire Tacite, les Romains de bon sens reprochoient à Octave d'avoir fait, à cet égard, un jeu sacrilège de la religion : et l'on doit être de cet avis. *Abductam Neroni uxorem, et consultos per ludibrium pontifices, an concepto, necdum edito partu ritè nuberet.* Annal. lib. I, n. 10. Paterculus, qui a voulu sauver à son héros la honte de cette comédie, s'est contenté de dire, en laissant les détails de côté, *Liviam, auspicatis reipublicæ ominibus, duxisset eam uxorem*, etc. Au surplus, ce fut le mari même de Livie qui fit les fonctions de père à son égard dans ce mariage, et qui la présenta à son nouvel époux. *Elocabat autem Liviam ipse maritus patris loco.* Quand elle eut accouché de Cl. Drusus Néron, qui fut depuis le père de Germanicus, Octave prit cet enfant et l'envoya à son père. *Livia cum Cæsare agens Cl. Drusum Neronem peperit; eumque Cæsar tollens, patri suo misit, ac idipsum in sua commentaria sic inscripsit, Cæsar filiolum quem sua conjunx Livia peperit Neroni patri reddidit.* C'est Dion qui le rapporte ainsi. Le même historien nous apprend que cet évènement donna lieu aux

plaisants de Rome de s'égayer aux dépens d'Octave. « Voilà
« ce que c'est que d'être heureux, disoient-ils; entre autres
« choses, on a des enfants au bout de trois mois. » *De hâc
re vulgò multa dicta ferebantur, idque etiam, fortunatis
etiam trimestres nasci liberos.* Dio. Cassius, lib. XLVIII,
n. 44.

(4) Ce ne fut pas le seul présage dont Antoine dut être frappé. Avant son départ pour la Grèce, d'autres signes, s'il faut en croire Plutarque, avoient dû lui donner à réfléchir. « En tous esbats et en tous jeux à quoy ils passoient quel-
« quefois le temps l'un avec l'autre, Antonius perdoit, et
« avoit toujours du pire, dont il estoit fort fasché, car il avoit
« avec lui un devin Egyptien de ceulx qui se meslent de
« juger les nativitez, et predire les aventures des hommes,
« en considerant l'heure de leur naissance, lequel fust, ou
« pour gratifier à Cléopâtra, ou pourcequ'il le trouvoit ainsi
« par son art, disoit franchement à Antonius que sa fortune,
« laquelle étoit de soy très illustre et très grande, s'effaçoit
« et s'offusquoit auprès de celle de Cæsar, et pourtant luy
« conseilloit de se reculler le plus loin qu'il pourroit de ce
« jeune seigneur; car ton dæmon, disoit-il, c'est à dire
« le bon ange et l'esprit qui t'a en garde, craint et re-
« doute le sien, et estant courageux et haultain quand il est
« seul apart luy, il devient craintif et paoureux quand il
« s'approche de l'autre. Quoyque ce soit, les évènements ap-
« prouvoient ce que disoit cest Egyptien; car on dit que
« toutes les fois qu'ils tiroient au sort par manière de passe-
« temps, à qui auroit quelque chose, ou qu'ils jouoient aux
« dez, Antonius perdoit toujours. Quelquefois que par jeu
« ils faisoient jouxter des coqs ou des cailles qui estoient
« duittes et faittes à se battre, celles de Cæsar vainquoient
« toujours, de quoy Antonius estoit marry en soy-même,
« combien qu'il n'en monstrast rien par dehors. » *Vie d'Antoine*, version d'Amyot.

(5) On l'a vu en effet ci-dessus, liv. III, chap. 1, n. 5.

(6) Selon le droit civil des Romains, à cette époque, il

y avoit encore quelque différence entre les droits d'un affranchi, et les prérogatives du titre d'*homme libre*, de *citoyen romain*.

(7) Grande et ancienne ville de la Sicile, sur la côte du détroit qui porte aujourd'hui son nom. Il paroît qu'elle fut envahie par des Grecs venus d'une ville du Péloponnèse qui portoit en grec le même nom, et qui lui donnèrent la dénomination qu'elle porte encore aujourd'hui, à la place de celui de *Zancle*, sous lequel les anciens historiens et géographes prétendent qu'elle étoit connue auparavant. Le lecteur curieux de plus amples détails trouvera de quoi se satisfaire dans la *Sicilia Antiqua* de Cluvérius. *Liv. I, c. 6.*

(8) Voyez ci-dessus, chap. VIII, note 4.

(9) Μηνοειδεῖ στολῳ. Ce mot μηνοειδης est technique dans la tactique militaire des anciens, soit sur mer, soit sur terre. On l'a emprunté par métaphore, de la forme qu'a la lune dans son croissant, et il paroît que les anciens faisoient souvent prendre cette forme, soit par leurs flottes, soit par leurs phalanges. Voyez le traité d'AElien sur la tactique des anciens, chap. 43, et celui de l'empereur Léon, chap. 8. C'est de cette même expression que s'est servi Diodore de Sicile pour désigner la forme qu'avoient les cornes que les Egyptiens plaçoient sur la tête de leur déesse Isis, κέρατα δ' αὐτῇ περιτιθέασιν, ἀπό τε τῆς ὄψεως ἣν ἔχουσα φαίνεται, καθ' ὃν ἂν χρόνον ὑπάρχῃ μηνοειδής. Lib. I, pag. 11, édit. Wechel, 1604; et c'est probablement de ces cornes d'Isis que Mahomet a emprunté son croissant.

(10) Le texte porte, *les mains de fer*, χεῖρες σιδηραῖ.

(11) Schweighæuser a cru remarquer une contradiction entre ce que dit ici Appien du départ de Démocharès pour la Sicile, et ce qu'il a dit quelques lignes plus haut, qu'il passa la nuit dans la même station où il l'avoit passée la veille : en conséquence, il a rendu l'adverbe grec εὐθὺς par *rectâ*, au lieu de le rendre par *statim*. Je lui ai donné un sens différent de ces deux-là. Le lecteur pourra choisir.

(12) L'interprète latin a rendu les mots du texte τοὺς κόλπους

ἐξελίσσων, par *ne sinus quidem trajiciens.* J'avoue que je n'ai pas entendu cette version, et je la laisse à entendre à plus habile que moi. Le verbe grec ἐξελίσσειν signifie *evolvere explicare*, en latin. C'est dans ce sens-là qu'on le trouve employé dans le chapitre XXVII du traité d'Ælien sur la tactique des anciens : ἐάν τε κατὰ τάγμα ἐξελίσσειν τις βούληται, ὥστε ὁποιονδήποτοῦν τάγμα, ἢ τὸν ἐν αὐτῇ τῇ βάσει τόπον κατέχον ἐξελίσσει, κ. τ. λ. Ce verbe grec signifie donc en français, *changer de place, faire une évolution*; et sur ce pied-là le sens du passage seroit, que Calvisius, en côtoyant, avoit *traversé de cette manière les golfes qu'il rencontroit sur sa route en s'y enfonçant,* de crainte de rencontrer l'ennemi. C'est le sens que j'ai adopté. Il faut que Seyssel ait lu τὸν κόλπον, au singulier, puisqu'il a traduit *pour se jeter hors d'icelui goulfe.* Quant à Desmares, je ne sais ce qu'il a lu pour traduire comme il l'a fait, *suivant tousjours la rade.*

(13) Schweighæuser a rendu le mot grec Στυλίδα par *columnam Rheginam,* ce qui suppose que c'étoit le nom d'une espèce de colonne élevée sur le bord de la mer, dans le voisinage de Rheggium. Voici l'annotation sur ce mot du chap. 4, liv. II de Pomponius Méla, *Græci enim vocant locum eum Stylidia; id ex Strabone Antoninoque probavimus in Plinio.* Barbarus. Voyez la note d'Isaac Vossius sur ce même mot.

(14) Selon Strabon, ce promontoire n'étoit qu'une espèce de haute roche qui avançoit dans la mer. Ἐκδέχεται ἐντεῦθεν τὸ Σκύλλαιον, πέτρα χερρονησιάζουσα ὑψηλή. On n'est pas d'accord sur la question de savoir si, à côté de cette roche, n'étoit pas une bourgade qui portoit le nom de *Scyllæum,* Voyez Cellarius, *liv. II*, chap. 11, sect. *IV.* 637.

(15) Le texte porte *qui fondoit dessus et qui se retiroit; impetu incursantium atque recursantium.* Il paroît que c'étoit dans cette manœuvre que consistoit le point capital de la tactique navale des anciens.

(16) L'édition de Henri Étienne ajoute ici quelques mots qui présentent ce sens, ἐπὶ οὐδέ πω κακὸν γ' ἀπώλετο, et que Musgrave a proscrits, comme une note marginale apposée à quelque manuscrit, que l'inadvertance de quelque copiste avoit fondue avec le texte. Schweighæuser a partagé cette opinion de Musgrave, puisque dans son édition, il a supprimé ces mots intrus. *Voyez* sa note.

(17) Le grec porte sur le *vaisseau prétorien*, ce qui répond à ce qu'on appelle dans nos flottes le *vaisseau amiral*.

(18) Καὶ καταλαβόντες τὸν αὐτοκράτορα. Voyez ci-dessus, liv. IV, chap. 4, n. 4, touchant la vraie acception du mot grec αὐτοκράτωρ.

CHAPITRE X.

Octave, assailli par une tempête, perd de nouveau la plus grande partie de ses forces navales. Faute de Pompée, qui ne sait point profiter de sa fortune. Il donne à Octave le temps de construire d'autres vaisseaux, et de réparer ses pertes. Antoine vient au secours d'Octave. Ils se brouillent de nouveau. Octavie les réconcilie encore. Ils se séparent bons amis.

Ans de Rome. 716.

LXXXVIII. Au moment où le jour parut, Octave, promenant ses regards sur les flots, vit ses vaisseaux les uns consumés, les autres à demi brûlés, ceux-ci brûlant encore, ceux-là complètement fracassés. Il vit les ondes couvertes de voiles, de timons, de toute sorte d'agrès; il vit la plupart des vaisseaux qui n'avoient point péri extrêmement endommagés. Ayant donc fait placer la flotte de Calvisius en avant, il fit radouber (1) ceux de ses vaisseaux qui en avoient le plus grand besoin, pendant que l'ennemi le laissoit tranquille, soit à cause de la présence de Calvisius, soit parcequ'il se proposoit de l'attaquer de nouveau lorsqu'il prendroit le large. Tandis que l'on étoit des deux côtés dans cette situation, un vent de nord se leva vers le midi, et agitant les flots avec violence dans ce bras de mer étroit, y établit un courant rapide. La flotte de Pompée étoit alors rentrée dans le port de Messine; mais les vaisseaux d'Octave en proie à la tourmente sur une plage couverte de roches, et sans abri, se fracassoient contre les écueils, ou en se choquant entre eux ; car leurs équipages n'étoient pas assez nombreux pour en être les maîtres.

Ans de Rome. 716.

LXXXIX. Ménodore, qui craignit que cette tourmente ne devînt par degrés plus dangereuse, gagna le large, et ayant jeté ses ancres, il s'abandonna au mouvement des flots. L'agitation des vagues étant moins violente à cause de la profondeur de l'eau, il s'aidoit de la force des rames pour empêcher d'être porté contre terre. Quelques uns de ses vaisseaux imitèrent son exemple ; mais le plus grand nombre, espérant que le vent s'abattroit bientôt, comme il arrive ordinairement au printemps, placèrent leurs ancres à l'avant et à l'arrière pour éviter d'être jetés au large ou sur la côte, et avec leurs rames ils les empêchoient de se choquer réciproquement. Mais le vent étant devenu encore plus impétueux, toute la flotte de Ménodore fut mise en désordre. Les vaisseaux rompirent leurs ancres, et poussés vers la terre les uns sur les autres, ils furent tous fracassés. De toutes parts retentissoient les cris de la crainte et du désespoir. On s'exhortoit mutuellement à se secourir ; mais il étoit impossible de s'entendre. Les ordres qu'on donnoit ne parvenoient de part ni d'autre. Le pilote ne remplissoit plus ses fonctions ; son art, ses commandements étoient sans effet. On périssoit également et dans les vaisseaux, et dans les flots lorsqu'on y tomboit ; on trouvoit la mort au milieu des vagues et des débris. La surface des eaux étoit couverte de mâts, de timons et de matelots, les uns morts et les autres vivants. Si quelqu'un d'entre eux parvenoit à gagner la terre à la nage, il étoit écrasé contre les roches par l'impétuosité des ondulations. Lorsque les gouffres de la mer s'entr'ouvroient, ce qui arrive communément dans ce détroit, la terreur s'emparoit de ceux qui étoient étrangers à ce phénomène; c'étoit alors que les vaisseaux se choquoient, se fracassoient l'un l'autre. Le vent devint encore plus violent à l'approche de la nuit; et quand le jour eut disparu, l'ouragan continua au milieu des ténèbres.

XC. Pendant toute la nuit, les rivages ne firent que retentir de lamentations et de cris. On les parcouroit de côté et d'autre, chacun appelant par leurs noms ses amis ou ses parents que l'on croyoit au milieu des flots, et les pleurant, comme ayant péri, lorsqu'ils ne répondoient pas. D'un autre côté, ceux qui luttoient contre la mort, au milieu des vagues, appeloient à leur secours ceux qui étoient sur le rivage, et cela sans aucun succès de part ni d'autre. Ce n'étoit pas seulement la mer qui étoit dangereuse pour ceux qui se lançoient dans les flots, ou qui restoient encore à bord, les malheureux avoient autant à redouter les rivages de la mer que les vagues mêmes; ils avoient à craindre qu'en les entraînant, elles ne vinssent les écraser contre les roches. C'étoit une tempête dont on n'avoit jamais vu d'exemple. On étoit près de terre, et l'on en redoutoit l'approche; on ne pouvoit ni se porter au large pour s'en éloigner, ni naviguer de manière à s'écarter l'un de l'autre; car le peu de largeur de la plage, la difficulté d'en sortir, qui résultoit de sa situation naturelle, la fureur des vagues, le tourbillonnement des vents produit par les montagnes du voisinage, l'éruption des gouffres qui s'entr'ouvroient jusqu'au fond, ne laissoient le pouvoir ni de rester en place, ni de fuir. La nuit joignoit à toutes ces horreurs l'épaisseur de ses ténèbres. On périssoit sans se voir périr réciproquement ; les uns poussoient des cris et des gémissements, les autres, cédant au malheur en silence, attendoient la mort avec résignation, quelques uns y aidèrent eux-mêmes parcequ'ils virent qu'il étoit impossible d'y échapper ; car l'ouragan étant d'une violence supérieure à tout ce qu'on avoit jamais vu, on n'avoit l'espérance d'aucun moyen extraordinaire de salut. Enfin, au point du jour, le vent baissa tout d'un coup, et au lever du soleil il s'abattit entièrement. Néanmoins l'agitation des vagues se soutint long-temps après que le vent se fut abattu. De mémoire d'homme, on ne se souvenoit pas, dans le pays, d'avoir vu une aussi violente tempête ; elle surpassa toutes celles dont on avoit eu jusqu'alors des exemples, et Octave y perdit la plus grande partie de ses marins et de ses vaisseaux.

XCI. La veille, il avoit également beaucoup perdu dans une bataille navale. Affligé de la coïncidence(2) de ces deux revers, il prit le chemin d'Hippone (3) à travers les montagnes, courant en diligence toute la nuit, cédant à des revers auxquels il n'avoit pas été en son pouvoir de porter remède. Il écrivit à tous ses amis et à tous ses chefs de se tenir sur le qui vive (4), de peur que de côté ou d'autre on ne lui tendît quelque embuscade, comme cela se pratique dans les moments de revers. Il envoya en même temps toute son infanterie disponible parcourir les côtes de l'Italie, de peur que Pompée, enflé de sa prospérité, ne formât quelque entreprise sur terre. Mais Pompée ne s'occupa de rien entreprendre à cet égard; il ne songea pas même à attaquer les restes de la flotte naufragée d'Octave, ni à la poursuivre lorsqu'elle rétrograda après la fin de la tempête; il le laissa ramener tranquillement à Hippone, à force de voiles, ses vaisseaux radoubés (5) le mieux qu'il avoit été possible; soit qu'il pensât que la tempête avoit assez fait pour lui, soit qu'il n'eût pas le talent de profiter de ses avantages, soit, ainsi que je l'ai déjà dit ailleurs (6), qu'il n'eût aucune sorte d'énergie pour l'offensive (7), et qu'il voulût se borner uniquement à repousser toute agression.

XCII. Octave n'avoit pas conservé la moitié de ses vaisseaux, encore ceux qui lui restoient avoient-ils grandement souffert. Il laissa quelques uns de ses officiers pour en prendre soin, et se porta, tout affligé qu'il étoit, dans la Campanie; car il n'avoit pas de quoi remplacer ses vaisseaux perdus, et il lui en falloit un grand nombre pour cela. Il n'avoit pas, d'un autre côté, le temps d'en faire construire, parceque Rome étoit pressée par la famine, et que le peuple y déclamoit encore contre lui au sujet du traité fait avec Pompée, et de la guerre qu'il lui faisoit en contravention à ce traité. Il avoit besoin d'argent, car il n'en avoit pas non plus. Les citoyens de Rome ne payoient pas leurs contributions (8) et s'opposoient au succès des mesures de subvention qu'il avoit imaginées. Cependant, toujours habile dans les calculs de son intérêt, il envoya Mécène auprès d'Antoine afin de le justifier à ses yeux des sujets de plainte qu'il lui avoit récemment donnés, et de l'engager à venir à son secours. Dans le cas où cette négociation n'auroit point réussi, il songeoit à jeter ses légions dans des vaisseaux de transport, à passer en Sicile, et abandonnant les hostilités maritimes, à faire la guerre sur le continent. Pendant qu'il étoit dans cette incertitude, on lui annonça que Mécène avoit obtenu d'Antoine qu'il viendroit se joindre à lui. On lui apporta en même temps la nouvelle d'une bataille importante qu'Agrippa venoit de gagner contre les Gaulois qui habitoient l'Aquitaine. Ses amis, quelques villes lui promirent des vaisseaux, et firent mettre la main à l'œuvre. Ces évènements dissipèrent ses sollicitudes, et il fit des préparatifs plus considérables que les précédents.

Ans de Rome. 717.

XCIII. Dès l'entrée du printemps, Antoine partit d'Athènes pour Tarente, à la tête de trois cents voiles, pour venir au secours d'Octave, ainsi qu'il le lui avoit promis. Mais ce dernier avoit changé de sentiment, et il différoit son expédition pour attendre la confection des vaisseaux qu'on lui préparoit. Antoine lui fit dire de venir, que sa flotte étoit prête et qu'elle suffiroit; mais il allégua, pour prétexte, qu'il avoit en ce moment d'autres vues. Il étoit clair qu'il avoit conçu contre Antoine de nouveaux sujets de plainte, ou qu'il ne se soucioit plus de son assistance, à cause de l'abondance de ses propres ressources. Piqué de cette conduite, Antoine resta néanmoins, et lui envoya un nouveau message; car les dépenses de la flotte lui coûtoient, et d'un autre côté ayant besoin de troupes d'Italie pour son expédition contre les Parthes, il songeoit à échanger avec Octave des vaisseaux contre des légions. Quoiqu'il eût été convenu dans le traité qu'ils avoient passé ensemble, que chacun des deux auroit la liberté de lever des troupes en Italie, il craignoit d'y trouver des difficultés, parceque l'Italie étoit échue à Octave. Octavie se rendit donc auprès de son frère pour servir d'arbitre entre eux deux. Octave se plaignit d'avoir été abandonné au milieu des dangers qu'il venoit de courir sur mer. Octavie lui répondit que ce sujet de plainte avoit été arrangé par l'entremise de Mécène (9). Octave se plaignit, d'un autre côté, qu'Antoine avoit envoyé son affranchi Callias auprès de Lépidus, pour engager Lépidus à s'unir avec lui contre Octave. Octavie répondit qu'elle savoit que Callias n'avoit été envoyé que pour négocier, avant le départ d'Antoine pour la guerre contre les Parthes, le mariage déjà projeté entre sa fille et le fils de Lépidus. Afin de confirmer cette réponse d'Octavie, Antoine envoya Callias à Octave, en le laissant le maître de lui faire avouer la vérité au milieu des tortures. Octave ne voulut pas pousser les choses jusqu'à ce point. Il dit qu'il se rendroit auprès d'Antoine, et qu'ils se joindroient entre Métaponte (10) et Tarente, à l'endroit où le fleuve de ce nom est à égale distance de ces deux villes.

XCIV. Le bonheur (11) voulut qu'ils arrivassent

en même temps sur les bords du fleuve. Antoine s'élança de son char, se jeta seul dans un bateau attaché au rivage, et passa l'eau pour aller joindre Octave, avec la confiance de l'amitié. Octave, témoin de cette conduite d'Antoine, en fit autant de son côté. Ils se rencontrèrent au milieu du fleuve, et engagèrent là un combat de civilité, chacun des deux voulant descendre sur le rivage de l'autre. Octave l'emporta, en faisant observer qu'il iroit en même temps voir sa sœur à Tarente. Il monta donc sur le char d'Antoine, et se plaça à côté de lui. A Tarente, il logea chez lui sans être entouré d'aucune escorte, et y passa même la nuit, sans avoir aucune garde autour de sa personne. Antoine lui donna le lendemain une semblable preuve de confiance. C'est ainsi que, dans leur continuelle versatilité, l'amour et la jalousie du pouvoir leur inspiroient des soupçons à l'un contre l'autre, et que leur intérêt mutuel les ramenoit au besoin de se montrer une loyauté réciproque (12).

XCXV. Cependant Octave différa jusqu'à l'année suivante (13) sa nouvelle expédition contre Pompée. Mais Antoine fut dans l'impossibilité de rester, à cause de l'urgence de la guerre contre les Parthes. Ils firent entre eux un échange. Antoine livra à Octave cent vingt de ses vaisseaux, qu'il fit venir sur-le-champ à Tarente. Octave promit d'envoyer à Antoine vingt mille hommes de troupes levées en Italie. Octavie de son côté fit présent à son frère, avec l'agrément d'Antoine, de dix phasèles à trois rangs de rames, espèce de vaisseau qui tient le milieu entre les

Ans de Rome 717.

vaisseaux de transport et les vaisseaux longs. Octave, à son tour, fit cadeau à Octavie sa sœur de mille hommes d'élite destinés à former une garde pour Antoine, et il lui en laissa le choix. Comme le second terme de leur triumvirat venoit d'expirer, ils se le prorogèrent pour autres cinq années, sans nulle intervention de la part du peuple romain (14). Cela fait, ils se séparèrent. Antoine se hâta de se rendre dans la Syrie, laissant sa femme Octavie auprès de son frère, avec une fille déjà née de ce mariage.

XCXVI. Sur ces entrefaites, Ménodore, soit que son caractère le portât naturellement à passer d'une trahison à l'autre, soit qu'il redoutât la menace qu'Antoine lui avoit faite, de le faire punir comme un esclave en révolte, soit qu'il pensât qu'Octave n'avoit pas fait pour lui autant qu'il s'y étoit attendu, soit qu'il eût honte des reproches que lui faisoient les autres affranchis de Pompée, d'avoir trahi son ancien maître, et qu'il fût touché des instances qu'on employoit pour l'engager à repasser dans son parti, profita de la mort de Ménécrate pour demander que Pompée lui rendît sa confiance, et l'ayant obtenue, il repassa dans son parti avec sept vaisseaux, sans que Calvisius, qui commandoit les forces navales d'Octave, en eût aucune connoissance (15). Cet évènement fut cause qu'Octave ôta le commandement à Calvisius pour le donner à Agrippa.

NOTES.

(1) L'ORIGINAL présente ici un mot qui a paru suspect à Musgrave, et qui, en effet, brouille le sens, à en juger par la version latine, *obliquo cursu interim juxta oram navigant*. Quelle apparence qu'on ait radoubé les vaisseaux tout en cheminant ? J'ai adopté l'opinion de Schweighæuser. *Eodem modo* πλαγιάζειν *(si vera lectio) h. l. erit navem in latus convertere, ut refici possit*. J'ai d'autant plus volontiers adopté cette conjecture du docte helléniste, que c'est en effet ce qui se pratique dans l'architecture nautique; on met les bâtiments sur le côté, on les incline pour les radouber.

(2) Ce mot *coïncidence* est la traduction littérale du mot grec συμπτώμασιν.

(3) C'est le nom grec d'une ville d'Italie au pays des Bruttiens, connue chez les auteurs latins sous le nom de Vibo-Valentia. Voyez Cellarius, *liv. II, c. 9, sect. IV.* 634.

(4) C'est par cette façon de parler que j'ai cru rendre littéralement l'expression grecque, διὰ χειρὸς εἶναι, que l'interprète a rendu par *in promptu esse*.

(5) L'expression du texte διαζωννυμένους τὰ σκάφη a frappé l'attention de Schweighæuser. Il rapporte la version de *Candidus* et celle de Geslen. Il cite un passage des suppléments de *Freinshémius* sur *Tite-Live*, liv. CXXVIII, 20, où une idée pareille à celle d'*Appien* est rendue par ces mots latins, *funibus colligare navium rimas*, qui est exactement la version de *Grotius* de ces mots du chap. XXVII, v. 17 des Actes des Apôtres, ὑποζωννύντες τὸ πλοῖον, *funibus navem ligantes, ne vi ventorum et fluctuum dissiliret*. Il cite encore un passage du poëme des Argonautes, d'*Apollonius Rhodius*, où l'aoriste ἔζωσαν est employé dans le même sens. *Lib. I, v.* 368. Mais il remarque que dans *Polybe*, leg. LXIV, ναῦς ὑποζωννύειν doit être rendu par l'expression

générale de *naves reficere*, dont s'est servi le traducteur latin de ce dernier historien. C'est dans le sens de cette expression générale que je me suis servi moi-même du mot technique *radouber*. Voyez la note de Schweighæuser sur ce passage.

(6) Voyez ci-dessus, sect. XXV, à la fin.

(7) C'est sans doute par allusion au défaut de ce talent dans Sextus Pompée, que Lucain lui a appliqué l'épithète d'*inerti*, dans ce passage de sa Pharsale, chant VI, v. 419.

. . . . . . *Turbæ sed mistus inerti*
Sextus erat, Magno proles indigna parente.

(8) On voit en effet, dans Dion Cassius, que lorsqu'Octave, de retour à Rome après la conquête de la Sicile, voulut se faire pardonner jusqu'à certain point les succès de ses lieutenants contre le fils de Pompée, dont la mémoire étoit encore en vénération dans tous les cœurs, et faire retomber en même temps, d'une manière indirecte, tout l'odieux des horreurs du triumvirat sur Antoine et sur Lépidus, il accorda la remise de tout ce qui pouvoit être dû sur les contributions destinées à fournir aux frais de la guerre civile. Τὸν τε φόρον τὸν ἐκ τῶν ἀπογραφῶν καὶ εἰ δή τι ἄλλο ἔτι τῷ δημοσίῳ ἐκ τοῦ πρώτου ἐμφυλίου πολέμου χρόνον ἐποφείλετο ἀφῆκε. Dion Cassius remarque, à la vérité, qu'on ne fut pas la dupe de cette hypocrite générosité d'Octave, et qu'on sentit bien qu'en renonçant à ce qu'il savoit bien ne pouvoir être payé, il n'avoit cherché qu'à se populariser aux dépens de la misère et de la détresse des citoyens. Ἄλλοι δὲ ὅτι ἐπειδὴ μηδένα τρόπον ἀπολαβεῖν τὰ ὀφειλόμενα ἐδύνατο, χάριν τινὰ ἑαυτοῦ ἀζήμιον τὴν ἐκείνων ἀδυναμίαν ἐποιήσατο. Lib. XLIX, n. 15.

(9) Dion Cassius parle de ce nouveau voyage d'Antoine en Italie. Il se donna l'air de ne l'avoir entrepris, selon cet historien, que sur le bruit des mauvais succès d'Octave contre Pompée ; tandis que son véritable motif fut de venir prendre connoissance par lui-même de l'état des choses.

NOTES. 175

(10) Voyez Cellarius, *Italia Antiqua*, lib. II, c. 9.

(11) Κατὰ δαίμονα. J'aurois pu traduire *le hasard voulut*, ou *un dieu voulut*.

(12) Dion Cassius rapporte que, pour se lier d'une manière encore plus étroite par les nœuds de la parenté, Octave promit la main d'une de ses filles à Antyllus, fils d'Antoine. Il est vrai qu'il ajoute que tout cela n'étoit que simulation de leur part, que faux semblants d'une amitié commandée par les conjectures du moment et par leur intérêt respectif. *Ac quò arctiori necessitudinis vinculo continerentur, Cæsar Antyllo Antonii filio filiam suam despondit.... hæc verò ita ab iis fingebantur, quæ facturi haudquaquàm erant, sed tantùm simulabant quia præsentia negotia id postulabant.* Lib. XLVIII, in fine. Version de Xylander.

(13) Jusqu'à l'an de Rome 718. Voyez la note de Schweighæuser, *liv. V*, c. 93.

(14) Ἑαυτοῖς δὲ τὴν ἡγεμονίαν ἐς ἄλλα ἔτη πέντε, ἐπειδὴ τὰ πρότερα ἐξεληλύθει, ἐπέτρεψαν. Ce fut dans ce même moment qu'ils arrêtèrent que Pompée n'obtiendroit, ni le consulat, ni le sacerdoce qui lui avoit été promis. Καὶ τὸν μὲν Σέξτον τῆς τε ἱερωσύνης ἅμα καὶ τῆς ὑπατείας ἐς ἣν ἀπεδέδεικτο, ἔπαυσαν. On voit, au surplus, qu'Antoine et Octave n'attendirent pas l'expiration de leur première prorogation du triumvirat, qui ne devoit expirer que l'an 720 de Rome, puisque le triumvirat fut établi l'an 710 pour cinq ans, et qu'ils se le prorogèrent en 715 pour autres cinq années. Octave et Antoine étoient hommes de précaution. Ils alloient se séparer peut-être pour long-temps, et il étoit prudent de leur part de pourvoir d'avance au maintien du pouvoir suprême entre leurs mains. *Dion Cassius, liv. XLVIII*, n. 54.

(15) Voyez Dion Cassius. Ce fait termine son quarante-huitième livre.

CHAPITRE XI.

Octave ayant construit une nouvelle flotte, une nouvelle tempête la lui détruit. Il en construit encore une autre. Agrippa, l'un de ses lieutenants, gagne une bataille navale contre Papias, un des lieutenants de Pompée, sous les yeux même de ce dernier, et force Papias à prendre la fuite.

<small>Ans de Rome. 718.</small> XCVII. Lorsque la flotte fut prête (1), il fit faire à son sujet les cérémonies et les sacrifices purificatoires d'usage. Voici en quoi ils consistent. On élève des autels tout-à-fait sur les bords de la mer. Toute la flotte se range autour, dans le plus grand silence. Les prêtres se placent sur les eaux pour égorger les victimes. Montés sur de petits bateaux, ils font trois fois le tour de la flotte avec les victimes dans leurs mains; tous les chefs les accompagnent, suppliant les Dieux de diriger les sinistres présages sur les victimes, au lieu de les diriger sur la flotte. Après qu'ils les ont mises à morceaux, ils en jettent une partie dans la mer, et font consumer le reste sur les autels, au milieu des acclamations universelles et propitiatoires. Telles sont les cérémonies que pratiquent les Romains en pareille circonstance. Octave se disposoit donc à entreprendre son expédition (2); et pour attaquer Pompée dans la Sicile du côté de l'orient, du côté de l'occident, et du côté du midi, à la fois, il se préparoit à s'embarquer à Dicæar-

chie, à faire venir Lépidus d'Afrique, et Taurus de Tarente. Le jour auquel Octave devoit mettre à la voile avoit été assigné à Lépidus et à Taurus. C'étoit le dixième jour après le solstice d'été, le jour où les Romains célébroient les calendes du mois qu'en l'honneur du premier César on appeloit désormais *juillet*, au lieu de *quintilis*. Octave choisit ce jour, probablement parcequ'il le crut propice, à cause des faveurs de la victoire dont son père avoit constamment joui. Pompée plaça Plennius à Lilybée (3) avec une légion et beaucoup d'autres troupes légères pour faire tête à Lépidus. Il fit fortifier les côtes orientales et occidentales de la Sicile sur tous les points, ainsi que les îles, et notamment celles de Lipara (4), de Cossyre (5), afin que Lépidus ne pût ni débarquer dans celle-ci, ni s'y mettre en rade; qu'Octave éprouvât les mêmes obstacles auprès de l'autre; et que, par conséquent, ils ne pussent tirer aucun parti contre lui de ces deux postes. Il rassembla ses meilleurs vaisseaux de guerre à Messine, pour se porter où besoin seroit, selon les évènements. Telles furent leurs dispositions réciproques.

XCVIII. Le jour des calendes étant arrivé, ils mirent tous trois à la voile, dès le point du jour. Lépidus partit de la Libye avec mille vaisseaux de transport, soixante-dix grands vaisseaux, douze légions, cinq mille chevaux numides, et toutes les munitions de guerre nécessaires à proportion. Taurus partit de Tarente seulement avec cent deux, des cent trente vaisseaux qu'Antoine avoit laissés; car les équipages des autres avoient péri durant les quartiers d'hiver.

Ans de Rome. 718.

À son départ de Dicæarchie, Octave fit en pleine mer des libations et des sacrifices, dans son propre vaisseau, aux vents favorables, au tutélaire Neptune (6), et au calme des flots, pour les supplier de le seconder dans son entreprise contre les ennemis de son père. Il envoya quelques vaisseaux en avant pour visiter les baies de la mer; et Appius formoit son arrière-garde avec un certain nombre de bâtiments. Le troisième jour de marche, un vent du nord s'étant levé, il submergea plusieurs des vaisseaux de transport de Lépidus. Néanmoins, il vint débarquer en Sicile, assiégea Plennius dans Libybée, et moitié force ouverte, moitié composition, s'assura de plusieurs villes. Taurus, dès le commencement de ce coup de vent, rétrograda vers Tarente. Appius, qui ne faisoit que de doubler le promontoire de Minerve (7), perdit quelques uns de ses vaisseaux qui se brisèrent contre des rochers, quelques autres qui échouèrent sur les bas-fonds, le reste fut dispersé non sans éprouver du dommage. Octave, au moment où le coup de vent commença de se faire sentir, se réfugia dans le golfe d'Éliate (8), golfe très sûr, et il ne perdit qu'un seul vaisseau à six rangs de rames, qui se brisa contre la pointe du promontoire. Le vent d'Afrique (9) ayant succédé au vent du nord, le golfe, qui étoit ouvert du côté du couchant, éprouva de la tourmente; et il ne fut plus possible de sortir du golfe avec le vent debout. D'un autre côté, les ancres, les rames devinrent impuissantes pour contenir les vaisseaux, qui se choquoient entre eux, ou qui alloient frapper contre les roches. La nuit qui arriva vint ajouter à ce désastre.

XCIX. Le vent s'étant finalement abattu, Octave fit rendre aux morts les honneurs funèbres. Il fit soigner les blessés, recueillir ceux qui s'étoient sauvés à la nage, remplacer par de nouvelles armes celles qu'ils avoient perdues, et réparer le mal que sa flotte avoit éprouvé, et tout cela aussi bien que les circonstances le permirent (10). Il perdit six de ses grands vaisseaux, vingt-six des petits, et un plus grand nombre de *liburnides* (11). Pour réparer toutes ces pertes, il lui falloit trente jours, et la fin de l'été s'avançoit. Il jugea donc qu'il valoit mieux pour lui différer la guerre jusqu'à l'été de l'année suivante. Son monde manquoit de tout; il fit mettre ses vaisseaux à terre (12), les fit réparer en diligence, et envoya les équipages de ceux qu'il avoit perdus pour servir dans les vaisseaux que Taurus avoit vides à Tarente. Dans la vue de parer à un malheur encore plus grave (13), il envoya Mécène à Rome pour contenir ceux que leur attachement à la mémoire du grand Pompée intéressoit encore à la fortune de son fils (14); car le souvenir de la gloire de cet illustre Romain n'étoit pas encore étouffé. D'un autre côté, il se mit à parcourir lui-même ses colonies, par toute l'Italie, pour détruire les impressions de terreur qui pouvoient avoir été l'effet de ses revers. Il se rendit à Tarente; il y inspecta la flotte qui étoit sous les ordres de Taurus. De là il vint à Hippone; il y harangua ses troupes pour leur donner du courage. Il pressa les travaux relatifs à ses forces navales, et, en attendant, le moment de s'embarquer de nouveau pour la Sicile approchoit.

Ans de Rome. 718.

C. Quant à Pompée, il dédaigna de profiter de l'heureuse occasion de ces revers éprouvés par Octave, pour prendre l'offensive contre lui. Il se contenta d'offrir des sacrifices à la mer et à Neptune, et de souffrir qu'on l'appelât le fils de l'un et de l'autre, persuadé qu'il étoit, que ce n'étoit point sans une intervention spéciale de la part des dieux (15), que pendant deux étés consécutifs les tempêtes s'étoient chargées de combattre son ennemi. On rapporte qu'enflé de ces faveurs il quitta le vêtement couleur de pourpre que les Romains, revêtus d'une autorité suprême (16), avoient coutume de porter, pour en prendre un couleur d'azur, se regardant comme le fils adoptif de Neptune. Il espéroit qu'Octave renonceroit à son expédition contre lui. Mais lorsqu'il fut informé qu'il faisoit construire d'autres vaisseaux, et qu'il se disposoit à se remettre en campagne le même été, il fut effrayé de voir qu'il avoit affaire à un ennemi si constamment acharné. Il envoya Ménodore avec les sept vaisseaux qu'il lui avoit amenés, pour observer les nouvelles constructions navales d'Octave, et pour lui faire tout le mal qu'il pourroit. Ménodore, qui étoit secrètement indigné que Pompée ne lui eût pas encore rendu le commandement de ses flottes, et ne se dissimulant pas, dans cette circonstance, que ce n'étoit que parcequ'il lui étoit encore suspect qu'il ne lui confioit pas de plus grandes forces, médita une nouvelle défection.

CI. Il songea d'abord à se distinguer par des actes de valeur, comme un préalable important à toute fin. En conséquence, il distribua tout l'or qu'il avoit à ceux qui naviguoient avec lui. Dans trois jours, il fit, à force de rames, un trajet de quinze cents stades. Il tomba, comme la foudre, sans être aperçu, sur les vaisseaux qui protégeoient les travaux d'Octave, et se retirant pour retourner à la charge avec la même célérité, il enlevoit tantôt deux, tantôt trois de ces bâtiments de garde. Les transports qui portoient des subsistances, soit qu'ils naviguassent, soit qu'ils fussent stationnés quelque part, il les couloit bas, ou les capturoit, ou les incendioit. Cette conduite de Ménodore répandoit l'épouvante dans tous les cœurs, en l'absence d'Octave et d'Agrippa; car ce dernier s'étoit rendu dans les forêts pour recueillir des matériaux de construction (17). Enorgueilli de ses prouesses, Ménodore échoua volontairement son vaisseau sur un basfond, tout près de terre, en bravant l'ennemi, et fit semblant ensuite de ne pouvoir se dégager. A ce spectacle, les ennemis descendirent des montagnes vers Ménodore, comme vers une capture toute faite. Mais s'étant remis à flot, il se retira, en les goguenardant, et laissa les soldats d'Octave partagés entre le dépit et l'admiration. Lorsqu'il eut fait assez connoître de quoi il étoit capable, ami ou ennemi, plein de son projet, il laissa aller Rébillus, membre du sénat, qu'il avoit fait prisonnier.

CII. Lors de sa première défection, il s'étoit lié d'amitié avec Mindius Marcellus, un des amis particuliers d'Octave, et il débita à ceux qui étoient auprès de lui que ce Mindius méditoit de trahir Oc-

Ans de Rome. 718.

tave, et de passer dans le parti de Pompée. Ensuite, s'étant approché de l'ennemi, il invita Mindius à s'aboucher avec lui dans une île, pour conférer sur des choses importantes. Mindius ayant accepté le rendez-vous, Ménodore lui dit, lorsqu'ils furent tête à tête, qu'il n'étoit repassé dans le parti de Pompée que par ressentiment des outrages que lui faisoit éprouver Calvisius, alors chef des forces navales d'Octave; mais qu'actuellement que ce commandement étoit entre les mains d'Agrippa, il repasseroit dans le parti d'Octave de qui il n'avoit point eu à se plaindre, si, lui Mindius, vouloit lui apporter foi et sûreté de la part de Messala, qui commandoit en l'absence d'Agrippa. Il promit, s'il repassât dans le parti d'Octave, de réparer, d'une manière brillante, le mal qu'il lui avoit fait; et il ajouta que, jusqu'à ce que la parole de Messala lui eut été donnée, il continueroit d'agir hostilement contre Octave, afin d'éloigner toute espèce de soupçon. Il continua, en effet, les hostilités. Messala hésita d'accepter une aussi honteuse proposition. Il l'accepta néanmoins, soit parceque le besoin de la guerre parut l'exiger (18), soit parcequ'il avoit pressenti préalablement à cet égard l'intention d'Octave. Ménodore repassa donc dans le parti de ce dernier. Il vint se jeter à ses pieds, et le supplia de lui permettre de ne pas lui exposer les motifs qui l'avoient porté à l'abandonner. Octave tint la parole qui lui avoit été donnée sous le rapport de la sûreté personnelle; mais il le fit surveiller de près, sans qu'il s'en doutât; et il congédia ceux qui commandoient les vaisseaux qu'il avoit ramenés, leur permettant de se retirer où ils voudroient.

CIII. Lorsque la flotte fut prête, Octave remit en mer; et s'étant dirigé sur Hippone, il ordonna à Messala (19) de passer en Sicile avec deux légions, d'aller s'y réunir avec Lépidus, de conduire les vaisseaux dans le golfe immédiatement au-dessus de Tauromenium, et de les y stationner. Il envoya trois autres légions à Stylide (20) et à l'extrémité du détroit, pour y être prêtes à tout évènement. Il donna ordre à Taurus de partir de Tarente, et de se porter vers le mont Sculakion (21), qui est en face de Tauromenium (22). Taurus, qui étoit également en mesure pour combattre sur terre et pour naviguer, se rendit à sa destination. Ses troupes de pied le suivirent. Il fit éclairer sa marche par de la cavalerie sur le continent, et sur mer par des *liburnides*. Octave vint d'Hippone vers Taurus; il le trouva auprès du mont Sculakion, admira sa bonne tenue, et s'en retourna à Hippone. Quant à Pompée, il gardoit, ainsi que je l'ai déjà dit, tous les endroits où la descente étoit praticable, et tenoit ses forces navales réunies à Messine, pour aller porter du secours par-tout où il seroit nécessaire.

CIV. Telles étoient les dispositions respectives de Pompée et d'Octave. Un nouveau convoi amena de Libye à Lépidus quatre légions qui étoient le reste de son armée. Papias, un des lieutenants de Pompée, vint au large à la rencontre de ce convoi, et profitant de l'erreur qui le fit accueillir comme ami, il l'extermina; car les chefs de ce convoi crurent que c'étoient des vaisseaux de Lépidus qui venoient au-devant d'eux. Ceux que Lépidus avoit en effet envoyés alloient trop lentement, et lorsqu'ils parurent, le reste des vaisseaux du convoi, les prenant pour d'autres vaisseaux ennemis, les évitèrent. Il en résulta que, de ce convoi, une partie fut la proie des flammes, une partie fut prise, une partie coulée bas, et le reste rétrograda pour retourner en Libye. Deux des légions périrent au milieu des flots; et si quelques soldats se sauvèrent à la nage, les uns furent massacrés par Tisiénus (23), un des lieutenants de Pompée, à mesure qu'ils venoient à terre; les autres, plus tôt ou plus tard, parvinrent à joindre les troupes de Lépidus. Après ce succès, Papias se rendit auprès de Pompée.

CV. Sur ces entrefaites, Octave partit d'Hippone, et se dirigea avec toutes ses forces navales vers Strongyle, une des cinq îles qu'on appelle îles Æoliennes (24). Il avoit préalablement fait éclairer son passage. Il vit en face, sur les côtes de Sicile, des forces plus considérables que les siennes, soit auprès du promontoire de Pelorum (25), soit à Myles (26), soit à Tyndaride (27); ce qui lui fit conjecturer que Pompée étoit là. Il laissa dans cette île ses forces sous le commandement d'Agrippa. Il revint lui-même à Hippone; de là, avec trois légions et suivi de Messala (28), il se rendit auprès de Taurus, comme s'il eût préféré opérer sa descente du côté de Tauromenium, pendant que Pompée en étoit éloigné, et le menacer ainsi de deux côtés à la fois. Agrippa se porta de Strongyle sur Hiéra (29), et les troupes de Pompée n'ayant pas été en état de lui résister, il s'empara de cette île. Le lendemain il devoit se porter sur Myles pour y attaquer Démocharès, un des lieutenants de Pompée, qui la défendoit à la tête de quarante vaisseaux (30). Pompée, qui observoit les projets d'attaque d'Agrippa, envoya de Messine quarante-cinq autres vaisseaux sous les ordres d'Apollophanès, pour porter des secours à Démocharès, et il suivit lui-même avec soixante et dix autres.

CVI. Agrippa partit d'Hiéra avant le jour avec la moitié de ses forces, dans la pensée qu'il n'auroit affaire qu'à Démocharès (31). Mais quand il vit les vaisseaux d'Apollophanès, et les soixante-dix qui venoient après lui, il dépêcha aussitôt un message à Octave pour lui annoncer que Pompée étoit à Myles avec la plus grande partie de ses forces navales; il plaça ses gros vaisseaux au milieu de sa ligne, et fit venir sur-le-champ d'Hiéra le reste de sa flotte qu'il y avoit laissée. On étaloit des deux côtés les préparatifs les plus formidables; on avoit élevé des tours sur la proue et sur la poupe des vaisseaux. Aussitôt que de part et d'autre l'on se fut exhorté, comme de raison, à bien faire; aussitôt que les pavillons de bataille furent dressés, ils fondirent les uns sur les ordres, les uns de front, les autres en s'efforçant de tourner l'ennemi. Les vociférations des équipages, le bruit des vaisseaux répandoient par-tout la terreur. Les bâtiments de Pompée étoient moins grands, plus légers, et par conséquent plus lestes pour charger l'ennemi, et pour toutes les évo-

Ans de Rome. 718.

lutions. Ceux d'Octave étoient plus grands, plus lourds, et par cette raison moins agiles, mais en revanche plus redoutables à la charge, et plus difficiles à entamer. Les équipages de Pompée étoient composés de marins plus habiles, ceux d'Octave d'hommes plus vigoureux; et par conséquent, du côté de Pompée ce n'étoit pas par la vigueur des attaques, c'étoit par la prestesse des évolutions qu'on se distinguoit. On fracassoit les timons des vaisseaux de l'ennemi; on mettoit leurs rames en pièces, on les isoloit entièrement, et dans cet état on ne leur faisoit pas moins de mal que si on les eût choqués avec impétuosité (32). Les bâtiments d'Octave, au contraire, s'efforçoient de choquer les bâtiments ennemis, comme ayant moins de consistance, de les froisser, de les fracasser; et lorsque le combat s'engageoit près à près, ils avoient l'avantage de l'élévation, soit pour porter des coups plus meurtriers, soit pour jeter plus facilement les grappins. Mais les marins de Pompée, lorsqu'ils avoient le dessous, se jetoient à la mer, et ils étoient recueillis par d'autres petits vaisseaux qui naviguoient à l'entour pour cette destination.

CVII. Agrippa marcha droit à Démocharès (33), et choquant son vaisseau par la proue, il le perça et le fendit jusqu'à la cale. Ce choc renversa tous ceux qui étoient dans les tours. L'eau entra avec abondance; et tous les rameurs du rang le plus bas furent submergés. Les autres, qui eurent le temps de couper le pont (34), se sauvèrent à la nage. Démocharès (35) trouva un refuge dans un vaisseau qui étoit auprès du sien, et retourna à la charge. Pompée qui du haut des montagnes remarqua que sa flotte ne faisoit pas des merveilles, qu'elle perdoit du monde dans les combats corps à corps, et qu'Agrippa alloit recevoir des renforts qui lui arrivoient d'Hiéra, fit le signal de se retirer en bon ordre. On se retira en effet en se battant toujours, et en rétrogradant en même temps peu à peu. Mais Agrippa continuant à charger de son côté, on se sauva non pas le long des côtes voisines, mais dans les endroits où l'embouchure des fleuves donnoit à la mer moins de profondeur.

CVIII. Les pilotes d'Agrippa ne lui permirent point d'aller s'engager, avec ses grands vaisseaux, dans des parages où la mer étoit si basse. Il demeura donc au large où il jeta l'ancre, afin de tenir l'ennemi en échec, et de combattre pendant la nuit s'il le falloit. Ses amis lui ayant représenté de ne point se laisser emporter à un courage déraisonnable, de ne point excéder ses troupes par l'insomnie et la fatigue, de ne point se confier à une mer singulièrement exposée aux tempêtes, il eut de la peine à se décider, sur le soir, à la retraite. La flotte de Pompée rentra dans ses ports, après avoir perdu trente de ses vaisseaux, et en avoir coulé bas cinq à l'ennemi; elle lui en avoit endommagé un assez grand nombre d'autres, mais elle avoit à peu près également souffert de son côté. Pompée donna des éloges à la bravoure de ses marins, d'avoir résisté à des vaisseaux d'une force si supérieure; d'avoir soutenu le choc dans une action qui avoit été plutôt un combat de siège qu'un combat naval, et il leur décerna des récompenses comme s'ils avoient remporté la victoire (36). Il leur fit espérer que dans le détroit, à cause de la force du courant, l'avantage qu'avoient ses vaisseaux, d'être plus légers, leur donneroit la supériorité; et il leur promit, d'ailleurs, qu'il feroit donner plus d'élévation à ses trirèmes. Tel fut le résultat de la bataille navale donnée à Myles, entre Agrippa et Démocharès.

NOTES.

(1) Appien laisse ici de côté les grands travaux exécutés à cette époque par Agrippa sur les côtes de la Campanie, dans le voisinage de Cumes, entre le promontoire de Misène et la ville de Dicæarchie. A cette époque, la plupart des parages maritimes de l'Italie manquoient de ports de ce côté-là, selon Dion Cassius. En conséquence, Agrippa fit ouvrir des canaux de communication du lac Lucrin et du lac Averne à la mer, canaux à la faveur desquels les vaisseaux d'Octave, en pénétrant dans ce lac, étoient à l'abri de tous les évènements. Il paroît que ce fut dans ces vastes bassins qu'Agrippa fit construire la flotte destinée à agir contre Pompée. *Voyez* Dion Cassius, liv. XLVIII, n. 50.

(2) Pendant qu'Octave faisoit ses préparatifs, quelques prodiges, au rapport de Dion Cassius, présagèrent les évènements. On débita à Rome que devant Clypéa, ville d'Afrique, deux dauphins s'étoient livrés un combat, et qu'ils avoient péri l'un et l'autre. Cela s'entendoit. A Rome même, du sang étoit tombé du ciel, et des oiseaux l'avoient dispersé dans les campagnes. Ceci étoit un peu plus merveilleux. *Ad ipsam urbem sanguis è cœlo defluxerat, eumque aves in varia loca distulerant.* A Rome également, on avoit célébré certains jeux, et contre l'ordinaire aucun sénateur n'avoit mangé dans le Capitole. Le plus important de ces prodiges étoit celui dont Livie, la femme d'Octave, avoit été le sujet. Un aigle avoit laissé tomber sur son giron une poule blanche qui portoit à son bec un rameau de laurier chargé de son fruit. Ce pronostic causa, comme on le conçoit, un grand plaisir à Livie; aussi elle fit nourrir la poule avec beaucoup de soin. Elle fit planter le rameau de laurier, qui réussit à merveille, et qui depuis, pendant longues années, eut le privilège exclusif de fournir les couronnes aux triomphateurs. Ce qui ternit un peu ces beaux détails, en ce qui

concerne Livie, c'est l'épouvantable tableau que nous fait Dion Cassius de l'impudeur avec laquelle Octave se jouoit des lois et du peuple romain, dans la dispensation des magistratures à cette époque. Laissons parler l'historien lui-même dans la version de son traducteur latin. *Ad prodigiorum terrorem accessit etiam magistratuum crebra commutatio, quæ Romanorum animos haud mediocriter movebat, cùm non consules modò et prætores, sed quæstores etiam alii aliis identidem sufficerentur. In causâ autem fuit, quòd unusquisque id expetebat, non tàm ut domi aliquandiù cum magistratu esset, quàm ut inter eos qui magistratum gessissent relatus, honorem indè ac provinciam aliquam acciperet. Itaque non ad certum quoddam tempus magistratus dabatur, sed pro arbitrio eorum penès quos suprema erat potestas, idem et accipiebat nomen alicujus magistratûs et deponebat, id quod multi utrumque eâdem die fecerunt, nec defuerunt qui propter suam paupertatem omninò magistratus non adierunt.* Octave avoit besoin de multiplier le nombre de ses créatures, pour remplir des postes de confiance : il le faisoit, comme on voit, avec beaucoup de rapidité.

(3) C'étoit le nom d'un promontoire et d'une ville situés sur la pointe la plus occidentale de la Sicile. Tite-Live, dans son vingt-unième livre, chap. 49, donne une idée de la force de cette ville, en disant qu'elle avoit dix mille hommes de garnison, sans y comprendre ses citoyens. *Amplitudo urbis probatur numero præsidiariorum militum, præter civium multitudinem,* εἰς μυρίους. Cicéron avoit été questeur dans cette ville sous les ordres du préteur Sex. Péducéus. *Voy.* les géographes.

(4) C'étoit la plus grande des îles Æoliennes, situées au nord de la Sicile, du côté de l'Italie. Selon Strabon, les Cnidiens l'avoient peuplée, et comme elle étoit la plus étendue des îles de son voisinage, elle les soumit à son empire. Diodore de Sicile, qui parle de cette île dans son cinquième livre, pag. 203, dit qu'elle étoit fameuse par la bonté de

ses ports, et par la réputation de ses eaux thermales. Αὕτη λιμέσι τε καλεῖς ἀπὸ τῆς φύσεως κεκόσμηται, καὶ θερμοῖς ὕδασι τοῖς διαβεβομμένοις.

(5) Selon Strabon, liv. VI, cette île étoit située entre la pointe d'Afrique, où étoit une ville des Carthaginois nommée *Aspis, seu Clypea*, et le promontoire de Lilybée en Sicile, dont elle n'étoit distante, suivant Scylax, que d'une journée de navigation. Voyez Cellarius, *liv. II, c.* 12, *n.* 132.

(6) Schweighæuser a imprimé dans son texte grec Ἀσφαλείῳ Ποσειδῶνι Le manuscrit d'Augsbourg porte Ἀσφαλίῳ. Voyez l'annotation de cet éditeur.

(7) Ἀθηναῖον ἄκρον. Schweighæuser approuve cette leçon. *Rectè Gelenius*, dit-il, *Minervæ promontorium*. Il condamne la conjecture de Charles Etienne, qui, dans ses *variæ lectiones*, a substitué Καταναίων. Il faut que Seyssel ait lu comme Charles Etienne, car il traduit, *au regard d'Appius, pendant qu'il conduisoit ses navires par auprès des montaignes des Cathaniens*. Desmares a traduit *le cap de Minerve*. On trouve ce promontoire marqué sur la carte de la grande Grèce, dans l'ancienne géographie de Cellarius. Il étoit à gauche, en entrant dans le golfe appelé *Sinus Pæstanus*, après avoir doublé l'île de Caprée et les petites îles appelées Sirenuses. Pline fait mention de ce promontoire dans ce passage, *Surrentum cum promontorio Minervæ, Sirenum quondam sede*. C'est probablement de cette dernière circonstance que ce promontoire tira son nom.

(8) Voyez l'*Italia Antiqua* de Cluvérius, p. 1259.

(9) Λίθος δὲ τὸν νότον μεταλαβόντος.

(10) On trouve la même expression ἐκ τῶν ἐνόντων dans le Manuel d'Epictète, n. 43. ὅρκον παραίτησαι, εἰ μὲν οἶόντε, εἰσάπαν, εἰ δὲ μὴ, ἐκ τῶν ἐνόντων. Si je ne me trompe, Lefèvre de Villebrune l'a mal rendu, en traduisant, *on ne le fait (le serment) que lorsqu'il est permis*. Je crois qu'il falloit traduire, *on refuse de jurer du moins autant que possible*.

(11) Voici l'annotation de Herneggerus sur ce passage de

Suétone, *utrobique parte liburnicarum demersâ*, Oct. Cæs, 17, où il s'agit de ce genre de vaisseaux; *Agilium bellicarumque navium à Liburnis, Illyrici populo, qui olim navibus usi velocitate præcipuis, mare Ionium insulasque prædabantur. Quâ ex causâ Romani naves levitate celeritateque præstantes appellavêre liburnicas.* Voyez ce que nous avons dit plus haut.

(12) Voyez ci-dessus, chap. VIII, note 29.

(13) L'interprète latin a, je crois, mal saisi le sens de cette phrase. Il a traduit, *simul post hunc tanti momenti casum, Mœcenatem Romam misit propter consternatos ob nondùm abolitam ex animis civium Pompeii magni memoriam.* Le comparatif μείζονι auroit dû le faire tenir sur ses gardes, et le second membre de la phrase, οὐ γὰρ αὐτοὺς ἐξέλιπεν ἡ δόξα τοῦ ἀνδρὸς τούτου, auroit dû l'avertir que ἐπτοημένους ne pouvoit pas être rendu par *consternatos*.

(14) Le grand Pompée avoit donc imprimé dans le cœur des Romains une bien respectable et bien profonde opinion de son désintéressement personnel, et de son zèle pour la république, puisque ses mânes en imposoient encore à ce point à Octave.

(15) Πειθόμενος οὐκ ἄνευ θεοῦ, j'aurois pu traduire, *persuadé que ce n'étoit pas sans l'intervention de la fortune;* car rien n'est plus commun chez les auteurs grecs que l'expression θεὸς, quoique masculine, pour désigner *la Fortune*, la dispensatrice des évènements humains.

(16) Τὴν συνήθη τοῖς αὐτοκράτορσι χλαμύδα. Nouvelle preuve de l'acception spéciale du mot αὐτοκράτωρ que nous avons notée ci-devant.

(17) Ces mots *pour recueillir des matériaux de construction* ne sont pas dans l'original, par une raison bien simple. C'est que le génie elliptique de la langue grecque, son caractère prédominant, a dispensé Appien de les écrire. Il m'a paru que le génie de notre langue me commandoit de les suppléer.

(18) Assez généralement le droit de la guerre, chez les

anciens, autorisoit ces sortes de procédés. C'est dans ce sens-là que l'empereur Léon, dans le traité *sur la tactique* que nous avons de lui, dit, en parlant des traîtres et des transfuges, qu'il faut se piquer avec eux de beaucoup de loyauté et même de reconnoissance, parceque, dit-il, πάντα καλὰ ἐν καιρῷ αὐτῶν, cap. 15, n. 36. C'est un des adages de l'optimisme politique.

(19) « Ceci ne me paroît pas très clair, dit Schweighæuser, « je soupçonne quelque altération dans le texte. Lépidus « étoit déjà débarqué à Lilybée, on l'a déjà vu ; et de Li- « lybée à Tauromenium, la distance est assez considérable. « Le sens d'Appien est-il que Messala, débarquant en Si- « cile, dût faire sa jonction avec Lépidus, et se porter en- « suite avec lui sur Tauromenium? D'ailleurs, ce que notre « historien dit de Messala ci-dessous, sect. CV, paroît « jeter quelque obscurité de plus sur ce passage ; mais il est « possible que Messala, après avoir fait le trajet de la Si- « cile, soit retourné vers Octave. »

(20) Voyez ci-dessus, chap. IX, note 13.

(21) Cette montagne étoit située sur la côte orientale du pays des Bruttiens. Elle avoit donné son nom à une ville de son voisinage, et au golfe qui s'étendoit depuis les trois promontoires de la Japygie, en face de l'île d'Ogygie, ou de Calypso, jusqu'au promontoire nommé *Cocintum*. Voyez Cellarius, *liv. II*, c. 9, sect. *IV*, n. 650.

(22) Grande ville maritime, sur la côte orientale de la Sicile. Pline l'ancien a prétendu qu'avant que de porter ce nom, elle avoit eu celui de *Naxos*. Mais Strabon contrarie cette opinion. Voyez Cellarius, *liv II*, c. 12, n. 10, ainsi que Cluvérius dans sa *Sicilia Antiqua*, lib. I, cap. 7. Ces mots du texte ὁ πέραν ἐστὶ Ταυρομενίου, paroissent avoir choqué, avec raison, Schweighæuser. *An Scylacium montem dicit Cocintum promontorium, quod in extremitate sinûs Scylacii erat, et Tauromenio ut cumque oppositum poterat dici?* En effet, il suffit de jeter les yeux sur la carte de Cluvérius, pour sentir le défaut de justesse de cette expression.

(23) Ce Tisiénus est le même dont il a été question ci-dessus, sect. XXXII. Il paroît qu'après la capitulation de Pérouse, cet officier de L. Antonius, effrayé à bon droit des formes sanguinaires d'Octave, étoit allé en Sicile, prendre du service auprès de Pompée. *Voyez* Dion Cassius, liv. XLVIII, n. 15.

(24) C'étoit la plus orientale de ces îles.

(25) C'étoit le nom du promontoire de la Sicile le plus voisin de l'Italie. Il paroît qu'on l'appelle aujourd'hui *Capo della torre di faro*, peut-être par analogie à une espèce de tour que Strabon prétend avoir existé anciennement à cet endroit. Voyez Cluvérius, *Sicilia antiqua*, lib. I, cap. 6; et Cellarius, *Geographia antiqua*, lib. II, c. 12, n. 8.

(26) Ville de Sicile, située sur la côte septentrionale, à la hauteur des îles Æoliennes. Suivant Strabon, elle étoit à vingt-cinq mille pas du promontoire de Pelorum. Velléius Paterculus en fait mention, liv. II, c. 79. *Apud Mylas ductu Agrippæ pugnatum prosperè*. Suétone la mentionne également. *Oct. Cæs.* 16.

(27) Tyndaris, ou Tyndaride, étoit également une ville de Sicile sur la même côte que Myles, mais un peu plus haut en gagnant vers Lilybée.

(28) Voyez ci-dessus, note 19.

(29) C'étoit une autre des îles Æoliennes.

(30) Le texte grec porte τεσσαράκοντα, *quadraginta*, et la version latine de Schweighæuser *triginta* seulement. C'est évidemment une inadvertance ou une faute d'impression.

(31) Schweighæuser a judicieusement aperçu que c'étoit *Démocharès* et non pas *Papias* qu'il falloit lire dans ce passage. Ces méprises d'un nom pour un autre sont assez fréquentes dans les manuscrits.

(32) Il y a dans le grec καὶ ἔβλαπτον ἐμβολῆς οὐχ ἥσσονα, et l'interprète latin a rendu ces mots, par *nec minùs detrimenti illis quàm si rostris percussissent adferebant*. Or, il est impossible de trouver dans ce texte ces paroles de Desmares,

et quelquefois en se retournant promptement, les venoient choquer, ou dans le flanc, ou dans la poupe.

(33) Le texte porte encore ici Papias, au lieu de Démocharès; mais nous venons de voir, note 31, que Schweighæuser suppose, avec apparence de raison, qu'il y a ici une erreur de copiste. D'abord Appien a parlé ci-dessus, sect. LXXXIII, de Démocharès, comme du commandant en chef des forces navales de Pompée. D'un autre côté, Dion Cassius, dans les détails qu'il donne de cette bataille, au commencement de son quarante-neuvième livre, ne parle que de Démocharès. Suétone ne nomme également que lui. *Oct. Cæs. c.* 16.

(34) Il ne faut pas s'imaginer que *le pont* des vaisseaux des anciens doive être regardé comme ce qui porte le même nom dans les nôtres. On ne doit entendre par-là que cette construction en planches qui étoit pratiquée des deux côtés de ces vaisseaux, qui servoit dans les bâtiments à la circulation des gens de l'équipage, et sur laquelle se plaçoient les troupes employées dans les batailles navales.

(35) Voyez ci-dessus, notes 31 et 33.

(36) Quoique cette action n'eût eu rien de bien décisif, on ne laissa pas de penser que la flotte d'Octave avoit été victorieuse, et c'est ainsi que les historiens le racontent. *Ut navali primo prælio apud Mylas ductu Agrippæ pugnatum prosperè*, dit Velléius Paterculus, *lib. II, cap.* 79. Suétone tient à peu près le même langage. *Pompeium inter Mylas et Naulochum superavit;* et, à ce sujet, cet historien nous révèle, sur le compte d'Octave, une anecdote assez singulière, qui ne sert pas médiocrement à le caractériser. Au moment d'engager l'action, il se laissa aller tout à coup à un si profond sommeil, que ses amis furent forcés de venir l'éveiller. « C'est, ajoute Suétone, ce qui donna occa-
« sion, à mon avis, à Antoine de lui reprocher qu'il n'a-
« voit jamais pu soutenir d'un œil ferme l'aspect d'une
« armée en bataille; et qu'au milieu de ces circonstances
« critiques, il ne savoit que s'étendre avec stupidité tout
« de son long, et lever vers le ciel ses mains suppliantes;

« et qu'à la journée de Myles, il ne s'étoit levé et ne s'étoit
« montré à ses troupes qu'après avoir été informé que la
« flotte de Pompée avoit fui devant Agrippa. *Undè præbi-
tam Antonio materiam putem exprobrandi, ne rectis quidem oculis eum adspicere potuisse instructam aciem, verùm
supinum, cœlum intuentem, stupidum cubuisse; nec priùs
surrexisse ac militibus in conspectum fuisse, quàm à M.
Agrippâ fugatæ sint hostium naves.* Cet Octave étoit en
effet, quoi qu'en dise Paterculus dans un passage sur lequel
nous nous arrêterons tout à l'heure, d'une lâcheté vraiment
rare. A la bataille de Modène, il ne se montra que lorsque
Hirtius eut forcé le camp d'Antoine. Aux deux batailles de
Philippes, il fit le malade. Au siège de Péruse, il ne paya
jamais de sa personne, lorsque L. Antonius attaquoit ses
lignes; et la famine seule fit les frais de la victoire. La conquête de la Sicile et la fuite de Pompée furent l'ouvrage
de la valeur et de la capacité d'Agrippa. A la bataille d'Actium, Antoine abandonna la partie avant que le sort des
armes eût rien décidé. Ce fut cependant par le résultat de
ces évènements, auxquels Octave eut personnellement si peu
de part, qu'il arriva à l'empire du monde. O Fortune !

CHAPITRE XII.

Octave perd une autre bataille navale contre Pompée. Il court un très grand danger. Il a toutes les peines du monde à se sauver dans le camp de Messala. Cornificius, un de ses lieutenants, est battu par une des flottes de Pompée. Il est réduit à s'échouer. Par le plus grand des hasards, il échappe à un péril imminent, grace aux secours qu'il reçoit de Laronius. Pompée, battu sur terre, présente à Octave une bataille navale. Il la perd, et prend indiscrètement la fuite.

CIX. La-dessus, s'étant douté, comme de raison, qu'Octave s'étoit rendu dans le camp de Taurus, pour tenter un coup de main contre Tauromenium, Pompée, immédiatement après avoir pris quelques alimens, fit voile pour Messine, laissant une partie de ses forces à Myles, afin qu'Agrippa crût qu'il y étoit encore lui-même. Agrippa, après avoir laissé prendre à ses troupes autant de repos qu'il en falloit, fit voile pour Tyndaride qui étoit décidée à se rendre. Il pénétra en effet dans cette place. Mais la garnison se défendit avec tant de vaillance qu'elle le repoussa. D'autres villes passèrent dans son parti, et reçurent de lui des garnisons. Le soir, il retourna à son poste. De son côté, Octave étoit parti du mont Sculakion pour se rendre à Leucopètre (1), lorsqu'il eut appris avec plus de certitude que Pompée avoit quitté Messine, et qu'il s'étoit rendu à Myles pour y combattre Agrippa. Son projet étoit de profiter de la nuit pour faire le trajet du détroit de Leucopètre à Tauromenium. Mais ayant appris le résultat de la bataille navale, il changea d'avis. Il ne voulut point, ayant vaincu, faire une traversée clandestine. Il se décida à passer en plein jour, avec confiance, à la tête de ses troupes; car il croyoit pleinement que Pompée étoit encore occupé à observer Agrippa. Il promena donc dès le matin ses regards sur les flots du haut des montagnes, et n'ayant point vu d'ennemis, il mit à la voile, embarquant avec lui autant de troupes qu'il fut possible, laissant le reste sous les ordres de Messala, jusqu'à ce que les vaisseaux fussent retournés pour les prendre. Étant arrivé à Tauromenium, il envoya quelqu'un dans la place comme pour en prendre possession; mais la garnison ayant refusé de la lui remettre, il doubla le fleuve Onobala (2) et le temple de Vénus (3), vint aborder auprès du monument d'Apollon Archégète (4), Dieu des citoyens de Naxos (5), dans l'intention de camper en cet endroit, et d'attaquer de là Tauromenium. Ce petit monument d'Apollon lui fut érigé par la colonie des Naxiens, qui vint s'établir en Sicile.

CX. Au moment où Octave débarqua, le pied lui glissa, et il tomba à terre, mais il se releva de lui-même. Pendant qu'il étoit occupé aux travaux de son campement, Pompée parut à la tête d'une flotte nombreuse, surprise à laquelle il étoit loin de s'attendre; car il croyoit qu'il avoit été battu par Agrippa.

La cavalerie de Pompée s'avançoit en même temps le long de la côte, et le disputoit à la flotte en célérité. L'infanterie se montra d'un autre côté, de manière que, se voyant enveloppées par trois armées ennemies, les troupes d'Octave prirent l'épouvante, et qu'Octave lui-même craignit de n'avoir plus de moyen pour envoyer chercher Messala. La cavalerie de Pompée commença par charger ceux qui travailloient encore au campement d'Octave. Si cette charge de la cavalerie avoit été secondée par un mouvement semblable de la part de l'infanterie et de la part de la flotte, Pompée auroit probablement obtenu un succès important. Mais peu habile dans le métier des armes, ignorant la terreur qui régnoit du côté de l'ennemi, et craignant lui-même d'engager une action sur le déclin du jour, sa flotte alla se mettre en station auprès du promontoire Coccynum (6), et son infanterie, qui ne crut pas prudent de camper dans le voisinage de l'ennemi, fit sa retraite sur la ville de Phénice (7). Les troupes de Pompée passèrent la nuit à se reposer; celles d'Octave la passèrent à achever les travaux du campement, ce qui les excéda de fatigue et d'insomnie, et les rendit moins capables de combattre. Ses forces consistoient en trois légions, en cinq cents hommes de cavalerie sans chevaux, en mille vélites, et en deux mille vétérans auxiliaires non enrôlés, outre les gens de mer.

CXI. Octave donna le commandement de ses troupes de pied à Cornificius, avec ordre de repousser l'ennemi sur le continent, et de faire tout ce qu'exigeroit l'urgence des conjonctures. De son côté, il s'embarqua avant le jour, et gagna le large de peur que la flotte ennemie ne vînt l'envelopper. Il confia la droite de sa ligne à Titinius, la gauche à Carcius, et monté lui-même sur une liburnide, il se portoit de côté et d'autre, exhortant et encourageant tout le monde. Après avoir ainsi répandu l'encouragement, il quitta tous les signes extérieurs de son autorité (8), à cause du singulier danger où il se trouvoit. Pompée étant venu l'attaquer deux fois, ils se chargèrent réciproquement, et la bataille se prolongea jusqu'à la nuit. Tandis que Pompée s'emparoit d'une partie des vaisseaux d'Octave, qu'il en brûloit une autre partie, les autres, hissant leur petites voiles, se dirigèrent vers les parages de l'Italie, malgré les ordres contraires qui étoient donnés. Les vaisseaux de Pompée les poursuivirent un peu; mais ils retournèrent bientôt à la charge contre le reste de la flotte d'Octave, et continuèrent de prendre et de brûler les vaisseaux de l'ennemi. De ceux des matelots qui gagnèrent la terre à la nage, une partie furent massacrés ou faits prisonniers par la cavalerie de Pompée. Les autres se dirigèrent vers le camp de Cornificius, qui n'envoya que ses vélites à leur secours, parcequ'il n'osa point mettre en mouvement tout son corps d'armée en présence de l'infanterie ennemie, dont la victoire navale échauffoit, comme de raison, le courage.

CXII. Octave passa la plus grande partie de la nuit dans un de ses petits vaisseaux de service; et pendant qu'il délibéroit s'il rétrograderoit vers Cornificius au milieu de tous les débris de sa flotte, ou s'il s'enfuiroit vers Messala (9), le hasard le conduisit dans le port d'Abala (10), avec un seul de ses soldats, n'ayant d'ailleurs auprès de lui aucun de ses amis, aucun homme de sa garde, aucun de ses domestiques (11). Quelques individus qui descendirent du haut des monts pour avoir des nouvelles de ce qui s'étoit passé, le trouvèrent également affaissé de corps et d'esprit, et de canot en canot ils le conduisirent, sans qu'il fût aperçu de personne, à Messala, qui n'étoit pas éloigné (12). Sur-le-champ, et avant que de s'occuper de sa personne, il dépêcha une liburnide à Cornificius, et envoya des messagers de tous côtés, dans les montagnes, pour annoncer qu'il s'étoit sauvé. Il envoya ordre en même temps, sur les côtes, que tout le monde apportât du secours à Cornificius, et il lui écrivit directement qu'il lui en enverroit bientôt. Après s'être un peu restauré et avoir pris un peu de repos, il se rendit la nuit, accompagné de Messala, à Stylide, où étoit Carinas avec trois légions prêtes à s'embarquer, et lui donna ordre de faire voile vers Lipara, où il ne tarderoit pas de l'aller joindre lui-même. Il écrivit à Agrippa d'envoyer Laronius, avec des troupes légères, au secours de Cornificius. Il fit repartir Mécène pour Rome, afin d'y contenir les séditieux amis de la nouveauté, contre quelques uns desquels des actes de sédition le forcèrent de sévir, et il chargea Messala de se rendre à Dicæarchie, et de conduire de là à Hippone la légion qu'on appeloit la première.

Ans
de
Rome:
718.

CXIII. Ce Messala étoit celui que les triumvirs avoient inscrit à Rome sur leurs tables de proscription, promettant de l'argent et la liberté à celui qui leur apporteroit sa tête. Il s'étoit réfugié auprès de Cassius et de Brutus, et après leur mort, il avoit traité avec Antoine de la reddition d'une flotte dont il avoit le commandement. Je n'ai rappelé cette circonstance qu'afin de faire ressortir l'éclat de la vertu de quelques Romains (13). Car les revers d'Octave l'ayant mis, sans nulle défense, à la merci de Messala qu'il avoit proscrit, celui-ci l'accueillit comme un chef revêtu de l'autorité suprême, et devint son sauveur. Quoique Cornificius fût en mesure de se défendre dans ses retranchements contre l'ennemi, le défaut de subsistances, qui le mettoit en péril, le força de présenter la bataille et de provoquer Pompée; mais Pompée ne vouloit point en venir aux mains avec une armée qui n'avoit d'espoir que dans la chance d'une bataille. Il s'attendoit à la réduire par la famine. Cornificius, après avoir placé dans le centre de ses troupes ceux des siens échappés du naufrage et non armés, ne laissa point de se porter en avant, quoiqu'il eût beaucoup à souffrir, dans les plaines, de la part de la cavalerie ennemie, et dans les passages scabreux, de la part des troupes légères, composées de Libyens de Numidie, qui lançoient leurs flèches de très loin, et disparoissoient lorsqu'on fondoit sur eux.

CXIV. Après quatre jours de marche pénible, il arriva à un terrain aride, qu'on disoit avoir été submergé autrefois par un torrent de feu qui étoit allé se perdre dans les flots (14), et qui avoit tari toutes les sources d'eau de cette contrée. Les naturels du pays ne traversent ce lieu-là que pendant la nuit, parceque depuis cette époque il s'en exhale des vapeurs suffocantes et une poussière de cendre. L'armée de Cornificius n'osa point entreprendre ce trajet de nuit, par un temps où il ne faisoit point clair de lune, à cause qu'elle ne connoissoit point les chemins et qu'elle craignoit les embuscades. Elle souffrit beaucoup en l'exécutant en plein jour, à cause des suffocations que les soldats éprouvoient, et parceque la plante de leurs pieds, de ceux sur-tout qui n'avoient point de chaussure, ne pouvoit résister à une chaleur brûlante comme celle de l'été. Cependant, comme ils n'avoient pas un moment à perdre, tant ils étoient pressés par la soif, ils ne s'amusèrent point à fondre sur ceux qui les harceloient : ils se laissèrent maltraiter sans prendre aucun soin de se défendre. Quand ils virent que d'autres troupes ennemies défendoient les passages qui servoient d'issue à cette terre de feu, tous ceux qui en eurent le courage s'élancèrent vers les gorges avec une audace extraordinaire, laissant derrière eux, sans pitié, ceux à qui les forces manquoient et qui étoient nu-pieds ; et combattant avec la plus grande valeur, ils parvinrent à se faire jour. Mais lorsqu'ils virent devant eux de nouveaux défilés encore occupés par des ennemis, le découragement s'empara d'eux. Excédés de soif, de chaud, de fatigue, ils étoient près de succomber, lorsque Cornificius s'efforça de leur relever le cœur en leur indiquant une source d'eau dans le voisinage. Ils fondirent donc de nouveau sur l'ennemi, et le culbutèrent, non sans perdre beaucoup des leurs; mais un autre corps ennemi défendoit l'approche de la source d'eau, et pour le coup ils s'abandonnèrent au plus complet abattement.

CXV. Pendant qu'ils étoient dans cette situation, ils aperçurent de loin Laronius, qu'Agrippa envoyoit à leur secours avec trois légions. Ils ne pouvoient point distinguer encore si c'étoient des troupes amies; mais comme ils avoient constamment espéré que des renforts leur seroient envoyés, ils reprirent courage de nouveau. Lorsqu'ils virent que l'ennemi abandonnoit le poste de la source d'eau afin de ne pas se trouver enveloppé, ils poussèrent des cris de joie de toute leur force. Les troupes de Laronius répondirent à cette acclamation, et sur-le-champ ils allèrent s'emparer de la fontaine. Les chefs les avertirent de ne pas boire trop à la fois. Tous ceux qui ne firent aucun cas de cet avertissement périrent pendant qu'ils buvoient. Ce fut ainsi qu'au moment où ils s'y attendoient le moins, Cornificius et le reste de son armée furent sauvés, et allèrent joindre Agrippa à Myles.

CXVI. Agrippa venoit de se rendre maître de la ville de Tyndaris, où il avoit trouvé beaucoup de vivres, et cette place étoit très heureusement située pour une guerre maritime. Ce fut là qu'Octave fit débarquer son infanterie et sa cavalerie. Toutes ses forces réunies en Sicile consistoient en vingt-une légions, vingt mille chevaux, et plus de cinq mille hommes de troupes légères. Les garnisons de Pompée occupoient néanmoins encore Myles et tous les postes sur cette ligne, le long des côtes jusqu'à Naulochum et jusqu'au promontoire de Pélorum (15). Au milieu de la terreur que leur inspiroit Agrippa, ces garnisons ne cessoient de tenir des feux allumés, comme pour indiquer qu'elles étoient prêtes à incendier les vaisseaux qui viendroient les attaquer. Pompée étoit maître des défilés de part et d'autre. Du côté de Tauromenium et du côté de Myles, il avoit fortifié les gorges et les détours des montagnes; et il chargea victorieusement Octave, qui se portoit en avant de Tyndaris, sans qu'il osât en venir aux mains. Pompée ayant soupçonné qu'Agrippa s'étoit rembarqué pour se porter du côté du promontoire de Pelorum, il s'y porta lui-même, abandonnant ses postes du côté de Myles. Octave s'empara de ces défilés abandonnés, ainsi que de Myles et d'Artémise (16), très petite ville, dans laquelle on rapporte que les compagnons d'Ulysse volèrent les bœufs du soleil, et qu'il s'endormit lui-même.

CXVII. La conjecture de Pompée sur le mouvement d'Agrippa s'étant trouvée fausse, il eut beaucoup de regret d'avoir abandonné le poste de ses défilés, et il appela Tisiénus avec toutes ses troupes. Octave se mit en marche pour barrer le chemin à Tisiénus; mais il se trompa de direction autour du mont Myconium (17). Il passa la nuit là sans tentes. Une de ces pluies abondantes, comme on en voit en automne, étant venue à tomber, quelques uns de ses soldats passèrent la nuit entière à tenir sur sa tête un bouclier gaulois, pour l'empêcher de se mouiller. Un bruit horrible, de longs mugissements, des flammes étincelantes dont la lueur s'étendoit jusqu'à l'armée, sortirent des flancs de l'Ætna. La terreur fit élancer de leurs lits les Germains (18) qui étoient couchés. Ceux qui avoient entendu parler des phénomènes de cette montagne s'attendoient, dans cet évènement extraordinaire, à voir un torrent de feu se diriger de leur côté (19). Ensuite Octave alla ravager le pays des Palesténiens (20); et s'étant réuni à Lépidus, qui venoit pour lui demander des vivres, ils allèrent ensemble mettre le siège devant Messine.

CXVIII. Jusqu'alors il n'y avoit eu dans toute la Sicile que de légères escarmouches, et pas une grande bataille. Octave chargea Taurus de se mettre en mesure de couper les vivres à Pompée, et de commencer par s'emparer des villes qui lui en fournissoient. Cette manœuvre devint si meurtrière pour Pompée, qu'il prit le parti d'en venir, pour terminer la querelle, à une action décisive. Il redoutoit les légions d'Octave. Il avoit beaucoup de confiance dans ses vaisseaux. Il fit donc demander à Octave s'il vouloit décider du sort de la guerre par une bataille navale. Octave craignoit toute bataille de ce genre, parceque jusqu'alors il n'y avoit éprouvé que des revers. Néanmoins, regardant comme une honte de refuser, il accepta (21). Ils convinrent d'un jour, où chacun des deux avec trois cents vaisseaux armés de toutes pièces, munis de tours et de toutes autres machines imaginables, se livreroient un combat (22). Agrippa inventa à ce sujet un instrument qu'on nomma l'*harpagon* (23). C'étoit une pièce de bois de cinq coudées de longueur, garnie de bandes de fer, et ayant à chaque extrémité un anneau de même matière. A ces anneaux étoient attachés, à l'un l'harpagon, crochet de fer, et à l'autre beaucoup de cordages, à l'aide desquels une autre machine attiroit l'harpagon, lorsque, lancé par une catapulte, il avoit accroché le vaisseau ennemi.

CXIX. Le jour du combat étant arrivé, les rameurs des deux flottes signalèrent leur émulation par leurs cris. On lança bientôt des deux côtés, à force de machines ou à force de bras, des pierres, des brandons enflammés, des flèches de toute espèce. Ensuite les vaisseaux fondirent les uns sur les autres, s'efforçant de se choquer réciproquement, tantôt sur les flancs, tantôt sur la proue, tantôt sur les rostres eux-mêmes, partie du vaisseau sur laquelle le choc est le plus meurtrier contre l'équipage, et le plus propre à mettre le vaisseau lui-même hors de combat (24). D'autres coupèrent la ligne de bataille, chargeant l'ennemi à coups de traits et de flèches. Les petits vaisseaux, destinés à recueillir ceux qui tomboient à la mer, voltigeoient de toutes parts. On manœuvroit avec la plus grande activité. Les matelots agissoient avec vigueur. Les pilotes employoient toutes les ressources de leur art. Les chefs répandoient l'encouragement de tous les côtés. Tous les moyens de succès étoient mis en œuvre. L'har-

Ans de Rome. 718.

pagon sur-tout faisoit des merveilles. Jeté de loin sur les vaisseaux ennemis à cause de sa légèreté, il s'y accrochoit fortement, sur-tout lorsqu'ensuite il étoit attiré par les cordages destinés à cet effet. Il n'étoit pas facile à ceux contre qui il étoit lancé de le couper, à cause des bandes de fer dont il étoit garni ; et sa longueur empêchoit que l'on pût atteindre les cordes auxquelles il étoit attaché. Cet instrument n'étoit point connu auparavant, et par conséquent on ne s'étoit pas avisé d'emmancher des faux à de longues perches. On ne s'avisa que d'un expédient unique, pour remédier à ce qu'on n'avoit pu prévoir ; ce fut de ramer dans un sens contraire à l'action de cette machine, pour empêcher le vaisseau d'être attiré : mais le vaisseau ennemi exécutant la même manœuvre, les effets des rames se balançoient l'un par l'autre, et l'harpagon conservoit par-là tout le sien.

CXX. Lorsque les vaisseaux en venoient à l'abordage, on s'élançoit de l'un dans l'autre. Alors il étoit impossible de distinguer l'ami de l'ennemi. C'étoit de part et d'autre les mêmes espèces d'armes, presque la même langue chez tous les combattants. Le mot d'ordre avait disparu au milieu de cette mêlée. Il en résulta beaucoup de méprises, beaucoup d'erreurs des deux côtés : on ne s'en rapporta plus à celui qui le prononçoit. On ne se reconnut plus les uns les autres, au milieu de cette bataille, au milieu du bruit des armes, des vociférations et des cris de mort dont la mer retentissoit. Tous les moyens de destruction furent employés, excepté le feu. On s'abstint de s'en servir après la première charge, à cause que les vaisseaux tenoient l'un à l'autre. Les deux armées de terre avoient les yeux fixés sur les flots (25), avec un sentiment mêlé de terreur et d'impatience. Elles savoient que l'évènement de cette bataille devoit décider de leurs espérances et de leur salut. Mais avec quelque attention qu'elles attachassent leurs regards sur les eaux, elles ne distinguèrent rien, et ne purent en effet rien distinguer, au milieu de six cents vaisseaux qui se battoient dans le lointain, et des vociférations diverses qui frappoient leurs oreilles tour à tour.

CXXI. Ce ne fut qu'avec peine qu'Agrippa distingua, à l'aide de la diversité de couleur dont les tours élevées sur les vaisseaux étoient peintes, la seule chose en quoi elles différoient, que Pompée avoit perdu plus de vaisseaux qu'Octave. En conséquence, il excita le courage des vaisseaux qui l'entouroient, comme la victoire étant déjà décidée en leur faveur. Chargeant de nouveau l'ennemi, ils combattirent sans relâche jusqu'à ce qu'enfin tous ceux qui leur résistoient, étant culbutés, renversèrent leurs tours, virèrent de bord, et se sauvèrent du côté du détroit. Dix-sept des vaisseaux de Pompée prirent les premiers ce parti. Agrippa ferma le passage au reste de la flotte ennemie, de manière qu'une partie des vaisseaux fut obligée d'aller échouer sur les côtes, où quelques uns des vaisseaux d'Agrippa, qui les poursuivoient avec impétuosité, vinrent échouer avec eux, tandis qu'avec les autres Agrippa remorquoit les navires de Pompée pour s'en emparer, sinon il les brûloit (26). Tous ceux des bâtiments de ce dernier qui combattoient encore au large, témoins de ce qui s'étoit passé autour d'eux, se rendirent. Alors la flotte d'Octave fit retentir le champ de victoire, au milieu des flots, et l'armée de terre lui répondit du rivage. Les troupes de Pompée ne firent entendre que les soupirs de la douleur. Lui-même, il se rendit en diligence de Naulochum à Messine, sans s'occuper le moins du monde de ses troupes de terre, dans l'état de consternation et de terreur où il étoit ; de manière qu'Octave, par l'entremise de Tisiénus, les reçut à composition. Immédiatement après, les chefs de la cavalerie traitèrent également pour elle avec lui. Octave perdit dans cette bataille trois de ses vaisseaux. Pompée en perdit vingt-huit (27) ; et le reste de sa flotte fut, ou brûlé, ou pris, ou mis en pièces dans les endroits où les bâtiments étoient allés s'échouer. Il n'y eut que les dix-sept, dont nous avons parlé plus haut (28), qui se sauvèrent.

CXXII. Pompée, instruit sur sa route de la défection de ses troupes de terre, quitta son costume d'*imperator* (29), pour prendre celui d'un simple particulier, et il dépêcha quelqu'un des siens pour se rendre vite à Messine et faire embarquer tout ce qu'on pourroit. Depuis long-temps il avoit fait, à cet égard, toutes ses dispositions. Il dépêcha en diligence un autre message à Plennius, pour qu'il vînt le joindre de Lilybée avec les huit légions dont il avoit le commandement, et

DE LA RÉP. ROM. LIV. V, CHAP. XII.

avec lesquelles il vouloit prendre la fuite. Plennius se mit en marche sur-le-champ. Mais tous les autres amis de Pompée, toutes ses garnisons, toutes ses autres troupes l'ayant abandonné, et la flotte ennemie s'avançant vers le détroit; sans attendre Plennius, comme il le pouvoit, à Messine, ville très fortifiée, il prit la fuite avec ses dix-sept vaisseaux, allant chercher un asile auprès d'Antoine, dont il avoit sauvé la mère dans une circonstance non moins critique. Plennius ne l'ayant point trouvé à Messine, prit possession de la ville. Octave resta dans le camp qu'il avoit établi auprès de Naulochum, et chargea Agrippa de faire le siège de Messine. Lépidus vint se joindre à Agrippa (30). Plennius fit faire des propositions. Agrippa répondit qu'il falloit attendre jusqu'au lendemain matin, qu'Octave eût le temps de se rendre. Mais Lépidus traita avec Plennius; et afin de se concilier les légions que commandoit ce lieutenant de Pompée, il leur permit de piller la ville avec son armée (31). Les troupes de Plennius, qui obtinrent le partage d'un butin inattendu, outre l'avantage d'une capitulation qui les sauvoit, la seule chose qu'elles eussent demandée, passèrent toute la nuit à piller Messine avec les troupes de Lépidus, et le reconnurent pour leur chef.

Ans de Rome. 718.

NOTES.

(1) Cicéron, dans le chap. III de la première de ses Philippiques, nous donne sur ce mot de Leucopètre un renseignement bien exact. *Cùm me ex Siciliâ ad Leucopetram, quod est promontorium agri Rhegini, venti detulissent, ab eo loco conscendi ut transmitterem.* Dans la septième de ses lettres à Atticus, liv. XVI, il raconte à son ami, à propos du même voyage, *VIII idus sextilis cùm à Leucopetrâ profectus stadia circiter CCC processissem, rejectus sum austro vehementi ad eamdem Leucopetram.* Selon Strabon, c'étoit à ce promontoire, dont l'étymologie grecque (*Blanche roche*) n'est pas difficile à entendre, que se terminoit la chaîne des Apennins. Εἰς ἣν τελευτᾶν φασὶ τὸ Ἀπέννινον ὄρος. Lib. VI, p. 179.

(2) Cluvérius dans sa *Sicilia Antiqua*, lib. I, cap. 7, donne à ce fleuve le nom latin de *Vibio Tauromenius*. Voici ses paroles. *Inter fluvium frigidum et Tauromenium, duobus milliaribus ab hoc, uno ab illo, alius est amnis, vulgò accolis nunc Cantara dictus, priore isto longè major. Hic ille est qui Appiano Onobala, Vibio verò Tauromenius adpellatur.*

(3) Cluvérius, dans le même ouvrage, parle de ce temple de Vénus, et il en fixe la véritable situation sur la rive droite du fleuve Onobala. *Cæterò Ἀφροδίσιον istud, id est Veneris templum sive fanum, ad dextram fuisse ripam Onobalæ.*

(4) Il paroît que ce monument d'Apollon consistoit en une statue et un autel. Cluvérius en marque la vraie position sur la rive gauche de la petite rivière d'Aisine, au midi du fleuve Onobala. Ἀπόλλωνος verò Ἀρχηγέτου βωμὸν καὶ ἀγαλμάτιον, id est *Apollinis Ducis aram et parvam statuam, citra Aisinis lævam ripam atque veteris Naxi locum, necesse est.* Du reste, l'étymologie du mot Archégète, dit assez

NOTES.

d'elle-même qu'Apollon avoit reçu ce surnom, parceque c'étoit sous ses auspices, et comme sous sa conduite spéciale, qu'avoit été fondée la colonie des Grecs qui étoient venus s'établir dans cette partie de la Sicile. Pindare, dans la cinquième de ses Pithyques, donne à ce Dieu le même surnom, à l'occasion d'un fait de même nature. La plupart, en effet, des surnoms des dieux payens, n'ont pas une autre source.

(5) Naxos étoit une ville de Sicile, située, à ce qu'il paroît, entre la petite rivière d'Aisine et le fleuve Onobala, dont nous avons parlé, note 2. On la trouve dans la nomenclature de Strabon, au sujet des villes placées sur cette côte maritime de la Sicile. Αἱ δὲ μεταξὺ Κατάνης καὶ Συρακουσῶν ἐκλελοίπασι, Νάξος καὶ Μέγαρα. Ce passage nous apprend à la fois que Naxos et Mégare, sa voisine, étoient entre Catane et Syracuse, et qu'elles n'existoient plus du temps de Strabon. C'est ici le lieu de relever une inadvertance un peu grave échappée à l'estimable traducteur de Thucydide, c'est de M. l'Evêque que je veux parler. Cet historien, au sixième livre de son Histoire, chapitre III, fait mention de cette ville de Naxos dans sa description de la Sicile, et dans les détails qu'il donne sur les colonies grecques qui s'y vinrent établir. Il parle également de l'autel d'Apollon Archégète, qui étoit élevé, dit-il, hors de la ville; et c'est lui qui nous apprend que cet autel fut consacré à ce Dieu par des Chalcidiens, qui, venus de l'Eubée sous la conduite de Thouclès, fondèrent la ville de Naxos sur cette partie des côtes de la Sicile. Il ajoute cette circonstance, que les navigateurs qui avoient du zèle pour la religion ne manquoient jamais de sacrifier sur cet autel, avant de mettre à la voile en partant de la Sicile. Voici le texte. Ἑλλήνων δὲ πρῶτοι Χαλκιδεῖς ἐξ Εὐβοίας πλεύσαντες μετὰ Θουκλέους οἰκιστοῦ, Νάξον ᾤκησαν καὶ Ἀπόλλωνος Ἀρχηγέτου βωμὸν, ὅστις νῦν ἔξω τῆς πόλεώς ἐστιν ἱδρύσαντο. ἐφ' ᾧ ὅταν ἐκ Σικελίας Θεωροὶ πλεύσωσι, πρῶτον θύουσι. Voici la version latine, dans l'édition de Duker, *Græcorum autem primi*

Chalcidenses ex Eubœâ navigantes cum Theucle coloniæ duce Naxum condiderunt, et Apollinis Archegetæ aram quæ nunc extra urbem exstat exstruxerunt, súpra quam Theori quoties è Siciliâ solvunt primùm sacrificium faciunt. Cela posé, comment a-t-il pu se faire que M. l'Evêque n'ait pas bien saisi le passage de son auteur, et qu'il ait pris l'île de Naxos, l'une des Cyclades, pour la ville de ce nom sur les côtes de la Sicile ? Voici sa version : « Des Chalcidiens « sortis de l'Eubée sous la conduite de Thouclès, fondateur « de leur colonie, furent les premiers des Grecs qui occu- « pèrent l'île de Naxos. Ils y élevèrent l'autel d'Apollon « Archégète, qui est à présent hors de la ville ; c'est sur « cet autel que les Théores, quand ils viennent de Sicile, « offrent leurs premiers sacrifices. » *Liv. VI*, *c.* 3, tom. 3, p. 124. Il est probable que c'est le verbe grec ᾤκησαν qui a induit M. l'Evêque en erreur. Pour peu qu'en traduisant ce commencement du sixième livre de Thucydide, où il n'est question que de la Sicile, il eût consulté la *Sicilia Antiqua* de Cluvérius, et les deux cartes attachées à cet ouvrage, dans l'une desquelles tous les noms sont en caractères grecs, il auroit vu *Naxos* sur les bords du fleuve Onobala, dans le voisinage de Tauromenium, ainsi que l'autel d'Apollon Archégète. En relevant cette erreur de M. l'Evêque, à Dieu ne plaise que je veuille rien ôter au mérite de sa traduction, ni affoiblir l'estime dont elle jouit ! Je vois avec trop d'indignation l'indécence avec laquelle certains journalistes reprochent aux écrivains des inadvertances de cette nature, pour me permettre jamais des procédés aussi indignes d'un homme de lettres. Il en est, de cette erreur de M. l'Evêque, comme de celles dont parle le judicieux législateur du parnasse latin, dans ces paroles de son Art poétique,

Verùm ubi plura nitent in carmine non ego paucis,
Offendar maculis, quas aut incuria fudit,
Aut humana parùm cavit natura.

Rien n'est plus vrai, rien n'est plus propre à motiver une

sage indulgence, que ce qu'ajoute Horace un peu plus bas :

> ... *Quandòque bonus dormitat Homerus :*
> *Verùm opere in longo fas est obrepere somnum.*

Je remarquerai, d'ailleurs, en finissant cette note, que M. Larcher ne s'est pas trompé sur ce passage de Thucydide, dont il a eu occasion de parler deux fois dans le tom. 7 de la nouvelle édition de sa traduction d'Hérodote, p. 243, 446 et 447. Il lui est seulement échappé une légère erreur de citation; car sur ce mot de son texte *des Chalcidiens*, on trouve un chiffre 3 à côté duquel, au bas de la page, on lit : *Dionys. Halic. Antiq. Rom. lib. I*, §. XXII; tandis que, selon toute apparence, c'est Thucydide qu'il a voulu citer, au lieu de Denys d'Halicarnasse. Cette erreur n'est point relevée dans son *errata*.

(6) Voyez la note de Schweighæuser sur ce passage.

(7) Voici à quoi se borne ce que j'ai trouvé dans Cellarius sur ce nom-là. *Plures etiam portus erant inter Syracusas et promontorium Pachynum.... Ptolemæo supra Pachynum* φοινικοῦς λίμην, *Phœnicus portus, et sub ipso Pachyno promontorio portus erat.* Cellarius, lib. II, cap. 12. Je remarquerai qu'il est singulier que Schweighæuser n'ait rien dit sur le nom de cette ville. Cluvérius dans sa *Sicilia Antiqua, lib. I, cap. 13, in fine*, parle d'une ville de Sicile sous le nom de Phænicus, et il paroît que c'est la même que celle qu'Appien mentionne ici.

(8) Ces mots du texte τὰ ϛρατηγικὰ σημεῖα ἀπέθετο, se rapportent à la personne même d'Octave, et non pas au pavillon de son vaisseau, ainsi que Desmares l'a traduit.

(9) Θεὸς παρήνεγκε. Voyez ci-dessus la note 15 du chapitre précédent.

(10) Selon Schweighæuser, ce port ne se trouve mentionné sous ce nom dans nul autre auteur de l'antiquité, et il pense que ce n'est que par conjecture que Cluvérius a pu dire que ce port est le même que celui dont Appien a parlé ci-dessus, liv. IV, à la fin de la section LXXXV.

(11) Selon Suétone, c'étoient Démocharès et Apollophanès, lieutenants de Pompée, qui firent éprouver cet échec à Octave. Cet historien ajoute qu'Octave ne courut de sa vie un aussi grand danger. *Nec temerè plura ac majora pericula ullo alio bello adiit. Trajecto in Siciliam exercitu, cùm partem reliquam copiarum continenti repeteret, oppressus ex improviso à Demochare et Apollophane, præfectis Pompeii, uno demùm navigio ægerrimè effugit.* Oct. Cæs. 16.

(12) C'est à cette circonstance qu'il faut appliquer le fait rapporté par Suétone, que pendant qu'Octave se rendoit à pied, *pedibus iret*, à Rheggium, au travers des sinuosités des montagnes, un esclave de Paulus Æmilius (ce dernier accompagnoit Octave, et son père avoit péri dans les proscriptions) tenta de venger, en l'assassinant, la mort de son ancien maître, mais il manqua son coup. *Tunc etiam per devios tramites refugientem servus Æmilii Paulli comitis ejus, dolens proscriptum olim ab eo patrem Paullum, et quasi occasione ultionis oblatâ interficere conatus est.* Il courut à la même époque un danger d'un autre genre. En descendant des montagnes pour se rendre à Rheggium, il avoit vu des vaisseaux sur la côte, et croyant que c'étoient des siens, il s'étoit approché du bord de la mer. Il se trouva que c'étoient des vaisseaux de Pompée qui pensèrent l'enlever. *Item cùm præter Locros Rheggium pedibus iret, et prospectis biremibus Pompeianis terram legentibus, suas ratus, descendisset ad littus, penè exceptus est.* Oct. Cæs. 16.

(13) L'original porte τῆς Ῥωμαίων ἀρετῆς, que le traducteur latin a rendu par *in Romanæ virtutis laudem*. Les mots grecs et la version latine présentent un sens de généralité que j'ai cru devoir restreindre. Le moyen, en effet, de laisser sur la même ligne Octave, qui signa la proscription de Messala, et Messala qui, maître de la personne d'Octave, ne songea point à la vengeance. Je n'ai pas, d'ailleurs, besoin de dire que les Romains du temps d'Octave n'étoient pas les Romains du temps de Fabricius, de Régulus et de tant d'autres.

NOTES.

(14) Appien fait probablement allusion ici à l'évènement de ce genre rapporté par Thucydide dans le dernier chapitre du trosième livre de son Histoire. Je me servirai avec plaisir de la traduction de M. l'Evêque : « Dans le même prin-
« temps (sixième année de la guerre du Péloponnèse, troi-
« sième année de la quatre-vingt-huitième olympiade, 426
« avant l'ère vulgaire) un torrent de feu coula de l'Etna,
« comme cela étoit déjà arrivé. Il ravagea en partie le pays
« des Catanéens, qui logent au pied de cette montagne la plus
« haute de la Sicile. On dit que cette éruption arriva la
« cinquantième année après la première, et qu'en tout il y
« a eu trois éruptions de ce genre depuis que la Sicile est
« occupée par des Grecs. »

(15) Naulochus. C'étoit, sur la côte de Sicile, entre Myles et le promontoire de Pelorum, une petite ville avec un port, *statio navium cum oppidulo.* Cellarius, *voce Naulochus.* Ortélius en fait mention. *Est et Siciliæ locus maritimus inter Mylas et Pelorum.* Casaubon remarque sur ce mot (dans Suétone, Oct. Cæs. 16) *fuisse eum locum Messanæ navale, ut erat Gythium Spartæ, Cenchreæ Corinthi.*

(16) *Ultimo anno belli Siculi, duobus magnis præliis navalibus res est confecta, alterum apud Mylas habitum, alterum ad Artemisium. Mylas oppidum Siciliæ. Circa Messanam et Mylas fimo quiddam simile turbulentum in littus mare profert, fervetque, et æstuat non sine odore fœdo. Undè illic stabulare solis boves fabula est. C. Suet. tranq. variorum.* p. 166, n. 4. Au reste, il paroît que ce nom d'Artemisium étoit assez à la mode en matière de géographie, chez les anciens, car Ortélius nomme dix villes qui le portoient en différents lieux. *Voyez* la note de Schweighæuser.

(17) On trouve le nom de cette montagne dans Ortélius. Il la place dans les environs de l'Etna, et cite ce passage-ci d'Appien.

(18) Schweighæuser remarque, en passant, que c'est pour

la première fois qu'Appien fait trouver des Germains dans une armée romaine.

(19) Desmares a mutilé ce passage, faute de l'avoir entendu.

(20) Ortélius a parlé du pays habité par ces peuples sur la foi d'Appien. Il l'a placé aux environs de Messine. Je n'ai trouvé d'ailleurs le nom de ce pays et de ce peuple, ni dans Cellarius, ni dans Cluvérius. Le premier de ces auteurs parle d'un lieu qu'il nomme Palæste, mais il le place sur les rivages de l'Epire, auprès d'Oricum et des monts Cérauniens. Ce fut sur ce point de cette côte que débarqua César, lorsqu'il fit le trajet de la mer Ionienne pour aller chercher Pompée. Témoin ces paroles de la Pharsale, liv. V, vers 459.

. . . . Quæ jam vento fluctuque secundo
Lapsa Palæstinas uncis confixit arenas ,

(21) Dion Cassius prétend, avec raison, qu'Octave et Pompée avoient d'autres motifs pour accélérer la décision de leur querelle. Lépidus étoit arrivé en Sicile avec douze légions et beaucoup de vaisseaux. Quoiqu'il n'eût fait ce trajet que pour venir au secours d'Octave, il en vouloit secrètement à ce dernier, qui le traitoit comme son lieutenant, au lieu de lui montrer les égards qu'il devoit au triumvir, son collègue. En conséquence, il avoit fait faire sous main des propositions à Pompée, et Octave avoit été instruit de cette manœuvre. Il étoit donc de son intérêt de vaincre avant que ses deux ennemis fussent d'accord. Pompée, de son côté, voyoit les forces d'Octave s'établir, se consolider en Sicile. Ses places fortes étoient, ou envahies, ou entraînées à la défection. Il commençoit à manquer d'argent et de vivres. Il lui falloit donc se hâter de tenter le sort des armes. *Dion Cassius*, liv. *XLIX*.

(22) Ils choisirent pour champ de bataille le même endroit à peu près où Agrippa et Démocharès s'étoient d'abord combattus, c'est-à-dire, la plage maritime entre Myles et

NOTES. 219

les îles AEoliennes. Agrippa prit la haute mer du côté de Myles. Pompée se plaça au-dessous du côté de Naulochum, pour être en mesure, en cas d'échec, de doubler le promontoire de Pelorum, et de gagner Messine. Ni Velléius Paterculus, ni Suétone, ni Dion Cassius n'ont parlé de ce champ de bataille; mais Appien l'a suffisamment établi lorsque, plus bas, section CXXI, en parlant de la retraite de Pompée, il dit : « Lui-même il continua sa route en diligence, de « Naulochum à Messine. »

(23) Ce mot de facture grecque s'entend assez par sa seule étymologie. Appien l'explique d'ailleurs de manière à ne rien laisser à désirer. Au reste, Dion Cassius ne dit pas un mot de cet instrument, quoiqu'il entre dans des détails assez amples sur cette bataille.

(24) Desmares a estropié le texte dans cet endroit.

(25) Voyez Dion Cassius, liv. XLIX.

(26) Ce passage a donné de la tablature à Desmares. Il a trouvé plus simple de le tronquer que de s'évertuer à le bien rendre.

(27) Il falloit qu'Agrippa eût le coup-d'œil bien vif et bien sûr pour que vingt-huit vaisseaux de moins sur trois cents, pussent lui faire juger que la victoire étoit décidée en sa faveur.

(28) Ces mots, *dont nous avons parlé plus haut*, ne sont pas dans le texte; mais si on les sépare de la phrase, d'ailleurs traduite littéralement, on verra que, facilement sous-entendus en grec, il n'étoit pas possible de les sous-entendre en françois.

(29) J'ai déjà averti que ce mot d'*imperator* devoit être entendu dans le sens restreint et spécial qu'il avoit chez les Romains, où il ne signifioit, jusqu'au renversement définitif de la république, que ce titre d'honneur que les armées décernoient à leur général en chef, sur le champ de bataille, après la victoire.

(30) C'étoit tout simple. Pompée étoit vainqueur. Lépidus devoit alors, de toute nécessité, sortir de son inertie.

(31) Une fois rendu auprès d'Agrippa, Lépidus alla vite

en besogne. Les moments étoient chers en effet. Agrippa, méconnoissant le titre de triumvir, dont Lépidus étoit revêtu, répond à Plennius qu'il ne peut traiter avec lui que par l'ordre d'Octave. Lépidus profita avec célérité de l'occasion. En qualité de triumvir et de collègue d'Octave, il traita de son chef avec Plennius, et fort de ses douze légions, et des huit que Plennius lui livroit, il se crut en mesure de disputer à Octave la conquête de la Sicile.

CHAPITRE XIII.

Après la fuite de Pompée, Lépidus, qu'Octave avoit appelé de Libye en Sicile, veut s'approprier cette province et en chasser Octave. Trait d'audace de ce dernier. Les troupes de Lépidus l'abandonnent. Octave sauve la vie à Lépidus, et lui conserve ses biens. Nouvelle fermentation des troupes contre Octave; il l'apaise. Adroite conduite d'Octave pour se concilier la faveur du peuple.

CXXIII. Cet accroissement des forces de Lépidus, qui les portoit à vingt-deux légions, soutenues de beaucoup de cavalerie, lui inspira de l'ambition. Il prétendit rester maître de la Sicile, sous prétexte qu'il étoit arrivé le premier dans cette île, et qu'il avoit attiré dans son parti plus de cités qu'Octave n'en avoit attiré dans le sien. En conséquence il envoya ordre sur-le-champ dans tous les postes de ne pas laisser pénétrer les détachements qui pourroient se présenter de la part d'Octave, et il s'empara de tous les défilés. Octave arriva le lendemain à Messine, et se plaignit par l'intermédiaire de quelques amis, auprès de Lépidus, de ses prétentions, en lui faisant représenter qu'il n'étoit venu en Sicile qu'en qualité d'auxiliaire, et nullement dans l'intention de combattre pour son propre compte. Lépidus répondit à ces plaintes, qu'il avoit été dépouillé du lot qui lui avoit été assigné lors du premier triumvirat,

Ans de Rome. 718.

qu'Octave seul l'avoit envahi, et que s'il vouloit maintenant il l'échangeroit contre la Libye et la Sicile. Octave furieux se rendit, transporté de colère, chez Lépidus, et se répandit en invectives contre son ingratitude. Ils se séparèrent après s'être réciproquement menacés. Sur-le-champ, chacun se tint sur ses gardes. Les vaisseaux d'Octave, au lieu d'entrer dans le port de Messine, se mirent en rade sous leurs ancres; car on prétendit que Lépidus avoit eu le projet d'y mettre le feu.

CXXIV. Cependant l'armée étoit indignée de courir la chance d'une nouvelle guerre civile, et d'être ainsi le jouet continuel des querelles de ses chefs. D'ailleurs son affection ne se partageoit pas également entre Octave et Lépidus, pas même dans le cœur des troupes qui servoient sous ce dernier. Elles admiroient les qualités personnelles (1) d'Octave; elles connoissoient la nonchalance, le peu d'activité de Lépidus, et elles se plaignoient, au sujet du pillage de Messine, qu'il eût admis les vaincus à y prendre une égale part. Octave, instruit de ces dispositions, envoya des émissaires secrets pour éclairer clandestinement les troupes de Lépidus sur leurs véritables intérêts. Aussitôt qu'on en eut gagné un assez grand nombre, et principalement celles qui avoient été du parti de Pompée, à qui l'on fit craindre que la capitulation n'auroit point de solidité sans la ratification d'Octave, celui-ci, escorté d'une nombreuse cavalerie, se rendit dans le camp même de Lépidus, sans que Lépidus en sût rien, par son défaut de vigilance. Octave laissa la plus grande partie de sa suite à l'entrée du camp et s'avança suivi d'une foible escorte. Il déclara aux troupes que c'étoit contre son gré qu'on vouloit le mettre en état de guerre avec elles. Tous ceux de l'armée de Lépidus qui étoient présents le saluèrent *imperator*. Ceux de l'armée de Pompée qui avoient été gagnés donnèrent les premiers l'exemple, et demandèrent grace pour eux-mêmes. Octave leur répondit qu'il étoit étonné qu'en faisant cette démarche ils ne fissent pas en même temps ce qu'il étoit de leur intérêt de faire. Ils entendirent ce que cela signifioit, et, sur-le-champ, saisissant leurs enseignes, ils vinrent les lui présenter, tandis que les autres troupes démontoient leurs tentes.

CXXV. Lépidus, averti par le tumulte, sortit de sa tente et courut aux armes. On en vint bientôt aux mains. Un des hoplophores (2) d'Octave fut tué; lui-même reçut un coup dans sa cuirasse, mais la flèche ne pénétra point jusqu'à la peau, et il se hâta de se sauver à toutes jambes du côté de sa cavalerie. Un des corps de garde (3) de Lépidus, qui le vit fuir de la sorte, se moqua (4) de lui. Octave, furieux de cette insolence, se jeta sur ce corps de garde avec sa cavalerie et l'extermina. Les commandants des autres corps de garde avoient pris parti la nuit précédente, ou prirent parti sur-le-champ pour Octave contre Lépidus, les uns sans aucune sorte de provocation, les autres sous le spécieux prétexte qu'ils y avoient été un peu contraints par l'agression de la cavalerie. Il y en eut qui soutinrent le choc quelque temps, et qui opposèrent de la résistance. Car Lépidus distribua des renforts de tous les côtés; mais ces renforts eux-mêmes s'étant tournés du côté d'Octave, tout le reste de l'armée de Lépidus, tous ceux même qui lui conservoient encore quelque attachement extérieur, l'abandonnèrent du fond de leur ame. Les troupes qui avoient appartenu à Pompée en donnèrent, encore un coup, le premier exemple. Toutes celles qui étoient auprès de lui se détachèrent par pelotons. Lépidus ayant appelé ses autres troupes aux armes pour retenir celles-ci, celles qu'il appeloit à son secours se saisirent de leurs enseignes et passèrent avec les autres du côté d'Octave. Lépidus se répandit en menaces, en supplications auprès des troupes qui l'abandonnoient; il s'efforçoit de retenir les enseignes; il disoit qu'il ne les laisseroit point aller; mais un de ceux qui en portoient une, lui ayant dit qu'il la lâcheroit au moins après avoir été tué, il lâcha prise en effet de crainte d'être mis à mort (5).

CXXVI. La cavalerie, qui fut la dernière à l'abandonner, envoya un des siens demander à Octave si l'on devoit tuer Lépidus qui n'étoit plus rien (6). Mais Octave répondit que non (7). Lépidus, ainsi trahi par tout le monde, sans s'y être attendu, passa rapidement du haut rang où il étoit élevé, du commandement de l'armée nombreuse qu'il avoit sous ses ordres, à l'isolement le plus absolu. Après avoir changé de costume, il se rendit auprès d'Octave, et toute l'armée accourut sur son passage, comme pour jouir de ce spectacle. Octave se leva lorsqu'il le vit s'avancer, et ne voulut point permettre qu'il se jetât à ses pieds. Il l'envoya à Rome dans le même costume qu'il avoit dans ce moment. Là, devenu homme privé, de triumvir qu'il étoit auparavant, il ne conserva que le pontificat dont il étoit revêtu; et ce fut dans cette condition qu'acheva de vivre ce Lépidus qui avoit souvent rempli les plus hautes magistratures, qui avoit été du nombre des triumvirs, qui avoit disposé lui-même d'importants emplois, qui avoit fait inscrire sur les tables de proscription un grand nombre d'illustres personnages de même rang que lui, et qui se vit ultérieurement obligé de présenter des supplications personnelles à quelques uns de ceux qui avoient été proscrits, et qui étoient depuis parvenus aux charges.

CXXVII. D'ailleurs Octave ne se mit point à la poursuite de Pompée; il ne donna même aucun ordre à cet égard à personne, soit qu'il voulût soigneusement s'abstenir de faire une incursion dans les pays soumis à Antoine, soit qu'il voulût attendre quelle seroit la conduite d'Antoine envers Pompée, afin d'en faire un sujet de querelle s'il ne se conduisoit pas comme il convenoit (car depuis long-temps l'ambition nourrissoit entre eux des soupçons réciproques, et la ruine de leurs ennemis communs devenoit pour eux une cause de discorde), soit, ainsi qu'Octave l'a lui-même déclaré depuis, parceque Pompée n'avoit point trempé ses mains dans le sang de son père. Il réunit toutes ses forces, qui se trouvèrent consister en quarante-cinq légions, en vingt-cinq mille hommes de cavalerie, en près de quarante mille hommes (8) de troupes légères, et en six cents longs vaisseaux. Les bâtiments de transport, dont le nombre étoit énorme, il les rendit à ceux à qui ils appartenoient. Il distribua à son armée les récompenses, prix ordinaire de la victoire; il lui en fit toucher à l'instant même une partie, et promit de lui faire toucher ultérieurement le reste. Il décerna à tous ceux qui s'étoient distingués des honneurs et des couronnes, et accorda l'oubli du passé aux chefs qui avoient servi sous Pompée (9).

CXXVIII. Au milieu de tant de succès (10), la fortune jalouse lui fit éprouver ses caprices. L'esprit de sédition s'empara de son armée, et principalement de ses propres troupes. Elles demandèrent avec instances d'être licenciées, et exigèrent la même mesure de récompense que celles qui avoient gagné la bataille de Philippes. Octave n'ignoroit pas que ce qui venoit de se passer en Sicile n'avoit pas la même importance; il promit cependant de les récompenser d'une manière convenable, en même temps que l'on récompenseroit l'armée d'Antoine, lorsqu'il seroit de retour. Quant à la demande du licenciement, il rappela, sur le ton de la menace, les lois de la discipline militaire, la sainteté des sermens, la gravité des peines. Mais s'apercevant que ce ton-là ne réussissoit pas, il cessa de menacer, de peur que la sédition ne s'étendît jusqu'aux troupes qui venoient de passer sous ses ordres. Il déclara donc qu'il les licencieroit en même temps qu'Antoine licencieroit son armée, et qu'actuellement ce n'étoit plus à des guerres civiles qu'il alloit les occuper, puisqu'elles étoient heureusement terminées;

DE LA RÉP. ROM. LIV. V, CHAP. XIII.   227

mais qu'il alloit les faire marcher contre les peuples Ans
d'Illyrie, et autres barbares qui troubloient la paix Rome.
qu'on avoit eu tant de peine à ramener, et dans le 718.
pays desquels ils trouveroient à s'enrichir. L'armée
lui répondit qu'elle ne vouloit point entreprendre
de nouvelle campagne avant que d'avoir reçu les
honneurs et les récompenses dus à ses premiers exploits. Octave lui répliqua que, quant aux honneurs,
il ne vouloit point les différer plus long-temps, et
en conséquence il les distribua en grand nombre; il
ajouta de nouvelles couronnes à celles qu'il avoit
déjà données aux légions, et il gratifia chaque centurion, chaque chef de corps d'un habit de pourpre,
et d'une place dans le premier conseil (11) municipal de leur patrie respective. Pendant qu'il ajoutoit
encore aux libéralités de ce genre, le chiliarque
Ophillius s'écria que des couronnes et des habits
de pourpre n'étoient que des joujoux bons pour
des enfants, et que c'étoit avec des terres et de l'argent que l'on récompensoit une armée. Toute l'armée s'étant écriée qu'Ophillius avoit raison, Octave,
plein d'indignation, descendit de son tribunal. Les
soldats entourèrent Ophillius, le louèrent de son
courage, et vomirent des invectives contre ceux
qui n'appuyoient point ce qu'il avoit dit. Ophillius
déclara que seul il suffisoit pour défendre la cause
de la justice. Mais le lendemain de ce beau discours,
Ophillius disparut, sans qu'on sût de quelle manière on l'avoit fait ainsi disparoître (12).

CXXIX. Dès-lors on n'osa plus, dans l'armée,
dire individuellement sa pensée; mais on continua

de vociférer en commun, en se réunissant par pelotons pour demander d'être licenciés. Octave tâcha d'amadouer les chefs des légions par toute sorte de procédés; et il accorda à ceux de ses soldats qui avoient fait la campagne de Modène et de Philippes, comme étant depuis long-temps sous les drapeaux, de se retirer s'ils vouloient. Sur-le-champ il s'en présenta vingt mille qu'il licencia, et auxquels il fit évacuer la Sicile, de peur qu'ils ne séduisissent les autres. Il assura d'ailleurs ceux qui avoient servi sous lui à Modène, que, quoiqu'ils fussent ainsi licenciés, il accompliroit envers eux les promesses qu'il leur avoit faites. Il harangua le reste de son armée, et prit chacun à témoin de la violation du serment militaire commise par ceux qui s'étoient fait licencier ainsi contre le gré de leur général en chef. Il donna des éloges à ceux qui étoient restés; il leur fit espérer qu'il les licencieroit bientôt; que personne ne se repentiroit d'avoir continué le service; qu'il ne les licencieroit qu'après les avoir enrichis, et qu'en attendant il leur accordoit à chacun une gratification de cinq cents (13) drachmes. Après ce discours, il mit la Sicile à contribution pour seize cents talents. Il nomma des propréteurs pour la Libye et pour la Sicile, et assigna à chacune de ces provinces un certain nombre de troupes. Il fit retourner à Tarente les vaisseaux d'Antoine. Le reste de son armée, il en fit embarquer une partie pour diverses destinations en Italie; à la tête de l'autre partie, il sortit lui-même de la Sicile (14).

CXXX. A son retour à Rome, le sénat lui décerna

des honneurs sans mesure (15). On le laissa le maître d'accepter tous ceux qui lui furent décernés, ou de se borner à ceux qu'il voudroit. Le sénat et le peuple, portant des couronnes sur la tête, vinrent au-devant de lui à une très grande distance. Ce cortège l'accompagna dans les temples, et des temples à sa maison (16). Le lendemain, il harangua tour à tour le sénat et le peuple, et présenta le tableau de sa conduite et de tous les actes de son administration, depuis son entrée dans les fonctions publiques jusqu'à ce moment. Il rédigea ses discours par écrit, et en fit distribuer des copies. Il annonça la paix; il fit luire d'heureuses espérances, en disant que les dissensions civiles étoient enfin terminées. Il quitta tous les redevables qui avoient encore quelques reliquats de contribution à payer, tous les publicains, tous les fermiers du domaine de la république qui étoient dans le même cas. Parmi les honneurs qui lui furent décernés, il accepta les honneurs du triomphe; il accepta que les jours où il avoit vaincu fussent érigés en jours de fêtes annuelles; il accepta qu'on lui élevât dans le Forum une statue d'or où il seroit représenté avec les attributs de la victoire, dans le costume avec lequel il avoit fait son entrée triomphale, et que cette statue fût placée sur un piédestal entouré de rostres. Cette statue lui fut en effet élevée, et on y attacha cette inscription : « Il « rétablit, sur mer et sur terre, la paix que les sé- « ditions avoient troublée depuis long-temps. »

CXXXI. Le peuple voulut dépouiller Lépidus des fonctions de souverain pontife, dignité que les lois décernoient à vie, pour l'en investir; il s'y refusa (17). Une autre fois, le peuple demanda la mort de Lépidus, comme celle d'un ennemi de la patrie; il réprouva cette demande. Il adressa à chacune de ses armées des dépêches cachetées, avec ordre de les ouvrir à jour fixe et déterminé, et d'exécuter sur-le-champ ce qu'elles commandoient. Or, ces dépêches contenoient une mesure relative aux esclaves, qui, profitant des séditions pour échapper à leurs maîtres, avoient pris le métier des armes, et pour lesquels Pompée avoit demandé la liberté, ce qui avoit été accordé par le sénat et par les traités (18). Ces esclaves furent tous saisis le même jour. Octave les fit amener à Rome; il rendit aux propriétaires de Rome ou de l'Italie, à chacun les siens; à leur défaut, il les rendit à leurs héritiers. La même restitution eut lieu à l'égard des propriétaires de la Sicile; et ceux pour la revendication desquels personne ne se présenta, il les fit égorger dans les villes même d'où ils s'étoient évadés.

CXXXII. Il sembloit que tout germe de sédition dût être extirpé. Octave étoit alors âgé de vingt-huit ans. Les cités placèrent des statues en son honneur à côté des statues de leurs Dieux. Rome, l'Italie et la Sicile étoient en proie à des bandes de brigands qui les dévastoient publiquement, et ces ravages ressembloient plutôt à d'audacieux pillages qu'à de secrètes rapines (19). Sabinus fut chargé par Octave de réprimer ces attentats. Il fit supplicier un grand nombre de coupables, et, dans moins d'une année, il fit régner par-tout la plus profonde sécurité. On prétend que ce fut à ces circonstances que dut son origine l'habitude de faire des patrouilles nocturnes, et le mode selon lequel on les a pratiquées jusqu'à ce moment. On admira qu'Octave eût, en si peu de temps et contre toute attente, remédié à ces maux. Il permit aux magistrats revêtus des magistratures annuelles, de suivre, dans un grand nombre des détails relatifs à leurs fonctions, les anciennes lois de Rome. Il jeta au feu tout ce qu'il avoit de documents concernant les séditions; et il déclara qu'il rétabliroit, dans toute son intégrité, l'ancienne forme du gouvernement aussitôt qu'Antoine seroit de retour de son expédition contre les Parthes, dans la confiance où il étoit qu'Antoine lui-même consentiroit à déposer sa magistrature, à présent que les guerres civiles étoient terminées (20). Au milieu des éloges que lui attira cette déclaration, il fut élu tribun du peuple pour la vie (21), magistrature perpétuelle sous les auspices de laquelle on l'invitoit à abdiquer le triumvirat. Il l'accepta. Il écrivit à Antoine ce qu'il venoit de faire pour son propre compte. Antoine chargea Bibulus, qui s'en retournoit à Rome, de ses instructions à cet égard. Il distribua également, de son côté, des propréteurs dans les diverses provinces, et songea à venir s'associer à Octave, dans son expédition contre l'Illyrie.

NOTES.

(1) L E mot du texte τῆς ἀρετῆς, a été rendu par le traducteur latin par *virtutem*. En français le mot *vertu*, seul, a une acception de moralité qu'il n'a pas toujours dans le grec et dans le latin ; et ici, par exemple, où Appien oppose Octave à Lépidus, sous le rapport de l'affection des troupes, il est clair que l'historien n'a porté ses vues que sur les qualités morales qui donnoient à Octave une sorte de supériorité sur Lépidus. Il n'étoit sans doute pas plus brave que lui, mais il étoit bien plus savant que lui dans la science de l'intrigue, et l'on sait la réputation que donnent les succès en ce genre ; à celui sur-tout entre les mains duquel un grand pouvoir est l'ouvrage de ces succès. Au reste, le mot ἀρετὴ a, dans ce passage, le même sens à peu près dans lequel le mot latin *virtus* se prend quelquefois. Témoin Horace, dans l'*Art poétique*.

>............... *Consultus juris et actor*
> *Causarum mediocris abest virtute diserti*
> *Messalæ nec scit quantum Cascellius Aulus,*
> *Sed tamen in pretio est*..............

Il est évident que le mot *virtus* ne doit s'entendre là que *des talens qui font le juriste*.

(2) C'est-à-dire, *un de ceux dont la fonction étoit de porter les armes* d'Octave. Que de mots inutiles ! Pourquoi ne pas employer le mot français *écuyer*, qui renferme à très peu de chose près le même sens ? Pourquoi ? Pour éviter que les grimauds de collège n'eussent à me reprocher ce qu'ils appellent un *anachronisme d'expression*.

(3) C'est l'expression de notre langue qui m'a paru la plus propre à rendre le sens du mot grec φρούριον, que le traducteur latin a rendu par *castellum*.

(4) *Se moqua de lui !* Quelle insolence de la part de ces

soldats, de se moquer ainsi d'Octave ! Ils s'entendoient donc bien peu en fait de valeur et de prouesse. Velléius Paterculus, qui s'y entendoit un peu mieux, s'est bien gardé de se moquer d'Octave à cette occasion; au contraire, il nous a présenté ce trait de sa part, comme un de ces beaux faits d'armes qui éclipsoit tout ce que les Scipion, les Marius, les Sylla, les César, les Pompée avoient fait de plus éclatant. *Risum teneatis amici!* Voici le langage de ce fidèle historien. *Non ab Scipionibus aliisque veterum Romanorum quidquam ausum patratumque fortiùs, quàm tunc à Cæsare. Quippè cùm inermis et lacernatus esset, præter nomen nihil trahens, ingressus castra Lepidi, evitatis quæ jussu hominis pravissimi tela in eum jacta erant, cùm lacerna ejus perforata esset lanceâ, aquilam legionis rapere ausus est. Scires quid interesset inter duces.* Lib. II, c. 80. Ce n'est pas se moquer, comme on voit. Courtisans, lorsque vous entreprendrez d'écrire l'histoire, ne prenez point d'autre guide, ne choisissez point d'autre modèle que Paterculus.

(5) Dion Cassius entre là-dessus dans moins de détails. Il raconte sommairement qu'Octave ayant été préservé par les siens du danger qu'il avoit couru dans le camp de Lépidus, vint avec toutes ses forces investir Lépidus dans son camp; et que les troupes de ce dernier craignant les suites de cet événement, prirent le parti, sans manquer d'ailleurs ouvertement à la déférence qu'elles devoient à leur chef, de l'abandonner clandestinement les unes après les autres. *Liv.* XLIX, n. 12.

(6) L'original porte à la lettre, *qui n'étoit plus revêtu du pouvoir suprême.* L'interprète latin a dit : *Quippè non ampliùs imperatorem.* Voilà le premier exemple de ces rapides changements de fortune qui devinrent si fréquents dans la suite, sous le règne des Césars, et qui justifièrent avec tant de vérité ce mot d'un ancien, que Montesquieu nous a rappelé, « La force de celui qui commande n'est que la force de « celui qui obéit. » Δύναμις ἄρχοντος οὐδὲν ἔστιν ἢ ἰσχύς τοῦ ἀρχομένου.

(7) Octave ne fit donc pas égorger Lépidus. Pourquoi Velléius Paterculus se contente-t-il de nous dire froidement, *Vita rerumque suarum dominium concessa ei sunt.* Il y avoit là de quoi relever avec éloquence la magnanimité, la grandeur d'ame, la clémence d'Octave, qui, accoutumé jusqu'alors à répandre avec profusion le sang de ses ennemis, sous les auspices de la victoire, accorde néanmoins la vie à Lépidus. Paterculus a senti que tout le monde savoit que Lépidus étoit le plus lâche, le plus vil, le plus abject de tous les Romains, et qu'il lui seroit impossible de faire à Octave un mérite de l'avoir épargné, parcequ'on sentiroit qu'il ne lui avoit laissé la vie que parcequ'il étoit bien convaincu qu'il n'en avoit plus rien à craindre.

(8) Le texte porte, *et en plus d'une fois et demie le même nombre de troupes légères.* Cette expression numérique d'Appien, qui lui est familière, et qui étoit dans le génie de la langue grecque, m'a paru étrangère au génie de la nôtre, et j'ai cru devoir la remplacer par un équipollent.

(9) J'en demande pardon à Appien; mais je ne peux m'empêcher de remarquer ici que Dion Cassius tient un autre langage. Le moyen, en effet, qu'après des succès qui livroient entre ses mains quelques complices de la mort de César, car il en restoit encore en Sicile, et quelques républicains vertueux de ceux qui avoient été inscrits sur les tables de proscription, Octave se fût abstenu de tremper ses mains dans le sang de ses concitoyens. « Il fit périr par les supplices, à « quelques exceptions près, les sénateurs et les chevaliers « qui étoient restés attachés à la fortune de Pompée. » Le choix qu'il fit de ses victimes n'est pas difficile à déterminer. Tous ceux de ces infortunés qui conservoient encore quelque chose de romain dans le caractère furent envoyés à la mort; ceux, au contraire, qui avoient une ame comme celle de Lépidus, il leur conserva la vie. Voilà le commentaire du texte de Dion Cassius.

(10) L'original dit à la lettre, *pendant qu'il regorgeoit ainsi de jalousie.* Mais il est évident que notre historien

emploie ici cette figure de rhétorique qui prend *l'effet pour la cause.*

(11) Le texte porte καὶ βουλευτικὴν ἐν ταῖς πατρίσιν ἀξίωσιν, que l'interprète latin a rendu littéralement par *senatoriamque dignitatem cuique in suâ patriâ.* Ces mots m'ont paru présenter une équivoque ; car je n'ai pas cru devoir donner en français le nom de *sénat* au conseil des villes municipales de la république quel qu'il fût ; à moins qu'il ne fallût entendre le passage dans ce sens-ci ; savoir, qu'Octave donna à chaque chef de corps, et à chaque centurion, un titre de sénateur romain *ad honores*, à l'ombre duquel il iroit jouir dans sa patrie de la considération qui y étoit attachée. L'habit de pourpre dont parle Appien viendroit à l'appui de cette conjecture ; quoiqu'il soit probable d'ailleurs que la pourpre décoroit les magistrats du premier ordre, dans les villes municipales aussi-bien qu'à Rome. Voyez Dion Cassius, *liv. XLIX, n.* 14.

(12) Il est possible, en effet, qu'on ait ignoré par quel tour d'adresse Ophillius avoit été ainsi escamoté. Mais il devoit être clair aux yeux de tout le monde que c'étoit Octave qui avoit fait faire le coup. Sa tactique constante étoit, comme on voit, de se défaire par l'assassinat de tous ceux dont il avoit à redouter l'énergie. On connoît l'adage, *is fecit cui prodest.*

(13) Dion Cassius, qui fait mention de la même libéralité, y ajoute une couronne d'olivier dont Appien ne parle pas, pour ceux qui avoient pris part à la bataille navale. Καὶ σφίσι πᾶσι μὲν πεντακοσίας δραχμὰς, τοῖς δὲ δὴ ναυκρατήσασι καὶ ϛέφανον ἐλαίας ἔδωκε. Lib. XLIX, n. 14.

(14) Dion Cassius ajoute à tous les détails dans lesquels il est entré sur les suites de la conquête de la Sicile, qu'Octave fit présent à Agrippa de ce que le traducteur latin appelle *coronam rostratam auream*, que nous pouvons traduire par *une couronne navale en or massif*, et que depuis il fit rendre par le sénat un sénatus-consulte qui autorisoit Agrippa à figurer avec cette couronne dans toutes les pompes

triomphales qui auroient lieu de son vivant. *Liv. XLIX,* n. 14.

(15) Il fut, entre autres choses, décreté par le sénat qu'il seroit logé aux dépens du trésor public. Octave avoit acheté sur le mont Palatin une certaine étendue de terrain pour s'y bâtir une maison; mais le feu du ciel étant tombé sur ce terrain-là, il l'avoit consacré à Apollon. Un autre sénatus-consulte portoit défense de se permettre contre sa personne, ni voie de fait, ni injure, sous les peines portées contre ce genre d'attentats commis envers la personne des tribuns, sur le siège desquels une disposition expresse lui permit de prendre séance dans les assemblées du peuple. Tels étoient les préludes de l'acte qui devoit lui conférer à vie la puissance tribunicienne, *tribunitiam potestatem.* Dion Cassius liv. XLIX, n. 15.

(16) Ce passage semble annoncer que lorsque les chefs de quelque expédition militaire rentroient à Rome, ils se rendoient dans les temples, pour rendre graces aux Dieux du succès de leurs armes, avant de se rendre dans leurs maisons.

(17) Dion confirme le même fait, liv. XLIX, n. 15, Καὶ τὴν τοῦ Λεπίδου ἱερωσύνην διδομένην οἱ οὐκ ἔλαβεν.

(18) Appien ne dissimule pas ici, comme on voit, qu'Octave commit un véritable attentat contre le droit des gens. Cet attentat étoit-il moins une atrocité, parcequ'il ne s'agissoit que d'esclaves.

(19) Desmares a escamoté ici quelques mots du texte.

(20) Suétone (*Oct. Cæs.* 28) prétend qu'il eut deux fois l'intention d'abdiquer le pouvoir, et de rétablir la république dans toutes ses anciennes formes; mais le résultat des deux délibérations auxquelles il se livra à cet égard prouve suffisamment que ce ne fût de sa part qu'une momerie. Octave étoit à une trop grande distance de la magnanimité de Sylla pour imiter son exemple. Selon le même historien, ce fut immédiatement après la mort d'Antoine qu'il joua pour la première fois cette comédie. *De reddendâ republicâ bis*

cogitavit, primò post oppressum statìm Antonium, memor objectum ab eo sibi sæpiùs, quasi per ipsum staret ne redderetur; et, comme on voit, ce fut pour avoir l'air de se justifier du reproche qu'Antoine lui avoit fait plus d'une fois d'être le seul qui s'opposoit à cette mesure; mais sous main, il avoit fait agir par ses affidés (cela s'entend) auprès du sénat et de ses amis, pour empêcher qu'on lui permît d'abdiquer. La seconde fois qu'il l'a joua, ce fut dans un moment où le dépit de sa mauvaise santé le dégoûtoit de la vie. *Ac rursùs tædio diuturnæ valetudinis.* Mais soit que, convaincu de la doctrine de Phalaris, il pensât qu'il y avoit plus de danger à se démettre du pouvoir suprême qu'à le garder après l'avoir envahi, *periculosiùs ut principatum deponere, quàm occupare*; soit qu'il fût réellement persuadé que Rome, dans l'état où elle étoit alors, ne pouvoit pas se passer d'un maître, *illam plurium arbitrio temerè committi;* soit qu'il fût sérieusement atteint de cette maladie morale que Tacite prétend être la plus violente de toutes, *cupido dominandi cunctis affectibus flagrantior,* Tacit. Annal. 15, (conjecture que la conduite d'Octave, depuis le moment qu'il s'étoit mis en scène jusqu'à cette époque, convertissoit en démonstration) il garda le pouvoir, *in retinendâ perseveravit.* Suétone ajoute qu'il regardoit, lui, comme un problème si Octave avoit fait bien ou mal à cet égard : *Dubium eventu meliore an voluntate.* Suétone étoit donc éloigné de penser du second acte de la vie d'Octave ce qu'Aurélius prétend qu'en pensoient ceux qui disoient de lui qu'il n'auroit jamais dû naître, ou qu'il n'auroit jamais dû mourir : *Utinàm non nasceretur, aut non moreretur.*

(21) Il paroît que c'est ici un anachronisme d'Appien. Ce ne fut que treize ans après (l'an de Rome 731) qu'Octave fut investi de la puissance tribunicienne *à vie.* Voici la note de Schweighæuser sur ce passage. *Multò demùm pòst, nempè A. U. 731, tribunatum perpetuum Octaviano Cæsari tributum esse monuit Fabricius ad Dionem* XLIX, 15. *Sed licet non nomine, re tamen jura potestatemque tri-*

bunorum jam nunc ei collata esse, ex ipsius Dionis verbis XLIX, 15, *intelligitur.* Il ne faut pas confondre d'ailleurs, cette *puissance tribunicienne*, avec *l'autorité décennale*, ou *le proconsulat de dix ans*, qu'il garda toujours entre les mains, tout en manifestant l'intention de l'abdiquer. Quand il n'eut plus de concurrent à l'empire, et qu'il se vit seul, il n'osa pas prendre le titre de roi, parceque la prétention à ce titre avoit fait assassiner César. Il n'osa pas non plus accepter la dictature que l'on lui offrit plusieurs fois, parceque Sylla et César avoient également rendu cette magistrature odieuse, et que d'ailleurs elle avoit été solennellement abolie à perpétuité par Antoine. Alors, ainsi que Tacite l'a remarqué, il imagina le nom d'une magistrature nouvelle, qui, écartant ce que la royauté et la dictature avoient d'odieux, mit néanmoins l'autorité suprême entre ses mains. *Id summi fastigii vocabulum Augustus invenit, ne regis aut dictatoris nomen absumeret, ac tamen appellatione aliquâ cœtera imperia præmineret.* Ce fut également dans la vue d'éviter tout reproche d'affectation de la royauté, que, chaque dix ans, il se fit renouveler le commandement des provinces qui étoient immédiatement sous ses ordres, et qu'il n'oublia jamais de déclarer à cette occasion qu'il abdiqueroit ce commandement avant terme, si la paix étoit plus tôt rétablie dans les provinces en question.

CHAPITRE XIV.

Pompée, arrivé à Mitylène, envoie des députés à Antoine. Il se donne l'air de venir se ranger sous ses drapeaux. En même temps, il envoie des émissaires tant aux rois de Thrace et de Pont qu'aux Parthes. Il se met en état d'hostilité contre les lieutenants d'Antoine, et tandis qu'il lui tend une main suppliante d'un côté, et qu'il lui fait la guerre de l'autre, il est attaqué par Furnius, et Titius, battu, fait prisonnier, et mis à mort à Milet.

CXXXIII. Pompée en s'éloignant de la Sicile, alla prendre terre au promontoire de Lacinium (1); il y pilla le temple de Junon, célèbre par la richesse de ses offrandes; et poursuivant sa fuite, il débarqua à Mitylène (2), et s'y arrêta quelque temps. C'étoit là que Pompée son père l'avoit déposé avec sa mère, pendant qu'il faisoit la guerre à César, et ce fut là qu'il vint le reprendre après sa défaite. Antoine étoit alors occupé à faire la guerre dans la Médie contre les Mèdes et contre les Parthes, et Pompée avoit le projet de se livrer à lui lorsqu'il seroit de retour. Mais lorsqu'il eut appris qu'il avoit été vaincu, et lorsque la renommée eut confirmé cette nouvelle, son ame s'ouvrit de nouveau à l'espérance, comme s'il eût dû s'attendre à succéder à Antoine dans le cas où il auroit péri, ou à partager son pouvoir dans le cas où il reviendroit de son expédition. Il portoit continuellement sa pensée sur Labiénus, qui, peu de temps auparavant, avoit fait des courses par toute l'Asie. Pendant que ces idées l'occupoient, on lui annonça qu'Antoine étoit de retour à Alexandrie. Plein encore de ces deux projets, il mit la ruse en usage. Il députa vers Antoine, pour avoir l'air de lui faire dire qu'il s'abandonnoit à lui, qu'il s'attachoit à lui comme à son ami et son allié, mais au fait, pour prendre des renseignements exacts sur l'état de ses affaires. Il envoya en même temps d'une manière clandestine d'autres députés vers les princes de la Thrace et du Pont, décidé, si les choses ne tournoient point selon ses vues, à s'enfuir par le Pont en Arménie. Il s'adressa également aux Parthes, dans l'espoir que ces peuples s'empresseroient d'accueillir, pour mettre la dernière main à la guerre que leur faisoit Antoine, un général romain qui avoit, entre autres choses, l'honneur d'être le fils du grand Pompée. Il fit mettre ses vaisseaux en bon état, il fit manœuvrer les troupes qui l'avoient suivi (3), et il feignit de ne faire l'un et l'autre que parcequ'il craignoit d'être surpris par Octave, ou parcequ'il vouloit se rendre plus utile à Antoine.

CXXXIV. Aussitôt qu'Antoine eut appris des nouvelles de Pompée, il chargea Titius de se mettre en mesure contre lui. Il lui ordonna de prendre en Syrie des troupes et des vaisseaux, et de combattre vigoureusement Pompée s'il agissoit avec hostilité, mais de le traiter avec distinction, s'il se soumettoit. Antoine donna audience (4) à ses députés, qui s'ex-

primèrent en ces termes : « Si Pompée nous a en-
« voyés vers vous, ce n'est pas qu'il n'eût un refuge
« ouvert, dans le cas où son intention eût été de
« continuer la guerre; il pouvoit se retirer en Ibé-
« rie, province qui lui conserve l'affection qu'elle
« avoit pour son père, qui lui servit d'asile dans sa
« jeunesse, et qui même l'a tout à l'heure fait appe-
« ler. Il a mieux aimé vivre en paix auprès de vous
« ou faire la guerre sous vos ordres, si elle devient
« nécessaire. Ce n'est pas aujourd'hui pour la pre-
« mière fois que ces vues ont été les siennes. Il s'en
« occupoit dans le temps qu'il étoit maître de la
« Sicile, dans le temps qu'il répandoit le ravage en
« Italie, dans le temps qu'après avoir sauvé votre
« mère, il vous l'envoya. Si vous aviez accepté son
« amitié, il n'auroit point été chassé de la Sicile,
« car vous n'auriez point donné à Octave des vais-
« seaux pour le combattre, et vous-même vous
« n'auriez point été vaincu par les Parthes, faute
« d'avoir les troupes qu'Octave avoit promis de vous
« envoyer. Vous joindriez, en ce moment, la do-
« mination de l'Italie à celle des autres provinces
« qui vous sont soumises. Quoique vous n'ayez point
« accepté alors ce qui devoit un jour vous être si
« avantageux, il vous invite encore en ce moment
« à ne pas être plus long-temps la dupe d'Octave,
« ni de ce qu'il vous dit, ni de la parenté qui s'est
« formée entre vous. Souvenez-vous que, quoique
« parent de Pompée, et après avoir traité avec lui,
« il lui a fait la guerre sans prétexte; souvenez-vous
« qu'il a dépouillé Lépidus, son associé au trium-

Ans de Rome. 718.

242 HISTOIRE DES GUERRES CIVILES

« virat, et qu'il ne vous a fait partager aucune de
« ses dépouilles.

CXXXV. « Vous êtes le seul actuellement qui
« restiez entre lui et la monarchie, qui est l'objet
« de son ambition. Car déjà il vous auroit attaqué,
« si Pompée ne s'étoit pas trouvé entre vous et lui.
« Quoiqu'il soit probable que votre intérêt person-
« nel vous éclaire là-dessus, Pompée ne laisse pas
« de vous inviter à y réfléchir, par l'effet de la bien-
« veillance qu'il vous porte, et de la préférence
« qu'il donne à un homme sans méchanceté, et re-
« commandable par la magnanimité de son carac-
« tère, sur un homme sournois, hypocrite et artifi-
« cieux. Il ne se plaint pas de vous, quoique vous
« ayez donné des vaisseaux à Octave. Il sait que vous
« ne l'avez fait que par nécessité, et par le besoin que
« vous aviez de recevoir en échange des légions pour
« votre expédition contre les Parthes. Il se contente
« de vous rappeler qu'Octave ne vous a pas envoyé
« les troupes qu'il vous avoit promises. En un mot,
« Pompée se livre à vous avec les vaisseaux qui lui
« restent, avec les fidèles troupes à la tête desquelles
« il est encore, et qui ne l'ont pas abandonné dans
« sa fuite (5). Si la paix se maintient, ce sera pour
« vous une grande gloire d'avoir été le sauveur du
« fils du grand Pompée. Si la guerre a lieu, comme
« il est probable, quoique rien ne l'annonce encore,
« vous aurez en lui un bon auxiliaire (6). »

CXXXVI. Lorsque les députés de Pompée eurent
achevé de parler, Antoine leur fit communiquer les
ordres qu'il avoit donnés à Titius; et il ajouta que,

si les sentiments de Pompée étoient réellement tels qu'on venoit de le lui manifester, Pompée pourroit se rendre auprès de lui accompagné de Titius. Sur ces entrefaites, les députés que Pompée avoit envoyés chez les Parthes, furent arrêtés par les lieutenants d'Antoine et conduits à Alexandrie. Antoine, instruit des particularités de leur mission, fit appeler les députés qui lui avoient été envoyés, et leur montra ceux qui avoient été arrêtés. Ils s'efforcèrent d'excuser un jeune homme, qui, au comble du malheur, craignant qu'Antoine ne voulût pas l'accueillir avec amitié, s'étoit vu forcé de tenter d'intéresser à son sort les plus implacables ennemis des Romains, et qui montreroit sur-le-champ, aussitôt qu'il connoîtroit les dispositions d'Antoine à son égard, qu'il n'avoit plus besoin d'employer d'autres expédients, ni de recourir à d'autres ressources. Antoine ajouta foi à cette déclaration, par l'effet de la candeur, de la magnanimité, de la générosité de son caractère.

CXXXVII. Cependant Furnius, à qui Antoine avoit confié le gouvernement de l'Asie, avoit accueilli Pompée, qui étoit arrivé sans aucune apparence d'hostilité. Il n'étoit pas d'ailleurs en mesure d'arrêter sa marche; et d'un autre côté, il ne connoissoit point encore les intentions d'Antoine à son sujet. Mais quand il vit que Pompée faisoit manœuvrer ses troupes pour les exercer, il fit avancer quelques unes des forces qui étoient sous ses ordres. Il appela en diligence Ænobarbus, qui étoit à la tête d'un corps d'armée dans une province voisine, et fit venir Amyntas d'un autre côté. Ces forces s'étant réunies avec rapidité, Pompée fit ses plaintes à Furnius, que l'on regardât comme un ennemi celui qui avoit envoyé des députés à Antoine, et qui attendoit leur réponse. Pendant qu'il faisoit tenir ce langage, il songeoit à profiter de la trahison d'un certain Curius attaché à Ænobarbus, pour s'emparer de ce dernier, espérant en faire un otage d'une grande importance dans l'intérêt de sa sûreté personnelle. Mais le complot ayant été découvert, Curius, convaincu devant les Romains qui étoient présents, fut condamné à mort. Pompée, de son côté, fit égorger Théodore, un de ses affranchis, le seul à qui il eût confié son secret, pour le punir de l'avoir trahi. N'espérant plus de cacher ses projets aux yeux de Furnius, il s'empara par trahison de Lampsaque (7), où étoient beaucoup de vétérans d'Italie que César y avoit envoyés en colonie; et sur-le-champ, à force de largesses, il les enrôla à son service. Avec deux cents hommes de cavalerie, et trois légions d'infanterie qu'il avoit encore, il attaqua Cysique (8) par mer et par terre. Il fut repoussé de l'un et de l'autre côté, parcequ'il y avoit à Cysique quelques troupes d'Antoine, qui y gardoient les gladiateurs qu'Antoine y faisoit nourrir. Il rétrograda vers le port des Achéens (9), et fit des provisions de vivres.

CXXXVIII. Furnius, sans en venir aux mains avec lui, se tint continuellement campé dans son voisinage avec beaucoup de cavalerie, pour l'empêcher de faire ses approvisionnements, et de faire pratiquer les villes des environs. Pompée, n'ayant point de cavalerie, attaqua le camp de Furnius par devant, et en même temps par derrière, avec des troupes qui avoient fait un détour sans être aperçues. Furnius s'étoit mis en mouvement pour venir repousser Pompée. Mais son camp fut pris par ceux qui l'attaquèrent par les derrières. Pompée poursuivit Furnius qui prit la fuite, à travers champs, le long du Scamandre (10), et lui tua beaucoup de monde; car les pluies avoient humecté les terres. Furnius se retira pour le moment avec les débris des troupes qu'il avoit sauvées, ne se sentant pas en état de lutter contre l'ennemi. Il attendit des renforts (11) de la Mysie, de la Propontide, et d'ailleurs. Les habitants du pays, réduits à la misère par l'excès des contributions, s'enrôloient volontiers sous les drapeaux de Pompée, entraînés principalement par l'opinion que leur donnoit de lui la victoire qu'il venoit de remporter au port des Achéens. Pompée, qui manquoit de cavalerie, et qui, par cette raison, éprouvoit de grandes diffficultés pour faire ses approvisionnements, fut informé qu'un escadron de cavalerie romaine, destiné à Antoine, venoit d'Athènes, d'où Octavie, qui y avoit passé l'hiver, le lui envoyoit. Sur-le-champ, il dépêcha quelques uns de ses affidés avec de l'or, pour aller corrompre cet escadron, et l'attirer dans son parti. Mais le propréteur qui commandoit pour Antoine dans la Macédoine fit arrêter ces émissaires, et distribuer à l'escadron l'or envoyé pour le corrompre.

CXXXIX. Cependant Pompée s'étant emparé de Nicée (12) et de Nicomédie (13), amassa beaucoup d'argent (14), et sa situation reçut, en peu de temps, une amélioration considérable par d'heureux succès auxquels il ne s'attendoit pas. De son côté, Furnius, qui campoit assez près de lui, vit d'abord arriver de la Sicile, au commencement du printemps, les soixante-dix vaisseaux qui s'étoient conservés de ceux qu'Antoine avoit cédés à Octave contre Pompée; car, après son expédition de la Sicile, Octave les lui avoit renvoyés. En même temps, Titius arriva de la Syrie, avec autres cent vingt bâtiments, et beaucoup de troupes. Toutes ces forces allèrent débarquer à Proconnèse (15). Pompée, effrayé, brûla ses vaisseaux, et fit prendre les armes à tous ses matelots, dans l'espérance de mieux résister (16) sur terre aux forces réunies de l'ennemi. Cependant Cassius Parmésius (17), Nasidius, Saturnius, Thermus, Antistius, et tous les autres amis de marque qui restoient encore à Pompée, ainsi que Fannius, le plus recommandable de tous, et Libon son propre beau-père, désespérèrent de lui lorsqu'ils le virent persister à faire la guerre à un ennemi qui avoit des forces supérieures, et cela quoique Titius, à qui Antoine avoit donné les ordres le concernant, fût arrivé; en conséquence, ayant traité pour leur propre compte, avec Titius, ils passèrent dans le parti d'Antoine.

CXL. Abandonné de tous ses amis, Pompée gagna l'intérieur des terres, se dirigeant vers la Bithynie. On disoit que c'étoit dans l'Arménie qu'il se hâtoit de se rendre. Il décampa la nuit secrètement. Furnius et Titius, et Amyntas avec eux, se mirent à ses trousses; et l'ayant atteint sur le soir, après une marche forcée, ils campèrent chacun vis-à-vis de lui, sur une éminence, sans faire ni fossé ni retranchement, à cause de la nuit qui s'approchoit, et de la fatigue qu'ils avoient éprouvée. Tandis qu'ils étoient dans cette situation, Pompée leur tomba dessus durant la nuit avec trois mille de ses fantassins, et leur tua beaucoup de monde pendant qu'ils étoient couchés, ou qu'ils s'élançoient de leurs lits. Les troupes d'Antoine prirent honteusement la fuite sans s'habiller, et il paroît que, si Pompée avoit donné avec tout son monde dans cette circonstance, ou qu'il eût rendu l'action générale pendant la fuite de l'ennemi, il l'auroit complètement battu. Mais, poussé à sa ruine par son mauvais génie (18), il ne sut pas profiter de cet avantage; et il n'en tira d'autre parti que de continuer à s'enfoncer plus avant dans l'intérieur des terres. Furnius, Titius et Amyntas ayant opéré leur jonction continuèrent à le suivre, et à lui couper les vivres, au point que, se voyant en danger de périr de faim, il songea à entrer en pourparler avec Furnius (19), qui avoit été l'ami du grand Pompée, qui étoit supérieur en autorité aux deux autres, et dont la moralité lui inspiroit plus de confiance.

Ans de Rome. 719.

CXLI. Ils convinrent d'un rendez-vous sur les bords d'une rivière (20). Pompée dit à Furnius qu'il avoit commencé par envoyer des ambassadeurs à Antoine; il ajouta que, dans cet intervalle, ayant manqué de vivres, et n'ayant reçu de la part de ses lieutenants aucun secours pour s'en procurer, il avoit été forcé de prendre la voie des armes. « Si c'est, continua-

« t-il, de l'ordre d'Antoine que vous me faites la
« guerre, Antoine ne connoît pas ses véritables in-
« térêts, il ne prévoit pas la guerre qu'on lui prépa-
« re(21). Si au contraire vous agissez contre moi avant
« que d'avoir reçu vos instructions, je vous supplie,
« je vous conjure d'attendre le retour de mes en-
« voyés, ou saisissez-moi tout à l'heure, et faites-moi
« conduire vers lui. C'est d'ailleurs, Furnius, entre
« vos mains uniquement que je prétends me remettre;
« je vous demande pour toute condition que vous
« me fassiez amener à Antoine, sans qu'il m'arrive
« aucun mal. » Tel fut le discours de Pompée. Il se
confioit pleinement à Antoine, à la bonté naturelle
de son caractère. Il ne craignoit que les intermé-
diaires. Mais Furnius lui répondit : « Si votre inten-
« tion avoit été de vous soumettre à Antoine, vous
« vous seriez rendu auprès de lui dès votre arrivée
« en Asie, ou bien vous auriez attendu à Mitylène
« de ses nouvelles. Mais, dans tout ce que vous avez
« fait, vous n'avez montré que des projets hostiles.
« A quoi bon en rappeler le détail, lorsque j'en suis
« si bien informé? Si vous vous repentez actuellement
« de votre conduite, il ne faut pas que vous deve-
« niez un instrument de discorde entre nous qui
« commandons les troupes d'Antoine. Remettez-
« vous entre les mains de Titius, car c'est à lui
« qu'Antoine a donné les ordres qui vous concer-
« nent. La foi que vous sollicitez, c'est à Titius que
« vous devez en adresser la demande; car il a reçu
« ordre d'Antoine de vous mettre à mort, si vous
« lui faites la guerre, et de vous envoyer vers lui

« d'une manière honorable, si vous vous livrez à lui
« avec confiance. »

CXLII. Pompée en vouloit à Titius. Il étoit irrité de l'ingratitude qu'il lui montroit de s'être chargé de le combattre; car, l'ayant fait prisonnier de guerre dans une circonstance, il lui avoit sauvé la vie (22). Outre ce motif, il regardoit comme une ignominie de se mettre, lui, Pompée, entre les mains de Titius, homme d'une extraction peu illustre. Il n'avoit pas d'ailleurs en lui une grande confiance. Il se défioit de sa probité, et il savoit que Titius avoit contre lui une vieille rancune antérieure à l'époque où il l'avoit sauvé. Il déclara donc encore une fois à Furnius qu'il se remettoit entre ses mains, et l'invita à se charger de lui. Mais Furnius persévéra dans son refus, et Pompée lui dit alors qu'il se remettroit entre les mains d'Amyntas. Furnius lui fit observer qu'Amyntas n'accepteroit point cette proposition, ce qui seroit de sa part une insulte envers celui des lieutenants d'Antoine porteur de ses ordres, et là-dessus ils se séparèrent. Furnius s'attendoit que, pressé par la détresse absolue où Pompée se trouvoit réduit, il viendroit le lendemain se livrer à Titius. Mais Pompée laissa allumer ses feux pendant la nuit, selon l'usage dans les camps; il laissa également marquer par le son des trompettes les différents intervalles de la nuit, ainsi qu'on le pratiquoit, et il sortit clandestinement de ses lignes à la tête de soldats propres à un coup de main, sans leur dire à eux-mêmes où il alloit. Son intention étoit de gagner les rivages de la mer, et d'y aller brûler la flotte de Titius. Peut-être y auroit-il réussi; mais Scaurus, qui passa comme transfuge dans le camp ennemi, annonça son départ, et indiqua la route qu'il avoit prise. Il ignoroit d'ailleurs son projet. Sur-le-champ, Amyntas, à la tête de quinze cents chevaux, se mit aux trousses de Pompée qui n'avoit point de cavalerie. Lorsqu'Amyntas l'eut atteint, ses soldats l'abandonnèrent, les uns à la dérobée, les autres ouvertement. Demeuré seul, et craignant déjà ceux mêmes qui étoient attachés au service de sa personne, il se remit à discrétion au pouvoir d'Amyntas, après n'avoir pas voulu, sous des conditions quelconques, se remettre entre les mains de Titius.

CXLIII. Ce fut ainsi que fut pris Sextus Pompée (23), le dernier des enfants de Pompée le grand. Son père et son frère l'avoient l'un et l'autre laissé encore enfant. Cette circonstance l'enveloppa long-temps d'une obscurité à la faveur de laquelle il fit le métier de pirate en Ibérie, jusqu'à ce que, s'étant fait connoître pour le fils de Pompée, beaucoup d'aventuriers vinrent se joindre à lui; ce qui le mit en mesure de pirater ouvertement. Après la mort de César, il fit vigoureusement la guerre; il réunit de grandes forces; il eut des vaisseaux; il amassa de l'argent; il prit des îles; il se rendit complètement maître de la mer d'occident (24); il réduisit l'Italie à la famine, et obligea ses ennemis de traiter avec lui aux conditions qu'il voulut. Son premier titre de gloire fut d'avoir tendu une main secourable à toutes les victimes du triumvirat, à l'époque où Rome fut en proie aux proscriptions, et d'avoir sauvé un grand nombre d'illustres personnages qui lui devoient, à cette époque-ci, d'être en paix dans leur patrie. Aveuglé par son mauvais génie, il ne sut jamais prendre l'offensive contre ses ennemis, quoique la fortune lui présentât beaucoup d'occasions favorables. Il ne sut que songer à se défendre. Après tous ces évènements, il finit par être fait prisonnier.

CXLIV. Titius fit passer toutes ses troupes sous les drapeaux d'Antoine, et il le fit égorger lui-même à Milet (25). Il étoit alors âgé de quarante ans. Titius donna l'ordre de sa mort, soit de son chef, par ressentiment de son ancienne injure, et par ingratitude du bienfait qu'il avoit ultérieurement reçu, soit d'après les instructions qu'Antoine lui avoit adressées (26). Il est des auteurs qui prétendent que ces instructions furent données par Plancus (27), et non par Antoine. Ils pensent que Plancus étoit investi du commandement général en Asie, et qu'il étoit autorisé, dans les affaires urgentes, à se servir, en donnant les ordres, du nom même d'Antoine, et de son cachet. D'autres pensent que Plancus ne signa du nom d'Antoine que du consentement de ce dernier, qu'une certaine pudeur empêcha de signer lui-même, par égard pour le nom de Pompée, et par égard pour Cléopâtre, qui avoit de la bienveillance pour Sextus, à la considération du grand Pompée son père. D'autres croient que Plancus, instruit de l'intérêt que la reine d'Égypte portoit au fils de Pompée, prit sur lui de donner l'ordre de sa mort, dans la vue d'empêcher que Pompée et Cléopâtre, de concert avec lui, n'entretinssent entre Octa-

et Antoine des sujets de querelles et de dissensions (28).

CXLV. Quoi qu'il en soit, telle fut la fin tragique de Sextus Pompée. Après sa mort (29), Antoine entreprit une nouvelle expédition en Arménie. Octave, de son côté, marcha contre les peuples de l'Illyrie, qui infestoient les côtes de l'Italie de leurs brigandages; peuples dont les uns n'avoient jamais encore été soumis aux Romains, et dont les autres avoient secoué le joug au milieu du désordre des guerres civiles. Ces détails de la guerre d'Illyrie, je n'en ai pas une connoissance très exacte. Ils n'étoient pas non plus d'une étendue suffisante pour en faire un ouvrage à part. Il n'y avoit pas lieu, d'un autre côté, à les placer ailleurs. J'ai donc cru devoir les réunir antérieurement dans la période qui les embrasse depuis le commencement jusqu'à la fin (30), et les joindre, comme je l'ai déjà fait (31), aux détails dans lesquels je suis entré touchant l'histoire de la Macédoine, limitrophe de l'Illyrie (32).

FIN DU CINQUIÈME ET DERNIER LIVRE.

NOTES.

(1) SELON Florus, cette fuite de Pompée étoit le second volume de celle de Xerxès après la bataille de Salamine. *Non alia post Xerxem miserabilior fuga.* Il paroît néanmoins que cet historien se trompe sur le nombre de vaisseaux qu'emmena Pompée. Il ne lui en donne que six ou sept. *Cum sex septemve fugiebat;* au lieu qu'Appien lui en donne dix-sept, ainsi qu'on l'a déjà vu. *Vid. Florum, lib. IV. c.* 8. S'il faut même l'en croire, Pompée étoit tellement accompagné par la terreur dans sa fuite, que pendant qu'il naviguoit, il ne laissa pas allumer sur son bord les trois flambeaux qui, dans la nuit, servoient à distinguer le vaisseau monté par le général en chef; *extincto prætoriæ navis lumine. Ibidem.* Dion Cassius confirme ce dernier fait; *extincto igne quo naves prætoriæ reliquis prælucere solent.* D'ailleurs ce promontoire de *Lacinium* étoit sur la côte orientale du pays des Bruttiens, presque en face de la petite île d'Ogygie. Les auteurs, et Strabon entre autres, parlent de ce temple de Junon et de ses richesses. Voy. Cellarius, *liv. II, c.* 9, *sect. IV, n.* 652. Ce temple n'étoit qu'à six milles de l'ancienne Crotone, et il étoit en grande vénération, témoin ce passage du vingt quatrième livre de Tite Live, *n.* 3. *Sex millia aberat ab urbe Crotone, nobile templum, urbe ipsâ nobilius, Laciniæ Junonis, sanctum omnibus circa populis.* Au reste, c'est à cette Junon Lacinienne que se rapporte une inscription trouvée en 1783, à Policastro, dans le voisinage du lieu où étoit l'ancienne Pétilie, dont Nicolas Ignarra, chanoine de la cathédrale de Naples, a donné une explication aussi érudite que lumineuse. La petite lame d'airain sur laquelle cette inscription est tracée, on la conserve dans le Musée Borgia, à Velitri. *Quid porrò dubitabimus*, dit le savant Napolitain en question, *quin hujus æneæ lamellæ in agro Petiliano propè Crotonem*

eruderatæ, ipsam Junonem Laciniam, tanquam θεὸν ἐπιχώριον *(Deam localem) designet ?*

(2) Dans l'île de Lesbos. Il y passa l'hiver, selon Dion Cassius ; et les Lesbiens, en considération de la mémoire de son illustre père, lui prodiguèrent toutes sortes de témoignages d'intérêt et d'affection. *Liv. XLIX, n.* 17.

(3) On voit en effet ci-dessus, sect. CXXXV, dans le discours des députés de Pompée à Antoine, que Pompée avoit amené avec lui des troupes de la Sicile. C'est donc à tort que l'interprète latin a traduit *socios navales*, et Desmares *son armée navale.*

(4) Tel est le sens que j'ai cru devoir donner ici au verbe χρηματίζειν. Appien l'a employé, comme on voit, dans la forme active, ἐλθοῦσι δὲ τοῖς πρέσβεσιν ἐχρημάτιζεν, et lui a bien assigné l'acception que nous avons notée ci-dessus, pour cette forme, sur la foi du scholiaste d'Aristophane. Voy. *liv. III, c.* 3, *n.* 6.

(5) Voyez ci-dessus, note 3.

(6) L'expression du texte μοῖραν ἱκανὴν semble supposer que l'orateur de cette députation présenta Pompée à Antoine comme le chef d'un parti qui avoit encore quelque importance. La vérité est, cependant, qu'il ne restoit alors à Pompée que son nom, et que d'ailleurs les preuves d'incapacité militaire qu'il avoit données avoient détruit tout l'avantage qu'il en auroit dû naturellement tirer.

(7) C'étoit une ville célèbre dans la Mysie. Elle produisoit beaucoup de vin. Cornélius Népos et Diodore de Sicile rapportent qu'Artaxerxès fit cadeau de cette ville à Thémistocle, *ut indè vinum sumeret.* Voy. Cellarius, *liv. III, c.* 3, *n.* 12.

(8) Elle faisoit comme Lampsaque, partie de la Mysie ; mais elle étoit dans une île de la Propontide, anciennement séparée du continent ; mais Alexandre construisit deux ponts qui l'y réunirent. Florus a fait un grand éloge de cette cité : *Cyzicum, nobilis civitas, arce, mœnibus, portu, turri-*

busque marmoreis, *Asiaticæ plagæ ora illustrat.* Lib. III, cap. 5.

(9) Voici ce qu'en dit Pline l'ancien, liv. V, chap. 30. *In promontorio quondàm Sigœum oppidum; dein Portus Achæorum in quem influit Xanthus Simoenti junctus, stagnumque priùs faciens Paluscamander.* L'embouchure du Xanthus fixe, d'une manière assez précise, la situation de cette ville, sur les côtes de la Propontide.

(10) Tout le monde sait que c'est un fleuve qui joue un rôle dans l'Iliade.

(11) L'original est évidemment altéré en cet endroit. Musgrave et Schweighæuser s'en sont aperçus sans y suppléer par aucune conjecture. Candidus a traduit, *id cum in Mysiis, Propontide ac aliis finitimis in locis vulgaretur*, et l'on ne devine pas ce qu'il peut avoir lu dans son texte pour le rendre ainsi. Geslen a traduit, *cùmque supplementum acciperent è Mysid, Propontide, cæterisque locis.* Je crois avoir donné au passage un sens encore plus naturel.

(12) Nicée étoit la capitale de la Bithynie, dans le voisinage du lac Ascanium. Il paroît que ce furent les successeurs d'Alexandre qui en jetèrent les fondements, et qui l'agrandirent. Elle a joué un grand rôle dans l'histoire ecclésiastique, pour avoir été le siège de quelques conciles. Voyez son article dans Cellarius, *liv. III*, *c. 8*, *n. 32*.

(13) Elle étoit également dans la Bithynie. Voy. Cellarius, *liv. III*, *c. 8*, *n. 7*.

(14) Ἐχρηματίζετο λαμπρῶς. Le verbe χρηματίζεσθαι est là au moyen. Voyez ci-dessus, note 4, et *liv. III*, *c. 3*, *n. 6*, et ci-dessus, note 4.

(15) C'étoit une ville dans une île du même nom, que tous les géographes de l'antiquité placent dans la Propontide, tout près de Cyzique. Ptolémée est le seul qui la dise située sur les côtes de Thrace. C'est une erreur de sa part. Pline l'ancien, Scylax et Strabon l'ont unanimement placée sur la côte d'Asie, en avant de Cyzique. Il paroît constant, d'ailleurs, qu'il y avoit deux îles de ce nom très voisines

l'une de l'autre, mais qu'il n'en est resté qu'une, soit que l'autre par le laps du temps se soit jointe, ou à sa voisine, ou au continent. Il paroît également qu'elle devint fameuse par ses carrières de marbre. Elle fut la patrie d'Aristéas, ce célèbre jongleur dont a parlé Hésychius de Milet. Voyez les notes de Meursius sur ce personnage, dans son édition de cet auteur grec.

(16) Le texte porte συνοισομένους, à l'accusatif pluriel, erreur que Schweighæuser a judicieusement relevée en proposant de lire συνοισομένος, au nominatif singulier, qui se rapporte à Pompée, et en sous-entendant τοῖς πολεμίοις. Le verbe συμφέρεσθαι avec le datif, s'emploie en effet pour *combattre contre quelqu'un, en venir aux mains avec quelqu'un.*

(17) Ce *Cassius Parmésius* est le même que celui que Suétone, au commencement de la vie d'Octave, nomme Cassius *Parmensis*. C'étoit un homme de lettres, auteur de quelques tragédies. Il avoit embrassé le parti de Cassius et de Brutus. Après la bataille de Philippes, il se retira auprès de Pompée, et de là à Athènes, où il fut égorgé par ordre d'Octave ; témoin Valère Maxime, *liv. I, c. 7, n. 7.* Ce fut ainsi que se vengea le triumvir d'une assez mauvaise plaisanterie que Cassius Parmensis s'étoit permise sur sa généalogie, dans une lettre adressée à quelqu'un de ses amis, plaisanterie que Suétone nous a conservée à l'endroit cité. Voyez ci-dessus, note 1, chap. 1.

(18) Θεοῦ βλάπτοντος. C'est la même expression dont Appien s'est servi au livre II, touchant la catastrophe prochaine du grand Pompée.

(19) Dion Cassius prétend que ce fut avec Titius qu'il entra en négociation, dans l'espérance d'en obtenir des conditions avantageuses en considération du service qu'il lui avoit rendu autrefois (V. ci-dessus, p. 125, note 15.) et que Titius lui fit dire qu'avant tout œuvre, il falloit qu'il lui livrât ses troupes et ses vaisseaux. *Pacem per legatos petiit spem ejus impetrandæ in beneficio quo Titium ipse quondàm af-*

fecerat, positam habens. Titius pacem se ei nisi navibus et copiis omnibus sibi traditis concessurum negavit. Lib. XLIX, n. 18.

(20) Le texte porte ποταμὸν δ᾽ ἐν μέσῳ λαβὼν, qui veut dire à la lettre, *ayant mis une rivière entre Furnius et lui.* L'interprète latin a traduit avec élégance, *stans igitur in ripâ interlabentis fluvii.*

(21) Desmares a traduit, *la guerre qu'il a sur les bras.* C'est un contre-sens. Τὸν ἐπιόντα πόλεμον, veut dire la guerre imminente, *imminens sibi bellum,* comme l'a rendu l'interprète latin. C'est comme l'expression τῆς ἐπιούσης ἡμέρας, qui signifie, *le jour qui vient, le lendemain.* Nous allons trouver tout à l'heure, ἐς τὴν ἐπιοῦσαν ἡμέραν. Sect. suivante.

(22) Voyez ci-dessus, chap. 7, note 15.

(23) Ce fut en Phrygie, dans le voisinage de la ville de *Midaïum* que Pompée fut fait prisonnier. Dion Cassius s'en explique bien clairement. *Quem (Pompeium) insecuti Furnius ac Titius, Midaii (Phrygiæ oppidum hoc est) deprehenderunt, circumdatumque in suam potestatem vivum redegerunt.* Jusque-là, comme on voit, il n'est question que de la prise de Pompée. Quant au lieu où Titius le fit ultérieurement égorger, Dion Cassius n'en dit rien. C'est donc à tort que, sur ces mots de Paterculus *à Titio jugulatus est,* le docte Schegkius s'est demandé si c'étoit à *Midaïum* qu'il eût été égorgé, ainsi que le rapporte Dion, ou bien à Milet, ainsi que le rapportent Florus et Appien, *Phrygiæ in oppido Midaio, ut Dio, an Mileti, ut Florus et Appianus?* Schegkius a supposé que parceque Dion avoit dit que c'étoit à *Midaïum*, en Phrygie, que Pompée avoit été pris, il avoit dit par cela même, que c'étoit dans cette ville qu'il avoit reçu la mort; mais c'étoit de la part de ce docte annotateur, prêter à Dion un langage qu'il n'a pas tenu. Cependant cette méprise a attiré à Dion, de la part de Vossius, un reproche injuste, comme on va le voir. *Dubitat Schegkius acciderítne id Phrygiæ in oppido Midaïo,*

ut ait Dio, *an Mileti*, *ut Florus et Appianus asserunt. Mihi errasse Dionem certum est. De Mileto enim testatur scriptor ejusdem propemodùm temporis atque omni exceptione major.* Strabo. Geog. lib. III, Voss. Il n'est donc plus permis de douter que ce ne soit à Milet que fut immolé le dernier des fils du grand Pompée.

(24) Desmares dit qu'il fut créé amiral de la mer occidentale. Ce n'est pas le sens du texte. *Maris occidentalis imperio potitus.* Le voilà.

(25) S'il faut en croire Dion Cassius, Antoine ordonna à Titius, par une première lettre, de faire égorger Pompée; mais cet ordre fut révoqué par une lettre postérieure. Titius, n'ayant reçu la première lettre qu'après la seconde, exécuta l'ordre que la première renfermoit. Si cela est vrai, il est évident que Titius, en faisant donner la mort à Pompée, ne consulta que son animosité personnelle, et commit un acte d'atrocité; car le moyen d'imaginer qu'Antoine n'eût pas daté ses deux lettres; et que celle qui portoit l'ordre de laisser la vie à Pompée ne fît pas mention de celle qui ordonnoit de la lui ôter. Paterculus remarque que le peuple romain, qui ne cessoit de conserver son affection pour Pompée, garda une si longue rancune à Titius, le bourreau du dernier de ses enfants, que, lorsque long-temps après, il fit célébrer à Rome des jeux publics dans le théâtre de Pompée, il s'éleva contre lui des clameurs si véhémentes et si universelles, qu'il fut obligé de disparoître et d'aller cacher son ignominie. *Dùm inter ducem et supplicem tumultuatur, et nunc dignitatem retinet nunc vitam precatur, à Titio jugulatus est, cui in tantum duravit hoc facinore contractum odium, ut mox ludos in theatro Pompeii faciens, execratione populi spectaculo quod præbebat pelleretur.* Lib. II, c. 79.

(26) Voyez la précédente note.

(27) Plancus étoit l'oncle de Titius. On le verra plus bas dans une note sur l'extrait de Plutarque. C'est Parterculus qui nous l'apprend. *Liv. II*, n. 83.

NOTES. 259

(28) Le texte est évidemment altéré dans ce passage. Schweighæuser a judicieusement remarqué que ces mots μὴ τὴν αἰτίαν διδῷ Πομπήιος ne vouloient rien dire. En conséquence, il a effacé le verbe διδῷ qui brouille le sens, et a présenté une leçon parfaitement correcte, que je me suis fait un devoir de suivre ; φυλαξάμενον, μὴ τὴν αἰτίαν Ἀντωνίου καὶ Καίσαρος Πομπήιος καὶ Κλεοπάτρα συνεργοῦσα ἀναθρέ-ψαιεν

(29) Une particularité que Dion Cassius nous donne lieu de remarquer, c'est que Sextus Pompée mourut sous le consulat de L. Cornificius, et d'un autre citoyen romain de même nom que lui, et qu'on ne trouve mentionné qu'à cette occasion. *Ita Sextus Pompeius mortuus est, L. Cornificio, et Sexto alio quodam Pompeio consulibus.* C'étoit l'an de Rome 719. Au surplus, Octave eut tant de joie qu'Antoine l'eût délivré d'un concurrent aussi redoutable par le nom qu'il portoit, et par les grands souvenirs qui y étoient attachés, qu'il fit célébrer, à cette occasion, ce qu'on appeloit des *jeux équestres*. Il porta l'impudeur jusqu'à décerner au triumvir, son collègue, des honneurs particuliers de à ce sujet. Il lui fit consacrer un char qu'on plaça auprès la tribune aux harangues. Il lui fit ériger des statues dans le temple de la Concorde. Il lui fit accorder le droit de donner dans ce temple un festin à sa femme et à ses enfants, prérogative qui lui avoit antérieurement été accordée à lui-même. Καὶ διὰ τοῦτο καὶ ὁ Καῖσαρ ἱπποδρομίαν τε ἐποίησε, καὶ τῷ Ἀντωνίῳ ἅρμα τε πρὸ τοῦ βήματος, καὶ εἰκόνας ἐν τῷ Ὁμονοείῳ ἔστησε, τό τε ἐξουσίαν σύν τε τῇ γυναικὶ καὶ τοῖς τέκνοις ἑστιᾶσθαι ἐνταῦθα ἔχειν ἔδωκεν, ὥσπερ ποτὲ καὶ αὐτῷ ἐψήφισο. *Lib.* XLIX, *n.* 8.

(30) Ce passage τοῦ χρόνου καθ' ὃν ἐλήφθησαν συναγόντος αὐτὰ ἐς τέλος a exercé la critique et la sagacité de Schweighæuser. Il renvoie à la longue note qu'il a faite pour fixer la véritable leçon.

(31) Si Desmares avoit senti la force et le sens du verbe προαναγράψαι, il n'auroit pas traduit, *et alors nous en fe-*

260 NOTES.

rons un sommaire. Il auroit vu que ce qu'il mettoit *au futur* devoit être mis *au passé*.

(32) Appien a suivi, à cet égard, la marche qu'il avoit adoptée au sujet de la Numidie dont il a fondu l'histoire dans celle de Carthage, ainsi qu'au sujet de la Sardaigne, de Cypre et des autres îles dont il a accolé l'histoire à celle de la Sicile.

FIN DES NOTES DU CINQUIÈME ET DERNIER LIVRE.

EXTRAIT
DE PLUTARQUE *.

VIE D'ANTOINE.

CHAPITRE I.

LXVIII. *Octavie s'embarque pour aller joindre Antoine.* LXIX. *Artifices et manège de Cléopâtre pour enchaîner Antoine plus que jamais.* LXX. *La conduite d'Antoine envers Octavie son épouse le rend odieux aux Romains.* LXXI. *Antoine distribue des royaumes à Cléopâtre et à ses enfants.* LXXII. *Commencement de rupture entre Antoine et Octave.* LXXIII. *Antoine part pour la guerre, menant Cléopâtre avec lui.* LXXIV. *Leur conduite à Samos.* LXXV. *Faute que fait Antoine, en donnant à Octave le temps de se préparer à la guerre.* LXXVI. *Plaintes répandues contre Antoine; plusieurs de ses amis l'abandonnent.* LXXVII. *Présages funestes contre Antoine.*

LXVIII. Octavie avoit formé le projet de s'embarquer pour aller joindre Antoine (1). Octave fut d'avis de ce voyage, moins, à ce qu'on prétend, par

Ans. de Rome. 722.

---

* Voyez la préface, à l'alinéa qui commence par ces mots : « Seyssel « a fait deux choses qui m'ont paru bien. »

complaisance pour sa sœur, qu'afin de trouver dans les mépris, dans les injures dont elle seroit l'objet, une spécieuse raison de prendre les armes contre celui qui partageoit avec lui le pouvoir suprême. Octavie, en effet, ne faisoit que d'arriver à Athènes, lorsqu'elle reçut un message d'Antoine qui lui enjoignoit de l'attendre là, en lui annonçant qu'il se mettoit en marche pour son expédition en Arménie (2). Cet ordre donna du chagrin à Octavie. Elle ne s'en dissimula point les motifs ; et néanmoins elle écrivit à Antoine pour lui demander à quel endroit il vouloit qu'elle lui envoyât ce qu'elle avoit apporté pour lui. Elle avoit apporté (3) en effet beaucoup d'habits pour ses troupes, beaucoup d'argent pour lui, beaucoup de présents pour ses amis et pour ses principaux officiers. Elle avoit amené en outre beaucoup de chevaux, et deux mille hommes de troupes d'élite, distribués en cohortes prétoriennes et richement armés.

LXIX. Niger, ami d'Antoine, fut chargé par Octavie (4) de la lettre destinée à l'instruire de tout cela ; et cet envoyé ajouta de son chef, sur le compte d'Octavie, des éloges qu'elle méritoit, et qui étoient analogues aux circonstances. Cependant Cléopâtre, informée qu'Octavie venoit lui disputer sa conquête (5), et craignant qu'à la faveur du respect qu'elle inspiroit par la pureté de ses mœurs, et de l'ascendant que lui donnoit l'autorité de son frère, elle ne parvînt facilement à faire repasser Antoine sous son joug et dans ses bras, et que, supérieure à toutes ses coquetteries, elle ne reprît entièrement

VIE D'ANTOINE. CHAP. I. 263

l'empire sur son époux, elle feignit d'être elle-même
éperdument amoureuse d'Antoine, et chercha à se
donner un air de langueur et de maladie, en prenant sur ses aliments. Lorsque Antoine arrivoit chez
elle, elle faisoit semblant d'en être tout étonnée (6) :
lorsqu'il s'en alloit, elle paroissoit être dans l'abattement et prête à périr de douleur. Elle faisoit souvent ses dispositions pour qu'Antoine la surprît en
larmes, et tout à coup elle faisoit disparoître ou cachoit ses pleurs, comme si elle eût voulu lui en dérober la vue. Ce petit manège de coquetterie de la
part de Cléopâtre avoit lieu au moment où Antoine
étoit sur le point de partir de Syrie, pour aller
joindre le roi des Mèdes (7). Les flatteurs d'Antoine,
qui étoient dans les intérêts de Cléopâtre, lui reprochoient (8) sa dureté, son insensibilité, son défaut
d'égards pour une femme qu'il alloit abandonner,
quoiqu'elle concentrât en lui seul toutes ses espérances
comme toutes ses affections. Ils ajoutoient qu'Octavie ne lui avoit été donnée en mariage par son frère
que dans le besoin de ses intérêts personnels, et que
néanmoins elle avoit l'honneur de porter le nom de
sa femme; tandis que Cléopâtre, reine de tant de
peuples, n'avoit que le nom de sa maîtresse (9);
nom qu'elle s'abstenoit de dédaigner et de repousser, tant qu'il lui étoit permis de jouir de la vue de
celui qu'elle aimoit, et de vivre avec lui; nom qu'elle
ne sauroit perdre qu'avec la vie.

LXX. Ces discours finirent par amollir Antoine,
par l'efféminer au point que, dans la crainte que
Cléopâtre ne se hâtât de se laisser mourir, il prit le

Ans
de
Rome.
722.

parti de retourner à Alexandrie, et de différer jusqu'au printemps suivant son expédition avec les Mèdes contre les Parthes, quoiqu'il fût informé que ces derniers étoient en pleine insurrection. Cependant, s'étant depuis mis en campagne contre ce peuple, il renouvela son alliance avec le roi des Mèdes ; il régla (10) et arrêta le mariage d'un des fils de Cléopâtre avec une fille encore jeune de ce roi ; et cela fait, il s'en retourna (11), déjà décidé (12) à la guerre civile (13). Octavie étoit alors de retour à Rome. Octave, qui regardoit comme un outrage la conduite d'Antoine à son égard, ordonna à sa sœur de se retirer dans sa propre maison, et de vivre dans son particulier. Octavie répondit qu'elle n'abandonneroit point la maison de son mari. Elle exhorta même son frère à ne pas se mêler de ce qui la concernoit personnellement, à moins qu'il n'eût d'autres raisons pour courir aux armes contre Antoine. Elle lui fit observer combien il seroit inconvenant d'entendre dire que les deux chefs (14) du peuple romain l'eussent replongé dans les horreurs d'une guerre civile ; celui-ci, par l'effet de sa passion pour une femme, et celui-là en épousant la jalouse querelle d'une autre. Ce ne fut pas seulement par ses discours qu'Octavie manifesta ces sentiments ; ce fut encore plus par sa conduite. Elle continua d'habiter la maison d'Antoine, tout comme s'il eût été auprès d'elle en personne. On la vit traiter avec les mêmes soins et les mêmes sollicitudes, faire paroître avec le même honneur dans le monde les enfants qu'elle avoit eus d'Antoine, et ceux qu'Antoine avoit eus de Fulvie. Les amis de son époux qui venoient à Rome pour y demander des magistratures, ou pour d'autres affaires, elle leur faisoit un bon accueil, et les aidoit même de son crédit auprès de son frère (15). Par ces procédés, Octavie fit beaucoup de mal à Antoine, contre son intention. L'iniquité de sa conduite envers une épouse aussi respectable le rendoit odieux. Ce qu'il s'étoit permis d'ailleurs à Alexandrie, au sujet de ses enfants, avoit soulevé contre lui l'indignation publique. On avoit envisagé ce qu'il avoit fait à cet égard à Alexandrie, comme un véritable jeu de théâtre (16), où il avoit manifesté autant d'arrogance que de mépris pour le peuple romain.

LXXI. Il avoit fait remplir, en effet, un gymnase d'une vile multitude. Sur une estrade d'argent, il avoit fait élever deux trônes d'or (17), un pour lui et un autre pour Cléopâtre. Il en avoit fait placer d'autres plus bas pour ses enfants (18). Là il avoit commencé par proclamer Cléopâtre reine d'Égypte, de Cypre, de la Libye et de la Cœlésyrie. Il lui avoit adjoint Césarion (19), un de ses fils, qu'il paroissoit qu'elle avoit eu de César, de qui elle étoit restée enceinte. Il avoit proclamé ensuite *rois des rois* les deux fils qu'il avoit eus lui-même de Cléopâtre; il avoit assigné à Alexandre l'Arménie, la Médie, et le pays des Parthes lorsque ce dernier peuple auroit subi le joug. Il avoit assigné à Ptolémée la Phénicie, la Syrie et la Cilicie. En même temps, il avoit fait apporter pour son fils Alexandre un costume mède, avec une tiare et une aigrette

Ans de Rome. 722.

droite (20); et pour son fils Ptolémée des brodequins, une chlamyde et une coiffure entourée d'un diadème (21). Le dernier de ces costumes étoit celui des rois qui avoient succédé à Alexandre; et le premier celui des rois de la Médie et de l'Arménie. Alexandre et Ptolémée ayant embrassé leurs parents, une garde composée d'Arméniens s'étoit placée autour d'Alexandre, et une garde formée de Macédoniens autour de Ptolémée. Dès-lors Cléopâtre avoit commencé, et elle avoit continué depuis de ne paroître en public que revêtue d'un manteau sacré, à l'instar de celui d'Isis (22), s'ingérant de jouer cette déesse dans toutes ses fonctions (23).

LXXII. Octave avoit rendu compte de tous ces détails au Sénat (24). Il en avoit souvent entretenu le peuple sur le ton de l'accusation, et il avoit ainsi excité son indignation contre Antoine. De son côté, Antoine envoya quelques amis à Rome pour user de récrimination contre Octave, et ce fut sur des choses d'une assez haute importance. Il le fit accuser d'abord d'avoir chassé Pompée de la Sicile, et de ne lui avoir cédé aucune portion de cette province; ensuite de lui avoir emprunté des vaisseaux pour cette expédition, et de ne les lui avoir pas rendus; en troisième lieu, d'avoir dépouillé Lépidus du triumvirat qu'il partageoit avec eux, de lui avoir ôté toute autorité, et d'avoir retenu le commandement des troupes et des provinces qui composoient le lot de ce dernier, ainsi que l'administration des deniers publics qui formoient son apanage; sur-tout d'avoir distribué presque toute l'Italie en colonies

VIE D'ANTOINE. CHAP. I.

à ses propres troupes, sans rien réserver pour celles d'Antoine (25). Octave répondit à tous ces chefs d'accusation, qu'il n'avoit dépouillé Lépidus du triumvirat que pour le punir de ses insolentes prétentions (26); qu'il feroit part à Antoine de ce qu'il avoit ajouté à son lot en faisant la guerre, lorsqu'Antoine, de son côté, lui feroit part de l'Arménie; et que les soldats d'Antoine n'avoient plus aucun droit sur l'Italie, depuis qu'ils avoient la Médie et le pays des Parthes, conquête dont ils avoient honorablement augmenté l'empire romain, en combattant avec courage sous les ordres de leur chef (27).

LXXIII. Antoine étoit en Arménie lorsqu'on lui rendit compte de ces réponses d'Octave (28). Sur-le-champ, il envoya ordre à Canidius de se mettre à la tête de seize légions, et de se porter sur les rivages de la mer. De son côté, il se rendit à Éphèse, accompagné de Cléopâtre. Il y fit venir de toutes parts ses vaisseaux, au nombre de huit cents, y compris les vaisseaux de transport. Cléopâtre lui avoit fourni le quart de ses forces. Il ramassa vingt mille talents (29), et forma des magasins qu'il remplit de provisions de vivres pour ses deux armées de terre et de mer. Par le conseil de Domitius et de quelques autres amis (30), Antoine ordonna à Cléopâtre de s'embarquer pour l'Égypte, et d'aller y attendre les résultats de la guerre. Mais cette reine, qui craignit de nouveau qu'Antoine ne se rapprochât d'Octave par l'intermédiaire d'Octavie, gagna Canidius à force d'argent, et l'engagea à parler pour

Ans de Rome. 722.

elle à Antoine; à lui représenter « qu'il n'étoit pas
« juste d'éloigner du théâtre de la guerre une reine
« qui lui fournissoit un contingent aussi considé-
« rable; qu'il étoit dangereux d'affoiblir par-là le
« courage des Égyptiens, qui formoient une grande
« partie de ses forces navales; que d'ailleurs il ne
« voyoit pas quel étoit celui des rois auxiliaires auquel
« pouvoit le céder en prudence et en capacité Cléo-
« pâtre, qui avoit gouverné seule pendant si long-
« temps ses vastes états, qui vivoit depuis long-temps
« auprès de lui, et qui avoit appris à son école à
« manier avec succès les intérêts politiques de la
« première importance (31). » Ces considérations,
car il falloit que le pouvoir suprême échût à Octave (32), prévalurent.

LXXIV. Antoine ayant donc réuni toutes ses
forces, fit voile avec Cléopâtre pour Samos, où ils se
livrèrent aux plaisirs. Car de même qu'il avoit fait
donner ordre à tous les rois, princes et tétrarques,
à tous les peuples et à toutes les cités, depuis la Syrie,
le Palus-Méotide et l'Arménie jusqu'à l'Illyrie (33),
d'envoyer ou d'amener avec eux des munitions de
guerre de tout genre; de même il avoit fait ordonner à tous les genres d'histrions employés dans les
fêtes de Bacchus, de se rendre à Samos. Ce fut ainsi
que, tandis que l'univers presque entier étoit dans
le deuil et dans les alarmes, cette île seule ne fit que
retentir pendant plusieurs jours du son des instruments de musique, et des accents des chanteurs.
Les théâtres y furent continuellement occupés de
représentations dramatiques, de concerts, de dan-

ses, dont les acteurs disputoient de talent à l'envi les uns des autres. Chaque ville se fit un point honneur d'envoyer un bœuf pour concourir aux sacrifices. Les rois s'efforçoient de se surpasser réciproquement par leurs festins splendides et par la magnificence de leurs présents; de manière qu'on disoit communément, Que fera-t-on après la victoire et dans les jours de triomphe, puisqu'on déploie tant de luxe lorsqu'on ne fait encore que se préparer à la guerre ? A la fin de toutes ces fêtes (34), Antoine assigna Priène pour rendez-vous commun à tous ces histrions (35) pendant la guerre (36). Quant à lui, il se rendit à Athènes, où il se plongea encore dans les jouissances et dans les spectacles (37). Cependant Cléopâtre, jalouse de la considération dont Octavie avoit joui dans cette cité (et en effet Octavie s'étoit singulièrement concilié l'affection des Athéniens), travailla à s'attirer la bienveillance du peuple par beaucoup de largesses. Les Athéniens, en conséquence, lui votèrent solennellement des honneurs. Ils envoyèrent des députés lui porter le décret dans sa maison, et Antoine fut compris dans la députation, en sa qualité de citoyen d'Athènes. Arrivé en présence de Cléopâtre, il la harangua au nom du peuple athénien. Sur ces entrefaites, il fit partir pour Rome quelqu'un de ses affidés, chargé de chasser Octavie de sa maison (38). On rapporte qu'elle en sortit emmenant avec elle tous les enfants d'Antoine, à l'exception de l'aîné de ceux qu'il avoit eus de Fulvie, qui étoit alors auprès de son père. On rapporte aussi qu'elle en sortit toute en larmes, et très affligée de paroître ainsi être une des causes qui alloient allumer la guerre. Les Romains déploroient moins le sort d'Octavie que celui d'Antoine, ceux sur-tout qui, ayant vu Cléopâtre, savoient qu'elle ne l'emportoit sur Octavie, ni en jeunesse, ni en beauté.

LXXV. Cependant Octave, informé de la célérité et de l'immensité des préparatifs d'Antoine, fut effrayé de se voir réduit à la nécessité de combattre durant le cours de cet été-là même. Il manquoit en effet de beaucoup de choses, et les contributions qu'il étoit obligé de lever excitoient d'énormes mécontentements : car les uns étoient forcés de contribuer du quart de leur revenu; les autres, ceux qui étoient de race d'affranchis, étoient imposés dans la proportion du huitième de leurs propriétés. De là beaucoup de clameurs contre Octave, beaucoup de mouvements séditieux de toutes parts en Italie (39). Cette critique situation d'Octave a fait regarder comme une des plus grandes fautes, de la part d'Antoine, d'avoir traîné la guerre en longueur. Il donna le temps à son ennemi de se mettre en mesure, et de calmer la fermentation qui agitoit l'Italie. Car pendant qu'on imposoit les contributions, les esprits s'exaspéroient; mais les contributions une fois payées, toute fermentation disparut (40).

LXXVI. D'un autre côté, Titius (41) et Plancus (42), amis d'Antoine, tous deux hommes consulaires, que Cléopâtre affectoit d'humilier parce-qu'ils s'étoient montrés les plus opposés au désir qu'elle avoit de suivre Antoine à la guerre, prirent

VIE D'ANTOINE. CHAP. I. 271

la fuite et se rendirent auprès d'Octave. Ils lui révélèrent les dispositions du testament d'Antoine, dont ils avoient connoissance. Ce testament étoit déposé entre les mains des vestales (43). Octave fit demander qu'on le lui remît entre les mains. Les vestales refusèrent de le livrer, et lui firent dire que s'il le vouloit, il pouvoit venir le prendre lui-même. Il vint le prendre en effet. Il commença par le lire en particulier, et marqua quelques dispositions qui lui présentoient d'heureux chefs d'accusation contre Antoine. Cela fait, il convoqua le sénat, et il lui fit la lecture du testament. Ce procédé d'Octave révolta beaucoup de sénateurs. Ils regardoient comme une indignité, comme une horreur (44), qu'un individu fût exposé à être accusé durant sa vie, à raison de ce qu'il vouloit qu'on exécutât après sa mort. Ce qu'Antoine avoit réglé au sujet de sa sépulture devint principalement le champ de bataille des accusations d'Octave. Antoine ordonnoit effectivement qu'après sa mort, quand bien même il mourroit à Rome, son corps fut solennellement et pompeusement promené autour du Forum, et ensuite envoyé à Cléopâtre à Alexandrie. Calvisius, ami particulier d'Octave ajouta, à la charge d'Antoine, des chefs d'accusation relatifs à sa conduite envers Cléopâtre : il lui reprocha d'avoir fait présent à cette reine de la bibliothèque de Pergame, qui étoit composée de deux cent mille volumes (45); de s'être une fois, au milieu d'un repas, en présence de beaucoup de monde, levé de table et de lui avoir touché les pieds (46), en conséquence de quelque conven-

Ans
de
Rome.
723.

tion ou de quelque gageure (47) qu'ils avoient faite ensemble; d'avoir souffert qu'à Éphèse les habitants de cette cité, en sa présence, donnassent à Cléopâtre, en la saluant, le titre de souveraine. Il lui reprocha que souvent, pendant qu'il étoit assis sur son tribunal pour juger les affaires des rois et des tétrarques, on l'avoit vu recevoir des billets doux de Cléopâtre (48), et se mettre à les lire publiquement; qu'un jour entre autres, pendant que Furnius, un des Romains les plus éloquents, et les plus illustrés par les magistratures, plaidoit devant lui, ayant vu Cléopâtre traverser en litière la place publique où il rendoit la justice, il s'étoit aussitôt élancé de son siège, avoit abandonné ses fonctions, et accompagné Cléopâtre en demeurant appuyé contre sa litière. Mais la plupart de ces faits parurent être autant de mensonges dans la bouche de Calvisius (49). Les amis d'Antoine se répandirent dans Rome, afin d'intéresser le peuple en sa faveur. L'un d'entre eux, nommé Géminius, fut dépêché vers lui pour le supplier de songer lui-même sérieusement à ses intérêts, et de prendre garde qu'on ne le dépouillât de toute autorité par les suffrages du peuple; et qu'on ne le fît déclarer ennemi de la patrie. Géminius s'embarqua pour la Grèce. Cléopâtre le regarda comme suspect; elle le soupçonna d'être dévoué à Octavie. A table, elle ne cessoit point de le harceler par de mauvaises plaisanteries; elle tâchoit de l'humilier par la place qu'elle lui faisoit assigner. Géminius supporta tout, dans l'attente d'un moment de tête-à-tête avec Antoine. Un jour qu'il fut sommé,

VIE D'ANTOINE. CHAP. I. 273

en plein repas, de déclarer quel étoit l'objet de son message auprès d'Antoine; il répondit : « Il y « a de la différence entre les discours d'un homme « à jeun, et les discours d'un homme à table. Mais « une chose qu'on sait également, qu'on soit à jeun « ou à table, c'est que nos affaires en iroient beau- « coup mieux, sous tous les rapports, si l'on ren- « voyoit Cléopâtre en Égypte (50). » Antoine fut très choqué de ce propos; et Cléopâtre répondit à Géminius : « C'est à merveille, Géminius; vous avez « avoué la vérité sans attendre que l'on vous mît à « la torture (51). » Peu de jours après, Géminius se retira et reprit le chemin de Rome. Les flatteurs de Cléopâtre forcèrent à prendre le même parti à beaucoup d'autres amis d'Antoine, qui ne pouvoient point supporter les sarcasmes et les persifflages que cette femme se permettoit contre eux pendant ses repas. De ce nombre furent Marcus Silanus, et Dellius l'historien (52). Ce dernier même rapporta qu'il avoit craint quelque attentat de la part de Cléopâtre, et que Glaucus son médecin l'avoit prévenu. Dellius avoit en effet piqué au vif Cléopâtre, en disant à table qu'on ne leur servoit à boire que du vinaigre, tandis que Sarmentus buvoit à Rome du vin de Falerne. Or, ce Sarmentus étoit le Ganymède d'Octave, un de ces mignons auxquels les Romains donnent le nom de *Deliciae* (53).

LXXVII. Octave ne se fut pas plutôt suffisamment mis en mesure, qu'il fit décréter la guerre contre Cléopâtre dans une assemblée du peuple, et dépouiller en même temps Antoine d'un pouvoir dont il s'étoit démis pour en investir cette femme (54). Octave dit à cette occasion qu'Antoine étoit tellement subjugué par les enchantements de Cléopâtre, qu'il n'étoit plus à lui-même. Il fit remarquer que les forces de cette reine n'étoient que sous les ordres de l'eunuque Mardion et de Pothène; et il ajouta que c'étoit par les mains d'Ira sa coiffeuse, et de Charmion sa femme de chambre, que passoient, sous le nom d'Antoine, les plus importantes affaires du peuple romain (55). Voici les pronostics qui eurent lieu, dit-on, sur les évènements de cette guerre. Pisaurum, ville située sur les bords de la mer Adriatique, et qui étoit une des colonies d'Antoine, fut engloutie par un tremblement de terre. L'une des statues de pierre qu'Antoine avoit dans la ville d'Albe, fut trempée de sueur pendant plusieurs jours, et la sueur ne cessa point, avec quelque soin qu'on essuyât la statue. Pendant qu'Antoine étoit à Patras, la foudre mit le feu au temple d'Hercule, et le réduisit en cendres. A Athènes, les vents enlevèrent la statue de Bacchus du milieu du groupe qui représentoit la guerre des Géants (56), et la jetèrent au milieu du théâtre. Or, Antoine prétendoit appartenir à Hercule par les liens du sang (57), et il se donnoit pour l'émule de Bacchus, sous le rapport de ses mœurs; car on dit qu'on lui avoit donné le nom de *second Bacchus*. Dans la même ville, parmi les nombreuses statues colossales qui l'embellissoient, le même ouragan n'avoit renversé

VIE D'ANTOINE. CHAP. I.

que celles d'Eumenès et d'Attalus, sur lesquelles on avoit écrit le nom d'Antoine (58). Le vaisseau amiral de Cléopâtre portoit le nom d'*Antonias*: ce vaisseau fut l'objet d'un pronostic épouvantable. Des hirondelles avoient bâti leurs nids sous la poupe; d'autres hirondelles survinrent, les chassèrent, et mirent leurs petits en pièces (59).

NOTES
SUR L'EXTRAIT DE PLUTARQUE.

VIE D'ANTOINE.

(1) J'AI préféré suivre l'ordre de sections adopté dans les dernières éditions du Plutarque d'Amyot, que celui de la nouvelle traduction de Plutarque.

(2) C'étoit au moment où Antoine profitant d'un différent qui s'étoit élevé entre le roi des Mèdes et Phraates, le roi des Parthes, au sujet du partage du butin fait sur les Romains, accueillit la proposition que lui fit le roi des Mèdes de se joindre à lui, et de devenir son auxiliaire contre les Parthes.

(3) Ricard, le dernier traducteur de Plutarque, ne s'est pas aperçu que sa phrase étoit construite de manière qu'il a dit qu'Octavie *avoit apporté beaucoup de bêtes de somme*: ce qui est une faute de style un peu grave. *On conduit, on amène, mais on n'apporte pas des bêtes de somme.*

(4) Amyot a parlé de ce Niger comme d'un messager envoyé par Antoine à Octavie. Le texte dit le contraire : ἀποσταλεὶς παρ' αὐτῆς.

(5) Le texte grec, ὁμόσε χωροῦσαν αὐτῇ, pouvoit être littéralement rendu par ces mots : *venoit se mettre en concurrence avec elle.* Amyot a manqué d'exactitude en traduisant, « Cleopatra cognoissant qu'Octavia lui en vouloit. » Le texte ne se prête point à ce sens.

(6) Amyot a rendu le participe ἐκπεπληγμένον par ces mots : « Elle jetoit les yeux sur lui comme sur une personne « ravie de joie. » Ni le traducteur latin, ni Dacier n'ont donné à ce terme une acception dont il ne paroît pas en effet

susceptible, lorsqu'il est employé isolément, comme il l'est dans cette phrase.

(7) Il s'agissoit de quelque chose de plus que de parlementer, comme l'a traduit Amyot. Voyez ci-dessus la note n. 2.

(8) Il ne faut pas croire que ce fût, comme l'a traduit Dacier, *sur le ton de l'injure*. Les flatteurs sont en général trop adroits, et savent trop bien leur métier, pour prendre ce ton-là.

(9) Elle n'étoit, et ne fut jamais que cela. Plutarque a donc eu tort de dire, dans le parallèle d'Antoine et de Démétrius, qu'*Antoine eut deux femmes à la fois, ce qu'aucun Romain n'avoit osé faire avant lui*.

(10) Je crois que, d'après la lettre du texte, il ne s'agit que d'un mariage *arrêté*, et non consommé, entre deux *enfants*. Car la fille du roi des Mèdes et le fils d'Antoine n'étoient encore que cela.

(11) Dacier me paroît avoir fait ici un peu de gâchis. En le lisant, on ne voit pas clairement si c'est avec le roi des Mèdes ou avec le roi des Parthes qu'il fit amitié. D'un autre côté, il fait *reprendre* à Antoine *le chemin de Rome*, tandis qu'il est évident que ce fut à Alexandrie, et non à Rome, où il ne remit plus le pied, qu'il s'en retourna. Ricard s'est défié de cette bévue.

(12) Je n'ai vu dans le texte ἤδη πρὸς τὸν ἐμφύλιον πόλεμον τετραμμένος, ni les *pensements* d'Amyot, ni les *méditations* de Dacier.

(13) Selon Florus, le motif prépondérant du parti que prit Antoine de rallumer la guerre civile, fut la promesse qu'il avoit faite à Cléopâtre de mettre tout l'empire romain à ses pieds, pour prix de son impudicité et de ses débauches, comme si les Romains eussent été plus faciles à vaincre que les Parthes qui l'avoient vaincu. *Hæc mulier Ægyptia ab ebrio imperatore pretium libidinum Romanum imperium petit; et promisit Antonius, quasi facilior esset Partho Romanus.* Lib. IV, cap. 11. Ovide dans ses Métamorphoses, liv. XV,

presque à la fin, fait allusion à ce trait de l'aveugle ambition de Cléopâtre;

Romanique ducis conjux Ægyptia tædæ
Non benè fisa cadet, frustràque erit illa minata
Servitura suo Capitolia nostra Canopo.

Velléius Paterculus ne parle point de ce fait. Il dit seulement qu'Antoine fut poussé à prendre les armes contre sa patrie, par les progrès successifs de sa passion pour Cléopâtre, et par la frénésie toujours croissante des vices, qui ne respectent aucunes limites lorsque le poison de l'adulation se joint au sentiment de la toute-puissance. *Crescente deindè et amoris in Cleopatram incendio, et vitiorum, quæ semper facultatibus, licentiâque, et assentationibus aluntur, magnitudine, bellum patriæ inferre constituit.* Lib. II. n. 82.

(14) Pourquoi Ricard et Dacier ont-ils traduit ici *empereurs ?* Ce n'est pas-là le mot du texte. L'empire romain n'avoit point encore d'empereurs proprement dits.

(15) Cette conduite d'Octavie est un véritable modèle d'affection, de piété, de fidélité conjugale; sous ce rapport, elle mérite de la postérité les mêmes hommages que Pénélope. L'abbé de Saint-Réal a pris les vertus de cette illustre Romaine pour sujet d'un tableau qui se fait lire avec beaucoup d'intérêt, dans le Recueil des œuvres de cet écrivain, plus judicieux et plus estimable lorsqu'il a décerné à Octavie la palme de gloire dont elle est digne à si juste titre, que lorsqu'il s'efforce de faire de Lépidus un honnête homme. Montesquieu lui a témoigné de ceci une légitime animadversion dans son ouvrage sur la Grandeur et la Décadence des Romains, chap. 13.

(16) Amyot a laissé τραγικὴν de côté; et lorsque l'on voit que Dacier a traduit : «Partage qui parut insolent, digne de la « tragédie, et fait dans un esprit de haine pour les Romains», on peut douter que, par ces mots, *digne de la tragédie*, il ait rendu la pensée de Plutarque.

NOTES.

(17) Ce mot de *trône* doit s'entendre ici dans le sens littéral et étymologique de la langue grecque, où il ne signifie proprement qu'un *siège*. Amyot a traduit *deux chaires d'or*.

(18) Ricard a laissé ces mots du texte de côté.

(19) Il paroît, d'après un passage de Dion Cassius, que c'étoit Antoine qui avoit donné ce nom de Césarion au fils de Cléopâtre, et qu'il l'avoit ainsi introduit dans la famille de César. Cet historien prétend, en effet, que c'étoit un des griefs d'Octave contre Antoine. Καὶ ἐν τοῖς μάλιστα, ὅτι τὸν Καισαρίωνα ἐπωνόμαζεν οὕτω καὶ ἐς τὸ τοῦ Καίσαρος γένος ἦγε. Lib. L, n. ι, in fine.

(20) *Vide Julium Pollucem, lib. X, cap. 36. segm. 8, et notam*. Ricard a traduit *le bonnet pointu*.

(21) C'étoient les emblèmes de la dignité royale à laquelle il étoit élevé. Le texte de Plutarque énonce les termes propres de chacune de ces parties du costume.

(22) C'est ainsi que m'a paru devoir être rendu le pronom ἑτέραν. Il est probable que pour jouer la déesse Isis, Cléopâtre fit faire un manteau pareil à celui qui couvroit la statue de cette déesse; et je n'ai pas cru pouvoir supposer, comme l'ont fait Dacier et Ricard, que ce fût du manteau même d'Isis que Cléopâtre se revêtît. Voyez Plutarque dans son *Traité sur Isis et Osiris*.

(23) En traduisant, *et se fit appeler la jeune Isis*. Dacier, comme on voit, n'a pas saisi le sens du texte, καὶ νέα Ἶσις ἐχρημάτιζε. Le verbe grec χρηματίζειν a des variétés d'acception sur lesquelles on ne sauroit trop se tenir en garde. Amyot a mieux pénétré le sens de ce verbe; mais il falloit, ce me semble, lui faire signifier quelque chose de plus que *donner audience*. Voyez ci-dessus les notes sur le verbe χρηματίζειν. Ricard a suivi Amyot.

(24) Paterculus rapporte un autre fait non moins grave, qu'il met à la charge d'Antoine. Il lui reproche de s'être fait appeler le *nouveau Bacchus*, et d'avoir fait dans Alexandrie une entrée pompeuse et solennelle avec tous les attributs caractéristiques du dieu dont il empruntoit le nom. *Cùm*

ante novum se liberum patrem appellari jussisset, cùm redimitus hederis, coronâque velatus aureâ et thyrsum tenens, cothurnisque succinctus, curru velut Liber Pater vectus esset Alexandriæ. Lib. II, n. 82. Florus lui reproche, de son côté, d'avoir ouvertement affiché ses prétentions au pouvoir suprême, et de s'être publiquement affublé de tous les emblèmes de la royauté, sans nul respect pour Rome, pour son titre de citoyen romain, pour la toge, et pour les faisceaux. *Igitur dominationem parare, nec tacitè; sed patriæ, nominis, togæ, fascium oblitus, aureum in manu baculum, ad latus acinaces, purpurea vestis ingentibus obstricta gemmis, diadema aderat, ut reginâ rex ipse frueretur.* Lib. IV, c. 11.

(25) Dion Cassius tient à peu près le même langage, *lib. L. init.*

(26) *Post Pompeii fugam, collegarum alterum superbientem XX legionum fiduciâ, summasque sibi partes terrore ac minis vindicantem, spoliavit exercitu.* Sueton. Oct. Cæs. 16.

(27) Le langage de Dion Cassius est ici différent. Octave, selon lui, au lieu de réfuter les reproches d'Antoine, lui en adressa de particuliers, de son chef. Les voici : « Il se « plaignit, entre autres choses, de ce qu'Antoine occupoit « l'Égypte, sans que le sort eût mis cette province dans « son lot; de ce qu'Antoine avoit fait égorger Pompée, dont « Octave avoit bien voulu faciliter l'évasion; de ce qu'il avoit « imprimé une tache d'infamie au peuple romain, en s'em- « parant, par trahison, de la personne d'Artavasde, et en « le jetant dans les fers. Il lui reprocha sa conduite avec « Cléopâtre, les enfants qu'il avoit d'elle, les provinces « qu'il lui avoit données; il lui reprocha sur-tout d'avoir « donné le nom de Césarion à un des fils de cette reine, « et de l'avoir ainsi introduit dans la race de César. » *Liv. L, n.* 1.

(28) Ce fut l'an de Rome 722 que la guerre s'alluma entre Antoine et Octave. Les consuls de cette année, Cn. Domi-

tius, et C. Sossius, étoient deux amis d'Antoine. Domitius, qui s'étoit trouvé dans beaucoup de circonstances critiques, se tenoit tranquille. Sossius, au contraire, qui étoit encore vierge du côté des vicissitudes de la fortune, étoit hardi, entreprenant, et le jour des calendes de janvier, en s'installant dans le consulat, il prononça un discours plein d'éloges en faveur d'Antoine, et d'invectives contre Octave. Il poussa le zèle pour son ami jusqu'à présenter aux comices un décret contraire aux intérêts d'Octave; mais Nonius Balbus, tribun du peuple, s'y opposa. Octave, qui avoit prévu cette aggression de la part du consul, et qui ne vouloit ni laisser passer son décret, ni le combattre jusqu'à certain point, de peur d'être envisagé comme le provocateur de la guerre, sortit de Rome sous un prétexte, pour délibérer plus à son aise sur ce qu'il avoit à faire. Il y rentra bientôt; il convoqua le sénat; il s'entoura d'un appareil militaire, et d'amis qui portoient des poignards sous leurs robes; et placé dans sa chaire curule, ayant les deux consuls à ses côtés, il prononça un discours dans lequel il se justifioit personnellement, et il articuloit plusieurs chefs d'accusation contre Sossius le consul, et contre Antoine. Personne n'osa répondre, comme de raison, pas même les consuls. Octave ajouta qu'il convoquoit le sénat à tel jour, et que là il prouveroit par écrit ses chefs d'accusation contre Antoine. Les consuls sentirent qu'ils ne pourroient point assister à cette assemblée, où il leur seroit également impossible de parler et de se taire. Ils sortirent donc clandestinement de Rome, et se retirèrent auprès d'Antoine, suivis d'un assez grand nombre de sénateurs. Octave craignit que cette disparition des consuls ne parût l'effet de quelque violence de sa part. Il se donna donc l'air de les avoir fait partir de leur gré, et, afin d'accréditer cette opinion, il permit à tous ceux qui voudroient se rendre auprès d'Antoine de suivre leur inclination. Ces détails, qu'on ne trouve pas dans Plutarque, m'ont paru importants. J'ai donc cru, pour l'intérêt de mes lecteurs, devoir mettre Dion Cassius à contribution. Voyez le cinquantième livre de cet historien, n° 2.

(29) Les annotateurs de la dernière édition d'Amyot évaluent cette somme 93,373,000 livres de notre monnoie. Ricard l'évalue à 100,000,000.

(30) Amyot ne parle que de Domitius. Il n'a donc pas lu καὶ τινων ἄλλων dans son manuscrit.

(31) Dacier s'inscrit en faux contre ces éloges distribués par Canidius à Cléopâtre. Voyez sa note.

(32) Ἔδει γὰρ εἰς Καίσαρα πάντα περιελθεῖν, dit Plutarque. Nous avons vu plus haut, liv. III, chap. XI, note 6, que Suétone, à propos des conseils de prudence qu'Attia donnoit à Octave, a dit: *Sed adserebant salutaria reipublicæ terrarumque orbis fata;* et plus haut encore, liv. II, sect. CXVI, à la fin, Appien a dit, au sujet de César entrant dans le sénat où il alloit être assassiné, sans s'en laisser imposer par aucun des sinistres pronostics qui lui annonçoient sa catastrophe, χρῆν γὰρ, ἃ ἐχρῆν Καίσαρι γενέσθαι. Ces différents traits indiquent que les anciens, du moins que Plutarque, Suétone et Appien étoient passablement *fatalistes.*

(33) Dans les éditions vulgaires du grec de Plutarque, on lit ici Λαυρίων, ce qui est évidemment une altération. Amyot doit avoir lu dans son manuscrit Ἰλλυρίων, puisqu'il a traduit *jusques aux Illyriens.* Dacier a remarqué, de son côté, cette incorrection du texte. A l'observation par lui faite, que la méprise a pu facilement avoir lieu, à cause de la ressemblance matérielle des deux mots, j'ajoute que c'étoit en effet sur le territoire de l'Illyrie qu'étoit tracée la ligne de démarcation qui séparoit les provinces d'Antoine de celles d'Octave. Voyez la note de Ricard sur ce passage.

(34) L'expression grecque est bonne à noter, γενόμενος δ' ἀπὸ τούτων. Amyot a traduit, *après que cela fut passé.* Peut-être, pour être plus littéral, falloit-il traduire, *après qu'Antoine eut cessé de se livrer à tous ces plaisirs.*

(35) C'étoit une ville maritime de l'Asie mineure, en face de l'île de Samos.

36) *Pendant la guerre,* n'est pas littéralement dans le

grec. Mais le sens de Plutarque appelle si évidemment ces mots, qu'Amyot a senti la nécessité de les exprimer. Dacier et Ricard auroient bien fait de les exprimer aussi, plutôt que de faire penser qu'Antoine établit tous ces histrions, à domicile fixe, à Priène.

(37) Dacier a traduit, *il s'en retourna à Athènes.* Mais Antoine n'en venoit pas. Amyot a dit, *puis s'en alla vers Athènes :* voilà le texte. Ce qui a induit Dacier en erreur, c'est de n'avoir pas fait attention que l'adverbe πάλιν se rapporte non à ce qui le précède, mais à ce qui le suit, ἐν παιδείαις καὶ θεάτροις.

(38) Après la retraite des consuls, Octave avoit assemblé le sénat, et y avoit dit contre Antoine tout ce qu'il avoit voulu. Antoine, de son côté, avoit formé, à l'exemple de Sertorius en Ibérie, et de Scipion, le beau-père de Pompée, en Afrique, un sénat qu'il avoit composé des sénateurs réfugiés auprès de lui. Il l'avoit convoqué pour y développer à son tour ses griefs contre Octave; et à la suite de cette récrimination, il avoit solennellement répudié Octavie. Voilà pourquoi il envoya des agents à Rome pour la faire sortir de sa maison. Dion Cassius, *liv. L*, *n.* 3.

(39) Des incendies dévorèrent plus de la moitié du cirque, ainsi que les temples de Cérès et de l'Espérance. Ces ravages furent attribués à ces affranchis qui en commirent beaucoup d'autres du même genre, et auxquels Octave ne parvint à en imposer qu'en déployant contre eux la force des armes. Dion Cassius, *ibid.*

(40) Πραττόμενοι γὰρ ἠγριαίνοντο, πραχθέντες δὲ καὶ δόντες ἡσύχαζον. Emploi notable du verbe passif πράττομαι.

(41) Toutes les éditions grecques de Plutarque portent *Titus* au lieu de *Titius.* Il est néanmoins évident que c'est une erreur de copiste. D'abord on ne voit nulle part aucun ami d'Antoine qui ait ce premier nom; et ensuite on connoît un Titius qui joue un grand rôle à cette époque auprès de lui. C'est ce Titius dont Appien parle à la fin du cinquième livre des guerres civiles, qui commandoit sous les ordres

d'Antoine en Asie, à l'époque où le jeune Pompée, chassé de Sicile par Octave, vint chercher un asile dans cette région; et qui, profitant avec scélératesse d'un quiproquo de correspondance, fit couper la tête à ce dernier. Voyez ci-dessus les dernières notes du cinquième livre. Je remarquerai, en passant, qu'à la marge du Plutarque, *in-folio*, de la bibliothèque nationale, édition de Francfort, 1520, un érudit a corrigé le texte, et averti qu'il falloit lire Τίτιος. Au surplus, ce Titius étoit neveu de Plancus. C'est Paterculus qui nous l'apprend : *Hunc mox avunculum Titius imitatus est.* Lib. II, n. 83.

(42) En parlant de cette défection de Plancus, Paterculus a tracé, à sa manière, le portrait en miniature de ce misérable. On ne sera pas fâché de le voir ici. Ce portrait peut servir à donner une idée du caractère et des mœurs de la plupart de ces personnages du second ordre dont Antoine et Octave étoient entourés. *Inter hunc apparatum belli, Plancus, non judicio recta legendi, neque amore reipublicæ aut Cæsaris (quippè hæc semper impugnabat) sed morbo proditor, cùm fuisset humillimus assentator reginæ, et infra servos cliens, cùm Antonii librarius, cùm obscenissimarum rerum et auctor et minister, cùm in omnia et omnibus venalis, cùm cœruleatus et nudus, caputque redimitus arundine, et caudam trahens, genibus innixus, Glaucum saltâsset, in convivio refrigeratus ab Antonio ob manifestarum rapinarum indicia, transfugit ad Cæsarem.* Lib. II, c. 83. Ce lâche Plancus eut l'infamie, après sa défection, de se constituer en plein sénat l'accusateur d'Antoine; et Paterculus nous a conservé à ce sujet un excellent mot de Coponius, ancien préteur. « Il faut donc, dit-il « à Plancus, qu'Antoine ait commis bien des crimes la « veille que vous l'avez quitté. » *Ibid.*

(43) Dion Cassius ne dit pas que ce testament fut déposé entre les mains des vestales; mais il dit formellement qu'Octave, après l'avoir lu en plein sénat, et en avoir fait devant

lui la matière de ses déclamations contre Antoine, vint en faire autant devant l'assemblée du peuple, circonstance de laquelle Plutarque ne parle pas. *Liv. L, n.* 3.

(44) Toujours soigneux de présenter sous un jour moins odieux et moins révoltant les traits de la conduite d'Octave, Dion Cassius ne manque pas de dire ici que les dispositions du testament d'Antoine soulevèrent tellement les esprits, que ce sentiment étouffa l'indignation que l'inique procédé d'Octave devoit d'ailleurs exciter. Τοιαῦτα γάρ που ἐν αὐταῖς ἀνεγέγραπτο, ὥστε μηδ' αἰτίαν τινὰ παρ' αὐτῶν καίτοι παρανομώτατον πρᾶγμα ποιήσας σχεῖν. Lib. L, n. 3.

(45) Voyez la note de Ricard sur ce passage.

(46) L'interprète latin a traduit, *illius pedes calcasse*. Il ne m'a pas paru que *calcasse* fût le mot propre. Le verbe *calcare* présente l'idée d'une action violente et douloureuse qui ne pouvoit entrer dans les intentions d'Antoine et de Cléopâtre. J'ai cru que le verbe grec devoit être rendu dans ce passage par une expression plus douce. Voyez la note de Dacier.

(47) Aucun des traducteurs qui m'ont précédé n'a donné à ce passage le sens dans lequel j'ai cru devoir le traduire. Il m'a paru évident que les mots du texte ἔκ τινος ὁρισμοῦ signifioient ce que nous entendons par les mots *pari* et *gageure*. Un autre passage de Plutarque confirme mon opinion. Il est dans la vie d'Alexandre, au commencement, à l'endroit où il s'agit de Bucéphale qu'aucun des écuyers de Philippe ne pouvoit monter. Alexandre fait un pari avec son père qu'il montera ce cheval, et Plutarque s'exprime ainsi : γενομένου δὲ γελώτος, εἶτα ὁρισμοῦ πρὸς ἀλλήλους εἰς τὸ ἀργύριον. Je remarquerai, en passant, que l'érudit anonyme qui a heureusement corrigé en beaucoup d'endroits le texte imprimé du Plutarque *in-folio* de la bibliothèque nationale, dont j'ai parlé ci-dessus, note 32, a eu tort de toucher ici à la leçon vulgaire, et de proposer ἐρισμοῦ, (qu'on ne trouve pas, du moins dans Scapula) à la place de ὁρισμοῦ, dont on voit

que Plutarque a fait usage dans deux endroits analogues.

(48) Amyot a traduit, *des lettres d'amour écrites en ta-blettes de cornaline et de cristal.* Dacier a traduit de la même manière.

(49) Dion Cassius rapporte, au contraire, que la disposition du testament d'Antoine, par laquelle il ordonnoit que son corps fût envoyé à Alexandrie pour y être inhumé avec celui de Cléopâtre, échauffa si fort l'esprit du peuple contre lui, que l'on ajouta foi à toutes les autres imputations que l'on débitoit à sa charge, notamment à celle-ci, que s'il devenoit le chef de l'empire romain, il donneroit Rome à Cléopâtre, et transfèreroit le siège de l'empire à Alexandrie. Δι' οὖν ταῦτα ἀγανακτήσαντες ἐπίστευσαν ὅτι καὶ τἄλλα τὰ θρυλλούμενα ἀληθῆ εἴη, τουτέστιν ὅτι ἂν κρατήσῃ τήν τε πόλιν σφῶν τῇ Κλεοπάτρα χαριεῖται, καὶ τὸ κράτος ἐς τὴν Αἴγυπτον μεταθήσει. Lib. L, n. 4.

(50) Voyez les versions d'Amyot, de Dacier et de Ricard, sur ce passage. Il me semble que dans la première partie de la réponse de Géminius, ils n'ont pas rendu littéralement le texte.

(51) Il y avoit encore, comme on voit, du sarcasme dans cette réflexion de Cléopâtre; car on ne mettoit à la torture, pour obtenir la vérité, que les prévenus d'un crime, ou les esclaves.

(52) Voyez la note de Ricard.

(53) Dacier pense que ce Sarmentus est le même que celui aux dépens duquel Horace s'amuse à la fin de la cinquième de ses satires;

> .... *Nunc mihi paucis*
> *Sarmenti scurræ pugnam, Messique Cicerri*
> *Musa velim memores;* etc.

Il est apparent qu'à l'époque où Horace écrivoit cette satire, Sarmentus, ayant vieilli, avoit cessé d'être le Ganymède d'Octave; car le poëte étoit trop habile courtisan pour attaquer ainsi celui qui auroit fait encore les délices du maître du monde.

(54) Il faut remarquer ici qu'Antoine ne fut pas déclaré ennemi de la patrie. C'est donc une erreur de la part de Suétone de l'avoir ainsi raconté. *Remisit tandem hosti judicato necessitudines, amicosque.* Cæs. Oct. 17. Dion Cassius nous apprend pourquoi on évita cette déclaration. Ce fut un trait de politique de la part d'Octave. Il craignoit plusieurs de ceux qui avoient pris parti pour Antoine, et qui se seroient trouvés compris eux-mêmes implicitement dans la déclaration, s'ils ne l'eussent pas abandonné. Πολέμιόν τε λόγῳ μὲν οὐκ ἀπέφηναν (φοβηθέντες τοὺς συνόντας αὐτῷ ὅτι καὶ ἐκείνους ἐν ἐχθρῶν μοίρᾳ, ἂν μὴ λείπωσιν αὐτὸν, νομισθῆναι ἐχρῆν) ἔργῳ δὲ παντὸς μᾶλλον ἀπέδειξαν. Lib. L, n. 4. D'un autre côté, Octave sentoit parfaitement que toute déclaration solennelle à cet égard étoit inutile. Il connoissoit assez Antoine pour savoir qu'il ne sépareroit jamais ses intérêts de ceux de Cléopâtre; et en le laissant ainsi de côté, sans faire mention de lui dans le décret du peuple, il avoit pour but de le rendre d'autant plus odieux. Le décret ne le regardant pas personnellement, il devoit paroître n'avoir pris les armes contre sa patrie, qui ne lui avoit fait aucun mal, que pour défendre contre elle la reine d'Égypte. Εὖ γε εἰδότες ὅτι καὶ ἄλλως πολεμιωθήσοιτο· οὐ γάρ που πρόδους ἐκείνην τὰ τοῦ Καίσαρος πράξειν ἔμελλε. καὶ βουλόμενοι καὶ αὐτὸ τοῦτο προσεγκαλέσαι οἱ, ὅτι τὸν ὑπὲρ τῆς Αἰγυπτίας (γύναικος) πόλεμον ἑκὼν κατὰ τῆς πατρίδος, μηδενὸς αὐτῷ δεινοῦ οἴκοθεν ἰδίᾳ συμβάντος, ἀνείλετο. Lib. L, n. 6. Au reste, après l'avoir fait destituer du consulat, dans lequel il devoit être son collègue, Octave fit nommer à sa place ce même Messala Corvinus qu'Antoine avoit fait inscrire, quelques années auparavant, sur la liste des proscrits.

(55) Dion Cassius rapporte qu'on prit publiquement le *sagum* à cette occasion; et qu'Octave, en qualité de Fécial,

fit, dans le temple de Bellone, par ordre du peuple, toutes les cérémonies usitées en pareille occurrence. *Ibid. n.* 4.

(56) Dacier s'est trompé ici. Il a pris le mot grec qui signifie *un monument de sculpture* représentant la guerre des Titans contre les Dieux, pour un des quartiers de la ville d'Athènes, *dans l'endroit appelé la Gigantomachie.* Ricard a copié cette bévue, en ajoutant en note, *On croit que ce lieu avoit pris son nom d'une peinture de ce combat.* Comment Ricard n'a-t-il pas senti qu'il s'agissoit ici d'un monument de sculpture et non d'une peinture? Car comment le vent auroit-il enlevé Bacchus d'une peinture? Si Ricard eût consulté Pausanias, dans ses Attiques, liv. I, il auroit trouvé le monument de sculpture dont il est question ici, mentionné par cet illustre auteur grec. Il auroit trouvé que dans la citadelle d'Athènes, auprès du mur appelé Notion, étoit *un monument de sculpture* représentant le combat des Géants, que chacune des statues de ce monument avoit deux coudées de haut, et que c'étoit Attalus, roi de Pergame, apparemment, qui avoit fait présent de ce monument à la république d'Athènes. Voici le texte de Pausanias, *lib. I, cap.* 25, *ex edit. Jo. Frider. Facii.* Πρὸς δὲ τῷ τείχει τῷ Νοτίῳ Γιγάντων, οἱ περὶ Θράκην ποτὲ καὶ τὸν Ἰσθμὸν τῆς Παλλήνης ὤκησαν, τούτων τὸν λεγόμενον πόλεμον, καὶ μάχην κ. τ. λ. ἀνέθηκεν Ἄτταλος ὅσον γε δύο πηχῶν ἕκαστον. Voici, sur ce passage, la note de Facius, le dernier éditeur de Pausanias. *Artis opera in plano elevata, hæc Attali donaria fuisse videntur. Pausanias enim si de picturis hic sermo esset, illud, ut solet, declarasset.* Au surplus, on doit avoir de l'indulgence pour ces sortes de méprises. Amyot ne s'y est pas trompé, non plus que l'interprète latin. Il est bon peut-être d'avertir que dans quelques éditions du texte grec, et notamment dans l'*in*-8° de Henri Étienne on lit Γιγαντομογίας, par un γ, au lieu de Γιγαντομαχίας, par un χ, ce qui est une faute grave de typographie.

(57) Voyez ci-dessus, liv. III, sect. 16, à la fin.

(58) Ἔχοντας τὸ Ἀντωνίου ὄνομα ἐφ' ἑαυτοῖς γεγραμμένον.

NOTES. 289

Telle est la glose sur ce passage de Plutarque, dans l'édition de cet auteur donnée à Tubingen, en 1794, par J. G. Hutten, vol. VI, pag. 133.

(59) Tous ces pronostics étoient personnels à Antoine. Dion Cassius y ajoute celui-ci. A Rome, les enfants s'étoient distribués en deux bandes; les uns étoient la bande d'Octave, les autres la bande d'Antoine. Ils en vinrent aux mains pendant deux jours consécutifs, et la bande d'Antoine eut le dessous. On trouve dans le même historien beaucoup d'autres prodiges qui regardoient le peuple romain, liv. L, n. 8.

CHAPITRE II.

LXXVIII. *Forces respectives d'Antoine et d'Octave.* LXXIX. *Provocation qu'ils se font l'un à l'autre.* LXXX. *Domitius passe du parti d'Antoine dans celui d'Octave.* LXXXI. *Canidius conseille à Antoine d'établir la guerre sur le continent.* LXXXII. *Cléopâtre fait préférer la guerre maritime.* LXXXIII. *Les flottes sont en présence.* LXXXIV. *L'action s'engage.* LXXXV. *Cléopâtre prend la fuite; Antoine la suit.* LXXXVI. *Il soupe avec elle.* LXXXVII. *Il envoie ordre à Canidius de reprendre le chemin de l'Asie par la Macédoine.* LXXXVIII. *Belle résistance de son armée de terre et de mer.*

Ans de Rome. 723.

LXXVIII. Lorsqu'ils entrèrent en campagne, Antoine n'avoit pas moins de cinq cents vaisseaux de guerre; et dans ce nombre, il y en avoit plusieurs de huit et de dix rangs de rames, qui étoient armés avec prétention, et même avec des attributs de triomphe. Il avoit (1) cent mille hommes de troupes de terre, et douze mille chevaux. Les rois, rangés sous ses enseignes en qualité d'auxiliaires, étoient Bocchus, un des rois d'Afrique; Tarcondème, roi de la haute Cilicie; Archélaüs, roi de Cappadoce; Philadelphe, roi de Paphlagonie; Mithridate, roi de Commagène; et Adalla, roi des Thraces : tous ces rois étoient auprès de lui en personne. D'un autre côté, Polémon, roi de Pont, Malchus (2), roi d'Arabie, et Hérode, roi de Judée, lui avoient envoyé chacun un corps de troupes. Amyntas, roi de Lycaonie et de Galatie en avoit fait autant, ainsi que le roi des Mèdes. Quant à Octave, il avoit deux cent cinquante vaisseaux de guerre (3), quatre-vingt mille hommes de troupes de terre, et une cavalerie à peu près aussi nombreuse que celle de l'ennemi. Antoine étendoit son empire depuis l'Euphrate et l'Arménie jusqu'à la mer Ionienne et à l'Illyrie. Octave étendoit le sien depuis cette dernière limite jusqu'aux pays qui touchoient à l'Océan occidental, et ensuite depuis l'Océan sur toutes les contrées que baignent la mer de Tyrrhène, et la mer de Sicile. A l'égard de l'Afrique, Octave commandoit dans la partie de cette région qui étoit en face de l'Italie, des Gaules, et de l'Ibérie jusqu'aux colonnes d'Hercule, et Antoine dans la partie qui s'étendoit depuis Cyrène jusque dans l'Éthiopie. Or, Antoine avoit laissé prendre à Cléopâtre un tel ascendant, que, quoiqu'il fût très supérieur en forces de terre à Octave, il mit, parceque telle fut la volonté de Cléopâtre, toute sa confiance dans ses vaisseaux. Il prit cette résolution, quoiqu'il ne pût se dissimuler que, dans la pénurie de matelots, on avoit été réduit à composer les équipages de voyageurs, de muletiers, de moissonneurs, et de jeunes gens qu'on avoit enlevés de force dans la Grèce qui avoit déjà tant souffert, que, malgré ses mesures, ses équipages étoient loin encore d'être au complet, et que le plus grand nombre des vaisseaux, faute de monde, se mouvoient difficilement. Les vaisseaux d'Octave, au contraire, n'avoient point été construits de manière à se faire remarquer par leur élévation et par leur masse. Ils étoient lestes, agiles, et les équipages étoient complets (4). Il réunit toutes ses forces navales à Tarente et à Brindes.

LXXIX. Cela fait, il adressa un message à Antoine pour l'inviter à ne pas perdre de temps, et à se rendre avec toutes ses forces en Italie. Il lui fit dire qu'il le laisseroit entrer sans obstacle avec ses vaisseaux dans les rades et dans les ports, et qu'il se retireroit lui-même des bords de la mer (5), à la distance d'une journée de cheval, jusqu'à ce qu'il eût débarqué et campé avec une sécurité entière (6). Antoine répondit à cette forfanterie, en provoquant Octave, quoique beaucoup plus jeune que lui (7), à un combat singulier; et, en cas de refus, il l'invitoit à se rendre pour vider leur querelle dans les mêmes champs de Pharsale où César et Pompée avoient vidé la leur.

LXXX. Octave se hâta, pendant qu'Antoine étoit à l'ancre, à la hauteur du promontoire d'Actium (8), au même lieu (9) où Nicopolis (10) existe aujourd'hui, de passer la mer Ionienne, et d'aller prendre poste dans une petite ville d'Épire, qu'on nomme Toryne. Les amis d'Antoine s'étant effrayés de cette marche rapide d'Octave, parceque leur armée de terre n'étoit pas encore arrivée, Cléopâtre en prit occasion de faire un jeu de mots : « Et qu'y a-t-il « donc de si effrayant, dit-elle, qu'Octave soit à To- « ryne (11). » Antoine ayant vu dès le point du jour la flotte ennemie s'avancer contre lui, craignit qu'elle n'allât s'emparer de ceux de ses vaisseaux qui n'étoient pas équipés. En conséquence il fit prendre les armes aux rameurs, et les rangea sur les ponts, uniquement pour la montre; il fit en même temps élever et tenir en l'air les rames des vaisseaux; il les posta, de chacun des côtés de la rade d'Actium, la proue en avant, comme prêts à se mettre en mouvement et à repousser l'attaque. A l'aspect de ces dispositions la flotte d'Octave se retira. Antoine ayant remarqué que le pays occupé par l'ennemi avoit peu d'eau, et n'en avoit même que de la mauvaise, songea à le cerner habilement de manière à lui ôter toute ressource à cet égard. D'un autre côté, il se montra généreux envers Domitius, contre l'avis de Cléopâtre. Domitius, quoique malade de la fièvre, s'étoit jeté dans un esquif, et s'étoit venu ranger du parti d'Octave (12). Quelque irrité que fût Antoine de cette défection, il envoya à Domitius tout son bagage, ses amis, et ses esclaves. Domitius mourut quelque temps après, comme pour faire éclater le repentir qu'il avoit eu de sa défection et de son infidélité (13). Il y eut des rois qui passèrent aussi du côté d'Octave. Tels furent Amyntas (14), et Déjotarus.

LXXXI. Cependant, comme les vaisseaux d'Antoine éprouvoient des revers continuels (15), et qu'ils arrivoient toujours trop tard (16) par-tout où ils avoient ordre d'aller concourir à quelque opération, Antoine fut forcé de reporter son attention sur ses troupes de terre. Ces mauvais succès firent en même temps changer d'avis Canidius qui avoit le commandement en chef de l'armée. Il conseilla à Antoine de renvoyer Cléopâtre, de gagner la Thrace (17) ou la Macédoine, et d'établir le théâtre de la guerre sur le continent, d'autant que Dicomès, roi des Gètes, promettoit de venir à son secours avec de grandes forces. Il lui fit remarquer d'ailleurs qu'il n'y auroit nulle honte à lui à quitter la mer devant Octave qui s'étoit exercé sur cet élément dans la guerre de Sicile; et qu'au contraire, il seroit absurde de sa part, qu'ayant acquis tant d'expérience dans les combats sur terre, il ne sût point tirer parti des forces et des ressources nombreuses qu'il avoit à cet égard à sa disposition, et qu'il anéantît son armée en la distribuant sur des vaisseaux.

LXXXII. Malgré tout cela, Cléopâtre fit prévaloir l'avis de tout mettre au hasard d'une bataille navale. Elle avoit déjà pourvu à sa fuite, en plaçant ses vaisseaux, non pas à l'endroit où ils auroient pu aider le plus à la victoire, mais à celui d'où il lui seroit le plus facile de prendre la fuite en cas de défaite. Entre le camp d'Antoine et sa flotte étoit une espèce de chemin de communication (18), au travers duquel Antoine avoit coutume d'aller et venir, sans aucune défiance. Un esclave d'Octave lui dit qu'il seroit possible d'enlever Antoine, pendant son trajet, au travers de ce chemin. Octave mit du monde en embuscade; mais pour s'être trop tôt mis à découvert, on ne saisit que l'avant-coureur d'Antoine. Quant à lui, il se sauva quoique avec peine à force de jambes. Aussitôt qu'il se fut décidé à tenter le sort des armes par une bataille navale (19), il brûla tous ses vaisseaux inutiles. Il n'en conserva que soixante (20) de ceux de Cléopâtre. Les plus grands et les meilleurs de ses autres vaisseaux, depuis trois jusqu'à dix rangs de rames, il en compléta les équipages. Il y distribua en outre vingt mille hoplites, et deux mille archers. On rapporte que, pendant cette opération, un de ces officiers dont la fonction étoit de faire garder les rangs (21), qui avoit combattu plusieurs fois sous les ordres d'Antoine, et dont le corps étoit criblé de blessures, ayant vu passer Antoine, s'étoit écrié, en lui adressant la parole : « Général, pour- « quoi vous défiez-vous de ces cicatrices et de ce « glaive, que vous mettiez toutes vos espérances « dans de mauvais bois? Laissez les Égyptiens et « les Phéniciens donner des batailles navales. Nous, « faites-nous combattre sur terre, où nous sommes « accoutumés à vaincre notre ennemi, ou à mourir « en nous battant de pied ferme. » Antoine ne répondit rien à cette apostrophe. Il se contenta d'exhorter du visage et de la main le brave en question à prendre courage, et passa son chemin sans avoir lui-même beaucoup d'espérance ; car ses pilotes voulurent laisser les voiles à terre. Mais il les força de les prendre, « afin, dit-il, qu'aucun des ennemis « ne puisse échapper quand bien même il prendroit « la fuite (22). »

LXXXIII. Ce jour-là, et les trois jours qui suivirent, la mer fut tellement agitée par les vents, qu'il fut impossible d'engager l'action; mais le cinquième jour le vent s'étant abattu, et les flots s'étant apaisés, on en vint aux mains (23). Antoine se mit à la tête de son aile droite avec Publicola. Il donna à Cælius le commandement de son aile gauche. Il plaça au centre Marcus Octavius, et Marcus Instéius. Octave de son côté donna le commandement de sa gauche à Agrippa, et se réserva la droite. L'armée de terre d'Antoine étoit sous les ordres de Canidius : celle d'Octave sous les ordres de Taurus. Ces deux armées étoient rangées en bataille sur les bords de la mer ; mais elles étoient complètement immobiles. Antoine parcourut les rangs de sa flotte à force de rames, exhortant ses matelots à bien faire leur devoir, et à combattre dans l'immobilité comme sur terre, attendu la pesanteur des vaisseaux. Il ordonna à ses pilotes de soutenir, sans se remuer, et comme si leurs vaisseaux étoient à l'ancre, les chocs des vaisseaux de l'ennemi, et d'éviter avec soin les bas-fonds (24) en sortant du golfe. On raconte qu'Octave étant sorti de sa tente avant le jour pour se rendre à sa flotte et en faire la revue, il rencontra un homme qui conduisoit un âne; que cet homme reconnut Octave; et qu'interrogé par lui de son nom, il lui avoit répondu : « Moi, je « m'appelle Eutychès, quant à mon âne, il s'appelle « Nicon (25). » Telle fut la raison pourquoi Octave, érigeant ultérieurement en ce lieu un trophée de proues de navires, y joignit un homme et un âne de bronze. Pendant qu'il faisoit sa revue, parcourant dans un esquif son aile droite, il jeta les yeux sur la flotte ennemie, et fut étonné de la voir immobile à l'entrée du golfe. Les vaisseaux avoient l'air en effet de se reposer sur leurs ancres. Il resta long-temps dans cette illusion, et en conséquence il empêcha sa flotte d'avancer, et la retint à une distance d'environ huit stades de l'ennemi.

LXXXIV. Il étoit déjà la sixième heure (26), lorsqu'un vent propre à mettre en mer (27) se leva. Antoine, impatienté de tant de retards, et plein de confiance dans la hauteur et le poids de ses vaisseaux, comme si ces deux circonstances eussent dû les rendre inexpugnables, fit faire un mouvement en avant à son aile gauche. Octave, joyeux à cet aspect, fit reculer son aile droite, dans la vue d'attirer l'ennemi un peu plus au large, de l'éloigner davantage des deux pointes du détroit du golfe, et de ménager par cette manœuvre à ses vaisseaux légers sous la rame la facilité de tourner ceux de l'ennemi, qui, à cause de leur masse et de leur peu de monde, ne pouvoient agir et se mouvoir que lentement. Lorsque l'action fut engagée, on ne chercha point à se choquer et à se fracasser réciproquement (28). Les vaisseaux d'Antoine, à cause de leur pesanteur, ne pouvoient point prendre l'élan qui seul peut faire produire au choc quelque effet. Les vaisseaux d'Octave s'abstenoient de choquer, proue contre proue, les vaisseaux de l'ennemi qui avoient leurs proues pointues et solidement doublées en airain. Ils n'osoient pas non plus tenter de les choquer dans leurs flancs, de peur d'écraser eux-mêmes leurs proues, ce qui seroit facilement arrivé contre des bordages armés de grosses pièces carrées, et fortement assujetties ensemble avec du fer (29). L'action ressembloit donc à un combat sur terre. Pour parler plus vrai, c'étoient comme des assauts de redoutes. Trois ou quatre des vaisseaux d'Octave étoient aux prises avec un seul des vaisseaux d'Antoine. On y mettoit en jeu les moyens d'attaque et de défense ordinaires à ce genre d'action (30). C'étoient des gerres (31), des piques, des hallebardes, des pots à feu. Du côté d'Antoine on faisoit jouer des catapultes du haut des tours de bois qui défendoient ses vaisseaux (32).

LXXXV. Agrippa ayant fait faire à l'aile qu'il commandoit un mouvement au large pour cerner l'ennemi, Publicola fut forcé d'en faire autant de son côté pour se mettre en mesure. Il en résulta que le centre de la flotte d'Antoine fut dégarni. Pendant que cet évènement répandoit le trouble parmi les vaisseaux qui tenoient le milieu de la ligne, et que l'action s'engageoit chaudement entre ces vaisseaux et ceux qu'Arruntius (33) commandoit, au moment où la bataille étoit encore indécise, et où les résultats étoient encore partagés, on vit tout à coup les soixante vaisseaux de Cléopâtre hisser leurs voiles (34) pour prendre la fuite, et traverser, en fuyant, le champ de bataille; car on les avoit postés derrière les grands vaisseaux de la flotte, et en passant au travers, ils y jetèrent du désordre et de la confusion. La flotte d'Octave, toute ébahie de cet évènement, attacha ses yeux sur ces vaisseaux, qui, poussés par un bon vent, prenoient la route du Peloponnèse (35). Ce fut alors qu'Antoine montra clairement qu'il ne savoit plus se conduire, ni comme un des chefs du peuple romain, ni comme un homme ordinaire, ni même d'après ses propres idées; mais qu'il étoit entraîné par une femme, comme s'il étoit identifié avec elle (36), et qu'une impulsion commune le forçât d'obéir à tous ses mouvements; justifiant ainsi cette plaisanterie vulgaire : « Que l'ame de celui qui est en proie à l'a-« mour ne vit que dans le corps de l'objet aimé. » Il n'eut pas plutôt vu Cléopâtre prendre la fuite à pleines voiles, qu'oubliant tout, trahissant, abandonnant ceux qui combattoient et se faisoient tuer pour sa querelle, et se jetant dans un vaisseau à cinq rangs de rames, uniquement accompagné d'Alexas le Syrien, et de Skellius (37), il suivit les traces (38) de celle qui avoit déjà commencé, et qui consommoit actuellement son malheur et sa catastrophe (39).

LXXXVI. Cléopâtre ayant reconnu les signaux qu'Antoine lui fit de son bord, s'arrêta (40). Antoine la joignit, passa dans son vaisseau, et sans la voir, sans être vu d'elle, il alla se placer, seul, sur la proue, enfoncé dans le recueillement et dans le silence, et tenant sa tête courbée entre ses deux mains. Sur ces entrefaites, on aperçut des liburnides de la flotte d'Octave, qui poursuivoient les vaisseaux de Cléopâtre. Antoine ordonna au pilote de son vaisseau de virer de bord de manière à faire face à l'ennemi. Ce mouvement en imposa à toutes ces liburnides, à l'exception de celle que montoit Euriclès, le Lacédémonien, qui se dirigeoit vers lui d'un air furibond, agitant du haut de la proue de son vaisseau une flèche comme prêt à la lui décocher. Antoine s'étant avancé sur la proue du sien, et s'étant écrié : « Quel est celui qui poursuit ainsi An- « toine ? » C'est moi, lui répondit-il ; « Euriclès, le « fils de Lacharès, qui profite de la fortune d'Octave « pour venger la mort de mon père. » Or, ce Lacharès avoit eu la tête tranchée par ordre d'Antoine pour crime de piraterie. Cependant Euriclès ne s'attaqua point au vaisseau d'Antoine. Mais ayant fondu avec sa proue armée d'airain sur le second vaisseau amiral de la flotte de Cléopâtre, car il y en avoit deux, il le fit rouler sur lui-même, et s'en rendit maître après l'avoir ainsi mis sur le côté. Il en prit un autre qui étoit chargé de beaucoup de meubles précieux. Lorsque Euriclès se fut retiré, Antoine reprit sa première situation et continua de se tenir coi. Il conserva cette même position sur la proue, et cette même immobilité pendant trois jours ; soit indignation et fureur de sa part, soit honte de se remontrer aux regards de Cléopâtre (41). Cependant on étoit arrivé à la hauteur du promontoire de Ténare. Ce fut là que les femmes qui étoient au service de Cléopâtre commencèrent à leur fournir l'occasion de s'adresser respectivement la parole, de manger à la même table, et de finir par coucher ensemble.

LXXXVII. Déjà un assez grand nombre de bâtiments de transport, débris de sa flotte (42), déjà quelques amis qui s'étoient sauvés joignoient Antoine, et se réunissoient autour de lui (43), en lui annonçant que toute sa flotte étoit perdue, mais

qu'ils pensoient que son armée de terre tenoit encore. En conséquence, il envoya ordre à Canidius
de filer rapidement en Asie par la Macédoine avec
son armée. Quant à lui, sur le point de partir de
Ténare pour l'Afrique (44), il choisit un de ses vaisseaux qui portoit beaucoup d'argent comptant, et
beaucoup de meubles de Cléopâtre, ou d'autres rois,
très précieux par l'or et l'argent dont ils étoient
enrichis; il en fit présent à ses amis, en les invitant
à s'en partager la cargaison, et à se sauver. Ses amis
refusèrent, en pleurant, de céder à cette invitation.
Mais Antoine employa avec beaucoup d'aménité
et d'affection les exhortations, les prières; et prit
congé d'eux, après avoir écrit à Théophile, qui étoit
chargé de ses affaires à Corinthe (45), de procurer un
asile sûr à ces fugitifs, et de les tenir cachés jusqu'à
ce qu'ils fussent venus à bout de faire leurs conditions avec Octave. Ce Théophile étoit le père de cet
Hipparchus qui jouissoit de tant de crédit auprès
d'Antoine. Il fut le premier de ses affranchis qui se
déclara pour le parti d'Octave. Depuis il s'établit
définitivement à Corinthe. Voilà pour ce qui concerne Antoine.

LXXXVIII. D'ailleurs sa flotte disputa long-
temps devant Actium le champ de bataille à celle
d'Octave; et quoiqu'elle eût beaucoup à souffrir de
la tourmente qui lui venoit en proue, ce ne fut que
vers la dixième heure qu'elle céda (46). Il n'y eut
pas plus de cinq mille hommes de tués. Octave prit
trois cents vaisseaux; c'est ainsi du moins qu'il l'a
écrit lui-même. La plupart des vaisseaux de la flotte

d'Antoine ignoroient (47) qu'il avoit pris la fuite, et ceux qui en avoient d'abord reçu la nouvelle n'y avoient ajouté aucune foi. Ils ne pensoient pas qu'il eût disparu ayant encore dix-neuf légions qui n'avoient point été battues, et douze mille hommes de cavalerie; et qu'il se fût conduit comme un homme à qui la fortune n'avoit pas souvent fait éprouver des revers, et qui n'étoit point familiarisé par l'expérience avec les vicissitudes de la guerre et les chances des combats. Son armée lui conservoit encore de l'attachement. Elle se flattoit de le voir bientôt reparoître de quelque côté. Elle porta la preuve de sa fidélité et de son dévouement à son égard, jusqu'à attendre, à compter du moment où sa fuite fut constatée, sept jours entiers sans se séparer, refusant de prêter l'oreille aux députés qu'Octave ne cessoit de lui envoyer. Enfin Canidius, qui avoit le commandement en chef, ayant pris nuitamment la fuite et abandonné le camp, l'armée, qui se vit délaissée et trahie par tous les chefs, passa dans le parti du vainqueur.

NOTES.

(1) Ricard a traduit *deux cent mille hommes*, au lieu de *cent mille*. Cependant le texte dit ςρατοῦ δὲ μυριάδες δέκα, dix fois dix mille. La bévue est un peu grave.

(2) Voyez la note de Ricard sur cet endroit.

(3) Plutarque a désigné plus haut les vaisseaux de guerre par leur expression propre ; αἱ μάχιμοι νῆες ; ici il en emploie une autre νεῶς πρὸς ἀλμὴν.

(4) *Vigebat in hâc parte miles atque imperator : illâ marcebant omnia. Hinc remiges firmissimi, illinc inopiâ affectissimi. Navium hinc magnitudo modicâ cum celeritate, adversa illa specie terribilior.* Parterculus, lib. II, n. 84.

(5) Il y a dans le grec, ὑποχωρήσειν τῷ πεζῷ τῆς Ἰταλίας ; c'est-à-dire *qu'il se retireroit de l'Italie*. Le judicieux érudit dont j'ai déjà eu occasion de parler, (chap. I, n. 41) a vu une erreur évidente de copiste dans ce mot Ἰταλίας, et il y a savamment substitué παραλίας, qui est la véritable leçon. Un peu plus haut, il a fait une correction non moins heureuse dans ce passage, Λιβύης δὲ τὴν Ἰταλίαν, καὶ Γαλατίαν, καὶ Ἰβηρίαν μέχρι ςηλῶν Ἡρακλείων ἀντιπαρήκουσαν. Il a corrigé Ἰταλίᾳ, Γαλατίᾳ et Ἰβηρίᾳ, au datif, et il a eu raison. Dacier a sans doute eu connoissance de cette correction, et c'est ce qui a donné lieu à sa note sur ce passage.

(6) Dion Cassius fait une autre version. La voici. Octave ayant entre ses mains un espion d'Antoine, nommé L. Mésius, qui s'étoit antérieurement trouvé au nombre des prisonniers de guerre à Péruse, lui montra l'état de ses forces dans le plus grand détail, après quoi il le renvoya chargé d'une lettre pour Antoine. Dans cette lettre, Octave disoit à

Antoine qu'il se retirât des bords de la mer à la distance d'une journée de cheval, qu'il iroit débarquer dans son voisinage avec son armée, et qu'il seroit prêt à se mesurer avec lui dans cinq jours. En cas de refus, il lui offroit de le laisser débarquer en Italie aux mêmes conditions. Ce n'est pas, dit l'historien, qu'Octave s'attendît qu'Antoine accepteroit l'une ou l'autre de ces propositions; mais il s'imaginoit d'inspirer par-là plus de confiance et d'audace à ses troupes, et plus de terreur à l'ennemi. Au reste, Antoine répondit, à cette occasion une chose d'un grand sens, « et où seroit, dit-il, « notre juge, si l'un ou l'autre violoit le traité. » *Liv.* L, *n.* 9.

(7) Octave n'avoit garde sans doute, malgré l'avantage des années, d'accepter le cartel. S'il avoit pu se faire remplacer par Agrippa, à la bonne heure.

(8) « Ville et promontoire de l'Acarnanie, devenus fa-
« meux par la bataille qui décida de l'empire du monde
« entre Antoine et Octave. » Note des derniers éditeurs d'Amyot.

(9) Selon Dion Cassius, il n'y avoit, sur le promontoire d'Actium, qu'un temple d'Apollon, placé dans la même direction que les anses voisines de Nicopolis. Ce temple étoit en face de l'entrée du golfe d'Ambracie. Τὸ δ' Ἄκτιον Ἀπόλλωνος ἱερόν ἐςι καὶ, πρὸ τοῦ ςόματος τοῦ πορθμοῦ τοῦ κόλπου τοῦ Ἀμβρακιοῦ κατ' ἀντιπέρας τῶν πρὸς τῇ Νικοπόλει λιμένων κεῖται. *Lib.* L, *n.* 12.

(10) C'est le nom de la ville qu'Octave fit bâtir en ce lieu-là, en l'honneur de la bataille d'Actium, et qui, suivant l'étymologie de la langue grecque, signifie, *Ville de la Victoire.*

(11) *Toryne* est un mot grec formé du radical τείρω. Il signifie un instrument, une sorte de spatule, avec lequel on mettoit d'abord à morceaux, et l'on remuoit ensuite quelque chose que l'on faisoit cuire dans une marmite, dans un chaudron, ou tout autre vaisseau de ce genre. *Id quo in ollâ aliquid teritur, et agitatur inter coquendum.*

NOTES.

On peut tirer de là de quoi se faire une idée du calembourg de Cléopâtre. Voici la note d'Amyot sur ce calembourg. « La grace de la rencontre ne se peut exprimer en autre « langue pour l'antiquité de ce mot *Toryne*, qui signifie « une ville d'Albanie, et une cuiller dont on escume le pot, « comme si elle disoit, *si Cæsar est assis au long du foyer* « *d'escumer le pot.* » Voyez la note de Ricard.

(12) Il paroît que Domitius n'avoit abandonné le parti d'Antoine que parcequ'il le vit dans une situation désespérée? Beaucoup d'autres imitèrent son exemple; ce qui mit Antoine dans une telle défiance de tout le monde, qu'il fit mourir, au milieu des tortures, Jamblichus, roi d'une partie de l'Arabie, et massacrer le sénateur Q. Postumius. Voyez *Dion Cassius, liv. L, n.* 13; Paterculus, *liv. II, n.* 84.

(13) L'interprète latin a donné un autre sens à cette phrase. *Domitius verò tanquam pœniteret eum quòd perfidia sua et proditio non esset clàm, illicò expiravit.* « Domitius, « comme s'il s'étoit repenti que sa perfidie et sa trahison « n'eussent point été clandestines, mourut sur-le-champ. » Amyot et Dacier ont traduit dans le même sens. Quant à moi, j'ai cru devoir construire, ὥσπερ ἐπὶ τῷ μὴ λαθεῖν μεταβαλλόμενος τὴν ἀπιςίαν αὐτοῦ καὶ προδοσίαν. C'est aux critiques à juger. Ricard a traduit autrement que Dacier, et avec raison, à mon avis.

(14) Plutarque n'a pas dit plus haut, sect. LXXVIII, qu'Amyntas fût du nombre de ceux qui s'étoient rendus en personne auprès d'Antoine. Comment se trouve-t-il donc ici pour passer dans le camp d'Octave. Etrange contradiction, que personne n'a relevée jusqu'à ce moment.

(15) Antoine avoit en effet été battu dans deux actions navales qui avoient eu lieu entre quelques divisions de sa flotte, et des divisions de la flotte ennemie. Sossius, le consul, avoit été tué dans une de ces actions. *Bis ante ultimum discrimen classis hostium superata.* Le mot *hostium* dit assez

que ce passage est de Paterculus. ἀλλὰ καὶ προσδιεφθάρη μετά τε τοῦ Ταρκονδιμότου καὶ μετὰ ἄλλων πολλῶν. *Dio. Cass. lib. L*, *n*. 14. Il avoit également éprouvé des échecs sur terre. Titius et Statilius Taurus avoient attaqué sa cavalerie, l'avoient mise en déroute, et avoient attiré, par ce succès, Philadelphe, roi de Paphlagonie, dans le parti d'Octave. Dans une autre circonstance, il s'étoit mis lui-même en campagne, autant pour surveiller la conduite de Dellius et d'Amyntas, que pour protéger leur marche, et à son retour il avoit été battu par la cavalerie ennemie. *Voyez* Dion Cassius, *liv. L*, *n*. 13. Ce n'étoit pas tout : Agrippa s'étoit emparé de Leucade presque sous ses yeux. Plus loin Agrippa s'étoit aussi rendu maître, après avoir vaincu Q. Asidius dans une bataille navale, de la ville de Patra, et de là il s'étoit porté sur Corinthe où il étoit entré en vainqueur. Dion Cassius, *ibid*. n. 13.

(16) Ni Amyot, ni Dacier ne me paroissent avoir saisi le vrai sens du texte, faute d'avoir réfléchi que la lenteur avec laquelle se mouvoient les vaisseaux d'Antoine devoit les exposer à ne pas arriver à temps aux divers endroits où ils avoient ordre de se porter. Ricard s'est laissé induire par eux dans un rude contre-sens. Il a vu quelques lignes plus haut Antoine disposer sa flotte pour la bataille, et il traduit ici, *voyant que sa flotte n'arrivoit point assez tôt pour lui être de quelque secours*. Il est étonnant que Ricard ait pu altérer le sens du texte à ce point-là.

(17) Amyot a laissé la Thrace au bout de sa plume.

(18) Si c'étoit, comme l'a traduit Amyot, *une longue chaussée ou levée, qui estoit assez avant jetée en la mer*, comment étoit-il possible de se mettre en embuscade, sur mer, pour enlever Antoine d'un coup de main ? Dacier a senti cette difficulté, et il a mieux traduit qu'Amyot.

(19) Plutarque ne dit point qu'Antoine et Octave haranguèrent leurs armées, chacun de son côté, selon l'usage constant des généraux romains. Dion Cassius, dont l'ouvrage

comportoit plus de détails que celui de cet historien biographe, nous a transmis les deux harangues que les deux chefs prononcèrent à cette occasion. Si elles étoient moins longues, je les aurois mises ici sous les yeux du lecteur. Ce que j'y ai singulièrement remarqué, c'est la dernière phrase de la harangue d'Antoine, et la première de celle d'Octave. Τοσοῦτον γὰρ διαφέρομεν ἀλλήλων ὥσθ' ὁ μὲν καὶ ὑμῶν μοναρχῆσαι ἐπιθυμεῖ, ἐγὼ δὲ καὶ ἐκείνους ἐλευθερῶσαι βούλομαι, καθάπερ που καὶ τοῖς ὅρκοις πεπίςωμαι. Ὡς οὖν ὑπὲρ ἀμφοτέρων ὁμοίως ἀγωνιούμενοι καὶ κοινὰ τἀγαθὰ πᾶσι κατακτησόμενοι, σπουδάσωμεν, ὦ ἄνδρες ςρατιῶται, ἔν τε τῷ παραχρῆμα κρατῆσαι, καὶ διαπαντὸς εὐδαιμονῆσαι. Lib. L, n. 22. (Voici le passage en latin dans la version de Reimar.) *Hoc enim intra me et Cæsarem differt, quòd is rex vester esse cupit, ego autem ipsius quoque partes sequentes libertati asserere, ut jurejurando confirmavi; itaque, milites, tanquam pro utrisque certantes, et communia omnibus bona paraturi, ita contendamus ut et nunc vincamus, et deinceps perpetuâ felicitate fruamur.* Lib. L, n. 22. Voilà donc Antoine qui veut faire accroire à ses soldats qu'il ne va combattre que pour rendre la liberté au peuple romain en général, et à chaque citoyen en particulier. Ὁρῶν, ὦ ἄνδρες ςρατιῶται, καὶ ἐξ ὧν ἀκοῇ μεμάθηκα, καὶ ἐξ ὧν ἔργῳ πεπείραμαι, τὰ πλεῖςα καὶ μέγιςα τῶν πολεμικῶν, μᾶλλον δὲ πάντων τῶν ἐν ἀνθρώποις πραγμάτων τοῖς τά τε δικαιότερα καὶ τὰ εὐσεβέςερα καὶ φρονοῦσι καὶ πράττουσι κατορθούμενα, τοῦτο που καὶ αὐτὸς οὐχ ἥκιςα ἐννοῶ καὶ ὑμῖν παραινῶ προσκοπεῖν. Lib. L, n. 24. (Je joindrai encore ici la version latine de Reimar : ces deux passages m'ont paru en valoir la peine). *Cùm et auditu, milites, accepissem, et re ipsâ expertus essem, maximas ac plurimas bellicas aut potiùs omnes actiones humanas feliciter ab iis confectas, qui in consilio capiendo, inque agendo, justitiam et pietatem præ aliis observâssent, nunc id et mente cum primis repeto et vos considerare jubeo.* On voit donc Octave, qui jusque-là n'a connu, contre ses ennemis, que la proscription ou l'assassinat, parler de la piété et de la justice comme auroit pu le faire l'illustre Caton. Cette insigne impudeur rappelle ce beau vers de Juvenal ;

Qui Curios simulant et Bacchanalia vivunt.

(20) Voyez la note de Ricard.
(21) Le *Taxiarque* en grec.
(22) Voyez la note de Ricard.
(23) D'après la description que fait Dion Cassius de la position des deux flottes, l'une, celle d'Octave étoit en station sur la droite du golfe d'Ambracie, du côté de l'Epire; et celle d'Antoine, dans le golfe même. Les deux armées de terre avoient la même position. *Liv. L, n.* 12.

(24) Il me semble que ni Amyot, ni Dacier, n'ont saisi le sens du texte ; τὴν περὶ τὸ στόμα δυσχωρίαν φυλάττοντας. Le traducteur latin ne s'y est pas trompé : *declinarentque iniquitatem loci in faucibus portús*. Voilà le véritable sens; Ricard l'a suivi.

(25) Eutychès signifie en grec *heureux*, et *Nicon* signifie *qui remporte* ou *qui doit remporter la victoire*. Le traducteur latin a traduit, *Fortunato mihi nomen est, Asino victori*. Je crois qu'il falloit *Fortunatus mihi nomen est, Asino victor.* Je ne sache pas que *l'attraction* soit une figure de grammaire aussi commune en latin qu'elle l'est en grec, en supposant même qu'elle y soit admise. Je n'ai pas la *méthode latine de Port-Royal* sous la main pour le vérifier. Ce ne seroit pas d'ailleurs ici le lieu. On voit en effet que Plutarque n'a eu garde de l'employer, parcequ'elle auroit produit amphibologie. Ἐμοὶ μὲν Εὔτυχος ὄνομα, τῷ δ' ὄνῳ Νίκων. Amyot dans ce passage a fondu la glose avec le texte, et il a bien fait.

(26) C'est-à-dire, *midi*.
(27) On appelle proprement *vent de mer*, un vent qui souffle de la mer vers la terre. Or, ce n'étoit pas un vent de cett enature qu'il falloit pour faire sortir la flotte d'Antoine du

golfe d'Ambracie. Comment Amyot et Dacier ne s'en sont-ils pas aperçus ?

(28) Amyot ajoute ici, ce qui n'est pas dans le grec, *comme il se fait ordinairement ez combats de mer.* Je suis d'autant plus éloigné de lui en faire un reproche, que je me suis souvent permis moi-même de semblables additions. Le génie elliptique de la langue grecque admettoit facilement ces réticences auxquelles l'esprit du lecteur suppléoit sans peine. Le génie méthodique de notre langue répugne à ces élégantes suppressions.

(29) Ce passage a donné de la tablature aux critiques. *Voyez* la note du Plutarque de Tubingen, tom. VI, 138.

(30) Voyez la note précédente. J'ai cru devoir suivre l'exemple d'Amyot, et ajouter un peu au texte afin d'être mieux entendu.

(31) Voyez ci-dessus, liv. V, chap. IV, note 14.

(32) On trouvera à la fin du cinquantième livre de Dion Cassius les détails les plus amples sur les diverses particularités de cette bataille. Ceux de Plutarque sont un peu plus succincts ; mais un biographe ne devoit pas en dire davantage. *Dion Cassius, liv. L, n. 32 et suiv.*

(33) « C'étoit donc Arruntius qui commandoit le centre « de la flotte d'Octave. C'est ce que Plutarque n'a pas ex- « pliqué ; mais peut-être que cela manque au texte, et qu'il « faut l'ajouter. » *Note de Dacier.* Si Dacier eût consulté Paterculus, il n'auroit pas manqué de remarquer la différence que présente le texte de cet historien. Selon lui, ce n'étoit pas le centre, c'étoit l'aile gauche qu'Arruntius commandoit. *Dextrum navium Julianarum cornu, M. Lurio commissum, lævum Arruntio, Agrippæ omne classici certaminis arbitrium. Lib. II, n. 85.*

(34) Ce fut Cléopâtre elle-même qui, ne pouvant supporter la longue incertitude du combat, donna l'ordre de prendre la fuite. Femme et Egyptienne, selon la remarque de Dion Cassius, son impatience, ses perplexités,

ses craintes personnelles l'eurent bientôt décidée. *Liv. L*, n. 33.

(35) Ἐπεχούσας πρὸς τὴν Πελοπόννησον. Un des annotateurs de Plutarque a dit : *Si benè habet* ἐπεχούσας*, significat tenentes iter versùs Peloponnesum*. Amyot l'a en effet ainsi entendu. C'est effectivement un exemple d'ellipse noté, je crois, par Lambert Bos, ἐπεχούσας τὴν ὁδὸν τὴν πρὸς τὴν Πελοπόννησον. C'est pour éviter l'emploi de ce triple τὴν, mal sonnant à l'oreille, que cette ellipse est employée ici.

(36) Voyez la note de Dacier sur ce passage.

(37) Amyot a laissé de côté ces deux compagnons de la fuite d'Antoine. « Je ne sais pas pourquoi, dit à ce sujet « un de ses annotateurs, Amyot a omis ces mots. » Il les a omis par inadvertance, et peut-être par la faute de son imprimeur. Quoi qu'il en soit, il est évident que l'individu qu'on nomme Alexandre de Syrie est le même qu'on trouve un peu plus bas, sous le nom d'Alexas de Laodicée. L'annotateur que je viens de citer en a judicieusement fait la remarque; et je m'étonne qu'il n'ait pas soupçonné qu'au lieu de Ἀλεξάνδρου τοῦ Σύρου, il fallait ou Ἀλέξου τοῦ Σύρου, ou plus probablement Ἀλέξου ἀνδρὸς Σύρου. Cette dernière conjecture est d'autant plus vraisemblable que les manuscrits des auteurs grecs ne manquent pas d'amalgames de ce genre.

(38) Il semble en effet que les Dieux se servirent de cette fuite de Cléopâtre pour creuser l'abime qui devoit engloutir Antoine ; car au moment où Cléopâtre faisoit donner le signal de la fuite, il se leva un bon vent pour la pousser du côté du Péloponnèse. Ἀνέμου τινὸς κατὰ τύχην φοροῦ συμβάντος. Νομίσας ὁ Ἀντώνιος οὐχ ὑπὸ τῆς Κλεοπάτρας αὐτοὺς ἐκ παραγγέλσεως ἀλλὰ καὶ ὑπὸ δέους. Dion Cassius, liv. L, n. 33.

(39) « Enfin, dit Plutarque, il prit la fuite, comme Pâris, « pour aller se cacher dans le sein de sa maîtresse. Il y a « même plus : car Pâris ne s'enfuit du champ de bataille « pour rejoindre Hélène qu'après avoir été vaincu; au lieu « qu'Antoine, en fuyant pour suivre Cléopâtre, abandonna

« la victoire avec le champ de bataille. » Τέλος δ', ὡς ὁ Πάρις ἐκ τῆς μάχης ἀποδρὰς εἰς τοὺς ἐκείνης κατεδύετο κόλπους, μᾶλλον δ' ὁ μὲν Πάρις ἡττηθεὶς ἔφευγεν εἰς τὸν θάλαμον, Ἀντώνιος δὲ Κλεοπάτραν διώκων ἔφευγε καὶ προήκατο τὴν νίκην. *Comparat. Demetr. cum Anton. III.*

(40) Ricard a traduit, *Cléopâtre ayant reconnu son vaisseau, éleva un signal sur le sien.* Je ne crois pas que ce soit là le sens du texte.

(41) Amyot a laissé de côté ces mots εἴθ ὑπὸ ὀργῆς, εἴτε αἰδούμενος ἐκείνην. Il est possible qu'il ne les ait pas trouvés dans son manuscrit.

(42) Amyot a traduit, *des navires marchands*. C'est une erreur de sa part.

(43) Plutarque, en parlant au pluriel, a l'air de faire figurer Cléopâtre avec Antoine. J'ai cru devoir traduire par le singulier; car ce n'étoit pas auprès de Cléopâtre et d'Antoine, c'étoit auprès d'Antoine seul que ces fugitifs cherchoient un refuge. Amyot, Dacier et Ricard ont employé le pluriel.

(44) S'il faut en croire Dion Cassius, cette séparation d'Antoine et de Cléopâtre, après qu'ils eurent doublé le promontoire le plus méridional du Péloponnèse, ne fut pas spontanée. Cet historien en dit la cause. Il n'est pas difficile en effet d'apercevoir que ce fut l'intérêt commun de la situation où ils se trouvoient. Ὡς γὰρ τότε ἐκ τῆς ναυμαχίας ἔφυγον μέχρι μὲν τῆς Πελοποννήσου ὁμοῦ ἀφίκοντο. Κλεοπάτρα μὲν ἐς τὴν Αἴγυπτον, μή τι τῆς συμφορᾶς σφῶν προπυθόμενοι, νεωτερίσωσιν, ἠπείχθη. — Ἀντώνιος δὲ ἔπλευσε μὲν ἐς τὴν Λιβύην πρός τε Πινάριον Σκάρπον καὶ πρὸς τὸ στράτευμα τὸ μετ' αὐτοῦ ἐπὶ τῇ τῆς Αἰγύπτου φυλακῇ ἐνταῦθα προσυνειλεγμένον. *Dio Cass. liv. LI, n. 5.* A la vérité, ce passage est altéré dans les éditions antérieures à celle de Reimarus. *Voyez* dans cette dernière, la note sur cet endroit.

(45) On a déjà vu qu'Agrippa s'étoit rendu maître de Corinthe, ci-dessus, note 15. Ce n'étoit donc qu'un agent particulier qu'Antoine pouvoit y avoir encore, dans la personne

de ce Théophile. Pourquoi donc Ricard a-t-il fait de ce Théophile un gouverneur? Si en effet Théophile avoit commandé à Corinthe, il n'auroit pas eu besoin d'y tenir cachés les amis d'Antoine.

(46) Paterculus rend le même hommage à la valeur et à la constance de la flotte d'Antoine. *Ac illi cùm diù pro absente dimicâssent duce, ægrè summissis armis cessére victoriam; fuitque in confesso, milites optimi imperatoris, imperatorem fugacissimi militis functum officio.* Lib. II, n. 85.

(47) Amyot a traduit, *plusieurs avoient évidemment veu fouir Antoine.* S'il eût réfléchi sur le fond de la narration de Plutarque, il auroit aperçu que ce n'étoit pas là son sens. Quelque érudit l'a remarqué depuis, et, en conséquence, à la marge des deux textes sur lesquels j'ai travaillé, celui de l'édition de Henry Etienne, in-8°, et celui de l'édition d'Aubrius et Schleich, in-folio, de la bibliothèque nationale, j'ai vu qu'au lieu d'οἱ πολλοὶ, il falloit lire, οὐ πολλοὶ; et j'ai adopté cette leçon. Dacier doit avoir eu connoissance de cette correction, car il a traduit, *peu de gens s'aperçurent de la fuite d'Antoine.*

CHAPITRE III.

LXXXIX. *Tableau de l'épuisement où Antoine avoit réduit la Grèce.* XC. *Antoine n'a plus d'espérance.* XCI. *Digression sur Timon le misantrope.* XCII. *Antoine rejoint Cléopâtre; luxe et délices de leur vie.* XCIII. *Cléopâtre fait l'essai de divers poisons.* XCIV. *Antoine et Cléopâtre tentent la voie des négociations auprès d'Octave.* XCV. *Soupçons d'Antoine contre Cléopâtre.* XCVI. *Cléopâtre réunit toutes ses richesses dans un même lieu.* XCVII. *Octave vient mettre le siège devant Alexandrie.* XCVIII. *Antoine est vaincu, et abandonné.* XCIX. *Il se perce de son épée.* C. *Il se fait transporter dans le monument où Cléopâtre est enfermée; sa mort.*

LXXXIX. Après ces évènements, Octave s'embarqua pour Athènes. Il rendit ses bonnes graces aux Grecs; et le blé destiné à approvisionner l'armée, il le fit distribuer aux diverses cités qui souffroient beaucoup, et qui avoient été ruinées par des contributions en argent, en esclaves, et en troupeaux de bêtes de somme. *Nicarchus*, mon bisaïeul, m'a raconté que tous ses concitoyens avoient été forcés de transporter sur leurs épaules une mesure déterminée de froment jusqu'au rivage de la mer en face d'Anticyre (1); qu'on accéléroit leur marche à coups de fouet; qu'il avoit fait lui-même partie d'un pre-

314 EXTRAIT DE PLUTARQUE.

mier convoi; et qu'au moment où le second étoit prêt à partir, et qu'on alloit mettre le fardeau sur ses épaules, on avoit annoncé la défaite d'Antoine, ce qui avoit sauvé son pays. Car les agents d'Antoine et les soldats romains prirent aussitôt la fuite; et les citoyens se partagèrent entre eux les magasins du triumvir (2).

XC. Cependant Antoine ayant pris terre en Afrique, après avoir fait partir de Parætonion (3) Cléopâtre pour l'Égypte, s'enfonça dans l'isolement et la solitude, n'ayant auprès de sa personne que deux amis qui vaguoient et erroient avec lui à l'aventure; savoir, un Grec, le rhéteur Aristocrate, et un citoyen romain, *Lucilius* (4). Nous avons parlé ailleurs de ce dernier. Nous avons raconté comme à la seconde journée de Philippes, lorsque Brutus eut pris la fuite, il se fit arrêter, sous son nom, par ceux qui le poursuivoient. En considération de ce dévouement héroïque, Antoine lui sauva la vie; et depuis, Lucilius lui resta constamment fidèle jusqu'à la dernière extrémité. Lorsqu'Antoine fut informé que celui de ses lieutenants auquel il avoit confié le commandement de la partie de l'Afrique, qui étoit sous ses ordres, avoit abandonné son parti (5), il voulut se donner la mort. Ses amis l'en empêchèrent, et le ramenèrent à Alexandrie, où il trouva Cléopâtre (6) occupée d'une entreprise aussi grande que hardie. Elle avoit entrepris, en effet, de faire traîner sa flotte par-dessus l'isthme qui sépare la mer Rouge de la mer d'Égypte, et qui paroît former la ligne de démarcation entre l'Asie et l'Afrique (7), et cela, à l'endroit où l'isthme en question est le plus rétréci par les deux mers, et où il n'a pas plus de trois cents stades de large (8). Son but étoit, après avoir ainsi transporté ses vaisseaux dans le golfe arabique de s'embarquer avec ses trésors et ses troupes, et d'aller dans des régions lointaines chercher un asile contre la servitude et la guerre. Mais les Arabes des environs de Pétra ayant brûlé les premiers des vaisseaux de Cléopâtre qui avoient fait le trajet par terre (9), et Antoine se flattant, d'un autre côté, que son armée d'Actium étoit encore à sa disposition, le projet de Cléopâtre fut abandonné, et l'on se contenta de se mettre en mesure contre toute invasion. Cependant Antoine se retira d'Alexandrie, et cessa de voir ses amis. Il fit former une jetée au milieu des eaux de la mer dans le voisinage du phare, et s'y fit construire une habitation. Il vécut là, fuyant tout le monde, disant qu'ayant éprouvé le même sort que Timon, il n'aspiroit plus, il n'aimoit plus qu'à vivre comme lui. Car Timon, accablé d'injustices et de témoignages d'ingratitude de la part de ses amis, s'étoit, par cette raison, jeté dans une défiance universelle, et dans la haine de tous les hommes.

XCI. Ce Timon étoit un citoyen d'Athènes, qui vivoit à l'époque à peu près de la guerre du Péloponnèse, autant qu'on peut le recueillir des ouvrages dramatiques d'Aristophane et de Platon (10). Car Aristophane le fait figurer dans ses pièces, comme un bourru, comme un misantrope. Fuyant, évitant le commerce de tout le monde, il témoigna toutefois de l'affection, et même une sorte de tendresse pour Alcibiade, qui étoit alors dans toute la vivacité, dans toute la fougue de la jeunesse. Apémante, étonné de cette étrange prédilection, en demanda la cause à Timon, qui lui répondit : « Si j'aime ce « jeune homme, c'est parceque je prévois qu'il fera « beaucoup de mal aux Athéniens ». D'ailleurs, Apémante ressembloit beaucoup à Timon. Il étoit l'émule de son genre de vie. En conséquence, il s'approchoit quelquefois de lui. On célébroit à Athènes la fête des Choes (11). Apémante et Timon étoient assis à table l'un à côté de l'autre. Apémante ayant dit à Timon : « O la bonne fête que nous cé- « lébrons aujourd'hui ! Très bonne, en effet, lui « répondit Timon, si tu n'en étois pas. » On rapporte également qu'il parut un jour au milieu de l'assemblée du peuple, à Athènes, et qu'étant monté à la tribune, la nouveauté du fait imposa le plus profond silence, en même temps qu'elle excita la plus vive curiosité. Timon prit la parole, et dit: « Citoyens d'Athènes, j'ai chez moi un petit terrain, « où est un figuier, auquel plusieurs de nos conci- « toyens sont déjà venus se pendre. Je suis sur le « point de faire bâtir sur ce terrain-là. En consé- « quence, j'ai voulu vous donner publiquement « connoissance de mon projet, afin que, si quelques « uns d'entre vous ont envie de se pendre aussi à ce « figuier, ils se hâtent, avant que l'arbre soit arra- « ché. » Après sa mort, il fut enterré à Halis (12), sur les bords de la mer. Les terres qui environnoient son tombeau s'éboulèrent à la longue. Les eaux de la

VIE D'ANTOINE. CHAP. III. 317

merisolèrent le tombeau, et en défendirent l'approche. On y lisoit l'épitaphe que voici: « Je suis gisant, ici, « après avoir terminé ma malheureuse carrière. Ne « me demandez pas mon nom : méchants, puissiez- « vous périr d'une manière digne de votre méchan- ceté (13) ». On dit qu'il avoit composé lui-même cette épitaphe de son vivant. Quant à celle que tout le monde connoît, elle est de Callimaque (14). « C'est « ici que je suis gisant, moi, Timon le misantrope. « Passez votre chemin. Vous voulez, dites-vous, « déplorer mon sort; passez votre chemin, vous « dis-je (15) ». Voilà quelques particularités sur le compte de ce Timon, entre un plus grand nombre.

XCII. Quant à Antoine, Canidius vint lui apporter, en personne, la nouvelle de la défection de l'armée d'Actium. Il apprit en même temps qu'Hérode, roi de Judée, qui avoit quelques légions et quelques cohortes sous ses ordres, étoit passé dans le parti d'Octave; que tous les autres princes abandonnoient également sa cause, et qu'il ne lui restoit plus de ressource ailleurs. Il ne fut ému d'aucun de ces évènements. Il eut l'air au contraire d'être satisfait de se voir sans nulle espérance, parcequ'il étoit délivré par-là de toute sollicitude. Il quitta l'habitation isolée qu'il s'étoit fait construire sur les bords de la mer; et qu'il appeloit sa Timonienne (16). Logé de nouveau par Cléopâtre dans son palais, il réveilla dans Alexandrie le goût de tous les plaisirs de la table. Il se livra lui-même à de nouvelles largesses envers les habitants de cette ville. Il fit déclarer pubère (17) le fils que Cléopâtre avoit eu de

Ans de Rome. 723.

César. Il fit prendre la pourpre et la robe virile à Antyllus, l'aîné de ses fils, qu'il avoit eu de Fulvie (18). A cette occasion, les fêtes, les festins, les réjouissances régnèrent pendant plusieurs jours à Alexandrie. Antoine et Cléopâtre firent cesser eux-mêmes cette magnifique émulation de plaisirs, qui leur fit donner le nom de *bande de la vie inimitable* (19); et ils y en substituèrent personnellement une autre, qui ne le cédoit à la première, ni en délices, ni en luxe, ni en splendeur, et qu'ils appelèrent d'un nom grec qui faisoit allusion au projet qu'ils avoient formé de mourir ensemble (20). Ceux de leurs amis qui résolurent de ne pas leur survivre, se firent inscrire dans cette espèce de coterie, et se plongèrent avec eux dans toutes les voluptés, en se donnant réciproquement des fêtes.

XCIII. Cependant Cléopâtre recueilloit tous les genres de poisons propres à donner la mort; et afin de connoître celui qui causoit le moins de douleur, elle en faisoit faire l'essai sur des coupables condamnés à perdre la vie. Lorsqu'elle eut remarqué que les poisons les plus subtils étoient les plus douloureux, et que ceux qui faisoient souffrir le moins étoient les plus lents, elle mit les animaux venimeux à l'épreuve. Elle fut elle-même témoin des résultats, lorsque l'on comparoit les effets de ces animaux l'un à l'autre (21). Elle s'en occupa chaque jour, et à peine trouva-t-elle, parmi les animaux qu'elle fit essayer, ce qu'elle désiroit dans la morsure de l'aspic, qui, sans convulsion, sans faire pousser aucun cri de douleur, produit une torpeur, un assoupissement

VIE D'ANTOINE. CHAP. III. 319

léthargique, accompagné d'une légère moiteur sur le visage, affaissant avec facilité, engourdissant tous les organes des sensations, au point de les faire répugner à tout mouvement, comme lorsque l'on est plongé dans le plus profond sommeil.

XCIV. En même temps, ils députèrent vers Octave en Asie (22). Cléopâtre lui fit demander le royaume d'Égypte pour ses enfants (23). Antoine lui fit dire que, s'il ne vouloit pas le souffrir en Égypte, il se retireroit à Athènes pour y vivre en simple particulier. Faute d'amis, qu'il avoit tous perdus par l'infidélité et la défection, il chargea de ce message Euphronius, l'instituteur de ses enfants: car Alexas de Laodicée (24), qui avoit fait connoissance avec lui à Rome par l'intermédiaire de Timagène, qui étoit de tous les Grecs celui qui avoit le plus de crédit auprès de lui, qui devint le plus actif et le plus fidèle instrument des intrigues de Cléopâtre auprès de sa personne, en même temps qu'il se montra le plus ardent adversaire des intérêts d'Octave, avoit été envoyé auprès du roi Hérode, pour l'inviter à demeurer attaché à Antoine. Après avoir fait quelque séjour auprès de ce prince, Alexas s'étoit lui-même déclaré pour le parti du vainqueur; et, comptant sur le crédit d'Hérode, il avoit poussé l'audace jusqu'à venir se présenter personnellement à Octave. Mais le crédit d'Hérode ne lui fut d'aucun secours. Arrêté aussitôt qu'il se présenta, et transféré, chargé de chaînes, à Laodicée, il y fut égorgé, suivant l'ordre qu'Octave

Ans de Rome. 723.

en avoit donné. Tel fut le salaire qu'Alexas reçut de sa perfidie, du vivant même d'Antoine.

XCV. D'ailleurs Octave n'accueillit point la proposition qu'Antoine lui avoit fait faire (25). Quant à Cléopâtre, il lui fit répondre qu'elle pouvoit compter d'obtenir de lui tout ce qui seroit juste et raisonnable, si elle chassoit Antoine, ou si elle le faisoit égorger. Il fit partir pour Alexandrie, avec l'envoyé d'Antoine et de Cléopâtre, un de ses propres affranchis, Thyrée, homme qui ne manquoit pas d'intelligence, et qui eut probablement la mission de plaider pour la jeunesse d'Octave, auprès d'une femme ambitieuse et excessivement vaine de sa beauté (26). Antoine remarqua que Thyrée avoit avec Cléopâtre des conférences plus longues que de raison, et que la reine lui montroit une considération distinguée. Il n'en fallut pas davantage pour éveiller ses soupçons. Il fit saisir et battre des verges l'affranchi d'Octave, et le lui renvoya, en lui écrivant que Thyrée, par son orgueil et son insolence, avoit provoqué son irascibilité, facile à émouvoir dans la situation critique où il se trouvoit. « Au surplus, lui manda-t-il, si vous « trouvez mauvais que j'aie fait ainsi châtier Thy-« rée, vous avez en votre pouvoir Hipparque, un « de mes affranchis; faites-le suspendre et battre des « verges (27), afin de prendre votre revanche. » Depuis cet évènement, Cléopâtre évita de lui donner tout sujet de plainte et de jalousie, et lui prodigua toute sorte d'attentions. En conséquence, elle ne célébra son propre anniversaire qu'avec beaucoup de modestie, et d'une manière assortie à l'état présent de sa situation. Mais l'anniversaire d'Antoine, elle le célébra en déployant une somptuosité et une magnificence supérieure à tout ce qu'elle avoit fait jusqu'alors : si bien que plusieurs de ceux qui furent invités aux fêtes qu'elle donna à cette occasion, et qui étoient venus pauvres, s'en retournèrent avec des richesses.

XCVI. Cependant Agrippa avoit adressé plusieurs messages à Octave, pour lui dire que l'état des choses exigeoit impérieusement sa présence à Rome (28). La guerre fut donc différée pour le moment. Mais dès que l'hiver fut passé, Octave entra de nouveau en campagne contre Antoine, marchant sur l'Égypte par la Syrie, tandis que ses lieutenants s'avançoient du côté de la Libye (29). La ville de Pelusum ayant été prise, on répandit le bruit (30) que Séleucus l'avoit livrée à Octave, du gré de Cléopâtre; tandis que Cléopâtre (31) abandonnoit la femme et les enfants de Séleucus à Antoine, pour les immoler. Elle avoit fait construire, attenant le temple d'Isis, un bâtiment aussi beau qu'élevé, destiné à servir de dépôt à ses trésors, et de monument à sa magnificence (32). C'est là qu'elle fit transporter tout ce qu'elle avoit de plus précieux, son or, son argent, ses pierreries, ses perles, son ébène, son ivoire, son cinnamome; et fit entourer tout cela de beaucoup de matières inflammables et d'étoupes. Octave, instruit de ces précautions de Cléopâtre, craignit que, lorsqu'elle se verroit sans espérances, elle ne fît incendier et dévorer par le feu toutes ces richesses. Pendant qu'il s'approchoit d'Alexandrie avec son armée, il ne cessa de lui faire luire quelques espérances de clémence et d'humanité.

XCVII. Il eut à peine campé dans le voisinage de l'Hippodrome, qu'Antoine fit une sortie où il se battit vaillamment. Il mit en déroute la cavalerie d'Octave, et la poursuivit jusqu'à son camp. Enflé de cette victoire, il se rendit au palais de la reine, et embrassa Cléopâtre, étant encore sous les armes. Il recommanda à sa générosité celui de ses soldats qui avoit combattu avec le plus d'ardeur et de courage. En récompense, Cléopâtre fit présent à ce soldat d'une cuirasse et d'un casque en or. Après avoir reçu ce présent, le soldat profita de la nuit suivante pour passer dans le camp d'Octave (33). Là-dessus, Antoine adressa à Octave un nouveau message pour le provoquer à un combat singulier. Octave lui fit répondre : « Vous pouvez, si vous le « voulez, vous donner la mort par toute autre « voie. » Antoine jugea, par cette réponse, qu'il n'y avoit pour lui de meilleure manière que de mourir les armes à la main. Il prit donc la résolution d'attaquer son ennemi par mer et par terre. On rapporte que le soir, à souper, il ordonna à ses esclaves de lui servir le meilleur vin et de lui faire la plus grande chère, parcequ'il étoit incertain s'ils auroient le lendemain à lui rendre le même office, ou s'ils ne seroient pas au service de nouveaux maîtres ; tandis que, rentré lui-même dans le néant, il ne resteroit plus de lui qu'un squelette. Ayant remarqué, à ce propos, que ses amis laissoient échapper des larmes, il leur dit : « Soyez tranquilles, « je ne vous emmènerai point avec moi à la bataille, « lorsque j'irai y chercher plutôt une mort glorieuse « que mon salut ou la victoire. »

XCVIII. On rapporte encore que cette même nuit, vers minuit à peu près, tandis que toute la ville étoit plongée dans le silence et dans la terreur des évènements auxquels on devoit s'attendre, on entendit tout à coup les sons harmonieux de toute sorte d'instruments, et le bruit d'une foule de chanteurs et de danseurs bachiques, comme s'il eût été question de la tumultueuse célébration de quelque fête en l'honneur de Bacchus. On raconte enfin que, du milieu de la ville, cette bruyante cohue se porta vers la porte d'Alexandrie qui regardoit le camp ennemi, et qu'elle en avoit même franchi le seuil, après avoir beaucoup grossi l'intensité de son tumulte (34). Cette dernière circonstance fut considérée, par ceux qui y réfléchirent, comme un signe qui annonçoit qu'Antoine étoit abandonné par ce dieu duquel il s'étoit piqué toute sa vie d'être l'émule. Au point du jour, Antoine vint prendre poste, avec ses troupes de terre, sur les hauteurs qui sont en avant de la ville. De là, il vit ses forces navales qui gagnoient le large et qui se dirigeoient vers les vaisseaux ennemis. Il resta là, sans bouger, pour observer si sa flotte obtiendroit quelque avantage. Lorsqu'elle fut arrivée, à la rame, à portée de la flotte d'Octave, elle lui fit des signaux d'amitié (35). La flotte d'Octave ayant répondu à ces signaux par d'autres du même genre, les deux flottes n'en formèrent qu'une, et se dirigèrent de concert contre Alexandrie avec tout l'appareil de l'hostilité. Pendant qu'Antoine contemploit ce spectacle, toute sa cavalerie l'abandonna. Battu à la tête de son infanterie, il fit sa retraite sur Alexandrie, en criant que Cléopâtre le trahissoit pour le livrer à celui à qui il n'avoit fait la guerre que pour l'amour d'elle (36).

XCIX. Cléopâtre, craignant sa fureur et son désespoir, se réfugia dans le monument qui devoit lui servir de tombeau (37). Elle fit abattre les herses qui en défendoient l'entrée, et les fit assujettir avec beaucoup de solidité, à l'aide de fortes poutres. Ensuite elle envoya annoncer sa mort à Antoine. Persuadé qu'elle s'étoit en effet arraché la vie, Antoine se dit à lui-même, « qu'at-« tends-tu donc encore, Antoine? la fortune vient « de t'enlever l'unique objet qui pouvoit te faire « désirer de vivre. » A ces mots, il entra dans sa chambre, il détacha, posa sa cuirasse, et s'écria: « O Cléopâtre ! je ne me plains pas de vous avoir « perdue, car tout à l'heure je vais vous joindre. « Mais je me plains de ce que, tout grand capitaine « que je suis, je me vois vaincu en grandeur d'ame « et en courage par une femme. » Antoine avoit auprès de lui un esclave d'une fidélité éprouvée, nommé Éros. Depuis long-temps il lui avoit fait promettre qu'il lui donneroit la mort à la première prière qu'il lui en feroit. Antoine le somma de sa promesse. Éros ayant dégainé, leva son glaive comme pour égorger Antoine, mais ayant détourné le visage, il se tua lui-même. Éros étant tombé roide aux pieds d'Antoine, celui-ci s'écria : « Fort « bien, Éros; tu m'apprends que c'est à moi à faire « ce que tu n'as pu faire toi-même »; et s'étant ouvert le ventre, il se laissa tomber sur son lit. Cette blessure ne fut pas de nature à le faire mourir sur-le-champ. D'un autre côté, l'épanchement de son sang s'étant arrêté depuis qu'il s'étoit étendu sur son lit, il revint à lui, et pria ceux qui l'entouroient de l'achever; mais ils sortirent de sa chambre en fuyant, et le laissèrent vociférant de douleur et de rage. Là-dessus, le secrétaire de la reine, Diomède, vint exécuter l'ordre que Cléopâtre lui avoit donné, de le faire transporter auprès d'elle, dans son asile funèbre (38).

Ans de Rome. 724.

C. Antoine, instruit que Cléopâtre vivoit encore, ordonna courageusement à ses esclaves de le porter vers la reine. Ces esclaves ayant en effet pris son corps entre leurs mains, le portèrent à la porte du monument où elle étoit renfermée. Cléopâtre se garda de faire ouvrir; mais elle se montra par une fenêtre, et fit descendre des cordons et des bandelettes, avec lesquels on attacha le corps d'Antoine. Aidée de deux femmes, les seules qu'elle eût enfermées avec elle, elle le tira en haut. Ceux qui furent témoins de ce spectacle prétendirent qu'il étoit impossible de rien voir de plus déchirant. Antoine couvert de sang et prêt à rendre l'ame, montoit le long du mur à force de cordons et de bandelettes, tendant les mains vers Cléopâtre, et faisant de vains efforts pour se soulever, afin d'arriver plus tôt à elle ; car il n'étoit pas aisé à trois femmes de guinder ainsi un fardeau semblable. Ce ne fut même qu'avec beaucoup de peine que Cléopâtre, étendant ses bras autant que possible, et à force de se pencher elle-même en dehors de la fenêtre, parvint à empoigner les cordons attachés au corps d'Antoine, à l'aide des personnes qui étoient occupées, au pied du mur, à l'exciter et à la seconder (39). Étant enfin parvenue à l'introduire dans son asile, elle l'étendit sur un lit ; elle déchira ses robes pour bander sa plaie : elle se frappa la poitrine, se meurtrit de ses propres mains ; et, essuyant le sang qui couvroit le visage d'Antoine, elle lui donna les noms de maître, de mari, de général. Peu s'en fallut que sa sensibilité pour l'état déplorable où étoit Antoine ne lui ôtât le sentiment de ses propres maux. Antoine ayant un peu calmé la douleur de la reine, demanda du vin, soit qu'il eût soif réellement, soit qu'il espérât par ce moyen expirer plus vite (40). Après qu'il eut bu, il donna pour conseil à Cléopâtre, en ce qui la concernoit et dans le cas où elle croiroit pouvoir avec pudeur continuer de vivre, de se fier principalement à Proculéius, entre les amis d'Octave. Il ajouta que, quant à lui, il ne s'affligeoit pas de son dernier revers ; qu'au contraire, il éprouvoit un sentiment de satisfaction, en considérant le bonheur dont il avoit joui, après avoir été un des hommes les plus illustres et les plus puissants de la terre, de n'avoir succombé que sous les armes des Romains, et après avoir combattu vaillamment en vrai citoyen de Rome. Comme il rendoit l'ame à ces mots, Proculéius, envoyé par Octave, arriva : car aussitôt qu'Antoine, après s'être frappé lui-même, eut été enlevé pour être transporté auprès de Cléopâtre, un des soldats de sa garde, Dercitéus, s'étoit saisi de son glaive, et l'ayant caché sous ses vêtements, étoit sorti et avoit couru au camp d'Octave, lui apporter le premier la nouvelle de la mort d'Antoine, et lui montrer son glaive encore tout ensanglanté (41).

NOTES.

(1) Voyez la note de Dacier sur ce passage.

(2) Selon Suétone, Octave passa son quartier d'hiver à Samos, dans cette même île de l'Asie mineure, située entre Milet et l'île de Chio, où Antoine et Cléopâtre s'étoient arrêtés avant la bataille d'Actium. *Ab Actio, cùm Samum insulam in hibernia se recepisset.* Oct. Cæs. n. 17.

(3) Voyez la note de Ricard.

(4) Lucilius étoit son véritable nom. Dans la Vie de Brutus qu'il cite, liv. LXVIII, Ricard le nomme de ce même nom. Pourquoi donc ici ne le nomme-t-il que *Lucius* ? Voy. Appien ci-dessus, sect. IV, sect. CXXIX. Il le nomme également Lucilius.

(5) Ce lieutenant d'Antoine, qui commandoit pour lui en Afrique, se nommoit Pinarius Scarpus. *Dion Cassius, liv. LI, n.* 5, nous a conservé son nom. Voyez ci-dessus, chap. II, note 43. Non seulement il refusa d'accueillir Antoine, mais encore il fit égorger ses envoyés ; et quelques uns des soldats qui étoient sous ses ordres ayant laissé éclater à ce sujet des symptômes de mutinerie, il les fit mettre à mort.

(6) Cléopâtre s'étoit hâtée de se rendre en Egypte, de peur que la nouvelle de la défaite d'Antoine n'y devînt, à son préjudice, un sujet de sédition et de révolte. Afin de naviguer avec plus de sécurité en feignant des airs de victoire, elle fit couvrir de couronnes la proue de ses vaisseaux, et chanter, par ses équipages, les chants de triomphe ordinaires. Après qu'elle fut arrivée à Alexandrie sans accident, elle fit égorger plusieurs grands personnages qui n'avoient pas cessé, depuis la mort de son frère Ptolémée, d'être ses ennemis, et à qui ses revers faisoient reprendre courage. A l'aide de ces attentats sanguinaires, elle amassa de l'argent; et avec cet argent elle leva des troupes, et acheta des auxi-

liaires. Pour décider en sa faveur le roi des Mèdes, elle lui envoya la tête du roi d'Arménie. Canidius avoit donc raison, comme on voit, de dire à Antoine, ainsi que Plutarque l'a raconté plus haut, que Cléopâtre avoit beaucoup appris à son école dans l'art de manier les grands intérêts en matière de gouvernement. Voyez ci-dessus, chap. II, note 48.

(7) Voyez la note de Ricard.

(8) Douze lieues et demie. Note des annotateurs d'Amyot.

(9) Voyez la note de Ricard.

(10) Poëte comique de ce nom, qu'il ne faut pas confondre avec Platon le philosophe qui parut trente ans après lui. Il ne nous reste de ses comédies que quelques fragments. Aristophane a été plus heureux. Plusieurs de ses pièces sont venues jusqu'à nous. C'est dans sa Lysistrate qu'il mentionne Timon le misantrope, et qu'il en fait le pendant d'un jeune homme appelé Milanion, dont il parle dans la scène précédente, et auquel il attribue pour les femmes la même aversion, la même haine qu'avoit Timon pour les hommes.

(11) C'étoit le nom d'un des trois jours que duroient à Athènes les fêtes de Bacchus, nommées *Anthisteria* du mois Anthistérion pendant lequel on les célébroit, et qui étoit le mois de floréal du calendrier grec. Je dois cet hommage au docte Dacier, de renvoyer à la savante note qu'il a appliquée à ce passage le lecteur curieux de connoître toute la finesse de ces deux mots de Timon et d'Apémante. On peut consulter aussi la note que les annotateurs d'Amyot ont placée parmi leurs *observations*, et celle de Ricard.

(12) Voyez la note de Ricard.

(13) Ricard a fait de cette épitaphe un quatrain qui ne me paroît pas très poétique. Le voici :

« Après avoir fini ma course déplorable,
« Je suis en paix ici : ne cherchez point, passants,
« A connoître mon nom ; vous êtes tous méchants.
« Puissiez-vous donc périr d'une mort misérable. »

Ce n'est pas trop la peine de délayer un distique grec dans un quatrain, quand on ne fait pas mieux que cela.

(14) C'est ici une erreur de Plutarque, à ce qu'il paroît. Dans l'édition de Callimaque, donnée par Spanheim, et dans la dernière par Ernesti, on trouve à la vérité cette épigramme parmi celles de Callimaque. Elle est la troisième, et on l'a rendue par ce distique latin ;

Hic hominum Timon cubat osor ; abito precatus
Antea Timoni dira, viator ; abi.

mais dans le tome second de l'Anthologie grecque assez récemment publiée par un savant Hollandais, Jérôme de Bosch, p. 86, on la trouve imprimée sous le nom d'Hégésippe : et tandis que dans Plutarque et dans les éditions de Callimaque dont je viens de parler, elle n'est qu'en distique, elle est en quatre vers dans l'Anthologie en question :

Ὀξεῖαι πάντη περὶ τὸν τάφον εἰσὶν ἄκανθαι
Καὶ σκόλοπες, βλάψει τοὺς πόδας ἢν προσίῃς,
Τίμων μισάνθρωπος ἐνοικέω. Ἀλλὰ πάρελθε.
Οἰμώζειν εἴπας πολλὰ· πάρελθε μόνον.

Le docte Brunck, dans le tome premier de ses *Analecta veterum poëtarum græcorum*, l'a également attribuée à Hégésippe, et l'a imprimée sous son nom, p. 255, VIII, dans les mêmes termes que de Bosch.

(15) Aucun des traducteurs qui m'ont précédé, ni Amyot, ni Dacier, ni Ricard, ni l'interprète latin, n'ont saisi, à mon avis, le vrai sens des trois premiers mots du dernier vers de ce quatrain. Ils ont rendu le verbe οἰμώζειν, comme s'il signifioit *dire des imprécations*, *maudire*. Mais nulle part, que je sache, il n'a été pris dans cette acception. Celle qui lui est propre, c'est de signifier, *pleurer*, *se lamenter*, *gémir*, *se plaindre au sujet d'un malheur quelconque*, *déplorer le sort cruel de quelqu'un*. L'erreur, sur ce passage, est venue de ce qu'on n'a pas fait attention à l'el-

NOTES. 331

lipse qu'il renferme. On n'a pas vu que Timon, qui parle dans cette épigramme, mettoit ces trois mots dans la bouche du passant auquel il s'adresse : Brunck, le docte Brunck est le seul helléniste que je connoisse qui ait saisi avec justesse la pensée de l'auteur de l'épigramme. Afin d'empêcher que l'on s'y trompât à l'avenir, il a imprimé cette épigramme avec les signes distinctifs du dialogue. Les trois premiers vers sortent de la bouche de Timon, et sont en effet marqués de la lettre α. Les trois mots suivants, qui appartiennent au passant, sont marqués de la lettre β; et les deux derniers mots qui sont de Timon, reprennent la première lettre. Il faut donc entendre ces trois mots comme si le passant disoit à Timon : Παρελεύσομαι εἰπὰς πολλὰ ἔις τὸ οἰμώζειν τὴν (εἶπας δὲ ταῦτα ὁ Κροῖσος. Herodot. lib. I, c. 17), σου δυσυχίαν : « Je « passerai mon chemin lorsque j'aurai versé quelques larmes « sur ton malheur. » Ce sens a d'ailleurs l'avantage de rendre infiniment plus saillants les deux derniers mots, πάρελθε μόνον. Il n'y avoit en effet qu'un misantrope aussi prononcé que Timon qui pût faire une aussi brutale réplique à celui qui ne vouloit s'arrêter un moment auprès de sa tombe, que pour honorer sa mémoire par des témoignages de regrets et de sensibilité. D'ailleurs, Ricard a fait de cette seconde épitaphe un second quatrain, qui, outre le contre-sens qu'il renferme, a le défaut de n'être pas moins prosaïque que le premier. Le voici :

« Je suis Timon, connu par ma misantropie :
« J'habite ce tombeau : passant, retire-toi.
« Maudis moi, j'y consens, pourvu que de ta vie,
« Tu veuilles me jurer de n'approcher de moi. »

(16) Du nom de Timon cela s'entend.

(17) Je crois que cela s'entend mieux que la version de Ricard, *il inscrivit dans le rôle des jeunes gens*, etc.

(18) Ces deux faits sont confirmés par le témoignage de Dion Cassius, qui remarque qu'Antoine et Cléopâtre n'avoient eu pour but que d'inspirer par-là de la confiance à

leurs partisans, en leur présentant de nouveaux chefs, dans le cas où ils viendroient à périr eux-mêmes pendant la guerre; et que cette démarche ne servit en effet qu'à perdre ces deux jeunes gens, parceque Octave, resté le plus fort, crut devoir les immoler à sa sûreté. *Liv. LI*, *n.* 6.

(19) Ricard a fondu le mot grec dans sa version, « ils sup-« primèrent leur société des *Amimetobies.* »

(20) Amyot a fondu dans son texte le mot grec en toutes lettres. Dacier et Ricard en ont fait autant; et renchérissant même sur Amyot, ils ont fait entrer dans leur version le mot *amimetobies*, absolument inintelligible pour des lecteurs étrangers aux racines grecques, si Ricard ne l'avoit expliqué dans une note.

(21) *R. monet vulgatam posse defendi ac si hoc diceret,* ἐν ᾧ οἱ ὑπ' αὐτῆς ἐπιταχθέντες ἕτερον θηρίον ἑτέρῳ προσέφερον. *Hoc quòd ab eâ jussi aliam bestiam alii immitterent eâ coram. Fore tamen pleniorem dictionem;* θεωμένη αὐτὴ τοὺς ἕτερον ἑτέρῳ προσφέροντας. *Aut legendum suspicatur* ἑτέρων (sc. θηρίων) ἑτέροις (sc. θηρίοις) προσφθαρέντων. Telle est, sur ce passage, l'annotation du Plutarque de Tubingen, par J. G. Hutten, tom. 6, p. 145.

(22) Antoine et Cléopâtre avoient deux projets, dans le cas où ils se verroient forcés d'évacuer l'Egypte; le premier de gagner l'Ibérie, et d'en engager les peuples, à force d'argent, à se déclarer en leur faveur; le second, de s'échapper par la mer Rouge. Ce fut dans la vue d'endormir Octave à ce double égard, qu'ils lui envoyèrent des députés pour lui faire des propositions. Selon Dion Cassius, ces députés étoient chargés en même temps d'essayer de le faire assassiner, ou de corrompre son armée, *liv. LI*, *n.* 6.

(23) Suivant Dion Cassius, Cléopâtre envoya à Octave, à l'insçu d'Antoine, un sceptre et une couronne d'or avec un trône royal, pour lui donner à entendre qu'elle mettoit son royaume à ses pieds; et afin que, s'il étoit inexorable envers Antoine, il eût du moins pour elle quelque commisération. *Ibid.*

(24) Voyez ci-dessus la note 37, chap. II.

(25) Dion Cassius rapporte qu'il ne fit à Antoine aucune réponse à cet égard. Quant à Cléopâtre, il répondit publiquement aux ambassadeurs, sur un ton menaçant, qu'il sauroit bien trouver les moyens de la réduire; mais que si elle posoit les armes et abdiquoit la couronne, il délibèreroit alors sur le parti qu'il auroit à prendre envers elle. Il leur dit d'ailleurs secrètement qu'elle pouvoit compter sur son indulgence et sur la conservation de son royaume, si elle faisoit égorger Antoine. *Dion Cassius*, *liv. LI*, *n. 6*.

(26) Dion Cassius dit formellement que la mission de Thyrée, auquel il donne un autre nom, avoit pour objet de conter fleurettes à Cléopâtre dans l'intérêt d'Octave. Il avoit fort bien calculé, qu'ambitieuse et vaine de sa beauté, cette reine cèderoit facilement aux avances qui lui seroient faites de la part de celui que la Fortune appeloit ouvertement à l'empire du monde. Thyrée conduisoit assez bien cette intrigue, lorsqu'Antoine s'en étant aperçu, s'avisa de le trouver mauvais et d'y couper court.

(27) Le texte porte littéralement, *afin que nous soyons à deux de jeu*. Sur les mots du texte τοῦτον κρεμάσας μαςίγωσον, Dacier remarque que chez les anciens, c'étoit en effet l'usage de pendre ainsi les esclaves par les aisselles et de les fouetter en l'air. Il cite à l'appui le passage suivant du Phormion de Térence, *Act. I, scen. IV*.

    PH. *Geta, quid nunc fiet?*
    GE. *Tu jam lites audies,*
        Ego plectar pendens.

(28) C'est-à-dire en Italie. En effet, les troupes qu'il y avoit renvoyées après la bataille d'Actium se mutinèrent au point de rendre sa présence indispensable. Les soldats demandoient des récompenses et leur licenciement. Octave partit donc de Samos où il étoit, et prit la route de Brindes. Dans ce trajet il éprouva deux tempêtes; la première, entre le Péloponnèse et l'Étolie; la seconde, à la hauteur des monts

Cérauniens. Dans l'une et dans l'autre, il perdit une partie de ses liburnides; et celle qu'il montoit eut tous ses agrès et même son gouvernail fracassés. *Suet. Oct. Cæs. n. 17.*

(29) Ce fut du côté de l'Afrique que se fit l'ouverture de cette campagne. Cornélius Gallus commandoit les troupes d'Octave qui s'avançoient de ce côté-là, et déjà il s'étoit rendu maître de Parætonion. Quoique Antoine eût en ce moment l'intention de gagner la Syrie pour se mettre à la tête de ses fidèles gladiateurs qui l'y avoient invité, il préféra de marcher contre Cornélius Gallus dont il espéroit faire passer facilement l'armée sous ses ordres. Il avoit d'ailleurs avec lui des forces de terre et de mer, pour agir hostilement dans le cas où cela seroit nécessaire : mais il eut beau venir en personne jusqu'au pied des murs de la place provoquer les soldats à la défection ; Gallus fit sonner les trompettes de manière à empêcher que rien de ce qu'il disoit à haute voix pût être entendu. Il fit ensuite une sortie contre lui et le repoussa. Par une ruse de guerre, Gallus incendia et submergea une partie de ses vaisseaux ; ce qui l'obligea de s'en retourner couvert de honte. *Dion Cassius, liv. LI, n. 9.*

(30) Cette ville fut livrée à Octave par l'ordre de Cléopâtre. Dion Cassius le dit formellement. Κἀν τούτῳ καὶ τὸ Πηλούσιον ὁ Καῖσαρ, λόγῳ μὲν κατὰ τὸ ἰσχυρὸν, ἔργῳ δὲ προδοθὲν ὑπὸ τῆς Κλεοπάτρας ἔλαβεν. Lib. LI, n. 9. Voyant en effet qu'aucun des auxiliaires qu'elle avoit appelés ne venoit à son secours, que, sur ce pied-là, il étoit impossible de résister à Octave ; et se persuadant d'ailleurs, d'après le langage de Thyrée, qu'Octave étoit amoureux d'elle, et qu'elle prendroit sur lui le même empire qu'elle avoit pris sur Antoine, elle s'étoit décidée à lui faire ouvrir les portes de ses états. *Ibid.* n. 9.

(31) Amyot et Dacier ont ici ajouté au texte. Amyot a dit, *pour montrer que non*, et Dacier *pour se purger de cette accusation*. J'ai cru pouvoir être littéral sans rien laisser à désirer.

(32) Amyot et Dacier ont parlé de *sépulcres* et de *tom-*

beaux. Je n'ai pas pensé que le mot μνήματα comportât ici cette acception. On peut consulter la note de Dacier sur ce passage.

(33) Après ce premier succès, Antoine marcha de nouveau contre Octave, et s'étant approché de son camp, il y fit jeter des libelles dans lesquels il promettoit à chaque soldat une forte somme d'argent s'ils abandonnoient le parti d'Octave, et se déclaroient pour lui. Plein de confiance dans cette manœuvre, il tenta une action contre l'infanterie ennemie; mais il fut battu, parceque Octave ayant lu lui-même à ses troupes les libelles d'Antoine, et su tirer avantage de la lâcheté et de la perfidie de cette conduite, excita le courage de son armée, qui saisit la première occasion de signaler sa fidélité à son égard. *Dion Cassius, liv. LI, n.* 10.

(34) Amyot n'a pas rendu le πλεῖσον γενόμενον du texte. Ricard a traduit, *à mesure qu'elle marchoit le bruit devenoit plus fort*.

(35) Ce fut encore, selon Dion Cassius, une perfidie de Cléopâtre. Il prétend qu'Antoine, vaincu dans l'action dont nous avons parlé dans la note 33, mit toutes ses ressources dans ses vaisseaux, et qu'il se décida à livrer une bataille navale, tout en faisant ses dispositions pour aller chercher un asile en Ibérie, mais que Cléopâtre engagea les chefs de la flotte à se déclarer pour Octave. *Antonius insperato victus, ad classem confugit, ac eo se comparavit, ut aut navali pugnâ decerneret, aut in Hispaniam transmitteret. Sed Cleopatra, eo intellecto id effecit, ut naves ab eo transfugerent*. Dio. Cass. lib. LI, n. 10. Voyez d'ailleurs la note de Ricard.

(36) Dion Cassius dit tout le contraire, que, quoique Antoine soupçonnât que tous ces revers étoient l'œuvre de la trahison, son amour pour Cléopâtre empêcha qu'il ajoutât aucune foi à ses soupçons, et fut cause qu'il parut plus affecté du sort de la reine que du sien propre. Ὑπετόπει μὲν γὰρ προδίδοσθαι, οὐ μέντοι καὶ ἐπίςευσεν ὑπὸ τοῦ ἔρωτος, ἀλλὰ καὶ μᾶλλον, ὡς εἰπεῖν, ἐκείνην ἢ ἑαυτὸν ἠλέει. Lib. LI, n. 10.

(37) La version de Dion Cassius est encore contraire ici à

celle de Plutarque. Lorsque Cléopâtre fut informée que l'excès de l'amour d'Antoine écartoit toute idée de trahison de sa part, et lui faisoit montrer tant d'intérêt à son sort, elle s'imagina que si Antoine, dans cette situation, apprenoit que Cléopâtre eût disposé d'elle, il se hâteroit de se poignarder. En conséquence, elle fit répandre le bruit de sa mort. Ὅπερ που ἡ Κλεοπάτρα εἰδυῖα, ἤλπισεν, ὅτι ἂν πύθηται αὐτὴν τετελευτηκυῖαν, οὐκ ἐπιβιώσεται ἀλλὰ παραχρῆμα ἀποθανεῖται, καὶ διὰ τοῦτο ἔς τε τὸ μνημεῖον σύν τε εὐνούχῳ τινὶ καὶ σὺν θεραπαίναις δύο ἐσέδραμε, καὶ ἐκεῖθεν ἀγγελίαν αὐτῷ ὡς καὶ ἀπολωλυῖα ἔπεμψε. *Lib.* LI, n. 10. Il devoit en effet tarder à Cléopâtre d'être délivrée d'Antoine, afin qu'Octave pût donner un libre cours aux sentiments dont elle le croyoit animé pour elle.

(38) Ce récit de Plutarque ne s'accorde pas non plus avec celui de Dion Cassius. Suivant ce dernier, lorsque Cléopâtre, qui avoit fait répandre le bruit de sa mort, apprit par les clameurs publiques qu'Antoine s'étoit poignardé, elle se montra aux croisées du bâtiment dans lequel elle s'étoit enfermée. Aussitôt le bruit de sa mort fut démenti. Antoine mourant apprit qu'elle vivoit encore, et dans l'impatience de rendre le dernier soupir entre ses bras, il se fit porter auprès d'elle. On l'introduisit dans le bâtiment en question, (qui par parenthèse n'étoit pas encore achevé, selon Dion Cassius) à l'aide des machines avec lesquelles on montoit les pierres. *Ibid.*

(39) Voyez la note précédente.

(40) Dans le sixième chant de l'Iliade, Hector, rentré dans Troye, refuse le vin qu'Hécube lui présente, parcequ'au lieu de le fortifier, il l'affoibliroit encore dans l'état de fatigue où il étoit. *Note de Ricard.*

(41) C'est ainsi que fut dissoute, par la mort de l'un des deux derniers triumvirs, cette société de scélératesse et de brigandage que le sang des plus illustres Romains avoit cimentée. Appliquons ici ces paroles des Ethiopiques d'Héliodore, liv. I, n. 29, à la fin : οὐ γὰρ ἐπὶ ῥητοῖς ποτὲ λῃστρι-

κὸς ἄληξε πόλεμος, οὐδὲ ἐν σπονδαῖς ἔσχε τὴν τελευτὴν· ἀλλ' ἢ περιεῖναι κρατοῦντας, ἢ τεθνάναι τοὺς ἁλόντας ἀναγκαῖον. En voici le sens : « Les conventions ne terminent jamais « la guerre entre les brigands. Ils demeurent ennemis malgré « les traités. Pour continuer de vivre, il leur faut néces- « sairement continuer de vaincre : il faut périr nécessairement « périr, si l'on est vaincu. » Dans le parallèle que Plutarque a établi entre Démétrius et Antoine, il remarque que la plus importante des opérations de ce dernier fut sa campagne contre Brutus et Cassius, dont le résultat fut d'anéantir la liberté de ses concitoyens, ὃ δ' οὖν μέγιστον αὐτῷ καὶ λαμπρότατόν ἐστι τῶν εἰργασμένων ὁ πρὸς Κάσσιον καὶ Βροῦτον πόλεμος, ἐπὶ τῷ τὴν πατρίδα καὶ τοὺς πολίτας ἀφελέσθαι τὴν ἐλευθηρίαν ἐπολεμήθη. Ne diroit-on pas que les Dieux ne firent qu'exécuter sur Antoine l'exécration que Brutus prononça contre lui après la seconde bataille de Philippes : « ὦ Jupiter, que « l'auteur de tant de maux ne se dérobe point à ta ven- « geance. » Voyez ci-dessus, *liv. IV, sect. CXXXVIII.*

CHAPITRE IV.

CI. *Octave envoie Proculéius pour s'assurer de la personne de Cléopâtre.* CII. *Proculéius entre dans le monument, saisit Cléopâtre, et la désarme.* CIII. *Honneurs qu'Octave, entrant à Alexandrie, rend au philosophe Arrius.* CIV. *Honneurs funèbres rendus à Antoine.* CV. *Cléopâtre engage son médecin à la seconder dans le projet de se délivrer de la vie.* CVI. *Octave vient rendre visite à Cléopâtre.* CVII. *Oblations funèbres de Cléopâtre au tombeau d'Antoine.* CVIII. *Cléopâtre meurt.* CIX. *Variantes dans les relations de sa mort.* CX. *Détails sur les enfants d'Antoine après sa mort.*

Ans de Rome. 724.

CI. En apprenant cet événement, Octave se retira dans le fond de sa tente, et donna des larmes à celui qui lui avoit été attaché par les liens du sang, qu'il avoit eu pour compagnon d'armes et pour collègue dans plusieurs expéditions militaires, et avec lequel il avoit partagé quelques années les plus hautes fonctions du gouvernement. Prenant ensuite tous les documents de la correspondance qu'il avoit entretenue avec lui, et ayant assemblé ses amis, il leur en fit la lecture, pour leur faire connoître à quel point Antoine avoit constamment porté la hauteur et l'arrogance à son égard, dans ses réponses, quoiqu'il ne lui eût jamais écrit que pour des choses justes et raisonnables. Cela fait, il détacha Proculéius, avec ordre de faire principalement tout ce qu'il pourroit pour prendre Cléopâtre vivante; car Octave craignoit pour les trésors de la reine, et il attachoit d'ailleurs un très grand intérêt, pour sa gloire, à la faire figurer dans sa pompe triomphale à Rome. Cléopâtre ne voulut point se remettre entre les mains de Proculéius. A la vérité, elle entra en conférence avec lui. Proculéius s'avança jusqu'au pied de la porte du bâtiment, qui étoit fort solidement barricadée, mais percée de manière à laisser un passage libre à la voix. Dans cette conférence, Cléopâtre demanda qu'Octave laissât l'Égypte à ses enfants. Proculéius se contenta d'inviter Cléopâtre à prendre courage, et à mettre une entière confiance dans la clémence d'Octave.

CII. Cependant Proculéius, après avoir bien observé le lieu où Cléopâtre étoit enfermée (1), en fit rendre compte à Octave (2). Sur ces entrefaites, Gallus, un nouvel envoyé d'Octave, arriva pour faire à Cléopâtre des propositions. Il s'approcha de la porte, et traîna à dessein la conférence en longueur. Dans cet intervalle, Proculéius ayant fait apporter une échelle, pénétra dans le monument de la reine par la même fenêtre par où, secondée de ses femmes, elle avoit introduit Antoine. Il se hâta de descendre à la porte auprès de laquelle Gallus étoit en conférence avec Cléopâtre. Proculéius étoit suivi de deux hommes à ses ordres. L'une des deux femmes qui étoient renfermées avec Cléopâtre s'étant écriée : « Ah ! malheureuse Cléo« pâtre, vous êtes prise! » Cléopâtre se retourna, vit Proculéius, et s'arma sur-le-champ pour se frapper d'un petit poignard qu'elle portoit à sa ceinture. Proculéius s'étant rapidement avancé, et l'ayant saisie par ses deux bras, lui dit : « Cléopâtre, vous « ne rendez pas justice à Octave, ni à vous-même, « en lui ôtant une grande occasion de signaler sa « clémence, en lui faisant l'injure de le soupçonner « de déloyauté, de le regarder comme implacable; « tandis qu'il a, au contraire, beaucoup de douceur « et d'humanité. » En même temps, il lui ôta son poignard, et recherca parmi tous ses vêtements si elle n'y avoit point caché du poison.

CIII. Devenu maître de la personne de Cléopâtre, Octave avoit envoyé Épaphrodite, un de ses affranchis, auquel il avoit recommandé de veiller très spécialement sur les jours de Cléopâtre; et d'ailleurs, de lui complaire en toutes choses et de se prêter à tout ce qui lui feroit plaisir (3). Cependant il fit lui-même son entrée dans Alexandrie, ayant à côté de lui et tenant par la main le philosophe Arrius, avec lequel il faisoit la conversation, afin que ce spectacle frappant les regards de tous les citoyens, leur inspirât de la considération pour Arrius, en voyant à quel point Octave poussoit les égards pour sa personne. Il se rendit au Gymnase. Il monta sur une tribune qu'on lui avoit préparée. Les habitants d'Alexandrie, saisis de terreur, se mirent à genoux devant lui. Il leur ordonna de se relever, et dit qu'il pardonnoit à tout le monde, premièrement, parceque la ville avoit été bâtie par Alexandre; secondement, en considération de sa grandeur et de la magnificence de ses édifices ; et en troisième lieu, pour complaire à son ami Arrius. Telle fut la haute distinction dont Octave honora ce philosophe. Arrius s'en servit pour sauver beaucoup d'autres personnes, et entre autres Philostrate, celui de tous les sophistes de ce temps-là qui avoit le plus de talent pour improviser, et qui déshonoroit d'ailleurs le titre qu'il se donnoit de philosophe académicien (4). Cette dernière circonstance fut cause qu'Octave, qui avoit horreur de sa conduite, se montra d'abord inexorable envers lui. Dès-lors Philostrate, laissant grandir sa barbe blanche (5), et se couvrant d'un manteau noirâtre, se mit continuellement aux trousses d'Arrius, en répétant derrière lui à chaque pas, ces paroles : « Les sages sauveront les sages, « s'ils sont sages (6). » Octave, informé de cette particularité, songea plutôt à délivrer Arrius de cette fâcheuse importunité (7), qu'à affranchir Philostrate de toute crainte ; et en conséquence il lui pardonna.

CIV. Quant aux enfants d'Antoine, Antyllus, fils de Fulvie, trahi par Théodore son instituteur, fut immolé. Pendant que des soldats lui coupoient la tête, Théodore eut l'adresse d'escamoter une pierre de grand prix que ce jeune homme portoit suspendue à son cou, et il la cousit dans ses vêtements (8). Il nia le fait, en fut convaincu, et fut mis en croix. Quant aux enfants de Cléopâtre, ils furent gardés à vue, avec les personnes chargées de les soigner, et il fut honorablement fourni à tout ce qui leur

342 EXTRAIT DE PLUTARQUE.

étoit nécessaire. Césarion, qui passoit pour être le fils de César, sa mère lui avoit fait prendre par l'Éthiopie le chemin des Indes, avec un riche trésor. Son instituteur Rhodon, digne émule de Théodore, le pressa de retourner sur ses pas, en lui persuadant qu'Octave le rappeloit pour le mettre à la tête du royaume de sa mère. On rapporte que, dans le conseil qu'Octave tint pour délibérer sur le sort de Césarion, Arrius donna son avis en prononçant ces paroles : οὐκ ἀγαθὸν πολυκαισαρίη, *il n'est pas bon qu'il y ait plusieurs Césars* (9). Du reste, Octave fit égorger Césarion après la mort de Cléopâtre (10). Plusieurs rois et plusieurs chefs demandèrent le corps d'Antoine pour lui faire des funérailles. Mais Octave ne voulut point l'enlever à Cléopâtre, qui lui rendit les honneurs funèbres avec une pompe et une magnificence vraiment royale ; car elle eut la liberté de mettre tout ce qu'elle voulut à contribution pour cela.

CV. Au milieu de cette lugubre cérémonie, elle eut tant à souffrir de tous les genres de douleurs, elle se meurtrit et se déchira tellement la poitrine, qu'une inflammation la jeta dans une fièvre ardente. Elle vit avec satisfaction, dans cet accident, un prétexte pour écarter toute nourriture, et pour se laisser ainsi mourir à son aise d'inanition. Elle avoit un médecin ordinaire, nommé Olympus, qu'elle mit dans le secret de ses véritables intentions, et qui la seconda de ses conseils et de son ministère, ainsi qu'il l'a consigné lui-même par écrit dans une histoire qu'il nous a transmise de ce qui se passa à cette occasion. Octave, qui s'en douta, fit faire des menaces à Cléopâtre. Il lui fit inspirer des alarmes au sujet de ses enfants. Machinalement ramenée par ces terreurs, elle abandonna son corps à tous les secours de l'art (11).

CVI. Peu de temps après, Octave se rendit lui-même chez elle, pour l'entretenir un moment, et pour lui parler le langage de la consolation (12). Elle étoit misérablement étendue sur un lit mesquin. Lorsqu'elle vit entrer Octave, elle s'élança n'ayant qu'une seule tunique; elle se prosterna devant lui; elle avoit la tête et la figure dans un désordre effroyable. Sa voix trembloit; ses yeux étoient livides. On voyoit son sein couvert de blessures. En un mot, son corps ne paroissoit pas en meilleur état que son ame. Mais ces graces qui lui étoient naturelles, cette confiance habituelle que lui inspiroit le sentiment de sa beauté, n'étoient point entièrement amorties chez elle. Quoiqu'elle fût dans cette situation déplorable, on en voyoit encore intérieurement briller quelques vestiges; on les retrouvoit encore au-dehors, dans le jeu de sa physionomie. Octave l'invita à se remettre dans son lit, et vint s'asseoir auprès d'elle. Dans sa conversation, elle eut l'air de chercher à s'excuser, en attribuant tout ce qui s'étoit passé à la contrainte et à la terreur qu'Antoine lui inspiroit. Mais Octave ayant combattu chacune de ses allégations, et l'ayant convaincue de ses dispositions hostiles, elle eut recours sur-le-champ à la commisération et aux prières, comme si elle eût attaché un grand intérêt à la vie (13). Elle finit par lui re-

mettre un état qu'elle avoit par écrit de tous ses trésors. Un de ses ministres, nommé Séleucus, qui étoit présent, l'ayant alors accusée d'avoir détourné et caché quelques objets, elle s'élança de son lit, le prit aux cheveux, et le blessa à plusieurs endroits au visage. Octave se mit à rire; et s'étant efforcé de calmer sa colère : « Eh quoi ! lui dit-elle, n'est-il pas
« horrible que, tandis que vous avez daigné, vous,
« Octave, venir me voir, et vous entretenir avec
« moi dans l'état où je suis, mes esclaves se consti-
« tuent mes accusateurs, parceque j'aurai mis de côté
« quelques bijoux de femme, non pas sans doute
« pour m'en parer moi-même, malheureuse que je
« suis, mais pour en faire un modique présent à Oc-
« tavie et à Livie, dans la vue de me donner par leur
« intercession plus de droits à votre humanité et à
« votre clémence. » Ces particularités firent grand plaisir à Octave, parcequ'il les regarda comme des preuves du désir qu'avoit Cléopâtre de conserver la vie (14). Il lui dit donc qu'il lui laissoit tout ce qu'elle avoit mis à part; qu'il en useroit d'ailleurs avec elle avec plus de générosité qu'elle ne l'espéroit, et prit congé d'elle, croyant bien en avoir fait sa dupe, tandis qu'il étoit bien plus réellement la sienne.

CVII. Octave avoit au nombre de ses amis un jeune homme d'une illustre origine, Cornélius Dolabella (15). Ce jeune homme avoit de la bienveillance pour Cléopâtre. Empressé de lui rendre service, sur la prière qu'elle lui en avoit fait, il lui donna clandestinement avis qu'Octave alloit se met-

tre en route par la Syrie, et qu'il avoit résolu de la faire partir elle-même dans trois jours avec ses enfants. Elle n'eut pas plutôt reçu cet avis secret, qu'elle fit supplier Octave de lui permettre de célébrer en l'honneur d'Antoine des libations funéraires. Octave le lui permit. Elle se fit donc porter dans le lieu où Antoine étoit inhumé; et là, étendue sur son tombeau, ayant autour d'elle les femmes attachées à son service : « O mon cher Antoine,
« s'écria-t-elle, je t'ai naguère rendu les honneurs
« funèbres avec des mains libres encore, et aujour-
« d'hui, lorsque je fais ces libations sur ta tombe,
« je suis prisonnière. Des satellites veillent sur moi
« pour m'empêcher d'affoiblir et de ruiner au mi-
« lieu de mes chagrins et de mes douleurs les forces
« de ce corps esclave qu'on réserve pour le faire
« figurer dans la pompe triomphale dont ta catas-
« trophe doit être le sujet. Ne compte pas sur de
« nouveaux hommages funéraires, sur de nouvelles
« libations. Ce sont ici pour toi les derniers que tu
« recevras de la main de Cléopâtre, puisqu'on va
« l'emmener dans des régions étrangères. Pendant
« que nous vécûmes, rien ne nous sépara l'un de
« l'autre. Mais nous courons risque, après notre mort
« d'avoir fait une sorte d'échange pour le lieu de
« notre sépulture. Toi, né citoyen romain, tu auras
« ici ton tombeau; et moi, infortunée, j'aurai le
« mien en Italie, sans nul autre avantage que d'avoir
« transporté mes restes dans ta patrie (16). Mais si
« les dieux de ton pays (17) ont quelque force, et
« quelque puissance (car ceux du mien nous ont

346 EXTRAIT DE PLUTARQUE.

« trahis), n'abandonne point ton épouse, pendant
« qu'elle vit encore, ne dédaigne point de te sous-
« traire à l'ignominie d'un triomphe à laquelle tu es
« destiné dans ma personne. Mais prends soin de
« m'y dérober avec toi, en me recevant ici dans ta
« tombe; car des maux sans nombre que je souffre,
« il n'en est point de plus grand et de plus horrible
« que celui que j'éprouve dans le sentiment de ton
« absence, depuis le peu de temps que je t'ai perdu. »

CVIII. Après qu'elle eut proféré ce lamentable discours, elle joncha le tombeau de fleurs, et l'embrassa à plusieurs reprises. Elle ordonna ensuite qu'on lui préparât son bain. Après l'avoir pris, elle se mit à table, et se fit servir un magnifique repas. Là-dessus, un homme arriva des champs, portant un panier. Les gardes qui surveilloient Cléopâtre démandèrent ce qu'on portoit dans ce panier. On l'ouvrit; on ôta quelque feuillage, et on leur fit voir que le panier étoit plein de figues. Les gardes en admirèrent la grosseur et la beauté. Le paysan se mit à sourire, et les invita à manger de ce fruit. Les gardes, n'ayant aucune défiance, permirent qu'on apportât le panier à Cléopâtre. Après son repas, Cléopâtre prit des tablettes sur lesquelles elle avoit couché quelque écriture, et qu'elle avoit cachetées (18). Elle les envoya à Octave. Ayant ensuite écarté tout le monde, à l'exception des deux femmes qui la servoient habituellement, elle fit fermer les portes. Octave ouvrit les tablettes, et lorsqu'il y lut les supplications et les gémissantes instances avec lesquelles elle lui demandoit de la faire inhumer dans le tombeau d'Antoine, il comprit sur-le-champ ce qui étoit arrivé. Il voulut accourir lui-même pour faire donner des secours à la reine; mais, réflexion faite, il se contenta d'envoyer promptement examiner et savoir ce qui en étoit. Cléopâtre avoit eu bientôt disposé d'elle. On accourut avec vitesse; on trouva les soldats qui la gardoient dans une profonde ignorance de ce qui s'étoit passé. On ouvrit ses portes, et on la trouva morte, étendue sur un lit doré, orné de tous les attributs de la majesté royale. Une de ses femmes, nommée Ira, étoit sans vie à ses pieds. L'autre, Charmion, déjà chancelante et la tête prise, arrangeoit un diadème autour du front de sa maîtresse. Un des soldats ayant dit à Charmion d'un ton de colère : « Tu fais là quelque chose de beau (19). » Elle répondit : « Sans doute, je fais quelque chose « de très beau, et de digne de la fille d'un si grand « nombre de rois. » Ce furent ses dernières paroles, et elle tomba roide sur la place, à côté du lit de Cléopâtre.

CIX. On prétend qu'on lui avoit apporté un aspic avec les figues dont je viens de parler, et que l'aspic étoit caché parmi les feuilles qui couvroient le dessus des figues (20). On ajoute que Cléopâtre l'avoit ainsi ordonné afin de pouvoir être piquée de cet animal, à son insçu; que, lorsqu'en prenant des figues dans le panier elle l'avoit aperçu, elle avoit dit : « Le « voilà donc »; et que mettant son bras à nu, elle le lui avoit présenté pour se faire piquer. D'autres rapportent que Cléopâtre faisoit garder cet aspic dans un vase plein d'eau, et que l'ayant excité et irrité avec une aiguille d'or, elle lui avoit offert son bras sur lequel il s'étoit élancé et accroché. D'ailleurs on n'a pas exactement su la vérité (21). Car d'autres ont raconté qu'elle avoit renfermé du poison dans un petit étui, et qu'elle portoit cet étui caché dans sa chevelure (22). Toutefois on n'aperçut sur son corps aucune piquûre, aucun signe de poison. L'aspic ne fut pas trouvé non plus dans sa chambre, mais on en vit des traces, dit-on, sur le terrain au bord de la mer, du côté où regardoit sa chambre, et où étoient ses croisées. D'autres enfin ont raconté que sur le bras même de Cléopâtre on avoit vu deux piquûres légères et presque imperceptibles. Il paroît qu'Octave ajouta foi à cette dernière version; car dans la pompe de son triomphe, on portoit une image (23) de Cléopâtre ayant un aspic sur le bras (24). Ce fut ainsi, dit-on, que les choses se passèrent. D'ailleurs, quoique Octave fût fâché de la mort de Cléopâtre, il ne laissa pas d'admirer son noble courage (25). Il la fit inhumer dans le tombeau d'Antoine, et déploya une magnificence royale dans les honneurs funèbres qu'il lui rendit. Il en fit rendre aussi de distingués à ses deux femmes. Cléopâtre mourut agée de trente-neuf ans (26). Elle en avoit régné vingt-deux, dont plus de quatorze avec Antoine (27).

CX. Quant à lui, les uns disent qu'il mourut âgé de plus de cinquante-six ans. Les autres prétendent qu'il n'avoit fait que passer les cinquante-trois. Au surplus, toutes ses statues furent renversées; mais celles de Cléopâtre restèrent en place, parceque'un

VIE D'ANTOINE. CHAP. IV.   349

de ses amis, nommé Archibius, donna mille talents à Octave (28), pour empêcher qu'elles n'eussent le même sort que celles d'Antoine. D'ailleurs, Antoine laissa sept enfants de ses trois femmes (29). Antyllus, l'aîné de tous, fut le seul qu'Octave fit égorger (30). Octavie réunit tous les autres auprès d'elle, et en prit soin comme de ses propres enfants. Elle maria Cléopâtre, fille de Cléopâtre, avec le roi Juba, prince d'une très agréable tournure. Elle mit tant d'intérêt à l'élévation d'Antoine, le second des fils de Fulvie, qu'il obtint le troisième rang dans les bonnes graces d'Octave. Il venoit après Agrippa qui occupoit le premier, et les enfants de Livie qui tenoient le second. Octavie avoit eu de Marcellus deux filles, et un fils du même nom que son père. Elle avoit fait de son fils le gendre et le fils adoptif d'Octave (31); et Agrippa avoit épousé une de ses filles (32). Mais Marcellus étant mort très peu de temps après son mariage, et Octave, son beau-père, ayant de la peine à choisir parmi ses amis un nouveau gendre sur la fidélité duquel il pût compter, Octavie lui fit entendre qu'il falloit qu'il prît Agrippa pour gendre, en lui faisant épouser sa fille, après l'avoir préalablement fait divorcer avec sa propre fille à elle. Octave et Agrippa n'eurent pas plutôt consenti à cet arrangement, qu'Octavie fit épouser à Antoine sa fille, femme divorcée d'Agrippa, et Agrippa épousa la fille d'Octave, veuve de Marcellus. Des deux filles qu'Antoine avoit laissées de son mariage avec Octavie, Domitius Ænobarbus en épou... ..e (33). L'autre, Antonia, qui se rendit si célèbre par ses

Ans de Rome.
724.

bonnes mœurs et par sa beauté, devint la femme de Drusus, second fils de Livie, et beau-fils d'Octave. De ce dernier mariage sortirent deux enfants, Germanicus et Claude, dont le dernier monta depuis sur le trône des Césars. Quant aux enfants de Germanicus, Caïus, qui souilla de beaucoup d'atrocités un règne assez court, fut égorgé avec sa femme et sa fille (34). Agrippine (35), qui avoit eu de Domitius (36) un fils nommé Lucius Domitius, épousa Claude, devenu empereur. Claude adopta le fils d'Agrippine, et lui donna le surnom de Néron Germanicus. Ce Néron, qui a régné de mon temps (37), devint l'assassin de sa mère, et peu s'en fallut que par ses extravagances et par ses fureurs il ne renversât de fond en comble l'Empire romain. Il étoit au cinquième rang dans la ligne des successeurs d'Antoine (38).

NOTES.

(1) Il me semble qu'Amyot, Dacier et Ricard ont eu tort de rendre le verbe ἀπήγγειλε de manière à faire penser que ce fut Proculéius qui alla lui-même rendre compte à Octave de l'état des choses. Je n'ai pas cru devoir le rendre dans ce sens-là. On voit, en effet, dans la phrase suivante, que pendant que Gallus, le nouvel envoyé d'Octave, est en pourparler avec Cléopâtre, Proculéius escalade le bâtiment; il ne s'étoit donc pas éloigné.

(2) Si l'on en croit Dion Cassius, aussitôt qu'Antoine eut expiré, Cléopâtre se hâta d'en faire informer Octave, en qui elle avoit de la confiance. Néanmoins elle ne sortit point du lieu où elle étoit barricadée, afin que si toute autre considération étoit impuissante, elle pût contenir Octave par la crainte qu'elle n'incendiât tous ses trésors. Ἐκείνη δὲ ἐθάρσησε μέν πως τὸν Καίσαρα καὶ εὐθὺς αὐτῷ τὸ γεγονὸς ἐδήλωσεν, οὐ μὴν καὶ πάνυ ἐπίστευε μηδὲν κακὸν πείσεσθαι. κατεῖχεν οὖν ἑαυτὴν ἔνδον, ἵνα εἰ καὶ διὰ μηδὲν ἄλλο σωθείη τῷ γε φόβῳ τῶν χρημάτων καὶ τὴν ἀδείαν καὶ τὴν βασιλείαν ἐκπρίηται. Lib. LI, n. 11.

(3) Après qu'elle eut fait rendre à Antoine les derniers honneurs, on la fit sortir de sa retraite, et on la ramena dans son palais, où elle continua de vivre et d'être servie comme auparavant. *Ibidem.*

(4) Amyot a traduit, *qui se disoit philosophe académique à faulses enseignes.* Ce sens est peut-être plus littéral que le mien.

(5) Il paroît que les philosophes faisoient à Alexandrie comme les prêtres, qui, dans les jours de deuil et d'adversité, laissoient croître leurs cheveux, ainsi que le raconte Hérodote, liv. II, sect. 36. Il paroît néanmoins que les prêtres et les philosophes de profession n'étoient pas les seuls qui, dans de pareilles circonstances, s'abstinssent de

couper leur barbe et leurs cheveux. Caton ne toucha plus ni à ses cheveux ni à sa barbe, depuis le jour que l'étendard de la guerre civile eut été arboré entre César et Pompée.

> *Ille nec horrificam sancto dimovit ab ore*
> *Cæsariem, duroque admisit gaudia vultu*
> *Ut primùm tolli feralia viderat arma*
> *Intonsos rigidam in frontem descendere canos*
> *Passus erat, mæstamque genis increscere barbam.*
> LUCAN. Pharsal. lib. II, v. 374 et seq.

(6) Pourquoi Amyot a-t-il rendu le mot σοφοί du texte par *gens de savoir?* Il a quelquefois cette acception. Mais ici je pense que Philostrate en appeloit moins à la science qu'à la morale, moins aux lumières d'Arrius qu'à son cœur.

(7) J'ai rendu là les mots du texte autrement que Ricard.

(8) Du temps d'Amyot et de Dacier on disoit *cousut;* mais le Dictionnaire de l'académie dit *cousit.*

(9) Ces paroles d'Arrius étoient une parodie du mot d'Homère οὐκ ἀγαθὸν πολυκοιρανίη, qui se trouve dans le II⁰ chant de l'Iliade, vers 204.

(10) Quelle est donc cette impudeur de Paterculus, de dire, *fuitque et fortunâ et clementiâ Cæsaris dignum quòd nemo ex iis qui contra eum arma tulerant, ab eo jussuve ejus interemptus. D. Brutum Antonii interemit crudelitas. Sex. Pompeium ab eodem victum, idem Antonius, cùm dignitatis quoque servandæ dedisse fidem, etiam spiritu privavit. Brutus et Cassius antequàm victorum experirentur animum, voluntariâ morte obierunt.* Lib. II, n. 87. Y avoit-il donc moins de férocité, moins de scélératesse, moins de barbarie, à faire égorger ces deux jeunes gens, Antyllus et Césarion, qui tous deux devoient être sacrés pour lui, le premier, comme le fils de son ancien ami, et le second, comme le fils naturel de son grand-oncle, qu'à faire égorger D. Brutus, Sextus Pompée, Cassius, et M. Brutus? Mais Octave ne connut point d'autre moyen d'arriver avec sécurité à l'empire que de faire assassiner tous ceux qui pou-

voient lui faire ombrage. Paterculus ne s'imaginoit donc pas qu'il viendroit après lui des historiens moins abjects et moins serviles, qui oseroient dire la vérité.

(11) Ricard a traduit, *ces menaces et ces craintes furent comme des batteries qui forcèrent sa résistance, et elle se laissa traiter comme on voulut.*

(12) Ce fut Cléopâtre, selon Dion Cassius, qui demanda cette entrevue à Octave. Les détails qu'en donne cet historien sont beaucoup plus étendus que ceux de Plutarque. Ils ont même un autre caractère. On y voit Cléopâtre mettre en œuvre tout le manège de la pantomime dramatique pour rendre Octave amoureux d'elle; et quand elle s'aperçoit qu'il ne daigne pas même la regarder, prendre le ton larmoyant, l'accent de la supplication, et implorer la clémence du vainqueur dans des termes hypocrites, propres à lui persuader qu'elle n'a aucune intention de cesser de vivre. *Ibid. n.* 11, *in fine.*

(13) Le texte porte ici ὡς δὴ τῆς μάλιστα τοῦ ζῆν περιεχομένη. Le docte annotateur dont j'ai déjà eu occasion de parler plus d'une fois, a remarqué qu'il y avoit une altération dans ce passage, et a cru la faire disparoître, à la faveur de la leçon d'un manuscrit qui porte, ὡς δὴ τις ἂν μάλιστα, κ. τ. λ. Cette leçon, qui, si je ne me trompe, est la bonne, a été adoptée dans l'édition de Plutarque donnée en 1794, à Tubingen, par J. G. Hutten.

(14) Παντάπασιν αὐτὴν φιλοψυχεῖν οἰόμενος. Voyez ci-dessus, liv. II, chap. XX, note 7.

(15) Il est probable qu'il étoit fils de ce Dolabella qui figure ci-dessus à la fin du second livre d'Appien, et au commencement du troisième, qui étoit consul avec Antoine à l'époque de la mort de César, et qui périt à Laodicée, où Cassius vint l'assiéger. Au reste Amyot fait de ce Cornélius Dolabella un des *mignons* d'Octave. Je lui en demande pardon. Le mot νεανίσκος ne paroît point devoir prêter à cette idée. L'épithète ἐπιφανὴς y résiste. Dacier ne s'y est pas trompé.

(16) Dacier a traduit, *encore est-ce un grand bien pour moi d'être enterrée dans une terre qui t'a porté.* Cela me paroît un contre-sens. Le mot μόνον auroit dû suffire pour lui faire éviter cette inadvertance. Amyot a parfaitement rendu le texte. Ricard a suivi Dacier.

(17) Amyot a cru devoir traduire, *si les dieux de là où tu es à présent.* Il est possible, en effet, que Plutarque ait porté sa pensée sur ces dieux-là. Voyez d'ailleurs la note de Dacier sur ce passage.

(18) Ce fut à Épaphrodite, affranchi d'Octave, qu'elle remit ces tablettes. Cet Épaphrodite étoit chargé en chef par Octave de tous les détails de la surveillance qu'il faisoit exercer sur Cléopâtre. Celle-ci, pour atténuer les rigueurs de cette surveillance, avoit mis dans sa conduite et dans ses discours tout ce qu'il falloit pour faire penser à l'Argus d'Octave, et à ses satellites, qu'elle ne pensoit nullement à se donner la mort; et ces feintes lui réussirent. Dion Cassius remarque que, dans cette occasion, elle cacheta les tablettes qu'elle chargea Épaphrodite de porter lui-même à Octave, afin qu'il ne se doutât pas de ce qu'elles contenoient, et que par conséquent il s'éloigna d'elle sans défiance. *Ibid.* n. 13.

(19) Amyot a donné à ces mots la tournure de l'interrogation. Je crois que c'est une erreur de sa part. Dacier a mieux saisi le vrai sens de l'apostrophe du soldat.

(20) Traduire comme l'a fait Ricard, *on prétend qu'on avait apporté à Cléopâtre un aspic sous ces figues couvertes de feuilles,* c'est avoir manqué d'exactitude et de fidélité.

(21) Dion Cassius le reconnoît ainsi que Plutarque : καὶ τὸ μὲν σαφές οὐδεὶς οἶδεν, ᾧ τρόπῳ διεφθάρη. Lib. LI, n. 14.

(22) On trouve dans Dion Cassius une version différente, c'est que Cléopâtre avoit fait imprégner la pointe de son aiguille à cheveux d'un poison tellement subtil, qu'il donnoit la mort la plus subite et la moins douloureuse. Οἱ δὲ ὅτι βελόνην ᾗ τὰς τρίχας ἀνεῖρεν ἰῷ τινι δύναμιν τοιαύτην ἔχοντι, ὥστε ἄλλως μὲν μηδὲν τὸ σῶμα βλάπτειν, ἂν δ' αἵματος καὶ

βραχυτάτου ἅψηται, καὶ τάχιςα καὶ ἀλυπότατα αὐτὸ φθείρειν. Lib. LI, n. 14.

(23) N'en déplaise à Ricard, une *image* vaut mieux ici qu'une *statue*. Témoin ces deux beaux vers de Crébillon :

« Ce peuple triomphant n'a point vu mes images
« A la suite d'un char en butte à ses outrages.

(24)   *Ausa et jacentem visere regiam*
Vultu sereno fortis, et asperas
Tractare serpentes, ut atrum
Corpore combiberet venenum.
HORAT. *Odarum lib. I,* od. 37.

Voyez également Properce, *eleg. IX, liv. III.*

(25) Plutarque ne parle point ici d'un fait consigné dans Dion Cassius et dans Suétone ; c'est qu'Octave eut tant de regrets de se voir enlever le plus bel ornement de son triomphe, que sur-le-champ il fit appeler des Psylles, et leur fit sucer les deux piquûres du bras de Cléopâtre pour la rendre à la vie s'il étoit possible. *Cleopatræ quam servatam triumpho magnoperè cupiebat, etiam Psyllos admovit, qui venenum ac virus exsugerent.* Oct. Cæs. n. 17. Quant à ces Psylles, on peut voir dans Dion Cassius , liv. XV, n. 14, ce qu'il en rapporte. Lucain, dans sa Pharsale, chant IX, vers 925, a un passage dans lequel il fait mention de ces Psylles. Voyez la note de Ricard.

(26) Amyot s'est évidemment trompé en traduisant, *Cléopâtre mourut en l'aage trente-huit ans;* car le texte porte nettement *trente-neuf* : ἑνὸς δέοντα τεσσαράκοντα. Le traducteur latin et Dacier ont dit *trente-neuf*.

(27) Les éditions vulgaires portent συνάρξασα δὲ πλείω τῶν δεκατεσσάρων; mais à la marge du Plutarque in-folio de la bibliothèque nationale, sur lequel j'ai travaillé, j'ai lu la leçon d'un manuscrit qui paroît être la véritable συνάρξασα δὲ Ἀντωνίῳ πλείω τῶν δεκατεσσάρων.

(28) Dans quelques manuscrits on lit *deux mille.* Voyez

la marge du Plutarque mentionné dans la note précédente.

(29) Fulvie, Cléopâtre et Octavie.

(30) Suétone ajoute à cette atrocité de la part d'Octave une circonstance bien horrible ; c'est qu'il fit arracher Antyllus par ses bourreaux, de la statue de Jules-César auprès de laquelle cet infortuné jeune homme avoit couru chercher un asile, après avoir inutilement employé, à plusieurs reprises, les voies de la supplication. *Antonium juvenem, majorem de duobus Fulviâ genitis, simulacro D. Julii ad quod post multas et irritas preces confugerat, abreptum interemit.* Oct. Cæs. n. 17. Dion Cassius nous apprend à ce sujet une horreur de plus ; c'est qu'Octave avoit déjà promis à Antyllus sa propre fille en mariage. Τῶν δὲ δὴ παίδων αὐτῶν Ἄντυλλος μὲν καίτοι τήν τε τοῦ Καίσαρος θυγατέρα ἐγγεγυημένος καὶ ἐς τὸ τοῦ πατρὸς αὐτοῦ ἡρῷον, ὃ ἡ Κλεοπάτρα ἐπεποιήκει καταφυγὼν ἐσφάγη. Voici la version latine. *Ex liberis autem eorum Antyllus, quanquam ei erat filia Cæsaris desponsata, ac in patris ejus sacellum à Cleopatrâ factum confugerat, statim jugulatus est.* Lib. LI, n. 15.

(31) En lui faisant épouser la fameuse Julie.

(32) C'est-à-dire, une des filles d'Octavie et de Marcellus.

(33) Où Dacier a-t-il appris qu'elle se nommoit Agrippine, lorsque Plutarque n'en dit rien ? L'auroit-il prise pour l'Agrippine qui est mentionnée un peu plus bas, parcequ'elles se trouvent l'une et l'autre femmes d'un Domitius ? S'il eût consulté Suétone il auroit appris qu'elle se nommoit comme sa sœur, et que l'on les distinguoit par les deux épithètes de *major* et de *minor*, selon l'usage des Romains. *Ex Antoniâ majore patrem Neronis procreavit.* Ner. Claud. Cæs. n. 5.

(34) Elle se nommoit Cæsonia. Voyez Suétone.

(35) Cette Agrippine, fille de Germanicus, étoit petite-fille d'Antonia et de Drusus, et arrière-petite-fille d'Octavie et d'Antoine.

(36) Ce Domitius, père de Néron, étoit petit-fils de Domitius Ænobarbus, auquel nous avons vu jouer un grand

rôle sous les ordres de Cassius et de Brutus, et il étoit lui-même un assez mauvais garnement. Témoin, ces paroles de Suétone. *Ex Antoniâ majore patrem Neronis procreavit, omni parte vitæ detestabilem. Nero. Claud. Cæs. n. 5.*

(37) Il résulte bien évidemment de ces deux mots ἐφ' ἡμῶν, que Plutarque vivoit déjà sous le règne de Néron.

(38) Dacier a traduit *il étoit le cinquième descendant d'Antoine.* Comment cette grave inadvertance a-t-elle pu lui échapper? Néron étoit fils d'Agrippine; Agrippine étoit fille de Germanicus; Germanicus étoit fils d'Antonia; et Antonia étoit fille d'Antoine. Or il n'y a là que quatre degrés de descendance. Néron n'étoit donc que le *quatrième descendant d'Antoine*; mais il étoit son *cinquième successeur* à l'Empire. Octave, le premier; Tibère, le second; Caligula, le troisième; Claude, le quatrième; et Néron, le cinquième.

FIN DES NOTES SUR L'EXTRAIT DE PLUTARQUE. VIE D'ANTOINE.

TABLE DES CHAPITRES

DES CINQ LIVRES DES GUERRES CIVILES DE LA RÉPUBLIQUE ROMAINE
D'APPIEN D'ALEXANDRIE.

LIVRE PREMIER.

CHAPITRE I. De la nature et des causes des lois agraires. Tibérius Gracchus, tribun du peuple, propose une de ces lois, et la fait adopter nonobstant l'opposition de Marius Octavius son collègue. Tome I, page 12

CHAPITRE II. Tibérius Gracchus intrigue de toutes les manières pour se faire nommer tribun une seconde fois. Dans la crainte qu'il a de ne pas réussir, il prend ses mesures avec ses adhérents pour employer les voies de fait, en cas de nécessité. Il en résulte une sédition. Tibérius Gracchus est tué dans le Capitole par des adhérents de la faction des patriciens, à la tête de laquelle s'est mis Scipion Nasica. 28

CHAPITRE III. Caïus Gracchus, devenu tribun du peuple, et Fulvius Flaccus, reproduisent la loi agraire. Les difficultés de son exécution font qu'on s'adresse à Scipion l'Africain, comme seul capable de concilier tous les intérêts. Scipion l'Africain est trouvé mort dans sa maison. Fulvius Flaccus et Caïus Gracchus, aidés de la faveur du peuple, travaillent à diminuer et à détruire l'autorité du sénat. Leurs manœuvres produisent une sédition, au milieu de laquelle ils périssent l'un et l'autre. 38

CHAPITRE IV. Après la mort de Caïus Gracchus, le tribun Apuléius et Glaucias le préteur fomentent une nouvelle sédition. Ils dirigent leurs intrigues contre Cécilius Métellus. Ils obtiennent le tribunat à force ouverte. Secondés

TABLE DES CHAPITRES. 359

par C. Marius, consul, ils font condamner à l'exil Métellus, qui refuse de prêter serment d'obéissance à une loi qui est leur ouvrage. Le feu de la sédition s'allume. Apuléius et Glaucias sont lapidés par ordre du sénat. Cécilius Métellus est rappelé. 56

CHAPITRE V. Causes et origine de la guerre sociale. Chefs des deux partis dans cette guerre. Leurs forces respectives. Divers succès qu'ils obtiennent alternativement les uns contre les autres. Évènements qui décident la victoire en faveur des Romains, et qui mettent fin à la guerre. 72

CHAPITRE VI. Nouvelle sédition au sujet de l'usure, entre ceux qui étoient créanciers et ceux qui étoient débiteurs. Le préteur Asellius est assassiné, à cette occasion, en plein Forum, pendant qu'il fait un sacrifice. 106

CHAPITRE VII. Commencement des divisions entre Marius et Sylla, au sujet du commandement de la guerre contre Mithridate, qui avoit été donné à ce dernier. Marius, secondé par le tribun du peuple Sulpicius, fait ôter ce commandement à Sylla. Suivi de Quintus Pompéius, son collègue, Sylla marche contre Rome; il y entre à force ouverte, et oblige Marius et Sulpicius à prendre la fuite. Sulpicius est tué; Marius se sauve. Sylla fait adopter quelques lois. Quintus Pompéius est égorgé à l'issue de son consulat. Sylla quitte l'Italie pour aller faire la guerre à Mithridate. 109

CHAPITRE VIII. Cinna devenu consul, s'efforce, à l'instigation des partisans de Marius, de reproduire la loi de ce dernier, au sujet du droit de suffrage des alliés. Son collègue Octavius s'y oppose et le chasse de Rome. Le pontife Lucius Mérula est nommé consul à sa place. Cinna est accueilli par l'armée qui étoit dans la Campanie. Il lève de nouvelles troupes. Marius, que ces évènements ont ramené en Italie, vient se joindre à lui. Cinna et Marius marchent contre Rome. Ils y entrent les armes à la main. Ils y commettent toute sorte de cruautés contre Octavius, contre Mérula et beaucoup d'autres grands personnages.

Cinna et Marius sont élus consuls. Marius meurt dans les premiers jours de son septième consulat. Valérius Flaccus le remplace d'abord, et Carbon ensuite. 126

CHAPITRE IX. Après plusieurs succès obtenus contre Mithridate, Sylla, informé de ce que Marius et ses partisans avoient fait contre lui et les siens, reprend le chemin de Rome. Message de Sylla au sénat. Cinna le consul meurt. Préparatifs que font pour résister à Sylla Carbon, l'autre consul, et après lui Norbanus et Scipion ses successeurs. Sylla arrive en Italie. Plusieurs grands personnages accourent auprès de lui. Prodiges qui annoncent ses succès et sa tyrannie. 147

CHAPITRE X. Victoires de Sylla et de ses lieutenants contre Marius le jeune, et la faction dont il est le chef. Cruautés commises de part et d'autre. Marius est assiégé dans Préneste ; et quand il se voit réduit à la dernière extrémité, il se tue. Prise de la ville de Préneste. Massacre de ceux qui y sont faits prisonniers. Prise et saccagement de la ville de Norbe. 159

CHAPITRE XI. Cruautés de Sylla après ses victoires, et son entrée à Rome. Le consul Carbon est égorgé par ordre de Pompée, lieutenant de Sylla qui se fait nommer dictateur perpétuel. Ses lois, ses proscriptions. 178

CHAPITRE XII. Sylla abdique la dictature, et mène, après son abdication une vie privée. Particularité à cet égard. L'esprit de sédition commence à fermenter de nouveau. Mort de Sylla. Honneurs funèbres qui lui sont rendus. 194

CHAPITRE XIII. Dissensions qui éclatent, immédiatement après la mort de Sylla, entre les consuls Lépidus et Catulus. Métellus et Pompée sont envoyés en Ibérie, pour y combattre Sertorius et Perpenna. Détail des opérations militaires des deux partis. Perpenna fait égorger Sertorius. Il est vaincu par Pompée, et mis à mort par son ordre. 204

CHAPITRE XIV. Spartacus le gladiateur s'échappe de Capoue avec quelques complices. Il ramasse des forces, et arbore l'étendard de la guerre. Victoires qu'il remporte sur les généraux romains, et même sur les consuls. Il est battu et taillé en pièces par Crassus. Il est tué sur le champ de bataille. Les restes de son armée sont, partie égorgés, partie pendus aux arbres le long de la route de Capoue à Rome. Dissension de Crassus et de Pompée. A la sollicitation du peuple, ils se réconcilient, et congédient chacun son armée. 220

LIVRE SECOND.

CHAPITRE I. Origine de la conjuration de Catilina. Détails à cet égard. La conjuration est découverte par les envoyés des Allobroges. Les conjurés sont arrêtés et convaincus par les soins et la prudence de Cicéron. Quelques uns d'entre eux sont punis de mort. Catilina et quelques autres de ses complices se font tuer sur le champ de bataille, en combattant contre l'armée du consul Antonius, collègue de Cicéron. 235

CHAPITRE II. C. César est envoyé en Ibérie en qualité de préteur. Il se concilie par sa vaillance et ses libéralités la faveur du peuple. Aidé par Pompée, il arrive au consulat, et devient le collègue de L. Bibulus. Il se ligue avec Pompée et Crassus; et de concert ils s'emparent de toute l'autorité sous le titre de triumvirs. Il fait des lois d'abord en faveur du peuple, ensuite en faveur des chevaliers. Il détruit l'autorité du sénat, et réduit son collègue Bibulus à l'inaction. Avide d'obtenir le gouvernement des Gaules, et de se venger en même temps de Cicéron et de quelques antagonistes, il se rapproche de quelques uns des ennemis de ce dernier, et se lie avec eux. 252

CHAPITRE III. Cicéron est banni de Rome par les intrigues de Clodius. Pompée le fait rappeler. César vient prendre du repos dans la Gaule cisalpine. Pompée et Crassus se font élire consuls, et font proroger à César le gouvernement des Gaules. Crassus marche contre les Parthes. Il périt dans cette expédition. Troubles en Italie. Désordres à

Rome, occasionnés par l'assassinat de Clodius. Pompée est investi seul de l'autorité consulaire. 267

CHAPITRE IV. Loi de Pompée contre ceux qui avoient malversé dans l'exercice de leurs magistratures. Cette loi devient une source d'animosité entre Pompée et César. Cette inimitié éclate plus ouvertement, lorsque, par les secrètes instigations de Pompée, le sénat songe à ôter à César son commandement militaire. Conduite de Curion, tribun du peuple, vendu aux intérêts de César. Les consuls déclarent César ennemi de la patrie, et chargent Pompée du commandement en chef pour lui faire la guerre. Curion prend la fuite et se sauve dans le camp de César. 284

CHAPITRE V. César repasse de la Grande-Bretagne dans les Gaules. Curion revient à Rome, porteur de lettres de César pour le sénat. Après la lecture de ces lettres, César est de nouveau déclaré ennemi de la patrie, et les tribuns du peuple, Curion et Antoine, sont chassés de la ville. A leur arrivée dans le camp de César, celui-ci lève l'étendard, passe le Rubicon, et s'empare d'Ariminum. Pompée et le sénat, effrayés autant qu'étonnés de la marche rapide de César, sortent de Rome. 304

CHAPITRE VI. César fait Domitius prisonnier de guerre dans Corfinium, et le laisse aller. Pompée et les consuls quittent l'Italie et s'embarquent pour Dyrrachium. César se décide à aller combattre en Ibérie les lieutenants de Pompée. Auparavant il vient à Rome, et y prend quelques mesures. Il part pour l'Ibérie, où, après plusieurs actions, il demeure vainqueur de Pétréius et d'Afranius. Générosité de sa conduite envers eux et leurs troupes. 315

CHAPITRE VII. Curion se rend en Afrique, en qualité de lieutenant de César. Il en vient aux mains avec Varus, lieutenant de Pompée, et il remporte la victoire. Curion est vaincu à son tour, et tué avec une grande partie des siens, dans une bataille contre le roi Juba. Sédition de l'armée de César à Plaisance. César accourt, apaise la sédi-

TABLE DES CHAPITRES. 363

tion, se rend à Rome, y fait quelques dispositions, et prend
la route de Brindes. 328

CHAPITRE VIII. Activité de Pompée après avoir passé la
mer Ionienne. Ses préparatifs, sa puissance. État des forces
de César. Pompée harangue ses troupes et les distribue
en quartiers d'hiver dans la Thessalie et la Macédoine.
César harangue aussi ses soldats. Il passe la mer n'ayant
avec lui qu'une partie de son armée. Il se rend maître de
quelques villes. Il croit surprendre Dyrrachium, mais il est
prévenu par Pompée. Ils campent l'un près de l'autre. 338

CHAPITRE IX. César s'embarque incognito pour aller chercher à Brindes le reste de son armée. L'impétuosité des
flots le jette sur le rivage. Le reste de ses troupes arrive
enfin. Actions engagées entre les deux chefs pendant qu'ils
campent à Dyrrachium. La famine assiège César; il est
battu, et presque entièrement défait par Pompée. 352

CHAPITRE X. L'armée de César demande à grands cris la
bataille. Il croit prudent de différer. Il lève son camp, et
gagne la Thessalie. Pompée le suit, et vient camper auprès de lui à Pharsale. Pompée est forcé de livrer, malgré
lui, la bataille à César. Ordre et disposition des deux armées. 365

CHAPITRE XI. Harangues de Pompée et de César à leurs
troupes avant que d'en venir aux mains. Le combat s'engage. Pompée est vaincu. Il prend la fuite. Récompenses
que César décerne à ses braves après la victoire. 383

CHAPITRE XII. Pompée prend la route de l'Égypte. Il est
assassiné par les satellites du jeune Ptolémée. Les grands
de Rome, échappés de la bataille de Pharsale, se retirent
à Corcyre auprès de Caton. Sur le refus de Caton, Scipion
est nommé général en chef, pour relever le parti de Pompée. Les uns suivent Scipion en Afrique; les autres suivent
le jeune Pompée en Ibérie. 404

CHAPITRE XIII. César, après avoir vaincu à Pharsale, va
passer l'Hellespont sur de petits bateaux. Il est surpris par
Cassius qui commandoit une grosse flotte. Cassius, au lieu

de le combattre, lui livre ses trirèmes, et se met à son service. César arrive en Égypte. Après beaucoup de revers et de dangers, il finit par vaincre Ptolémée, et par placer Cléopâtre sa sœur sur le trône. Il marche contre Pharnace. Il se rend à Rome pour y apaiser la sédition d'une partie de ses troupes. 415

CHAPITRE XIV. César part pour l'Afrique. En arrivant, il est battu par Labiénus et Pétréius, lieutenants de Scipion. Il remporte ensuite une grande victoire en bataille rangée contre Scipion. Instruit de ce revers, Caton se donne la mort à Utique. Juba et Pétréius s'égorgent l'un l'autre dans un festin. Scipion, attaqué sur mer, dans sa fuite, par des vaisseaux de César, se poignarde, et s'élance dans les flots. 428

CHAPITRE XV. Après sa victoire en Afrique, César retourne à Rome. Il y reçoit les honneurs du triomphe. Il distribue des récompenses à ses soldats, et fait des libéralités au peuple. Il part pour aller combattre le jeune Pompée. Il court le plus grand danger. Son intrépidité le sauve. Il bat le jeune Pompée, qui périt, ainsi que plusieurs de ses officiers. 443

CHAPITRE XVI. César retourne à Rome. Après toutes ses victoires, le sénat et le peuple lui décernent les plus grands honneurs. Le peuple lui suppose l'intention de prendre le titre de roi, et il manifeste son improbation à cet égard. Ces dispositions du peuple donnent de l'ombrage à César. Il fait le projet d'aller combattre les Gètes et les Parthes. Peu de jours avant son départ, il est assassiné en plein sénat par un grand nombre de conjurés. 453

CHAPITRE XVII. Agitation et troubles dans Rome après la mort de César. Les conjurés, soutenus par les gladiateurs, se retirent au Capitole, où leurs partisans viennent les joindre. Discours de Marcus Brutus au peuple rassemblé au Capitole. Députation envoyée à Lépidus et à Antoine, dans la vue de maintenir la paix. Réponse d'Antoine aux

TABLE DES CHAPITRES. 365

députés. Antoine donne ordre à la sûreté de Rome pendant la nuit, et convoque le sénat pour le lendemain. 479

CHAPITRE XVIII. Pendant que le sénat s'assemble, Cinna le préteur est assailli par une bande de séditieux. Débats dans le sénat. Opinion d'Antoine. Lépidus et lui font jouer toutes sortes de ressorts pour allumer la fureur du peuple contre les conjurés. Sénatus-consulte qui ratifie tous les actes de l'administration de César, et proclame une amnistie en faveur des conjurés. 496

CHAPITRE XIX. Violences exercées contre L. Pison, dépositaire du testament de César. Discours de Brutus au peuple dans le Capitole. Cicéron interpose sa médiation entre Antoine, Lépidus et les conjurés. On fait une paix plâtrée. 513

CHAPITRE XX. Obsèques de César. Lecture de son testament en présence du peuple. Oraison funèbre de César prononcée par Antoine. Jongleries d'Antoine à ce sujet. Il parvient à mettre le peuple en fureur contre les conjurés, qui, dans la crainte d'être massacrés, se sauvent de Rome. 526

CHAPITRE XXI. César périt pour avoir bravé les pronostics qui lui annonçoient sa mort. Parallèle de César et d'Alexandre. 542

LIVRE TROISIÈME.

CHAPITRE I. Dans la vue de se concilier le sénat, Antoine fait égorger Amatius, prétendu fils de Marius, qui excitoit le peuple contre les assassins de César. Il propose le rappel de Sextus Pompée. Haine du peuple contre Antoine. Le sénat lui permet de s'entourer d'une garde. Le sénat donne à Brutus et à Cassius, qui s'étoient sauvés de Rome, la commission des approvisionnements publics. Antoine leur fait ôter le commandement des provinces de Syrie et de Macédoine, et leur fait donner la Crète et Cyrène à la place. Tome II, page 1

CHAPITRE II. Octave, instruit de la mort de César son grand-oncle, se rend d'Apollonie à Brindes. Conseils de sa mère Attia, et de Philippus, second mari de sa mère. Il prend le nom de César. Il se rend à Rome. Il se fait déclarer héritier de César et son fils adoptif. Son entrevue avec Antoine. Discours qu'il lui adresse. Réponse qu'Antoine lui fait. 17

CHAPITRE III. Octave, indigné de la réponse d'Antoine, vend, avec tous ses biens, ceux de sa mère, ceux de son beau-père Philippus, ceux de ses cohéritiers, afin de se concilier la faveur populaire. Il empêche le rappel de Brutus et de Cassius. Adroite manœuvre d'Antoine pour se faire donner le commandement de l'armée qui étoit en Macédoine. Trébonius, complice de l'assassinat de César, est surpris et égorgé par Dolabella en Asie. 44

CHAPITRE IV. Antoine demande au sénat le commandement de la Gaule Cisalpine, qui étoit entre les mains de Décimus Brutus. Le sénat lui refuse ce commandement. Altercations entre Antoine et Octave. Le peuple se déclare en faveur de l'héritier de César. Réconciliation entre Octave et Antoine, qui, secondé par Octave, obtient par un plébiscite le commandement de la Gaule Cisalpine, en dépit du sénat. 59

CHAPITRE V. Antoine se livre de nouveau à son animosité contre Octave. Les tribuns de sa garde s'efforcent d'opérer une nouvelle réconciliation. Remontrance des tribuns de la garde d'Antoine à ce sujet. Réponse d'Antoine, dans laquelle il met à découvert le secret de toute sa conduite depuis la mort de César. Réconciliation d'Antoine et d'Octave. 68

CHAPITRE VI. Nouvelles dissensions entre Antoine et Octave. Instruit qu'Antoine est accouru à Brindes pour se mettre à la tête de quatre légions, Octave forme une armée de vétérans avec lesquels il prend le chemin de Rome. Ces vétérans se retirent. Ils reviennent bientôt se ranger sous les ordres d'Octave, qui se met en mesure contre Antoine. 83

CHAPITRE VII. Cruautés d'Antoine envers les chefs de ces légions. Deux d'entre elles se déclarent en faveur d'Octave. Antoine sort de Rome à l'expiration de son consulat, et va se mettre à la tête de ses troupes. Octave refuse le titre militaire que son armée veut lui décerner sans l'autorisation du sénat. Un sénatus-consulte le déclare propréteur. 94

CHAPITRE VIII. Antoine commence les hostilités contre Décimus Brutus pour le chasser de la Gaule Cisalpine. Il l'assiège dans Modène. Le sénat fait marcher les deux consuls Hirtius et Pansa, ainsi qu'Octave, au secours de Décimus Brutus. Antoine, battu deux fois, est contraint de lever le siège de Modène. Il est déclaré ennemi de la patrie, à l'instigation de Cicéron. Le sénat confère à M. Brutus et à Cassius le commandement de toutes les provinces au-delà de la mer Ionienne. 110

CHAPITRE IX. Quoique Octave ne se dissimule pas la malveillance du sénat à son égard, il ne laisse pas de marcher avec Hirtius, l'un des consuls, contre Antoine, qui faisoit le siège de Modène. Pansa, l'autre consul, et Carsuléius sont battus par les troupes d'Antoine dans un défilé entre Modène et Bologne. Hirtius tombe à l'improviste sur les troupes d'Antoine qui venoient de battre Pansa, et les taille en pièces. 145

CHAPITRE X. Après la seconde victoire contre Antoine, et la mort de Hirtius, Antoine lève le siège de Modène. Octave refuse de voir Décimus Brutus et de se réconcilier avec lui. Grandes démonstrations de joie à Rome au sujet de cette victoire. Le sénat affecte de ne faire aucune mention d'Octave. Il donne à Décimus Brutus seul le commandement de la guerre contre Antoine. Mort de Pansa. 158

CHAPITRE XI. M. Brutus et Cassius, maîtres de la Syrie et de la Macédoine, réunissent une armée de vingt légions sous leurs ordres. Octave, instruit de leurs progrès, et de la faveur que le sénat leur accorde, prépare les voies de réconciliation avec Antoine. Octave fait ses efforts pour obtenir le consulat par le crédit de Cicéron. Il est éconduit. 174

CHAPITRE XII. Antoine parvient à s'emparer du commandement de sept légions qui étoient sous les ordres de Lépidus. Le sénat commence à craindre qu'Octave ne se réconcilie avec Antoine. Octave envoie quelques centurions à Rome, au nom de toute l'armée. Il fait demander au sénat les récompenses militaires promises à ses troupes, et le consulat pour lui. N'ayant rien obtenu, il harangue son armée, l'excite contre le sénat, et prend le chemin de Rome. 188

CHAPITRE XIII. La nouvelle de la marche d'Octave répand dans Rome l'effroi et la consternation. Le sénat lui envoie des députés avec un décret qui contenoit plusieurs dispositions à son avantage. Un faux bruit ayant fait reprendre courage au sénat, Octave entre dans Rome, enseignes déployées. Il est nommé consul. Il fait confirmer l'adoption de César en sa faveur par un plébiscite. 200

CHAPITRE XIV. Octave, devenu consul, fait rétracter le décret qui déclare Dolabella ennemi de la patrie. Il forme un tribunal, et fait condamner par contumace les assassins de César. Réconciliation d'Antoine et de Lépidus avec Octave. Antoine marche contre Décimus Brutus, qui, abandonné par Plancus, et ensuite par tous ses soldats, prend la fuite, est arrêté et mis à mort. 211

LIVRE QUATRIÈME.

CHAPITRE I. Sommaire des matières contenues dans ce livre. Antoine, Lépidus et Octave se réunissent dans une petite île au milieu d'une rivière, entre Bologne et Modène. Ils se partagent le pouvoir et les provinces de la république, sous le titre de triumvirs. Divers pronostics de cet évènement. 221

CHAPITRE II. Après avoir fixé tous les détails de leur plan,

TABLE DES CHAPITRES. 369

les triumvirs adressent au consul Pédius, à Rome, les noms de quelques proscrits, par le meurtre desquels commence le massacre de leurs victimes. Ils se rendent à Rome. Effroi et consternation que répand leur arrivée. Ils font proclamer l'acte constitutif du triumvirat. Ils font publier ensuite l'acte préliminaire, et les tables des proscriptions. 231

CHAPITRE III. Divers détails des proscriptions. Particularités remarquables de la mort ou du salut de quelques uns des proscrits. 246

CHAPITRE IV. Suite du même sujet. Enfants qui font égorger leurs pères. Femmes qui font égorger leurs maris. Esclaves qui font égorger leurs maîtres. 258

CHAPITRE V. Proscription de quelques adolescents non encore revêtus de la robe virile. Quatorze cents dames romaines sont inscrites sur un tableau, et condamnées à des contributions arbitraires. Démarches de ces dames romaines. Discours énergique de l'une d'entre elles, Hortensia, fille du célèbre orateur Hortensius; elle parle du haut de la tribune aux harangues, en présence du peuple et des triumvirs. Effet de son discours. Désordres de tout genre, commis par les troupes, à la faveur des proscriptions. 287

CHAPITRE VI. De quelques proscrits qui se sauvèrent, et qui parvinrent ensuite aux plus hautes magistratures. Exemples notables d'amour conjugal, de piété filiale, de fidélité domestique. Femmes qui sauvent leurs maris. Enfants qui sauvent leurs pères. Esclaves qui sauvent leurs maîtres. 296

CHAPITRE VII. Guerre en Libye, entre Sextius, lieutenant des triumvirs, et Cornificius qui défend le parti de Pompée et de la république. Sextius, secondé par Arabion, un des rois du pays, défait en bataille rangée Cornificius, Lælius, et Ventidius, chefs du parti républicain, et soumet la Libye aux triumvirs. 328

CHAPITRE VIII. Dolabella est aux prises avec Cassius.

Battu, il se retire à Laodicée, où Cassius vient l'assiéger par mer et par terre. Cassius entre dans Laodicée. Dolabella se donne la mort, afin d'éviter de tomber vivant entre les mains du vainqueur. Marcus Octavius, son lieutenant, imite son exemple. Cassius se dispose à porter la guerre en Égypte contre Cléopâtre. Mais un message de Brutus l'oblige de renoncer à ce projet. Un corps de troupes de Cassius surprend le roi de Cappadoce dans une embuscade. On lui enlève ses trésors. Conduite de Cassius envers la ville de Tarse. 336

CHAPITRE IX. Conférence de Brutus et de Cassius. Ce dernier marche contre les Rhodiens. Il se rend maître de Rhodes. Il y fait un grand butin. Vengeance qu'il exerce contre les principaux citoyens de cette ville. 349

CHAPITRE X. Brutus amasse beaucoup d'argent en Asie. Il marche contre les Xanthiens, assiège leur ville, et y entre à force ouverte. Les Xanthiens, voyant l'ennemi maître de leur ville, se donnent spontanément la mort. La ville de Patara et les habitants de la Lycie se soumettent à Brutus, qui les met à contribution. Murcus, avec de grandes forces navales, vient bloquer Brindes, pour empêcher Antoine et Octave de passer la mer Ionienne. 367

CHAPITRE XI. Sextus Pompée, maître de la Sicile, y consolide sa puissance. Il attaque sur mer les forces navales des triumvirs, et les bat. Murcus et Domitius Ænobarbus viennent, avec une nombreuse flotte, prendre poste auprès de Brindes, pour garder le passage de la mer d'Ionie. Décidius et Norbanus, lieutenants des triumvirs, s'emparent, dans la Thrace, des défilés qui communiquent d'Europe en Asie. Brutus et Cassius arrivent avec leur armée auprès du golfe Mélan. État de leurs forces. 380

CHAPITRE XII. Joie, espoir et confiance des troupes de Brutus et de Cassius, à l'aspect de leur nombre, de l'avantage de leur situation, et de l'abondance de leurs munitions. Harangue de Cassius à son armée. 390

CHAPITRE XIII. Les lieutenants des triumvirs étant maîtres

TABLE DES CHAPITRES. 371

des défilés par où l'on passe d'Asie en Europe, Brutus et Cassius, guidés par Rhascupolis, prince du pays, se frayent une route difficile et pénible au travers des montagnes, et viennent camper auprès de la ville de Philippes. 410

CHAPITRE XIV. Antoine et Octave accourent. Ils viennent camper auprès de Brutus et de Cassius. Ouvrages de fortification exécutés de part et d'autre. L'audace d'Antoine engage une bataille, contre le gré de Brutus et de Cassius. L'aile commadée par Brutus enfonce l'aile commandée par Octave, et s'empare de son camp. L'aile commandée par Antoine culbute l'aile commandée par Cassius, et se rend maîtresse de son camp. 418

CHAPITRE XV. Cassius, ignorant que Brutus a vaincu de son côté, trompé d'ailleurs par l'approche d'un corps de cavalerie, se fait donner la mort. Brutus lui fait rendre les honneurs funèbres, et prend le commandement de ses troupes. Les deux armées se montrent en bataille sans en venir aux mains. Le même jour de la première bataille, Murcus et Domitius Ænobarbus remportent sur la mer d'Ionie une grande victoire contre Domitius Calvinus, qui amenoit des renforts aux triumvirs. 428

CHAPITRE XVI. Brutus harangue son armée. Il lui représente que, sans courir la chance des armes, il est sûr de vaincre l'ennemi, par la détresse où il est réduit. Nonobstant ces représentations, Brutus est contraint par ses troupes de livrer bataille. Il est battu, et son armée se débande. 434

CHAPITRE XVII. Brutus, se jugeant dénué de toute ressource, se fait donner la mort par un de ses officiers. Mot célèbre de Brutus à cette occasion. Tableau raccourci des qualités personnelles de Brutus et de Cassius. La plupart de leurs troupes capitulent avec les triumvirs. Les grands de Rome attachés à la fortune de Brutus et de Cassius se rallient autour de Messala. 454

TABLE DES CHAPITRES.

LIVRE CINQUIÈME.

CHAPITRE I. Après la mort de Cassius et de Brutus les triumvirs abandonnent les environs de Philippes. Antoine se rend en Asie. Octave reprend le chemin d'Italie ; le premier pour amasser de l'argent, le second pour faire les distributions de terres promises aux troupes. Antoine tombe amoureux de Cléopâtre. Cet amour commence par lui susciter une guerre. *Tome 3, page* 1

CHAPITRE II. Octave arrivé à Rome, éprouve beaucoup de difficultés pour distribuer à ses troupes les terres promises. Manœuvres de Lucius Antonius, frère d'Antoine. Intrigues de Fulvie sa femme, et de Manius à cet égard. Mutinerie des troupes d'Octave. Il les fait rentrer dans la subordination. 24

CHAPITRE III. Lucius Antonius, à l'instigation de Fulvie et de Manius, lève l'étendard contre Octave. Efforts des troupes des deux partis, et des grands de Rome, pour les réconcilier. Octave s'y prête de bonne foi. On se dispose à la guerre des deux côtés. Forces respectives de Lucius Antonius et d'Octave. Les hostilités commencent, sans espoir de conciliation. 35

CHAPITRE IV. Lucius Antonius se dirige vers les Gaules. Des lieutenants d'Octave, à la tête de différents corps de troupes, lui en barrent les chemins. Lucius Antonius est réduit à s'enfermer dans Péruse. Octave vient l'y assiéger. Pressé par la famine, il tente trois sorties consécutives. Il est toujours repoussé. 53

CHAPITRE V. Lucius Antonius se voit entièrement destitué de ressources. Il capitule avec Octave. Accueil qu'il en reçoit. Conduite d'Octave après la capitulation. Péruse est réduite en cendres. 70

CHAPITRE VI. Conduite des autres chefs du parti de Lucius Antonius. Fulvie quitte l'Italie. Octave se défiant d'Antoine, s'empare des Gaules et de l'armée d'Antoine qui

TABLE DES CHAPITRES. 373

occupoit cette province. Il s'empare également de l'Ibérie. Antoine quitte l'Asie. Domitius Ænobarbus vient le joindre. Ils se présentent l'un et l'autre devant Brindes, qui refuse de les recevoir. Ils en font le siège, et appellent Pompée au secours. Octave arrive pour défendre Brindes. Entremise des soldats pour réconcilier Octave et Antoine. 93

CHAPITRE VII. Antoine et Octave se réconcilient de nouveau par les bons offices de Lucius Coccéius, de Julia, mère d'Antoine, et par l'intervention des troupes. On annonce la mort de Fulvie. Les deux triumvirs font entre eux un nouveau partage de l'empire romain. Afin de cimenter plus fortement leur réconciliation, on fait épouser à Antoine Octavie, sœur d'Octave. Les deux triumvirs se rendent ensemble à Rome. 111

CHAPITRE VIII. Octave prend la résolution d'aller attaquer Pompée en Sicile. Il est question d'établir sur le peuple un nouvel impôt. Fermentation populaire à ce sujet. Le peuple force les triumvirs à négocier avec Pompée. Ils traitent en effet avec lui, par l'intermédiaire de Libon, beau-père de Pompée. Ces trois chefs se séparent. Conduite d'Antoine avant son départ. Il va passer l'hiver à Athènes. Il fait ses préparatifs de guerre contre les Parthes au commencement du printemps. 127

CHAPITRE IX. Le feu de la guerre se rallume entre Octave et Pompée, contre l'avis d'Antoine. Actions navales sur la mer de Sicile. Supériorité de Pompée. Une flotte de Pompée vient attaquer Octave, et le force de s'échouer. Détresse d'Octave. Il lui arrive des secours en forces de terre et de mer. 146

CHAPITRE X. Octave, assailli par une tempête, perd de nouveau la plus grande partie de ses forces navales. Faute de Pompée, qui ne sait point profiter de sa fortune. Il donne à Octave le temps de construire d'autres vaisseaux, et de réparer ses pertes. Antoine vient au secours d'Octave. Ils se brouillent de nouveau. Octavie les réconcilie encore. Ils se séparent bons amis. 164

CHAPITRE XI. Octave ayant construit une nouvelle flotte, une nouvelle tempête la lui détruit. Il en construit encore une autre. Agrippa, l'un de ses lieutenants, gagne une bataille navale contre Papias, un des lieutenants de Pompée, sous les yeux même de ce dernier, et force Papias à prendre la fuite. 176

CHAPITRE XII. Octave perd une autre bataille navale contre Pompée. Il court un très grand danger. Il a toutes les peines du monde à se sauver dans le camp de Messala. Cornificius, un de ses lieutenants, est battu par une des flottes de Pompée. Il est réduit à s'échouer. Par le plus grand des hasards, il échappe à un péril imminent, grace aux secours qu'il reçoit de Laronius. Pompée, battu sur terre, présente à Octave une bataille navale. Il la perd, et prend indiscrètement la fuite. 197

CHAPITRE XIII. Après la défaite de Pompée, Lépidus, qu'Octave avoit appelé de Libye en Sicile, veut s'approprier cette province, et en chasser Octave. Trait d'audace de ce dernier. Les troupes de Lépidus l'abandonnent. Octave sauve la vie à Lépidus, et lui conserve ses biens. Nouvelle fermentation des troupes contre Octave. Il l'apaise. Adroite conduite d'Octave pour se concilier la faveur du peuple. 221

CHAPITRE XIV. Pompée, arrivé à Mitylène, envoie des députés à Antoine. Il se donne l'air de venir se ranger sous ses drapeaux. En même temps il envoie des émissaires, tant aux rois de Thrace et de Pont, qu'aux Parthes. Il se met en état d'hostilité contre les lieutenants d'Antoine; et tandis qu'il lui tend une main suppliante d'un côté, et qu'il lui fait la guerre de l'autre, il est attaqué par Furnius et Titius, battu, fait prisonnier, et mis à mort à Milet. 239

EXTRAIT DE PLUTARQUE.

VIE D'ANTOINE.

CHAPITRE I. LXVIII. Octavie s'embarque pour aller joindre Antoine. LXIX. Artifices et manège de Cléopâtre pour enchaîner Antoine plus que jamais. LXX. La conduite d'Antoine envers Octavie son épouse le rend odieux aux Romains. LXXI. Antoine distribue des royaumes à Cléopâtre et à ses enfants. LXXII. Commencement de rupture entre Antoine et Octave. LXXIII. Antoine part pour la guerre, menant Cléopâtre avec lui. LXXIV. Leur conduite à Samos. LXXV. Faute que fait Antoine en donnant à Octave le temps de se préparer à la guerre. LXXVI. Plaintes répandues contre Antoine. Plusieurs de ses amis l'abandonnent. LXXVII. Présages funestes contre Antoine. 261

CHAPITRE II. LXXVIII. Forces respectives d'Antoine et d'Octave. LXXIX. Provocation qu'ils se font l'un à l'autre. LXXX. Domitius passe du parti d'Antoine dans celui d'Octave. LXXXI. Canidius conseille à Antoine d'établir la guerre sur le continent. LXXXII. Cléopâtre fait préférer la guerre maritime. LXXXIII. Les flottes sont en présence. LXXXIV. L'action s'engage. LXXXV. Cléopâtre prend la fuite. Antoine la suit. LXXXVI. Il soupe avec elle. LXXXVII. Il envoie ordre à Canidius de reprendre le chemin de l'Asie par la Macédoine. LXXXVIII. Belle résistance de son armée de terre et de mer. 290

CHAPITRE III. LXXXIX. Tableau de l'épuisement où Antoine avoit réduit la Grèce. XC. Antoine n'a plus d'espérance. XCI. Digression sur Timon le Misantrope. XCII. Antoine rejoint Cléopâtre. Luxe et délices de leur vie. XCIII. Cléopâtre fait l'essai de divers poisons. XCIV. Antoine et Cléopâtre tentent la voie des négociations auprès d'Octave. XCV. Soupçons d'Antoine contre Cléopâtre. XCVII. Cléopâtre réunit toutes ses richesses dans un même lieu. XCVI. Octave vient mettre le siège devant Alexandrie.

xcviii. Antoine est vaincu et abandonné. xcix. Il se perce de son épée. c. Il se fait transporter dans le monument où Cléopâtre est enfermée. Sa mort. 313

CHAPITRE IV. ci. Octave envoie Proculéius pour s'assurer de la personne de Cléopâtre. cii. Proculéius entre dans le monument, saisit Cléopâtre, et la désarme. ciii. Honneurs qu'Octave, entrant à Alexandrie, rend au philosophe Arrius. civ. Honneurs funèbres rendus à Antoine. cv. Cléopâtre engage son médecin à la seconder dans le projet de se délivrer de la vie. cvi. Octave vient rendre visite à Cléopâtre. cvii. Oblations funèbres de Cléopâtre au tombeau d'Antoine. cviii. Cléopâtre meurt. cix. Variantes dans les relations de sa mort. cx. Détails sur les enfants d'Antoine après sa mort. 338

FIN DE LA TABLE DES CHAPITRES.

TABLE ALPHABÉTIQUE

DES MATIÈRES

DE L'HISTOIRE DES GUERRES CIVILES D'APPIEN D'ALEXANDRIE.

A

ABALA, port sur la côte d'Italie, t. III, p. 201, 215, n. 10.
ABDICATION. Motif qui empêcha César d'abdiquer, t. II, p. 407, n. 6.
ABEILLES (Essaim d') qui venoit se placer sur les enseignes, étoit un sinistre pronostic, t. II, p. 452, n. 8.
ABYDE, ville sur l'Hellespont, du côté de l'Asie, t. II, p. 374, 378, n. 12, 13.
ACCIUS, poëte tragique, t. II, p. 55, n. 2.
ACHÉENS (le port des), ville sur la Propontide, t. III, p. 244, 255, n. 9.
ACHILLAS, ministre de Ptolémée, t. I, p. 405. Il prend part à l'assassinat de Pompée, p. 412, n. 12. César le fait mettre à mort, p. 417, 425, n. 4.
ACHILLE, son mot à Thétis sa mère, au sujet de la mort de Patrocle, t. II, p. 22.
ACILIUS, proscrit, comment il se sauva, t. II, p. 300.
ACTIUM, promontoire de l'Acarnanie, t. III, p. 292, 304, n. 8, 9.
ADALLA, roi des Thraces, auxiliaire d'Antoine, t. III, p. 290.
ADANA, ville de Syrie, voisine de Tarse, t. II, p. 348, n. 10.
ADOPTION, ses formalités chez les Romains, t. I, p. 281, n. 23, t. II, p. 23.
ADRIEN fait restaurer le tombeau de Pompée, t. I, p. 408.
ADRUMÈTE, ville de Libye, t. II, p. 333, n. 2.

Æas, ou *Aoüs*, fleuve d'Epire, t. I, p. 360, n. 2.
Ægius, cité, t. III, p. 20, n. 20.
Ælien, t. III, p. 161, n. 9, 12.
Æmilius Lucius, juge nommé par Octave, t. III, p. 82, sauvé par lui à Péruse, *ibid*, p. 89, n. 22.
Æmilius Paulus, consul, se laisse acheter par César, t. I, p. 289.
Æmilius, proscrit ; détail de sa mort, t. II, p. 270.
Ænaria, île sur la côte de l'Italie, t. III, p. 130, 139, n. 4.
Ænum, ville de Thrace, t. II, p. 386, 388, n. 10.
Æqulanum, ville d'Italie, t. I, p. 85.
Æthiopien, son aspect étoit d'un sinistre augure, t. II, p. 460.
Ætna, entre en ébullition, t. III, p. 206, 217, n. 14.
Affranchis (les), entrent pour la première fois dans les troupes romaines, t. I, p. 87.
Afranius, lieutenant de Pompée en Ibérie, t. I, p. 320, traite avec César et se retire, 321. Son avis, après la retraite de César en Thessalie, 367, 377, n. 68. Il s'enfuit de la Libye avec L. Scipion, p. 430.
Afranius (Titus), un des chefs de la guerre sociale, aide à battre Cn. Pompée, t. I, p. 85.
Agrippa, lieutenant d'Octave, entre en campagne contre Lucius Antonius, t. III, p. 55. Il se porte sur Péruse. *Ibid*. Détail de ses mouvements, p. 59. Il enlève deux légions à Plancus, p. 94. Il entre en campagne contre Antoine, p. 101. Il attache les vétérans au parti d'Octave, p. 102. Octave lui donne le commandement de ses forces navales, p. 172. Il remplace Octave à Strongyle, p. 184. Il se porte sur Hiéra, *ibid*. Il se porte sur Myles, où il engage une action, p. 185. Détails, p. 186. Cette bataille ne décide rien, p. 187. Travaux exécutés par Agrippa, p. 189, n. 1. Il est repoussé à Tyndaride, p. 197. Il reçoit des villes à composition, *ibid*. Il se rend maître de Tyndaride, p. 204. Ses forces, p. 205. Il invente l'harpagon, p. 207. Il gagne la dernière bataille navale contre Pompée entre

DES MATIÈRES.

Myles et les îles Æoliennes, p. 210, 217, n. 22. Honneurs qu'Octave lui fait accorder, p. 235, n. 14. Il commande l'aile gauche de la flotte, à la journée d'Actium, p. 296. Un de ses mouvements décide de la fuite de Cléopâtre, p. 298. Il s'empare de Leucade, de Patra et de Corinthe, p. 306, n. 15.

AJAX, saisi de terreur, t. I, p. 402, n. 24.

ALBE, ville d'Italie, t. II, p. 98, 99.

ALBINOVANUS, traite avec Scylla, et fait égorger un grand nombre des partisans de Norbanus, t. I, p. 167.

ALCIAT, son distique sur le mot de Brutus, t. II, p. 467, n. 2.

ALCIBIADE, pourquoi il est aimé par Timon le Misantrope, t. III, p. 316.

ALEXANDER *ab Alexandro*, t. I, p. 140, n. 6.

ALEXANDRE, fils d'un roi d'Egypte, est rétabli dans ce royaume par Sylla, t. I, p. 187. Il est égorgé, 188.

ALEXANDRE, roi de Macédoine, mis en parallèle avec César, t. I, p. 542; visite le temple de Jupiter Ammon, p. 543. Les eaux de la mer se retirent devant lui, *ibid*. Il s'élance seul dans l'enceinte d'une ville ennemie, *ibid*. Ses succès, *ibid*. Extrêmement aimé de ses soldats, p. 546. Méprise les sinistres pronostics, p. 546, 548. Il périt à Babylone, p. 549.

ALEXANDRE, citoyen de Rhodes, est nommé prytane pour défendre Rhodes contre Cassius, t. II, p. 351. Il est battu, p. 356.

ALEXANDRE, fils de Cléopâtre, fait roi par Antoine, t. III, p. 265.

ALEXAS, le Syrien, ami d'Antoine, t. III, p. 299. Il se déclare pour Octave qui le fait mettre à mort, p. 319.

ALLIÉNUS, officier de Dolabella, livre quatre légions à Cassius, t. II, p. 176.

ALLOBROGES (les députés des) révèlent la conspiration de Catilina, t. I, p. 240.

Ἀλῶναι, t. I, p. 144, n. 24.

AMATIUS, chef d'une bande de factieux; ses menées, t. II, p. 2. Antoine le fait égorger, p. 3. Manœuvres séditieuses de ses adhérents, leur châtiment, p. 4.

AMBIOREX, chef des Gaulois, t. I, p. 301, n. 22.

AMIMÉTOBIES, t. III, p. 318, 332, n. 19.

AMISUM, ville d'Asie, t. I, p. 418, 425, n. 9.

AMMONIUS, lexicographe, t. I, p. 35, n. 8; t. III, p. 87, n. 15.

AMPHIPOLIS, ville de Thrace, t. II, p. 413.

AMSANCTUS (le lac), ou Amsancti, t. I, p. 103, n. 51.

AMYNTAS, nommé roi de la Pisidie par Antoine, t. III, p. 137. Il vient renforcer Furnius, p. 243. Il poursuit Pompée, et le fait prisonnier, p. 250. Il envoie un corps de troupes à Antoine, p. 291. Il abandonne Antoine, p. 293, 305, n. 14.

AMYOT, t. I, p. 231, n. 17, p. 475, n. 39; t. III, p. 276, n. 4, 5, 6, 7, 12, 16, 17, 23, 30, 33, 34, 37, 50; p. 305, n. 10, 13, 16, 17, 18, 24, 27, 28, 37, 41, 42, 47; p. 330, n. 15, 29, 31, 32, 34; p. 351, n. 1, 4, 6, 8, 15, 16, 17, 19, 26.

ANAXANDRIDE, auteur comique chez les anciens, cité, t. III, p. 22, n. 22.

ANCHARIUS, égorgé par l'ordre de Marius, t. I, p. 137.

ANDRIAQUE, port des Myréens, dans l'Asie mineure, t. II, p. 374, 378, n. 10.

ANDROS, île de la mer Egée, t. III, p. 8, 16, n. 9.

ANIUS, fleuve d'Epire, t. I, p. 369, n. 2.

ANNIBAL, t. I, p. 99, n. 28, 29. Battu sur mer par les Rhodiens, t. II, p. 362, n. 4.

ANTIOCHE, ville forte en Syrie, t. II, p. 345, n. 4.

ANTIOCHUS, battu par les Romains, t. II, p. 352, 362, n. 4.

ANTHISTÉRION, mois du calendrier grec, t. I, p. 551, n. 1; t. III, p. 329, n. 11.

ANTISTIUS (Caïus), marche contre Cécilius Bassus, t. III, p. 345, n. 2.

DES MATIÈRES. 381

ANTIUM, ville d'Italie, t. I, p. 132, t. III, p. 42.

ANTOINE, tribun du peuple, remplace Curion, partisan déclaré de César, t. I, p. 305. Vains efforts de sa part. Il se sauve de Rome avec Curion, p. 306. César lui donne le commandement de ses forces en Italie, p. 319. Il est battu par Oct. Dolabella, lieutenant de Pompée, p. 332. Il passe la mer Ionienne avec succès avec le reste de l'armée de César, p. 355. Commande dans l'armée de César à la journée de Pharsale, p. 387. Il offre un diadème à César, pendant la célébration des Lupercales, p. 457. Ses précautions, lorsqu'il apprend la mort de César, p. 480. Les conjurés lui envoient une députation, p. 486. Sa réponse aux députés, p. 488. Il convoque le sénat, p. 489; et fait transporter chez lui les trésors et les registres de César, *ibid.* Son opinion dans le sénat au sujet des conjurés, p. 499. Il sort du sénat pour se montrer au peuple, et le pressentir, p. 501. Il reprend la parole dans le sénat, p. 505. Son projet de sénatus-consulte est adopté, p. 508. Ses enfants sont envoyés en otage au Capitole, p. 522. Il fait l'oraison funèbre de César, p. 527. Jongleries de sa part à ce sujet, p. 528. Il agite la robe sanglante de César, p. 531. Ce spectacle excite l'indignation du peuple, *ibid.* Il regagne la bienveillance du sénat qu'il s'étoit aliéné, t. II, p. 2. Il fait égorger Amatius, p. 3. Il propose de rappeler S. Pompée, et de lui rendre tous ses biens, p. 4. Le sénat lui permet de s'entourer d'une garde, p. 5. Usage qu'il fait des registres de César, p. 6. Il se réconcilie avec Dolabella, p. 9. Il demande, et le sénat lui accorde le commandement de la Macédoine, p. 10. Sa versatilité, p. 11, n. 1. Il envahit les biens du grand Pompée, p. 13, n. 5. Accueil qu'il fait à Octave, p. 23. Sa réponse au discours d'Octave, p. 28. Sa conduite au sujet des biens de Pompée, p. 38, n. 12. Sa conduite hypocrite; piège qu'il tend à Brutus et à Cassius, p. 39, n. 15, 21, 22. Ménage peu la mémoire de César, p. 42, n. 23. Ses intrigues pour obtenir le commandement d'une armée, p. 50. Il fait voter l'abolition de la dictature, *ibid*. Il intrigue pour empêcher qu'Octave ne soit nommé tribun, p. 54. Il demande au sénat le commandement de la Gaule cisalpine, p. 59. Défense qu'il fait à Octave, p. 60. Les tribuns de sa garde s'interposent entre Octave et lui, p. 63. Ils se réconcilient, et Octave le seconde auprès du peuple pour obtenir le commandement de la Gaule, p. 64. Ils se brouillent de nouveau, p. 68. Les tribuns de sa garde s'interposent une seconde fois, p. 69. Réponse qu'il leur fait ; détails sur toute sa conduite publique, p. 71, 78. Secret de ses intentions révélé, p. 79. Il se réconcilie de nouveau avec Octave, *ibid*. Sa vision à ce sujet, p. 82, n. 7. Ses intentions, *ibid*. n. 8. Il accuse Octave d'en vouloir à ses jours, p. 83. Il se rend à Brindes pour se mettre à la tête de son armée, p. 85. Actes sanguinaires, p. 91, n. 3; 95. Il amadoue ses soldats, p. 96. Il se rend à Rome ; comme il s'y conduit, p. 97. Deux de ses légions quittent son parti, *ibid*. Ses fureurs, p. 104, n. 2. Il fait sommer Décimus Brutus de sortir de la Gaule, p. 110. Attaqué par Cicéron dans le sénat, p. 114. Défendu par Pison, 123. Il déclame contre Cicéron, p. 128. Il est déclaré ennemi de la patrie, p. 130. Motifs qui accélèrent son départ de Rome, p. 139, n. 25. Propositions qu'il fait faire au sénat, p. 142, n. 33. Il est battu par Hirtius, p. 153. Il refuse d'engager une nouvelle action, p. 158. Il y est forcé, *ibid*. Il est battu, et lève le siège, p. 159, 160. Il passe les Alpes et s'approche de Lépidus, p. 188. Il pratique ses troupes qui passent de son côté, 190. Ventidius vient le joindre ; ce qui le met à même d'en imposer de nouveau à ses ennemis, *ibid*. Révolution dans les esprits à Rome, *ibid*. Révocation du décret qui le déclare ennemi de la patrie, p. 212. Il marche contre Décimus Brutus ; Asinius Pollion et Plancus embrassent son parti, p. 213. Il fait égorger Décimus Brutus, p. 220., n. 11. Il traite avec Octave et Lépidus, et ils forment le triumvirat, p. 223. Sinistres présages, p. 225. Il menace Octave de traiter avec Brutus, p. 227,

n. 2. Sa défiance, *ibid.*, n. 4. Il fait son entrée à Rome comme triumvir, p. 234. Sa joie féroce, lorsque Lénas lui apporte la tête de Cicéron, p. 262. Il vient se mettre à la tête de l'armée dans la Thrace, p. 415. Il arrive à Amphipolis, et campe auprès de Cassius et de Brutus, p. 418. Il fait de vains efforts pour en venir aux mains, p. 421. Hardie entreprise éventée par Cassius, *ibid.* Il engage le combat; il culbute la phalange de Cassius, et se rend maître de son camp, p. 424. Impatient de combattre de nouveau, il harangue ses troupes, p. 436. Détails, p. 439. Extrême détresse de son armée, p. 440. Il force l'armée de Brutus à combattre, p. 442. Il excite ses soldats, et leur dévoile leur véritable position, p. 445. Il remporte la victoire, p. 447. Son respect pour le corps de Brutus, p. 461. Il reçoit ses troupes à composition, *ibid.* Il traite avec Messala et Bibulus, p. 463. Résultats, p. 464. Il se rend en Asie, t. III, p. 4. Il sacrifie à Diane, p. 5. Les citoyens romains fugitifs viennent se jeter à ses pieds; il leur pardonne, *ibid.* Sa harangue aux députés des peuples de l'Asie, *ibid.* Sa conduite à leur égard, p. 8. Il voit Cléopâtre qui le subjugue : horreurs qu'elle lui fait commettre, p. 10. Il envoie piller Palmyre ; ce qui allume la guerre entre les Parthes et lui, p. 11. Il se rend à Alexandrie, p. 12. Il y passe l'hiver ; sa conduite, p. 13. Sa défiance à l'égard d'Octave, p. 15, n. 7. Contraste de son titre de triumvir, et de sa conduite, p. 18, n. 18. Son frère, sa femme et Manius son ami défendent ses intérêts contre Octave, p. 27. Ses mouvements, p. 95. Il blâme la conduite de Lucius, de Fulvie et de Manius, *ibid.* Il trouve Fulvie à Athènes, *ibid.* On lui propose de s'associer Pompée, p. 95. Il prend le chemin de l'Italie, 99. Brindes lui ferme ses portes; il en fait le siège, p. 101. Il appelle Pompée, *ibid.* Opérations militaires, p. 102. Colloque de ses soldats avec ceux d'Antoine, p. 103. On lui annonce la mort de Fulvie, p. 111. Il se décide à se réconcilier avec Octave, p. 116. La réconciliation s'opère ; il épouse Octavie, sœur d'Octave, p. 117. Nouveau partage de l'empire romain, p. 118. Il révèle à Octave ce que Saldiviénus lui a proposé, p. 119. Il sauve Octave de la fureur populaire, p. 129. Il agit pour traiter avec Pompée, p. 130. Il traite en effet ; conditions, p. 133. Ils se régalent tour à tour, p. 134. Il retourne à Rome avec Octave, p. 136. Il retourne en Asie; fait des rois à son gré, p. 137. Il va passer l'hiver à Athènes; sa conduite, p. 138. Son goût pour les Lettres, p. 144, n. 27. Appelé par Octave, il arrive à Brindes, p. 148. Sinistre pronostic, *ibid*. Il s'en retourne en menaçant Ménodore, p. 149. Autres pronostics, p. 160, n. 4. Il retourne en Italie, p. 169. Nouvelles plaintes entre Octave et lui, p. 170. Octavie les réconcilie, *ibid*. Il reprend le chemin de l'Asie, après s'être prorogé pour cinq nouvelles années dans le triumvirat, p. 172. Instruit de la conduite de Pompée, il charge Titius de surveiller ses mouvements, p. 240. Il reçoit des députés de la part de Pompée, p. 241. Ses lieutenants lui envoient des émissaires de Pompée qu'ils ont fait arrêter, p. 243. Il les confronte avec les députés, et néanmoins il se laisse persuader par ces derniers, *ibid*. Cléopâtre le subjugue de plus en plus, 263. Son traité avec le roi des Mèdes, p. 264. Il se décide à faire la guerre à Octave, *ibid*. Sa conduite à Alexandrie envers les enfants de Cléopâtre, p. 265. Il charge ses amis à Rome de récriminer contre Octave, p. 266. Il ordonne à Canidius d'entrer en campagne avec seize légions, p. 267. Il se rend à Samos avec Cléopâtre, et s'y livre à tous les plaisirs, p. 268. De Samos il vient à Athènes ; il harangue Cléopâtre en qualité d'orateur des Athéniens, p. 269. Plancus et Titius l'abandonnent, p. 270. Il prend le parti de Cléopâtre contre Géminius son propre ami, p. 273. D'autres amis l'abandonnent, *ibid*. Pronostics, p. 274. Il est appelé le second Bacchus, *ibid*. Motif prépondérant qui le décide à la guerre civile, p. 277, n. 13. Il s'affuble des emblèmes de la royauté, p. 280, n. 24. Il forme un sénat composé de ses amis, p. 283, n. 38. Pourquoi Octave ne le fait pas déclarer ennemi de la patrie, 287, n. 54. Ses forces de terre et de mer, p. 290. Malgré la supériorité de ses forces de terre, il se laisse persuader par Cléopâtre de vider la querelle par une bataille navale, p. 291. Sa réponse à la provocation d'Octave, p. 292. Il prend poste avec sa flotte auprès du promontoire d'Actium, *ibid.* Il fait ses dispositions, p. 293. Domitius l'abandonne, ainsi qu'Amyntas et Déjotarus, *ibid.* Détails des préparatifs de la bataille, p. 295. Détails de l'action, p. 297. Il suit Cléopâtre qui a pris la fuite, p. 299. Il joint Cléopâtre, *ibid.* Euriclès le poursuit et l'atteint, p. 300. Il demeure trois jours dans la stupeur, *ibid.* Il envoie ordre à Canidius de passer de Macédoine en Asie, p. 301. Il prend la route de l'Afrique, *ib.* Message d'Octave, et sa réponse pleine de sens, p. 304, n. 6. Cruautés de sa part, 305, n. 11. Sa harangue à son armée avant la journée d'Actium, p. 307, n. 19. Vraie position de sa flotte, 308. n. 23. Sa fuite comparée à celle de Pâris, p. 310, n. 39. Son isolement en Afrique, p. 314. Ses amis l'empêchent de se donner la mort; il retourne à Alexandrie, *ibid.* Sa *Misantropie*, p. 315. Il quitte sa *Timonienne*, p. 317. Il fait déclarer pubère Césarion, et fait prendre la robe virile à son fils Antyllus, p. 318. Fêtes et réjouissances à ce sujet, *ibid.* Il tente de négocier avec Octave, p. 319. Il fait battre de verges Thyrée, affranchi d'Octave, et son agent auprès de la reine, p. 320. Assiégé par Octave dans Alexandrie, il bat la cavalerie de son ennemi, p. 322. Il provoque Octave à un combat singulier, *ibid.* Il perd toute espérance, *ibid.* Sinistre pronostic, p. 323. Il se dispose à livrer bataille, *ibid.* Sa flotte l'abandonne, *ibid.* Sa cavalerie l'abandonne également, 324. Il est battu à la tête de son infanterie, *ibid.* Trompé par le bruit de la mort de Cléopâtre, il ordonne à Eros, son fidèle esclave, de lui arracher la vie, *ibid.* Eros s'étant poignardé sous ses yeux, il se poignarde lui-même, p. 325. Il se fait porter dans le monument où Cléopâtre s'est réfugiée, *ibid.* Cléopâtre aidée de ses femmes, le tire en haut et l'introduit par une fenêtre, *ibid.* Son dernier discours à la reine, p. 326. Il expire, p. 327. Sa fin tragique accomplit l'imprécation de Brutus contre lui, p. 337, n. 41. Cléopâtre lui rend les honneurs funèbres, p. 342. Ses enfants et ses descendants, p. 349. Admirable conduite d'Octavie à l'égard de ses enfants, *ibid.* Deux de ses filles, Antonia *major*, et Antonia *minor*, épousent, la première, Domitius Ænobarbus, et la seconde, Drusus, frère de Tibère, p. 349, 356, n. 33.

Antonius (Marcus), l'orateur, proscrit par Marius, t. I, p. 136. On découvre son asile ; il est égorgé, p. 137. Son éloge, p. 144, n. 20.

Antonius, le consul, poursuit et taille en pièces l'armée de Catilina, t. I, p. 243.

Antonius (Caïus), César lui donne le commandement de l'Illyrie, t. I, p. 319. Préteur, il reçoit la déclaration d'Octave, en sa qualité de fils adoptif de César, t. II, p. 23. Il célèbre des jeux publics pour Brutus, p. 47. Il va prendre en Macédoine le commandement de l'armée de son frère, p. 51. Il dispute la Macédoine à Brutus, p. 176. Ses troupes l'abandonnent. Brutus le traite avec considération, mais ses perfides manœuvres le font mettre à mort, p. 177 ; 183, n. 6.

Ἀνθρώπινος, t. II, p. 154, n. 6.

Antyllus, fils d'Antoine, déclaré pubère, t. III, p. 318. Trahi par Théodore son instituteur, il est égorgé, p. 341. Atroce procédé d'Octave à son égard, p. 356, n. 30.

Apemante, misanthrope, t. III, p. 316.

Ἄπλετος, t. II, p. 155, n. 3.

Apollodore se défie d'Ephestion et d'Alexandre, t. I, p. 347. Le devin Pythagoras le rassure, *ibid.*

Apollon-Archégète, son monument en Sicile, t. III, p. 198, 212, n. 41. Origine de ce monument, p. 213, n. 5.

Apollonie, ville d'Epire, t. I, p. 345, 350, n. 15.

ApolloniusRhodius, son scholiaste cité, t. II, p. 376, n. 2 ; t. III, p. 17, n. 15, p. 178, n. 5.

Apollophanes, lieutenant de Pompée, t. III, p. 185.

APONIUS, proscrit. Détails de sa mort, t. II, p. 270.

APOTHÉOSE, César en reçoit les honneurs, t. I, p. 533. L'usage s'en établit, 534.

APPIEN, repris, t. I, p. 10, n. 7, p. 191, n. 17, p. 192, n. 20, p. 246, n. 1, p. 263, n. 7, p. 303, n. 29, p. 523, n. 1, p. 536, n. 11, 12; t. II, p. 12, n. 4, 11, p. 38, n. 12, p. 80, n. 1, 4, 5, p. 105, n. 4, 6, p. 132, n. 5, 8, 12, 14, 27, 28, p. 168, n. 5, p. 184, n. 8, 13, 14, p. 196, n. 1, p. 278, n. 10, p. 346, n. 15, p. 407, n. 8, p. 450, n. 2, p. 469, n. 8, 9; t. III, p. 64, n. 1, p. 85, n. 8, p. 161, n. 11, p. 234, n. 9, 21.

APPION, proscrit. Comment il fut sauvé, t. II, p. 315.

APPIUS, chef des forces navales d'Octave, est assailli par une tempête, t. III, p. 178.

APPIUS-CLAUDIUS, triumvir pour l'exécution de la loi agraire, de Tibérius Gracchus, t I, p. 21.

APSON, fleuve d'Epire, t. I, p. 347, 351, n. 19, p. 360, n. 2, 4.

APULÉIUS SATURNINUS est menacé d'être chassé du sénat, t. I, p. 57. Il se met sur les rangs pour le tribunat, p. 58. Il est proclamé tribun, *ibid.* Il provoque l'exil de Q. C. Métellus, *ibid.* Il propose et fait voter une loi agraire, p. 59 et 60. Il seconde les voies de fait de Glaucias, qui veut se faire nommer consul, p. 62. Il est proscrit par décret du sénat, p. 63. Il périt avec Glaucias, *ibid.*

APULÉIUS, proscrit. Comment il se sauva, t. II, p. 301.

APULÉIUS, autre proscrit. Audace qui le sauva, t. II, p. 307. Rencontre bizarre, p. 308.

AQUILA (Pontius), complice de la conjuration contre César, t. I, p. 462. Sa mort, t. II, p. 220, n. 12. Sa fière contenance envers César, *ibid.*

AQUILÉE, ville d'Italie, t. II, p. 213.

AQUILIUS (Manius), t. I, p. 231, n. 17.

AQUILIUS (Marcius), termine la guerre des esclaves, t. I, p. 25, n. 6.

AQUILIUS (Nigér), historien, t. II, p. 167, n. 2.

AQUINUS, se déclare en faveur des conjurés, après la mort de César, t. I, p. 481.

ARABION, fils de Massinissa, d'abord du parti de Pompée, se déclare pour le parti d'Octave, et se joint à Sextius, t. II, p. 330. Ses troupes pénètrent dans le camp de Cornificius, p. 331.

ARADIENS (les) envoient des secours à Cassius, t. II, p. 341. Antoine leur fait ordonner de livrer à Cléopâtre un imposteur qui se prétendoit son frère, t. III, p. 10, p. 20, n. 21.

ARCHÉLAUS, orateur, député vers Cassius par les Rhodiens, t. II, p. 351.

ARCHIBIUS, citoyen d'Alexandrie, donne mille talents à Octave pour qu'il respecte les statues de Cléopâtre, t. III, p. 349.

ARCHITECTURE militaire des anciens, t. III, p. 66, n. 11.

ARDÉE, ville d'Italie, t. I, p. 340.

Ἀρετή, t. III, p. 232, n. 1.

ARGENT, est le nerf de la guerre, t. II, p. 407, n. 7.

ARIARATHE, auxiliaire de Pompée, t. I, p. 375.

ARIARATHE, dispute la couronne de la Cappadoce à Sisinna. Il perd son procès au tribunal d'Antoine, t. III, p. 9.

ARICIE, ville d'Italie, t. I, p. 132.

ARIMINUM, ville d'Italie, t. I, p. 131, 162, 166, 167; t. II, p. 97, 99. Promise aux soldats des triumvirs, p. 224.

ARIOBARZANE, roi de Cappadoce, abdique, t. I, p. 194. Son fils maltraité par Cassius, t. II, p. 343, 366, n. 16.

ARISTÉAS, célèbre jongleur, t. III, p. 256, n. 15.

ARISTOPHANE, son scholiaste cité, t. II, p. 56, n. 6, p. 318, n. 4, p. 347, n. 9; t. III, p. 139, n. 1, p. 329, n. 10.

ARRÉTIUM, ville d'Italie, t. I, p. 167. Aujourd'hui Arezzo, p. 175, n. 26.

ARRIE, sa mort courageuse, t. II, p. 220, n. 11.

ARRIEN, proscrit, sauvé par son fils, t. II, p. 303.

DES MATIÈRES.

Arrius (Quintus), préteur, t. I, p. 229, n. 8, 9.

Arrius, philosophe d'Alexandrie. Honneurs que lui rend Octave, t. III, p. 340. Son avis sanguinaire fait égorger Césarion, p. 342.

Arruntius, proscrit. Détails de sa mort, t. II, p. 264.

Arruntius, proscrit. Audace qui le sauva, t. II, p. 307. Rencontre bizarre, p. 308. Il rentre à Rome, t. III, p. 144, n. 25.

Arsinoé, sœur de Cléopâtre. Son sort, t. III, p. 10.

Artabaze, t. I, p. 382, n. 29.

Artémidore, court au sénat prévenir César, et le trouve égorgé, t. I, p. 465, 476, n. 44.

Artémise, ville de Sicile, t. III, p. 205, 217, n. 16.

Asclépiade, cité, t. III, p. 16, n. 11.

Asculum, ville d'Italie, t. 1, p. 77, 85, 86, 91. C'est aujourd'hui Ascoli, t. I, p. 97, n. 17.

Asellius (le préteur), assailli et mis à mort, t. I, p. 106.

Asinius Pollion est envoyé par César en Sicile, t. I, p. 318, 325, n. 15. Quand il voit Curion perdu, il se sauve à Utique, p. 330. Son embarras pour s'embarquer, p. 381. Ses mémoires, p. 400, n. 21. Dans la Gaule Transalpine avec deux légions, t. II, p. 99. Il reçoit ordre de combattre Antoine, 162. Il embrasse le parti d'Antoine, p. 213. Quelques détails historiques touchant Asinius Pollion, p. 217, n. 6. Il entre en campagne pour seconder Lucius Antonius, t. III, p. 55. Détails de ses mouvements, p. 57. Il traite avec Ænobarbus, et l'attache au parti d'Antoine, p. 94.

Aspis ou *Clypea*, ville des Carthaginois, t. III, p. 191, n. 5.

Asprénas, tribun du peuple, séduit par le sénat, démasqué par Antoine, t. II, p. 9.

Assassins de César, périssent presque tous de mort violente, t. I, p. 550, 554, n. 24.

ASSEMBLÉES DU PEUPLE (les) ne se tenoient pas toujours dans le Forum, t. I, p. 9, n. 3, p. 33, n. 2.

ASTURUM, maison de campagne de Cicéron, t. II, p. 277, n. 8.

ATÉRIUS, proscrit. Détails de sa mort, t. II, p. 273. Atroce conduite et juste châtiment de son esclave, *ibid.*

ATHÉNÉE, auteur des Deipnosophistes, t. III, p. 16, n. 10, p. 22, n. 23.

ATILIUS, jeune proscrit. Détails de sa mort, t. II, p. 287.

ATTALUS lègue ses états aux Romains, t. III, p. 5.

ATTIA, nièce de César, et mère d'Octave, donne des conseils à son fils, t. II, p. 18. Elle l'exhorte à se conduire avec artifice et hypocrisie, p. 23, 33, n. 1. Ses pronostics touchant la grandeur future d'Octave, *ibid.* Sa mort, p. 295, n. 6.

ATTICUS (Pomponius), ami de Cicéron, proscrit, mais sauvé par Antoine, t. II, p. 275, n. 7. Son opinion sur la faute commise par les conjurés, auteurs de la mort de César, t. I, p. 523, n. 2.

ATTILIUS est égorgé par un des satellites de C. Gracchus, t. I, p. 47, 52.

ATTIUS NAVIUS, le plus renommé des augures, t. II, p. 229, n. 1.

AUFIDIUS BASSUS, historien romain, t. II, p. 279, n. 14.

AUFIDUS (l'), fleuve d'Italie, t. I, p. 97, n. 18, p. 100, n. 35.

AUGUSTINUS (Divus), t. I, p. 92, n. 1, p. 438, n. 15.

AULU-GELLE, t. I, p. 26, n. 11, p. 68, n. 13, p. 232, n. 26, p. 249, n. 16, p. 251, n. 26, p. 263, n. 7, p. 301, n. 18, p. 323, n. 6, p. 381, n. 26, p. 403, n. 32 ; t. II, p. 324, n. 20.

AURÉLIUS (Quintus), proscrit à cause de sa maison d'Albe, t. I, p. 189, n. 5.

AURÉLIUS, chevalier romain. Son rêve touchant Crassus et Pompée, t. I, p. 232, n. 27.

DES MATIÈRES.

Αὐτοκράτωρ. Acception de ce mot, t. II, p. 38, n. 10, p. 317, n. 4, t. III, p. 108, n. 12, p. 163, n. 18, p. 192, n. 16.

Averne (le lac), Agrippa le fait communiquer avec la mer, t. III, p. 189, n. 1.

B

Babylone, ville d'Assyrie. Alexandre y meurt, t. I, p. 548.

Baies, ville d'Italie, t. III, p. 130, 140, n. 7.

Balarum, port voisin du détroit de Messine, t. II, p. 383, 387, n. 2.

Balbinus, proscrit et rappelé, t. II, p. 313. Sa conduite envers Lépidus devenu homme privé, p. 314.

Balbus (Cornélius). Il empêche César de se lever pour faire honneur au sénat, t. I, p. 470, n. 6.

Balbus, du nombre des proscrits. Détails de sa mort, t. II, p. 263.

Barbatius, questeur d'Antoine, nuit à son frère Lucius, t. III, p. 54.

Barbe. Laisser croître sa barbe et ses cheveux étoit un signe de deuil, t. I, p. 277, n. 2, p. 302, n. 22; t. III, p. 341, 351, n. 5.

Barbulas sauve Marcus qui étoit du nombre des proscrits, et est ensuite sauvé par lui, t. II, p. 312.

Βαρδιαῖοι, t. I, p. 145, n. 26.

Βασιλεὺς, t. III, p. 87, n. 15.

Basillus (Minucius), complice de la conjuration contre César, t. I, p. 462. Il est égorgé par ses esclaves, t. II, p. 215.

Bassus (Cécilius) subordonné à Julius Sextus, parent de César, t. II, p. 174. Violences de Julius Sextus à son égard. Il le remplace dans son commandement, *ibid.* Assailli par Statius Murcus, il le bat, p. 175. Il se met sous les ordres de Cassius, *ibid,* p. 182, n. 1.

Beaufort, ses recherches sur les divers dénombrements du peuple romain, t. I, p. 450, n. 4.

Bébius (Caïus) remplace le consul J. Sextus César décédé, t. I, p. 86.

Bénévent, ville d'Italie, dont les triumvirs promettent le territoire à leurs troupes à titre de récompense, t. II, p. 224.

Berkélius, commentateur d'Étienne de Byzance, t. II, p. 376, n. 2, p. 388, n. 7 ; t. III, p. 47, n. 3.

Bibulus (Lucius), consul, collègue de César, t. I, p. 254. Il se déclare contre la loi agraire de César, p. 256. Il renonce aux affaires, p. 257. Proscrit, et rappelé, t. II, p. 299.

Bibulus (Lucius), lieutenant de Cassius, trace un sentier pour l'armée de Cassius autour des montagnes des Sapéens, t. II p. 412. Il traite avec les triumvirs, p. 463.

Bibulus (Marcus), commandant en chef des forces navales de Pompée, t. I, p. 339.

Biche blanche de Sertorius, t. I p. 207, 216, n. 9. Jongleries de Sertorius à ce sujet, *ibid.*

Billecocq, traducteur du voyage de Néarque, t. I, p. 444, n. 20.

Bithynicus forcé de céder la Sicile à Sextus Pompée, t. II, p. 381.

Bocchus, roi de Mauritanie, envahit la capitale de Juba, t. I, p. 430. Possédoit la moitié des états de Massinissa, t. II, p. 330. Porte la guerre en Ibérie, contre Octave, p. 43.

Bocchus, roi d'Afrique, auxiliaire d'Antoine, t. III, p. 290.

Boecler, commentateur de Paterculus, t. II, p. 37, n. 7.

Bonheur, une de ses définitions, t. I, p. 197.

Bos (Lambert). Ses *Ellipses grecques*, t. II, p. 40, n. 19.

Bosch (Jérôme de), auteur d'une Anthologie grecque, t. III, p. 330, n. 14.

Βουλευτήριον, lieu où s'assembloit communément le sénat, t. I, p. 69, n. 22.

BOVIANUM, ville des Samnites, t. I, p. 103, n. 52.

BRACCIO, traducteur d'Appien en Italien, t. II, p. 275, n. 2, 5, p. 320, n. 11.

BRAGADA, fleuve de la Libye, t. I, p. 329.

BRANDIR, vieux mot français, t. II, p. 280, n. 17.

BRETAGNE (Grande). Les anciens la regardoient comme la dernière limite du monde, t. II, p. 243, n. 11.

BRIGES (les), peule établi en Épire, t. I, p. 317.

BRINDES, ville d'Italie, t. I, p. 315, 344.

BRISSON, t. I, p. 230, n. 12.

BRUNCK, savant helléniste, t. III, p. 330, n. 14, 15.

BRUTTIENS, peuple d'Italie, t. II, p. 319, n. 8.

BRUTUS et Cassius ne proscrivirent point les partisans des triumvirs, t. I, p. 10, n. 7.

BRUTUS (Marcus), surnommé Cépion, conspire contre César, t. I, p. 459. Soin que César prend de lui à la journée de Pharsale, p. 460. Clandestinement provoqué à conspirer contre César, p. 461. Confie son projet à Cassius, *ibid*. Ses anxiétés, p. 465. Il frappe César à la cuisse, p. 467. Son origine, p. 472, n. 22. Ami des ouvrages de Platon, p. 473, n. 22. Il étoit beau-frère de Cassius, p. 474, n. 29. Son mot touchant César, p. 476, n. 40. Il descend avec Cassius du Capitole au Forum, p. 485. Il remonte au Capitole, p. 486. Il fait appeler les plébéiens, p. 514. Discours qu'il leur adresse, *ibid*. Il invective contre César, p. 515, 516, 517. Sagesse du peuple romain dans l'établissement des colonies, p. 519. Politique intéressée de César à ce sujet, p. 520. Promesses de Brutus aux vétérans, p. 521. Effet de son discours, p. 522. Brutus se rend au Forum; il est accueilli par des applaudissements, *ibid*. Il cherche à se concilier les vétérans, t. II, p. 3. Espérances de Brutus, p. 5. Nouvelles défiances, p. 7. Il sort de Rome à la faveur d'une commission du sénat, p. 8. Après l'avoir dépouillé de son commandement, on lui en donne un autre, mais inférieur, p. 10. Sa confiance dans Antoine, p. 39, n. 15. Il fait célébrer ses jeux, p. 47. Trompé dans l'espoir qu'il avoit fondé là-dessus, il se décide à prendre la voie des armes, p. 49. Il assemble des forces, p. 51. Détails au sujet de ses jeux, p. 55, n. 4. Le sénat lui rend le commandement de la Macédoine, et l'étend à d'autres provinces, p. 130. Texte des décrets du sénat, p. 143, n. 35. Sa conduite à l'égard de Caïus Antonius, et de ses troupes, p. 176, 177. Elles se déclarent en sa faveur, *ibid.* Le sénat le fait inviter à mener ses forces en Italie, p. 291. Il va joindre Cassius pour se concerter avec lui, p. 349. Ses intentions patriotiques, p. 362, n. 6. Polémocratie, veuve d'un roi de Thrace, implore son appui, p. 368. Il se met en campagne contre Xanthe, ville de Lycie, *ibid.* Il assiège cette ville; détails, p. 369. Il la prend, p. 372. Il marche contre Patara, 373. Il la reçoit à composition; sa conduite, *ibid.* Trait notable de justice, p. 374. Sa fameuse vision, p. 378, n. 13. Il arrive en Thrace avec Cassius, p. 385. Ils se portent en avant, p. 386. Forces des deux chefs, *ibid.* Détails, p. 390. Cassius harangue l'armée, p. 391-404. Justice que lui rend Antoine, p. 406, n. 1. Il campe dans le voisinage de Philippes, p. 415. Il se fortifie, *ibid.* Avantages de sa position; il traîne en longueur, p. 420, 421. L'action s'engage malgré lui, p. 422. Il enfonce le corps de bataille d'Octave, et s'empare de son camp, *ibid.* Honorables motifs de sa répugnance et de celle de Cassius à livrer bataille, p. 425, n. 2. Il apprend que Cassius s'est donné la mort, p. 429. Il fait transporter ses restes dans l'île de Thase, p. 433, n. 7. Il harangue son armée, p. 434. Mouvements militaires, p. 439. Son caractère, ses mœurs, p. 441. Son armée lui fait donner la bataille contre son gré, p. 443. Il encourage ses soldats, p. 444. Il est battu, p. 447. Tache unique dans tout le cours de sa vie, p. 450, n. 1. Pronostics, 452, n. 8. Il gagne des hauteurs, p. 454. Son exécration contre Antoine, *ibid*. Il fait proposer à ses troupes de tenter un coup de main, p. 455. Sur leur refus il se fait donner la mort, p. 456. Son éloge ainsi que celui de Cassius, *ibid*. Pronostics, p. 460. Honneurs qu'Antoine rend à ses reliques, p. 461. Détails de sa mort, p. 466, n. 2. Son exclamation, p. 467, n. 2. Sa faute unique, 468, n. 4. Son testament de mort, 469, n. 10. Son portrait, *ibid*, n. 11. Son éloge, 473, n. 19; t. III, p. 121, n. 4.

BUCOLIANUS, complice de la conjuration contre César, t. I, p. 462. Il frappe César au front, p. 467.

BUFFON, t. I, p. 123, n. 22.

BULENGER, son ouvrage sur les augures, t. II, p. 229, n. 11.

C

CADIX, ville d'Ibérie. Trait notable d'un de ses habitants, en l'honneur de Tite-Live, t. II, p. 278, n. 9.

CAIÈTE, ville d'Italie, t. II, p. 277, n. 8.

CAIUS CÉSAR, refuse d'abdiquer le commandement; ses motifs, t. I, p. 4 et 5. Il s'empare de la dictature, sa fin, p. 5 et 6. Fait des dettes durant son édilité et sa préture, p. 236. Son avis touchant Catilina et ses complices, p. 241. Son discours à ce sujet, p. 250, n. 20. Il part pour l'Ibérie, p. 252. Prêt à recevoir les honneurs du triomphe, il y renonce pour aller briguer le consulat, p. 253. Il se coalise avec Pompée et Crassus, p. 254. Nommé consul, il fait voter une loi agraire, p. 255. Il fait voter de nouvelles lois, et se concilie le peuple, Pompée, et l'ordre des chevaliers, p. 258. Il obtient le commandement de la Gaule et de quatre légions pour cinq ans, *ibid*. Il donne sa fille à Pompée, p. 259. Il désigne pour les magistratures ses plus chauds partisans, *ibid*. Ses vues secrètes, son hypocrisie, p. 261, n. 3. Il fait arrêter Caton, p. 263, n. 7 et 8. Il refuse de répudier Cornélie, pour complaire à Sylla, p. 266, n. 17. Ses succès dans les Gaules, et son retour sur les frontières d'Italie, p. 269. Il se fait proroger son **commandement** pour cinq autres années, p. 270. Il intrigue pour se maintenir en autorité, p. 287. Il quitte les Gaules, et se porte vers l'Italie, p. 304. Il adresse un message au sénat, p. 305. On lui nomme un successeur, *ibid.* Il entre en campagne, p. 307. Il passe le Rubicon ; détails, p. 308, 312, n. 15. Il s'assure de l'Italie, p. 318. Il se rend à Rome, p. 319. Il va combattre en Ibérie les lieutenants de Pompée, qui finissent par lui céder cette province, p. 320. Il fait faire des propositions à Pompée, p. 326, n. 18. Sédition de son armée à Plaisance, p. 332. Il punit les plus coupables, p. 333. Trait de justice, *ibid.* Il retourne à Rome, et se fait nommer dictateur, *ibid.* Ses actes, *ibid.* Il se rend à Brindes, p. 334. Il harangue son armée, p. 343. Il s'embarque et prend terre aux monts Cérauniens, p. 344. Il se porte sur Oricum, et d'Oricum sur Apollonie, p. 345. Il s'efforce, mais en vain, de surprendre Dyrrachium, p. 346. Son intrépidité et son mot au pilote qui le portoit, p. 353. Sa détresse, p. 357. Projet insensé, *ibid.* Il est battu par Pompée, 358. Humiliation de ses soldats, p. 365. Il refuse de les mener à l'ennemi, p. 366. Il va camper à Pharsale, p. 367. Il se dispose à combattre, p. 371. Ses forces, p. 373. Sa harangue à son armée, p. 384. Ordre de bataille, p. 387. L'action s'engage, p. 390. La victoire commence à se déclarer pour lui, p. 392. Déroute de l'ennemi, p. 393. Il s'empare du camp de Pompée, p. 394. Résultats de la bataille, p. 395. Il quitte Pharsale, p. 415. Il va passer l'Hellespont, fait voile pour Rhodes, et de Rhodes pour l'Égypte, p. 416. Arrivé à Alexandrie, il fait punir de mort les ministres de Ptolémée, p. 417. Il est assailli par Ptolémée, et battu d'abord ; il finit par un succès décisif contre ce prince, p. 418. Honneurs qu'il rend à Pompée, *ibid.* Il marche contre Pharnace, *ibid.* Il le bat et lui fait prendre la fuite, p. 419. Il retourne à Rome ; sédition parmi ses troupes, p. 420. Sa conduite envers les séditieux, p. 421. Il pardonne et part pour la Libye, p. 423. En arrivant, il est battu par les lieutenants de L. Scipion, p. 42.. Il remporte une victoire complète, 430. Il écrit un libelle contre Caton, p. 434. Trait superstitieux de sa part, p. 436, n. 7. Il fait égorger plusieurs de ses ennemis, p. 442, n. 19. De retour à Rome, il reçoit les honneurs de plusieurs triomphes à la fois ; détails à ce sujet, p. 443. Actes politiques, p. 445. Il va combattre le fils de Pompée en Ibérie, p. 446. Danger qu'il court ; il gagne la bataille, p. 447. Il retourne à Rome, p. 453. Honneurs qu'on lui décerne, *ibid.* Il trompe l'attente du peuple, p. 455. Sa conduite violente contre les tribuns du peuple Maryllus et Cæsetius, p. 456. On soupçonne qu'il veut prendre le titre de roi, p. 457. Il refuse par deux fois le diadème qui lui est offert par Antoine, p. 458. Il projette une grande expédition ; ses motifs, *ibid.* Peu de jours avant son départ, il est assassiné en plein sénat, p. 459. Pronostics, p. 464. Présages sinistres des victimes, p. 466. Casca lui porte le premier coup, 467. Il se débat, s'enveloppe de son manteau, et expire au pied de la statue de Pompée, p. 468. Mot qui décéla son ambition, p. 472, n. 18. Son dernier mot, p. 477, n. 51. Son corps est porté chez lui, p. 480. On lui décerne des honneurs funèbres aux dépens des deniers publics, p. 514. On ouvre son testament ; impression de cet acte sur le peuple, p. 526. Son effigie en cire ; cet aspect excite le peuple contre les conjurés, p. 532. Son bûcher, son premier autel, p. 533. Son projet d'avoir plusieurs femmes, p. 539, n. 15. Comparé avec Alexandre, 542. Il réforme le calendrier, p. 549. Ses craintes d'être mis en jugement, p. 552, n. 12.

Caius Gracchus, triumvir pour l'exécution de la loi agraire de Tibérius son frère, t. I, p. 21. Il est élu tribun du peuple, p. 42. Il fait voter des distributions de froment aux citoyens pauvres, *ibid.* Il est réélu, p. 48. Il fait passer les magistratures judiciaires des sénateurs aux chevaliers, *ibid.* Conséquences de cette mesure, p. 44. Il fait ouvrir de grandes routes, *ibid.* Déchu de sa popularité, il va organiser une colonie en Libye avec Fulvius Flaccus, p. 46. De retour à Rome, avec Flaccus, ils excitent une sédition au milieu de laquelle ils périssent l'un et l'autre, p. 47, 48 et 49. Son imprécation contre le peuple romain, p. 54, n. 15.

CALATIE, ville d'Italie, t. II, p. 85.

CALÈNE, ville d'Italie, t. II, p. 309, 323, n. 18.

CALÉNUS (Q. Fufius), ami d'Antoine, propose de lui envoyer des députés, t. II, p. 131, n. 2. Auteur de l'Apologie d'Antoine qu'Appien a mise dans la bouche de Pison, p. 135, n. 12. Il ouvre l'avis de déclarer Dolabella, *ennemi de la patrie*, p. 142, n. 30. Il sauve Varron qui étoit du nombre des proscrits, p. 310, 324, n. 21. Il remet deux légions d'Antoine à Octave, t. III, p. 24. Il entre en campagne contre Octave, p. 148, n. 6, p. 56. Sa mort, p. 94.

CALEPIN, lexicographe, t. II, p. 283, n. 23.

CALIGURIS, ville d'Ibérie, t. I, p. 210, 217, n. 14.

CALLIMAQUE, auteur de l'épitaphe de Timon, t. III, p. 317, 330, n. 14.

CALLIPUS égorgé à Rheggium, t. II, p. 433, n. 4.

CALOR, rivière d'Italie, t. I, p. 103, n. 51.

CALPURNIE, femme de César. Son rêve, t. I, p. 464.

CALVISIUS-SABINUS, chef de forces navales au service d'Octave, t. III, p. 150. Attaqué par Ménécrate, p. 151. Il est battu par Démocharès, p. 153. Octave vient à sa rencontre, p. 154. Il s'avance de son côté, p. 156, et le joint, p. 157. Octave lui ôte tout commandement, p. 172. Il se constitue l'accusateur d'Antoine, p. 271.

CAMÉRIE, ville d'Italie, t. III, p. 94, 105, n. 2.

CAMILLUS, chef de Gaulois, sa perfide conduite envers Décimus-Brutus, t. II, p. 214, 215.

CANDIDATS. Le sénat avoit droit d'en présenter pour le consulat, t. I, p. 66, n. 7.

CANDIDUS, premier traducteur d'Appien en latin, t. I, p. 280, n. 21, p. 381, n. 27, t. III, p. 255, n. 11.

CANIDIUS, lieutenant d'Antoine, reçoit ordre d'entrer en

DES MATIÈRES.   399

campagne, p. 266. Il se laisse acheter par Cléopâtre, et conseille à Antoine de ne pas renvoyer la reine en Egypte, p. 267. Il conseille à Antoine de renoncer à la mer, et de combattre Octave sur terre, p. 294. Il lui conseille en outre de renvoyer Cléopâtre, *ibid.* Il prend la fuite, et son armée passe sous les ordres d'Octave, p. 302. Il vient apporter à Antoine la nouvelle de la défection de son armée, p. 317.

CANNES, ville d'Italie, t. I, p. 98.

CANULÉIUS (Caïus) cite en jugement P. Furius, qui s'étoit opposé au rappel de Métellus, t. I, p. 64.

CANUSE, ville d'Italie, t. I, p. 90. Aujourd'hui *Canosa*, p. 104, n. 56, p. 159, p. 172, n. 1; t. III, p. 110, n. 17.

CANUSIENS (les), peuple d'Italie, t. I, p. 82.

CANUTIUS, tribun, se déclare pour Octave, et excite le peuple contre Antoine, t. II, p. 86, 93, n. 7.

CANUTIUS, ennemi d'octave, t. III, p. 83, 92, n. 28.

CAPENUS SEQUANUS, donne la mort à Décimus Brutus, t. II, p. 220, n. 11.

CAPOUE, t. I, p. 159, promise aux troupes des Triumvirs, t. II, p. 224.

CARBON (PAPIRIUS), embrasse le parti de Cinna, t. I, p. 182. Il est nommé consul en remplacement de Valérius Flaccus, p. 139. Il seconde Cinna contre Sylla, p. 148. Il demeure seul consul, après la mort de Cinna, p. 150. Il fait déclarer ennemis de la république tous les partisans de Sylla, p. 161. Il est nommé consul pour la seconde fois, p. 162. Il est battu par Métellus, p. 163. Battu sur plusieurs points, il va chercher un asile en Libye, p. 168. Son mot au sujet de Sylla, p. 172, n. 5. Poursuivi par Pompée, il est pris et égorgé par son ordre, p. 180. Il meurt avec lâcheté, p. 189, n. 7.

CARDIE, ville de Thrace, t. II, p. 386, 389, n. 13.

CARINAS, partisan de Carbon, est battu par Métellus, t. I,

p. 162. Il est battu par Pompée et Crassus, p. 165. Il est battu, pris et égorgé, p. 170. Sa tête est promenée autour des murs de Préneste, *ibid.*

Carsuleius est envoyé au-devant de Pansa pour le protéger, t. II, p. 148. Il engage un combat de concert avec Pansa, p. 149.

Carthaia, ville d'Ibérie, t. I, p. 448.

Casaubon (Isaac), t. I, p. 97, n. 20; p. 335, n. 1; p. 336, n. 6; p. 436, n. 6; p. 536, n. 10; t. II, p. 80, n. 1; p. 243, n. 9; p. 321, n. 12; t. III, p. 65, n. 4; p. 121, n. 3; p. 217, n. 15.

Casca (Caïus), complice de la conspiration contre César, t. I, p. 462.

Casca (Servilius), complice de la conjuration contre César, t. I, p. 462. Il craint d'être découvert, p. 465. Il porte le premier coup à César, p. 467, 477, n. 50. Au moment où Octave entre à Rome pour se faire nommer consul, il prend la fuite, t. II, p. 216, n. 3.

Casilinum, ville d'Italie, t. II, p. 85.

Casius (le mont), montagne d'Egypte, t. I, p. 405.

Cassius (Caïus) sauve les débris de l'armée de Crassus, t. I, p. 279, n. 15; p. 408. Il rencontre César sur l'Hellespont, et lui livre ses vaisseaux de guerre, p. 416. Il conspire contre César, p. 459. Il tâte les intentions de Brutus, 461. Ses perplexités, p. 465. Il frappe César au visage, p. 467. Il étoit beau-frère de Brutus, p. 473, n. 29. Zélateur des principes républicains, même dès son enfance, p. 474, n. 31. Il descend du Capitole au Forum; son discours au peuple, p. 486. Il retourne au Capitole, *ibid.* Il fait inviter les plébéiens de se rendre au Capitole, p. 514. Il se rend au Forum avec Brutus, après avoir reçu des otages, p. 522. Il cherche à se concilier les vétérans, t. II, p. 2. Ses espérances, p. 5. Craintes nouvelles, p. 7. Le sénat lui donne une commission hors de Rome, p. 8. On lui confère une nouvelle province, mais inférieure, en remplacement de celle qu'on lui avoit enlevée, p. 10. Il se décide à prendre les armes, p. 49. Il lève des troupes et amasse de l'argent, p. 51. Le sénat lui rend le commandement de la Syrie; il met sous ses ordres tous les chefs des autres provinces, p. 130. Texte des sénatus-consultes rendus à ce sujet, p. 143, n. 35. Bassus, Murcus, M. Crispus, Alliénus, lui livrent les légions dont ils ont le commandement, p. 175, 176. Le sénat lui fait dire de passer en Italie, p. 191. Il entre en campagne contre Dolabella, p. 340; et vient mettre le siège devant Laodicée, *ibid*. Il est battu dans une première bataille navale, *ibid*. Il est vainqueur dans une seconde action, p. 341. Il entre dans Laodicée par trahison, et la saccage, p. 342. Il renonce à marcher contre Cléopâtre, *ibid*. Éloge de sa conduite en Syrie pendant sa questure sous Crassus, p. 345, n. 3. Traits qui l'honorent, p. 346, n. 7. Réuni avec Brutus, ils concertent leur plan de campagne, p. 349. Il se prépare à marcher contre Rhodes : réponse qu'il fait à ses députés, p. 350. Nouvelle réponse qu'il fait à Archélaüs, autre député de Rhodes, p. 353. Vrai but de la guerre qu'il soutient, p. 354. Il remporte une victoire navale à Myndes, p. 356. Il vient attaquer Rhodes, dont il se rend maître, p. 358, 359. Sa conduite, *ibid*. Ses intentions patriotiques, p. 362, n. 6. Il passe l'Hellespont et arrive dans la Thrace, p. 385. Ses forces, p. 386. Détails. p. 390. Il harangue l'armée ; véhémence de cette harangue, p. 391. Détails politiques, p. 393, 399. Objet de la guerre actuelle, p. 400, 407, n. 8. Exhortations et libéralités à l'armée, p. 404. Il se porte sur Ænum et Doriscum, p. 405. Il campe dans le voisinage de Philippes, p. 415. Il se retranche, *ibid*. Force de son campement, p. 420. Il traîne en longueur, p. 421. Il évente le secret des travaux d'Antoine et les contrarie, p. 422. L'action s'engage, p. 423. Son corps de bataille est enfoncé, son camp pris, p. 424. Il se tue, p. 428.

CASSIUS PARMENSIS, complice de la conjuration contre César, t. I, p. 555, n. 24. Il choisit parmi les vaisseaux des Rhodiens, et quitte Rhodes où il commandoit, t. III, p. 2, 14, n. 2, Il abandonne Pompée, et traite avec Titius, lieutenant d'Antoine, p. 246. Détails sur son compte, p. 256, n. 17.

CATILINA (Caïus), ses intrigues pour arriver au consulat, t. I, p. 237. Conspire contre Rome, *ibid.* Le complot est éventé, p. 228. Délibération du sénat contre lui et ses complices, 241. Décret de mort, 242. Attaqué par le consul Antonius, il se fait tuer les armes à la main, 243. Son discours à ses troupes, p. 250, n. 24, 25.

CATON D'UTIQUE, son opinion contre César et contre Catilina, t. I, p. 242. Il fait décerner à Cicéron le titre de *Père de la Patrie*, p. 243. Son discours contre Catilina, p. 250, n. 21. Son éloge, *ibid.* Il combat une loi agraire de César, et l'attaque personnellement, p. 256. Ses clameurs contre les intrigues de César, p. 259. Propose d'acheter des suffrages pour empêcher César d'être élu, p. 262, n. 6. Il est éloigné de Rome par Pompée, p. 276. Il va prendre possession de l'île de Cypre, *ibid.* Son mot au sujet de Domitius, p. 278, n. 11. Son deuil à l'aspect de la guerre civile, p. 302, n. 22. Il quitte la Sicile, p. 318. Sa répugnance à répandre le sang des Romains, p. 324, n. 11. Il fait voile pour la Libye, p. 408. Il refuse le commandement, p. 409. Après la défaite de L. Scipion, il se donne la mort, p. 433. Son éloge, *ibid.* Ses efforts pour impliquer César dans la conspiration de Catilina, p. 249, n. 19. Il met en jugement ceux qui avoient égorgé les proscrits de Sylla, t. II, p. 244, n. 16. Son mot au sujet de Sylla, *ibid.* Son fils se fait tuer à la bataille de Philippes, p. 462.

CATULUS (Lutatius), t. I, p. 138. Son éloge, p. 145, n. 26.

CATULUS (Quinctus), consul, se déclare pour le parti de Sylla, et bat Lépidus son collègue, t. I, p. 205. Son mot au sujet de Pompée, p. 245, n. 2.

CÉCILIUS, complice de la conjuration contre César, t. I, p. 462.

CELLARIUS, t. I, p. 97, n. 20, p. 172, n. 3, p. 216, n. 10, p. 230, n. 13, p. 247, n. 10; t. III, p. 16, n. 9, 12, 14,

15, p. 51, n. 21, p. 64, n. 1, 6, p. 105, n. 2, 3, 13, 14, 15, 16, 17, p. 139, n. 4, 7, 10, p. 162, n. 14, p. 175, n. 10, p. 191, n. 5, 7, 21, 22, 25, p. 215, n. 7, 15, 20, p. 254, n. 7, 12, 13.

Céos, île de la mer Égée, t. III, p. 8, 17, n. 14.

Céphalonie, île de la mer Ionienne, t. III, p. 42.

Cépion donne dans le piège que lui tend Q. Pompédius, t. I, p. 83.

Cérauniens (les monts), t. I, p. 344; t. III, p. 334, n. 28.

César, historien de la guerre civile, t. I, p. 280, n. 17, p. 301, n. 22; p. 311, n. 4; p. 312, n. 10, 13; p. 313, n. 16; p. 325, n. 16; p. 326, n. 16, 17, 18; p. 335, n. 2, 3; p. 337, n. 9, 11; p. 348, n. 3, 4; p. 349, n. 8, 9, 10, 11, 12; p. 350, n. 14, 16, 17, 18; p. 351, n. 19, p. 362, n. 9, 13; p. 363, n. 14, 16, 18, 20, 21; p. 376, n. 1, 2, 3, p. 378, n. 12; p. 397, n. 4, 19, 21, 28, 29; p. 410, n. 4, 11; p. 424, n. 2, 3; p. 435, n. 5.

César (Lucius), oncle d'Antoine, est du nombre des proscrits, t. II, p. 242, n. 6. Son nom est le second sur la liste des proscrits, p. 246, 254, n. 1. Il étoit un des plus intrépides défenseurs de la liberté de Rome, *ibid.* n. 2. Il est sauvé par sa sœur, mère d'Antoine, p. 298.

Césarion, fils de Cléopâtre, fait roi par Antoine, t. III, p. 265, 279, n. 19; livré à Octave par son instituteur, p. 342. Il est égorgé, *ibid.*

Césonius, ou Césennius Lento, auteur de la mort de Cnéius, fils aîné du grand Pompée, t. I, p. 452, n. 13.

Cestius, proscrit. Détails de sa mort, t. II, p. 269.

Cestius, citoyen de Péruse, incendie sa maison, et toute la ville en même temps, t. III, p. 82, 90, n. 24.

Céthégus, ennemi de Sylla, vient se joindre à lui, t. I, p. 153. Complice de Catilina, p. 238.

Chalcis, les anciens avoient plusieurs villes de ce nom, t. II, p. 416, n. 1.

CHARMION, femme de chambre de Cléopâtre, t. III, p. 274. Derniers soins qu'elle rend à Cléopâtre, p. 347. Sa réponse à un des satellites d'Octave, *ibid.* Elle tombe roide morte, *ibid.*

CHARONITES, sobriquet de magistrature, t. II, p. 14, n. 8.

CHATIMENT, des lâches et des délateurs, t. I, p. 436, n. 6.

CHIUSI, ville d'Italie, t. I, p. 171, n. 18.

CICÉRON reproche à Antoine d'avoir été le premier assassin de César, t. I, p. 69, n. 19; cité p. 70, n. 24; p. 94, n. 14; p. 144, n. 20; p. 145, n. 26; p. 173, n. 12; p. 174, n. 17; p. 192, n. 22; p. 200, n. 2. Instruit de la conspiration de Catilina, il prend ses mesures, p. 238. Danger qu'il court d'être assassiné par les conjurés, p. 239. Il fait délibérer sur leur compte, p. 241. Il les fait étrangler sous ses yeux après leur condamnation, p. 242. Il est proclamé à ce sujet *Père de la Patrie*, p. 243, 247, n. 13. Ses clameurs contre le triumvirat de Crassus, César et Pompée, p. 260, 264, n. 9. Accusé par Clodius, il s'exile spontanément, p. 268. Il est rappelé, *ibid.* Il fait l'oraison funèbre de Caton, p. 434, 470, n. 11; p. 491, n. 7. Il fait l'éloge de l'amnistie accordée aux conjurés, p. 522, 523, n. 2. Son opinion touchant le discours de Brutus, n. 10. Applaudit à la conduite d'Antoine, t. II, p. 5. Son éloge de la conduite de Dolabella, p. 12, n. 4. Sa conférence avec Brutus et Cassius, p. 14, n. 9 et 10. Il reproche à Antoine d'avoir tourné à son profit le trésor de César, p. 42, n. 23. Sa joie, au sujet des jeux de Brutus, p. 55, n. 4. Son indignation touchant Dolabella, p. 57, n. 9. Son langage touchant les projets d'Octave contre Antoine, p. 90, n. 1. Vraie date du voyage d'Antoine à Brindes, p. 91, n. 3. Son entrevue avec Octave, 92, n. 6. Son langage au sujet des actes sanguinaires d'Antoine, p. 102, n. 1. Au sujet de sa fuite, p. 105, n. 4. Profusion d'éloges qu'il donne à Octave, p. 107, n. 9. Efforts de Cicéron pour faire déclarer Antoine ennemi de la patrie, p. 111, 112. Son discours à cet effet, p. 111, 118. Il rédige le sénatus-consulte concernant Antoine,

p. 127. Faussement accusé par Antoine d'avoir pris part à la conjuration contre César, p. 137, n. 20. Vengé d'une fausse accusation d'Appien, p. 140, n. 28, 29. Ses mesures actives contre Antoine, p. 148. Menacé par P. Ventidius, il prend la fuite, *ibid.* Solennités qu'il fait célébrer à l'occasion de la levée du siège de Modène, p. 162. Il fait l'éloge de la conduite d'Octave à ce siège, p. 169, n. 6. Ridicule qu'il se donne en appuyant Octave qui brigue le consulat, p. 180, 181. Sa lettre au sujet de Caïus Antonius, p. 183, n. 6. Ses sentiments vrais touchant Octave, p. 184, n. 9. Vengé d'avoir secondé les brigues d'Octave pour le consulat, p. 186, n. 14. Il presse Brutus et Cassius de passer en Italie, p. 197, n. 6. Il disparoît, se remontre, et demande une entrevue à Octave, p. 201, 202, 205. Il se déclare de nouveau contre lui, *ibid.* Il est proscrit, p. 232. Abandonné par Octave, p. 242, n. 5. Détails de sa mort, p. 261, 277, n. 8. Férocité de Fulvie contre sa tête, p. 281, n. 20. Son éloge, *ibid.* n. 21. Octave est forcé de rendre hommage à son patriotisme, *ibid.* Deuil universel à son sujet, p. 283, n. 22. Il n'auroit pas été d'avis de conspirer contre César, p. 471, n. 12.

Cicéron (le fils), proscrit, se réfugie auprès de Pompée, t. II, p. 314. Comment il est traité par Octave, *ibid.* p. 326, n. 29. Il vient se joindre aux chefs du parti de Brutus, t. III, p. 3.

Cillon, proscrit. Détails de sa mort, t. II, p. 270.

Cimber (Tullius), complice de la conjuration contre César, t. I, p. 462. Demande à César le rappel de son frère, p. 467. Il donne le signal du meurtre, *ibid.* Il se rend dans la Bithynie, t. II, p. 2.

Cinna, le consul, relève le parti de Marius, t. I, p. 127. Ses démêlés avec Octavius son collègue, *ibid.* Battu par Octavius, il sort de Rome, et il est remplacé dans les fonctions consulaires par L. Mérula, p. 128. Son discours à son armée, p. 129. Il marche contre Rome, p. 130. Il tente de pénétrer dans Rome; il est repoussé, p. 132. Le sénat lui en livre l'entrée, p. 134. Il fait égorger les esclaves qui l'avoient secondé, p. 139. Il est élu consul pour la seconde fois, *ibid.* Il prend ses mesures contre Sylla, p. 148. Il est égorgé par ses soldats, p. 150.

Cinna, préteur, se déclare en faveur des conjurés après la mort de César, t. I. p. 484, p. 523, n. 4.

Cinna (Helvius), est mis en pièces par le peuple, t. I, p. 532. Détails à ce sujet, p. 538, n. 15. Chargé par César de présenter une loi qui devoit lui permettre de prendre autant de femmes qu'il voudroit, *ibid.*

Cirta, ville de Numidie, t. I, p. 430; t. II, p. 329, 334, n. 4.

Clanium, rivière d'Italie, t. I, p. 100, n. 34.

Claudien, le poëte, t. I, p. 103, n. 51.

Clément (M.), traducteur de Cicéron, t. I, p. 24, n. 5.

Cléombrote. Son suicide blâmé par Lactance, t. I, p. 438, n. 14.

Cléopatre, refuse des secours à Cassius, t. II, p. 341. Elle en envoie à Dolabella, p. 346, n. 5. Elle se dispose à amener des secours aux triumvirs, p. 360. Son naufrage, p. 375. Elle vient joindre Antoine, t. III, p. 9. Elle se justifie, et le subjugue, p. 10. Antoine la suit à Alexandrie, p. 13. Son inclination pour S. Pompée, p. 251. Elle craint qu'Octavie ne vienne joindre Antoine; son manège, p. 263. Antoine la proclame reine d'Égypte, de Cypre, de Libye et de Cælésyrie, p. 255. Elle joue la déesse Isis, p. 266. Elle suit Antoine à Samos, p. 268. De là à Athènes, p. 269. Honneurs que lui décernent les Athéniens, *ibid.* Elle engage Antoine à préférer une bataille navale, p. 291. Son calembourg au sujet d'Octave, p. 292. Elle fait prévaloir son avis sur celui de Canidius, p. 294. Précautions pour assurer sa fuite, *ibid.* Elle prend la fuite au fort de l'action, p. 298. Antoine la suit, p. 299. Ce fut elle-même qui donna l'ordre de prendre la fuite, p. 309, n. 3, 4. Elle se rend en Égypte, p. 314. Hardie conception de sa part, *ibid.* Elle fait choisir le poison le plus propre à donner la mort, p. 318. Elle essaie de négocier avec Octave, p. 319.

Elle fait bon accueil à Thyrée, agent d'Octave, p. 320. Elle célèbre avec une magnificence inouïe l'anniversaire d'Antoine, p. 321. Elle livre à Antoine la femme et les enfants de Seleucus pour les immoler, *ibid*. Elle se fait préparer un monument, où elle enferme tous ses trésors, *ibid*. Instruite des revers d'Antoine, elle vient s'enfermer et se barricader dans ce monument, p. 324. Elle fait répandre le bruit de sa mort, *ibid*. Aidée de ses femmes, elle introduit Antoine mourant dans son monument, p. 326. Ses précautions en arrivant en Égypte pour prévenir toute sédition, p. 328, n. 6. Ses cruautés quand elle y fut arrivée, *ibid*. C'étoit elle qui avoit fait livrer Pélusum à Octave, p. 334, n. 30. Elle lui fait livrer aussi sa flotte, p. 335, n. 35. Son but en faisant répandre le bruit de sa mort, p. 336, n. 37. Elle entre en pourparler avec Proculéïus, p. 339. Elle est saisie vivante par Proculéïus, *ibid*. Elle veut se tuer, Proculéïus l'en empêche, p. 340. Elle est remise sous la garde d'Épaphrodite, affranchi d'Octave, *ibid*. Elle rend les honneurs funèbres à Antoine, 342. Elle prend la résolution de se laisser mourir de faim, *ibid*. Octave vient la voir; détails de cette entrevue, p. 343. Son emportement contre Séleucus son ministre, 344. Instruite des projets d'Octave à son égard, elle lui fait demander la permission de célébrer des libations funéraires en l'honneur d'Antoine; détails, p. 345. On lui apporte un panier de figues, p. 346. Les satellites d'Octave laissent passer le panier de figues, *ibid*. Elle adresse des tablettes à Octave, *ibid*. On la trouve sans vie, p. 347. Variantes sur l'instrument de sa mort, *ibid*. Éloge de son courage, 355, n. 24. Vains efforts pour la rendre à la vie, *ibid*. n. 25.

CLODIUS, lieutenant de Brutus, chef de quelques forces navales, tom. III, p. 2.

CLODIUS BYTHINICUS, ennemi d'Octave, t. III, p. 83.

CLODIUS PULCHER, son intrigue galante avec la femme de César, t. I, p. 259. Il est nommé tribun du peuple, *ibid*. Il traduit Cicéron en jugement, p. 267. Son insolence,

p. 268. Il est assassiné par un des esclaves de Milon, p. 273. Suites de sa mort, p. 274. Intrigue ourdie pour son adoption, p. 281, n. 23.

CLUENTIUS (Lucius) un des chefs des alliés, brave Sylla, et le force à se replier, t. I, p. 88. Il se replie à son tour, *ibid*. Battu par Sylla, il périt en combattant, p. 89.

CLUSIUM, ville d'Italie, t. I, p. 164, 165, 168; p. 174, n. 18.

CLUVERIUS, t. I, p. 97, n. 20, p. 435, n. 2; t. II, p. 387, n. 2; t. III, p. 49, n. 12, 14, 15, 16, p. 109, n. 13, 14, p. 161, n. 7, p. 191, n. 8, p. 193, n. 22, 25, p. 212, n. 2, 3, 4, 5, 7.

COCCÉIUS (Lucius), ami d'Antoine et d'Octave, s'interpose pour les réconcilier, t. III, p. 112. Détails à ce sujet, p. 114, 115, 122, n. 8.

COCCYNUM, promontoire de Sicile, t. III, p. 199.

CŒSETIUS, tribun du peuple. Atroce conduite de César à son sujet, t. I, p. 456. Son vrai nom, p. 470, n. 3.

COHORTES prétoriennes. On les composoit de soldats qui avoient fait leur temps de service, et qui demandoient à servir encore, t. III, p. 4.

COLUMELLE, t. I, p. 100, n. 31.

COLONIES. Motifs politiques des Romains dans l'établissement des colonies, t. I, p. 23, n. 1, p. 33, n. 2.

COMICES (les) du peuple romain ne se tenoient pas exclusivement dans le Forum, p. 33, n. 2.

CONJURATION contre César, t. I, p. 462. Noms des conjurés, *ibid*. Leurs mesures, *ibid*. Leur conduite après la mort de César, p. 481. Les conjurés s'emparent du Capitole, p. 482. Causes de leur peu de succès auprès du peuple, p. 483. Leurs partisans demandent la paix, p. 484. Ils les font venir du Capitole au Forum, p. 485. Ils envoient des députés vers Antoine et Lépidus, p. 484. Grande faute qu'ils firent, p. 91, n. 7. Résultats possibles de la conjuration, *ibid*, n. 8. Débats dans le sénat, au sujet des conjurés, p. 497, 500, 501. Leurs partisans dans le Forum demandent la paix, p. 304. Sénatus-consulte qui vote une amnistie en leur faveur, p. 508. Antoine excite contre eux la fureur du peuple, p. 431. Le peuple vient les assaillir, p. 533. Ils abandonnent Rome, t. II, p. 2. Leurs motifs, p. 471, n. 12. Leur entreprise précipite la ruine de la république, *ibid*.

CONSENTIA, ville d'Italie, t. III, p. 101, 109, n. 16.

CONSIDIUS, sénateur, sa réponse à César, t. I, p. 264, n. 8.

CONSTANTIN, lexicographe, t. III, p. 107, n. 6.

CONSULAT, âge requis pour y arriver, t. I, p. 509, n. 3.

CONTRIBUTIONS, mode de perception employé quelquefois par les Romains, t. III, p. 5.

COPONIUS. Son bon mot au sujet de Plancus, accusateur d'Antoine, t. III, p. 284, n. 42.

CORCYRE, île de la mer Ionienne, t. I, p. 319.

CORCYRÉENS (les) s'établissent à Dyrrachium, t. I, p. 317.

CORDOUE, ville d'Ibérie, t. I, p. 447.

CORFINIUM, ville d'Italie, t. I, p. 104, n. 52, p. 315.

CORINTHE, ville du Péloponnèse. Agrippa s'en empare, t. III, p. 306, n. 15.

CORIOLAN, chassé de Rome, t. I, p. 2.

CORNEILLE (le grand), t. I, p. 201, n. 3, p. 314, n. 21, p. 399, n. 17.

CORNÉLIE, femme de César, t. 1, p. 266, n. 17.

CORNÉLIE, mère des Gracques, t. I, p. 24, n. 4, 5.

CORNÉLIENS, esclaves affranchis par Sylla, t. I, p. 185.

CORNÉLIUS, centurion d'Octave. Son audace, t. II, p. 199, n. 14.

CORNIFICIUS, lieutenant d'Octave, amène des forces navales, t. III, p. 149. Battu par une tempête, *ibid*. Il est aux prises avec Démocharès, p. 155. Mauvais succès, p. 156. Octave lui donne le commandement de ses troupes de terre en Sicile, p. 199. Pressé par la famine, il se met en mouvement pour traverser la Sicile, p. 202. Difficultés de ce trajet, p. 203. Laronius lui amène du renfort, p. 204. Il se réunit à Agrippa, *ibid.*

Cornificius, défend le parti du sénat dans la Libye, t. II, p. 191. On augmente ses forces, p. 198, n. 7. Accueille les proscrits, p. 296. Il refuse d'obtempérer à la sommation de Sextius, p. 329. Hostilités, *ibid.* Détails militaires, p. 331. Son camp est pris ; il est battu, et il périt sur le champ de bataille, p. 332.

Cornutus, préteur, se donne la mort après que ses légions se sont déclarées pour Octave, t. II, p. 204.

Cornutus, proscrit par Marius, t. I, p. 137.

Coronas (Sicilius). *Voyez* Silicius (Publius).

Corpiliens (les), peuple de Thrace, t. II, p. 385, 388, n. 7.

Correction du texte, t. I, p. 125, n. 30, p. 140, n. 4; t. III, p. 14, n. 1, p. 52, n. 23, p. 283, n. 41, p. 285, n. 47, p. 303, n. 5, p. 310, n. 35, p. 312, n. 47, p. 313, n. 13, 27, 28.

Corvinus, nommé consul avant l'âge requis, t. II, p. 194.

Cosconius (Caïus), chef des Romains, prend et brûle Salapie, t. I, p. 89. Il soumet Cannes, et assiège Canuse, *ibid.* Il est battu par les Samnites, *ibid.* Il trompe Trébatius, général des Samnites, et le bat, *ibid.* Il ravage le pays des Larinates, des Vénusiens et d'Asculum, et soumet les Pédicles, p. 91.

Cossutie, femme de César, t. I, p. 266, n. 17.

Cossyre, île sur les côtes de Sicile, t. III, p. 177.

Cotta se condamne spontanément à l'exil, t. I, p. 76.

Crassus (Licinius), marche contre Spartacus, et fait décimer deux légions, t. I, p. 223. Il bat Spartacus, *ibid.* Il taille en pièces l'armée de Spartacus, et extermine les gladiateurs, p. 225. Sa rivalité et sa réconciliation avec Pompée, p. 226. Il forme un triumvirat avec Pompée et César, p. 254. Il se rend caution pour César, p. 261, n. 2. Nommé consul avec

DES MATIÈRES.

Pompée, p. 270. Il va périr dans son expédition contre les Parthes, p. 271.

Crassus (Licinius). César lui confie la Gaule Cisalpine, t. I, p. 319.

Crassus (Manius Aquilius), chargé par le sénat d'aller lever des troupes contre Octave, t. II, p. 205. Il est arrêté déguisé en esclave, et conduit à Octave qui l'épargne pour le moment, p. 206.

Crastinus, ses prouesses à la journée de Pharsale, t. I, p. 395. Honneurs que César lui fait décerner, p. 396, 403, n. 31.

Cremutius (Codrus). Son opinion sur les lettres d'Antoine, t. II, p. 33, n. 1.

Crispus (Marcius), chargé d'aller renforcer Murcus en Syrie, t. II, p. 175. Il reconnoît l'autorité de Cassius, *ibid*.

Critobule, chirurgien d'Alexandre, t. I, p. 554, n. 26.

Critonius, l'édile, fait célébrer des jeux. Sa conduite à l'égard d'Octave, t. II, p. 60.

Crixus, lieutenant de Spartacus, t. I, p. 221. Il périt dans une action contre un des consuls, *ibid*.

Croissant, signe du mahométisme; d'où emprunté, t. III, p. 161, n. 9.

Culléon, lieutenant de Lépidus, livre passage à Antoine, t. II, p. 188.

Cumes, ville d'Italie, t. I, p. 87, 102, n. 47.

Curies, distribution politique des citoyens romains, t. II, p. 207.

Curion, ennemi déclaré de César, est élu tribun du peuple, t. I, p. 288. Il se vend à César, p. 289. Il intrigue en faveur de César, *ibid*. Ses succès dans le sénat et aux yeux du peuple, p. 290. Attaque Pompée ouvertement, p. 291, 292. Son avis l'emporte, p. 294. Ses succès rendus vains par les consuls, p. 295. Il s'enfuit auprès de César, p. 296. César l'envoye en Sicile, p. 319. Il est envoyé en Libye, et débute par des succès, p. 329. Il est battu, et périt en combattant, p. 330. Son quolibet au sujet de César, lors de son triomphe des Gaules, p. 450, n. 4.

Curius (Quintus) trahit le secret de la conspiration de Catilina, t. I, p. 238.

Curules (les magistratures) donnoient séance au sénat, t. I, p. 474, n. 30.

Cysique, ville sur l'Hellespont, t. II, p. 368, 376, n. 2; t. III, p. 244, 254, n. 8.

D

Dacier, traducteur de Plutarque, t. III, p. 276, n. 6, 8, 11, 12, 14, 16, 22, 23, 31, 33, 36, 37, 46, 50, 53, 56, p. 303, n. 5, 13, 16, 24, 27, 33, 36, 47, p. 328, n. 1, 11, 15, 20, 27, 31, 32, p. 351, n. 1, 8, 15, 16, 17, 19, 26, 33, 38.

Δαίμονα (κατὰ), t. III, p. 175, n. 11.

Damasippus fait de vains efforts pour débloquer Préneste, t. I, p. 168.

Dardaniens (les), peuple d'Illyrie, t. III, p. 137.

Darius, fils de Pharnace, nommé roi de Pont par Antoine, t. III, p. 137.

Décemvirs nommés pour examiner la conduite publique d'Antoine, t. II, p. 180. Proclamation de leur part, *ibid.* Décemvirs nommés pour distribuer des terres aux vainqueurs de Modène, p. 185, n. 13.

Décianus (C.) puni pour avoir donné des regrets à la mort de Saturninus, t. I, p. 71, n. 24.

Décidius Saxa, lieutenant des triumvirs, gagne la Thrace, t. II, p. 385, 388, n. 6. Il quitte ses positions et vient joindre Norbanus, p. 411.

Décimus Brutus chargé par César du siège de Marseille, t. I, p. 326. César lui donne le commandement de la

DES MATIÈRES.

Gaule, p. 333. Il conspire contre César, p. 460. Il vient décider César, qui hésitoit à se rendre au sénat, p. 464. Déclaré fils adoptif de César, et appelé à sa succession, p. 526. Il se rend dans la Gaule dont il a le commandement, t. II, p. 2. Les chefs du sénat lu font dire de se mettre en mesure contre Antoine, p. 59. Sa réponse à la sommation d'Antoine de sortir de la Gaule, p. 110. Il s'enferme à Modène ; Antoine vient l'y assiéger, p. 111. Le sénat loue son refus d'obtempérer à la sommation d'Antoine, p. 113. Après la levée du siège, il craint Octave, p. 160. Il lui fait demander une entrevue, *ibid*. Il le menace, p. 161. Raison pourquoi il ne poursuit pas Antoine, p. 168, n. 3. Sa conférence avec Octave, *ibid*, , n. 5. Il se met en route pour Bologne où Pansa l'avoit appelé, et il rétrograde instruit de sa mort, p. 171, n. 9. Plancus vient se joindre à lui, p. 179. Effet que fit à Rome la nouvelle de cet évènement, *ibid*. Il bat en retraite devant Antoine, p. 213. Octave vient lui barrer le chemin, *ibid*. Ses troupes de nouvelle levée l'abandonnent d'abord, et ses vétérans ensuite, 214. Il se déguise; il est arrêté et conduit à un chef de Gaulois, qui fait apporter sa tête à Antoine, p. 214, 215. Il meurt avec lâcheté, p. 220, n. 11.

Décius proscrit. Détails de sa mort, t. II, p. 270.

Décius, ami d'Antoine, reçoit de la part d'Octave des ouvertures de rapprochement, t. II, p. 178.

Déesse (la bonne) des Romains, t. I, p. 265, n. 16.

Déjotarus abandonne Antoine, t. III, p. 293.

Dellius, ami d'Antoine, l'abandonne, t. III, p. 273.

Démétriade, ville de Macédoine, t. II, p. 130, 143, n. 34.

Démétrius, battu par les Rhodiens, t. II, p. 352.

Démocharès, affranchi de Pompée, remplace Ménécrate, t. III, p. 153. Ses succès contre les forces navales d'Octave, p. 155. Il défend Myles, p. 185. Action engagée contre Agrippa, p. 186. Succès équivoques, p. 187.

DÉMOPHON l'aruspice. Conseil qu'il donne à Alexandre, t. I, p. 553, n. 15. Réponse qu'Alexandre lui fait, *ibid.*

DÉMOSTHÈNE, t. I, p. 250, n. 20; t. II, p. 38, n. 9, 24.

DENYS d'Halicarnasse, t. I, p. 202, n. 10; t. II, p. 229, n. 11, p. 243, n. 9.

DÉNOMBREMENT. César fait le dénombrement des citoyens romains, t. I, p. 445. Recherches sur cette matière, p. 450, n. 4.

DERCITÉUS, soldat de la garde d'Antoine, apporte à Octave le glaive dont Antoine s'est donné la mort, t. III, p. 327.

DESMARES (Odet Philippe), repris, t. I, p. 10, n. 3, p. 25, n. 7 et 8, p. 26, n. 11 et 12, p. 37, n. 11, p. 50, n. 1, 2, 3, 4, p. 51, n. 6, p. 52, n. 9, p. 65, n. 1, 3, p. 68, n. 16, p. 69, n. 18, p. 97, n. 18, p. 98, n. 24, p. 101, n. 37, 38, p. 108, n. 3, 4, p. 120, n. 1, p. 122, n. 10, 11, 15, p. 125, n. 27, p. 140, n. 4, p. 141, n. 7, 10, p. 144, n. 22, p. 157, n. 5, p. 158, n. 8, 11, 12, p. 172, n. 6, p. 174, n. 19, p. 189, n. 6, p. 190, n. 10, 13, 14, p. 192, n. 19, p. 200, n. 1, p. 214, n. 4, p. 218, n. 17, 18, p. 231, n. 22, p. 233, n. 28, p. 301, n. 21, p. 361, n. 8, p. 493, n. 14, p. 535, n. 5; t. II, p. 242, n. 3, p. 387, n. 5; t. III, p. 23, n. 24, p. 33, n. 2, 3, 5, p. 49, n. 9, 10, 13, p. 69, n. 17, p. 85, n. 6, 13, 17, 18, p. 121, n. 5, 9, p. 139, n. 2, 8, 12, 29, p. 162, n. 12, p. 191, n. 7, p. 194, n. 32, p. 215, n. 8, 19, 24, p. 236, n. 19, 254, n. 3, 21, 24, 31.

DEVIN Égyptien, déclare à Antoine que le démon d'Octave a la prépondérance sur le sien, t. 3, p. 160, n. 4.

Διακόπτειν, t. I, p. 277, n. 4.

DIANE, prêtres de cette déesse, qui étoient eunuques, t. III, p. 21.

DICÉARCHIE, ou Dicæarchie, ville d'Italie, t. III, p. 94, 105, n. 3.

DICTATURE déférée pour la première fois par le peuple, t. I, p. 336, n. 8. Dictature à vie; tyrannie certaine, p. 469, n. 5.

DIEUX (intervention des), t. I, p. 379, n. 17, p. 413, n. 17.

DES MATIÈRES.

p. 467, s. CXVI, p. 510, n. 5, p. 551, n. 3, 6; t. II, p. 326, n. 29, p. 451, n. 2, 460; t. III, p. 180, 192, n. 15, p. 215, n. 9, p. 256, n. 18, p. 268, 310, n. 38.

DIEUX, actions de graces qu'on leur rendoit, t. III, p. 236, n. 16.

DIODORE de Sicile, t. I, p. 100, n. 33, p. 172, n. 7; t. II, p. 416, n. 4; t. III, p. 20, n. 21, p. 86, n. 11, p. 109, n. 15, p. 161, n. 9, p. 190, n. 4, p. 254, n. 7.

DIODOTE, fils d'Eucrate, t. I, p. 509, n. 4.

DIODOTUS, t. I, p. 250, n. 20.

DIOGÈNE-LAERCE, t. I, p. 411, n. 10.

DIOMÈDE, t. I, p. 273, 280, n. 21.

DIOMÈDE, secrétaire de Cléopâtre, fait transporter Antoine auprès de la reine, t. III, p. 325.

DION CASSIUS, t. I, p. 301, n. 18, p. 303, n. 29, p. 311, n. 6, p. 351, n. 19, p. 411, n. 10, 11, p. 452, n. 13, p. 470, n. 9, p. 523, n. 5, p. 539, n. 15, p. 555, n. 24; t. II, p. 13, n. 5, p. 33, n. 1, p. 37, n. 7, 9, 12, 20, p. 82, n. 8, p. 134, n. 10, p. 136, n. 12, p. 142, n. 31, 33, p. 172, n. 10, p. 183, n. 6, p. 208, n. 8, 10, 11, p. 216, n. 1, 3, 4, p. 220, n. 11, p. 227, n. 3, 4, 7, 8, 9, 10, p. 241, n. 1. Cite un trait de proscription notable, p. 242, n. 2, 6, 10, 13, 16, p. 255, 6, 7, 8, 9, p. 281, n. 18, 26, p. 295, n. 5, 6, p. 318, n. 6, 12, 29, 30. Erreur de sa part relevée, p. 333, n. 1, 2, 3, 5, 7, 8, p. 345, n. 1, 2, 3, 4, 5, 7, 10, p. 364, n. 8, 10, 14 15, 16, p. 377, n. 7, 9, p. 387, n. 2, 4, 9, p. 407, n. 6, 8, p. 425, n. 1, 2, 3, 4, 5, 6, 7, p. 451, n. 6, 7, p. 467, n. 2, 13, 14, 15, 16, 21, 22, 26. Son opinion sur les résultats de la bataille de Philippes, *ibid.*; t. III, p. 14, n. 4, 6, 8, 21, p. 47, n. 2, 4, 6, 11, 21, 22, p. 64, n. 1, 2, 4, 6, p. 90, n. 25, 27, 28, p. 105, n. 5, 7, 8, 19, 21, p. 120, n. 2, 6, 12, 13, p. 140, n. 7, 14, 15, 16, 17, 19, 26, p. 158, n. 1, 3, p. 174, n. 8, 9, 12, 15, p. 189,

n. 1, 2, p. 194, n. 23, 33, p. 218, n. 21, 25, p. 233,
n. 5, 11, 13, 14, 15, 17, p. 253, n. 1, 2, 19, 23, 25,
29, p. 279, n. 19, 25, 27, 28, 38, 39, 43, 44, 49, 54,
55, 59, p. 303, n. 6, 9, 11, 15, 19, 23, 32, 34, 38,
44, p. 328, n. 5, 18, 22, 23, 25, 26, 29, 30, 33, 35,
36, 37, 38, p. 351, n. 2, 12, 18, 21, 22, 25, 30.

DIRIBITORES, t. I, p. 262, n. 6.

DIVINATION pratiquée par les anciens Hébreux, t. II, p. 230, n. 11.

DIVISORES, t. I, p. 262, n. 6.

DOLABELLA, gendre de Cicéron, se déclare en faveur des conjurés après la mort de César, t. I, p. 481. Sa proposition à ce sujet, p. 485. Il chante la palinodie, et se déclare contre les conjurés, p. 500. Il devient l'arbitre de la paix, et envoie ses enfants en otage aux conjurés, p. 525, n. 13. Il se réconcilie avec Antoine, t. II, p. 9. Il demande au peuple le gouvernement de la Syrie et l'obtient, p. 10. Sa conduite patriotique à l'égard des factieux, adhérens d'Amatius, p. 12, n. 4. Il se hâte de se rendre dans la Syrie, p. 49. Trébonius lui ferme les portes de Smyrne et de Pergame, p. 51. Il surprend Smyrne, s'en empare, et se fait apporter la tête de Trébonius, p. 52. Il est déclaré ennemi de la patrie, p. 128. Détails des horreurs qu'il se permit contre Trébonius, p. 141, n. 30. Nommé consul avant l'âge requis, p. 194. Octave fait révoquer le décret qui le déclare ennemi de la patrie, p. 211. Menacé par Cassius, il va s'enfermer dans Laodicée, p. 340. Il débute par un succès sur mer, *ibid*. Il est battu dans une seconde bataille, p. 341. Quand il voit Cassius maître de Laodicée, il se donne la mort, p. 342.

DOLABELLA (Cornélius), ami d'Octave. Sa bienveillance pour Cléopâtre, t. III, 344. Il prévient la reine qu'Octave doit la faire partir pour Rome avec ses enfants, p. 345, 353, n. 15.

DOLABELLA (Octavius), lieutenant de Pompée, bat Antoine, t. I, p. 332, 335, n. 4.

DOMITIEN se sauve sous le costume d'un isiaque, ou prêtre d'Isis, t. II, p. 323, n. 17.

DOMITIUS (Lucius) nommé pour remplacer César, t. I, p. 305. Il est bloqué et fait prisonnier par César, p. 315. Commande l'aile gauche de Pompée, à la journée de Pharsale, p. 387. Il est tué, p. 395.

DOMITIUS ÆNOBARBUS, lieutenant de Cassius et de Brutus, vient renforcer Murcus dans la mer Ionienne, t. II, p. 384. Grand succès contre Domitius Calvinus, lieutenant des triumvirs, p. 430. Détails, p. 431. Quelques chefs de l'armée de Brutus se joignent à lui après la bataille de Philippes, t. III, p. 3. Il se renforce, p. 28. Ses succès contre les forces navales d'Octave, p. 43. Il traite avec Asinius Pollion, et s'attache au parti d'Antoine, p. 94. Il vient au-devant de lui, p. 99. Il n'assista point à la bataille de Philippes, p. 108, n. 11. Coccéius le défend auprès d'Octave, p. 114. Antoine l'envoie commander en Bithynie, p. 117. Son traité avec Antoine lui devient commun avec Octave, p. 118. Il avoit réellement participé à la conjuration contre César, p. 120, n. 2. Il parvint au consulat en 722, et mourut de sa belle mort, *ibid.* Consul l'an de Rome 722, p. 281, n. 28. Ami d'Antoine, il se contient devant Octave; il s'échappe de Rome et va joindre Antoine, *ibid.* En Bithynie, il vient renforcer Furnius, p. 243. Son petit-fils devient le père de Néron, p. 356, n. 35.

DOMITIUS CALVINUS, lieutenant des triumvirs, battu dans la mer Ionienne par Murcus et Ænobarbus, t. II, p. 430. Détails de cette bataille navale, p. 431, 432. Il conseille à Antoine d'éloigner Cléopâtre, t. III, p. 267. Il l'abandonne et meurt de regret, p. 293, 305, n. 13.

DORISCUM, ville de Thrace, t. II, p. 405, 408, n. 9.

DRABISCUM, ville de Thrace, t. II, p. 414.

DRACHME attique, sa véritable valeur, t. II, p. 92, n. 3.

DROIT de cité, un des titres auquel il s'acquéroit, t. I, p. 288.

Drusus (Livius), tribun du peuple, promet aux alliés de leur accorder les droits de cité, t. I, p. 73. Il forme le projet de réconcilier les sénateurs et les chevaliers, *ibid.* Ce projet éprouve de la contradiction, p. 74. Les sénateurs et les chevaliers se déclarent contre lui, p. 75. Il est assassiné dans sa maison, p. 76, 94, n. 12, p. 95, n. 14.

Drusus Livius se donne la mort après la bataille de Philippes, t. II, p. 473, n. 21.

Ducere uxorem. Vrai sens de cette expression, t. I, p. 539, n. 15.

Duellius, t. I, p. 140, n. 4.

Dukérus, t. I, p. 24, n. 3, p. 104, n. 58.

Dyrrachium, ville d'Épire, t. I, p. 316.

Dyrrachus, fils de Neptune, t. I, p. 316.

E.

Écuyer, *armiger*, ὑπασπιστὴς, t. II, p. 433, n. 3.

Effigie de César en cire, t. I, p. 532. L'usage de ces effigies étoit commun du temps de Polybe, p. 537, n. 13.

Ἐγεύετο, t. I, p. 437, n. 13.

Ἡγημόνες, t. I, p. 93, n. 6, p. 190, n. 9.

Égine, Antoine la donne aux Athéniens, t. III, p. 8.

Egnatius (Marius) s'empare de Vénafre, t. I, p. 80.

Egnatius, proscrit, détails de sa mort, t. II, p. 263.

Éléazar, son discours aux habitants de Massada, t. I, p. 102, n. 46.

Éliate, golfe sur les côtes d'Italie, t. III, p. 178.

Ellipse du mot ἀγορὰ, t. III, p. 66, n. 7. Génie elliptique de la langue grecque, p. 192, n. 17.

Ἡμιόλιον, t. I, p. 381, n. 26.

Emphytéose, son origine, t. I, p. 23, n. 2.

Énallage bon à noter, t. I, p. 540, n. 16; t. II, p. 56, n. 5.

DES MATIÈRES. 419

ENCYCLOPÉDIE par ordre de matières, t. III, p. 19, n. 20.

ÉNÉE, t. I, p. 280, n. 21. Chef de la ligne généalogique de César, t. II, p. 27, 302. Fondateur d'Ænum, ville de Thrace, p. 388, n. 10.

ÉNIPÉE, fleuve de Thessalie, t. I, p. 386.

ENNEMIS (être impitoyable envers ses) : doctrine des anciens sur ce point, t. I, p. 200, n. 2.

ENTERREMENTS modernes, copiés des cérémonies funèbres des anciens, t. I, p. 535, n. 6.

ÉPAPHRODITE, affranchi d'Octave, chargé de la garde de Cléopâtre, t. III, p. 340. Cléopâtre l'éloigne sous prétexte d'un message pour Octave, p. 354, n. 18.

Εφεδρεύων παρεζομένοις, t. I, p. 52, n. 10, p. 509, n. 2; t. III, p. 110, n. 18.

ÉPHÈSE, ville de l'Asie mineure, sous les ordres de Trébonius, t. II, p. 52.

ÉPHESTION, favori d'Alexandre, un devin prédit sa fin prochaine, t. I, p. 547.

ÉPICTÈTE, son Manuel cité, t. III, p. 291, n. 10.

ÉPIDAMNE, ville d'Épire, t. I, p. 316.

ÉPIDAMNUS, roi d'une partie de l'Épire, t. I, p. 316.

ÉPITOME de Tite-Live, t. I, p. 23, n. 3, p. 25, n. 6, p. 67, n. 8, p. 70, n. 22, 24, p. 92, n. 1, p. 94, n. 12, p. 97, n. 18, p. 98, n. 25, p. 104, n. 53, p. 108, n. 2, p. 123, n. 20, p. 142, n. 11, p. 146, n. 28, 30, p. 157, n. 1, 2, 4, p. 158, n. 9, p. 172, n. 1, 7, p. 173, n. 8, 11, p. 174, n. 14, 15, 17, 18, p. 175, n. 24, p. 190, n. 7, p. 214, n. 3, p. 215, n. 8, p. 218, n. 16, p. 228, n. 1, 5, 6, 8, 9, p. 230, n. 16, p. 245, n. 2, 3, p. 279, n. 16, p. 281, n. 22, p. 282, n. 25, p. 298, n. 7, p. 300, n. 13, p. 325, n. 16, p. 361, n. 6, p. 424, n. 1, p. 436, n. 8, p. 451, n. 7, p. 472, n. 20, p. 512, n. 10, p. 525, n. 13, p. 537, n. 12; t. II, p. 11, n. 2, p. 103, n. 1, p. 137, n. 16, p. 168, n. 2, p. 182, n. 1, p. 209, n. 9, p. 220, n. 11, p. 324, n. 26, 28, p. 362, n. 1, p. 388, n. 6, p. 426, n. 6, p. 473, n. 21.

Ἐπιτρίτος, t. I, p. 381, n. 26.

Éros, esclave d'Antoine, reçoit l'ordre de lui donner la mort, t. III, p. 324. Il se tue lui-même, p. 325.

Érythrée ou Érythres, ville de Béotie, t. I, p. 316.

Esclavage, son origine, son fondement, t. II, p. 347, n. 9.

Esclaves (guerre des), t. I, p. 15, 24, n. 6. Provoqués par Cinna, ils répondent à sa proclamation, p. 133. Leurs excès punis par Cinna, p. 139. Chez les Romains, ils prenoient le nom de celui qui les avoit affranchis, p. 145, n. 27. La croix étoit leur supplice ordinaire, t. II, p. 12, n. 3. Esclave qui venge son maître immolé par les satellites des triumvirs, p. 269. Atroce conduite d'un esclave qui décèle son maître et le fait égorger, p. 273. On les suspendoit par les aisselles pour les fustiger, t. III, p. 333, n. 27.

Ésernie, ville d'Italie, t. I, p. 80, 89.

Ésis, rivière d'Italie, t. I, p. 162, 173, n. 9.

Esquilien (le marché), théâtre du combat entre Marius et Sylla, t. I, p. 113.

Ἐς χεῖρας ἰέναι, expression grecque naturalisée dans le français, t. II, p. 451, n. 3.

Étienne (Charles), t. III, p. 191, n. 7.

Étienne (Henri), t. II, p. 40, n. 19, p. 43, n. 26, p. 451, n. 3.

Étienne de Byzance, t. I, p. 96, n. 17, p. 350, n. 15, p. 425, n. 9; t. II, p. 364, n. 11, p. 376, n. 2, p. 388, n. 7, 10, 11, p. 409, n. 11, p. 416, n. 1, 6; t. III, p. 16, n. 9, 10, 11, 13, 15, 20, 21, p. 47, n. 3, p. 109, n. 13, p. 140, n. 10.

Étosie, ville d'Italie, t. I, p. 218, n. 16.

Étriers, t. I, p. 50, n. 5.

Étrurie (aruspices d'), interrogés touchant de sinistres pronostics, t. II, p. 225. Réponse et trait de courage de leur chef, p. 226. Leur grande et ancienne réputation, p. 229, n. 11.

EUPHORION, cité, t. III, p. 16, n. 11.

Εὐφημία, t. II, p. 416, n. 4.

EUPHRONIUS, instituteur des enfants de Cléopâtre, est envoyé à Octave, t. III, p. 319.

EUPORUS, t. I, p. 53, n. 13.

EURICLÈS, Lacédémonien, poursuit Antoine, l'atteint et n'ose pas l'attaquer, t. III, p. 300.

EURIPIDE, t. I, p. 438, n. 15; t. II, p. 365, n. 14.

EUTROPIUS, t. I, p. 92, n. 1, p. 173, n. 7, p. 174, n. 13.

EUTYCHÈS, sa réponse à Octave, t. III, p. 296, 308, n. 25.

Ἐξελίσσειν, t. III, p 162, n. 12.

EXIL notable, t. II, p. 323, n. 19.

EXILÉS rappelés, à l'exception de Milon, t. I, p. 333.

EXPRESSION *contre le costume*, t. II, p. 13, n. 7.

F

FABÉRIUS, secrétaire intime de César, s'attache à Antoine, t. II, p. 6.

FABIUS SANGA, patron des Allobroges, apprend le secret de la conspiration de Catilina, t. I, p. 240.

FACIUS, dernier éditeur de Pausanias, t. III, p. 288, n. 56.

FAISCEAUX (les) étoient l'attribut de plusieurs magistratures romaines, t. I, p. 269.

FALERIN (le mont), t. I, p. 85, 101, n. 41.

FANGON, lieutenant d'Octave en Libye, refuse de rendre le commandement à Sextius, qui l'attaque, le bat, et le réduit à se donner la mort, t. III, p. 43. Détails sur son compte, p. 51, n. 21.

FANNIUS, lieutenant de Cassius au siège de Rhodes, t. II, p. 358.

FAONIUS, pressenti sur la conjuration de César; sa réponse, t. I, p. 474, n. 32. Il se déclare en faveur des conjurés après la mort de César, p. 481. Sa mort après la bataille de Philippes, t. II, p. 473, n. 21.

FATALISME, doctrine commune chez les anciens, t. III, p. 282, n. 32.

FAUSTUS, fils de Sylla, encore enfant, reçoit un soufflet de la part de Cassius, enfant comme lui, t. I, p. 474, n. 31.

FAVENTIA, ville d'Italie, t. I, p. 166, 175, n. 25.

FÉRENTINS (les), peuples d'Italie, t. I, p. 78.

FERMO, ville d'Italie, t. I, p. 102, n. 42.

FESTUS, t. I, p. 93, n. 9; t. II, p. 55, n. 3; t. III, p. 68, n. 14, p. 141, n. 10.

FÉSULUM, ville de la Toscane, t. I, p. 228.

FIGULUS (Lucius), chef des forces navales de Dolabella, t. II, p. 340.

FIRMUM, ville d'Italie, t. I, p. 85.

FLAMEN DIAL, t. I, p. 128.

FLAMMIAS, commandant de la flotte de Curion, prend la fuite sans attendre Asinius Pollion, t. I, p. 331.

FLAVIUS (Caïus), ennemi d'Octave, t. III, p. 83.

FLORUS, t. I, p. 24, n. 4, 6, p. 26, n. 13, p. 51, n. 7, p. 67, n. 8, 10, 12, p. 68, n. 14, p. 69, n. 17, 19, p. 70, n. 22, p. 92, n. 1, 4, p. 93, n. 8, p. 94, n. 12, p. 96, n. 15, p. 98, n. 25, p. 104, n. 52, p. 120, n. 3, p. 122, n. 9, 12, 13, 16, 18, p. 123, n. 20, p. 140, n. 3, p. 141, n. 10, p. 143, n. 16, 17, 19, p. 144, n. 25, p. 146, n. 30, p. 172, n. 1, p. 174, n. 14, 17, p. 175, n. 24, p. 177, n. 40, p. 189, n. 1, 3, p. 214, n. 2, 3, p. 217, n. 14, p. 228, n. 1, 3, 5, 7, 11, p. 230, n. 12, 14, 17, p. 231, n. 20, p. 232, n. 24, p. 247, n. 7, 11, p. 250, n. 20, p. 251, n. 25, p. 278, n. 11, p. 279, n. 13, 17, p. 324, n. 8, p. 325, n. 13, p. 326, n. 16, p. 335, n. 2, 4, p. 336, n. 4, p. 360, n. 2, p. 363, n. 13, p. 377, n. 14, 15, p. 380, n. 20, 21, 22, 23, 25, p. 382, n. 32, p. 397, n. 7, 16, 23, 31, p. 410, n. 2, 11, 13, 16, p. 424, n. 1, p. 436, n. 8, 9, 19, p. 450,

n. 1, 7, 8, 10, 12, 13, p. 469, n. 1, 17, 31, 34, 53, p. 493,
n. 14; t. II, p. 154, n. 1, p. 254, n. 1, p. 426, n. 6,
p. 467, n. 2, p. 473, n. 19; t. III, p. 47, n. 2, 20, p. 66,
n. 10, 124, n. 13, p. 253, n. 1, 8, p. 277, n. 13, 24.

FORTUNE (la) désignée chez les Grecs par l'expression θεὸς, quoique masculine, t. III, p. 192, n. 15.

FORUM, son enceinte pour ceux qui avoient le droit de suffrage, t. II, p. 67, n. 6.

FORUM GALLORUM, bourg de la Gaule transalpine, t. II, p. 153, 155, n. 8.

FREINSHÉMIUS, t. I, p. 70, n. 22, p. 96, n. 15, p. 551, n. 5; t. II, p. 132, n. 1, p. 322, n. 12, p. 324, n. 22, 24, 25; t. III, p. 144, n. 24, p. 173, n. 5.

FRÈRES (mort tragique de deux), t. I, p. 142, n. 11.

FULIGNIUM, ville d'Italie, t. III, p. 59, 68, n. 12.

FULVIE, femme de qualité, maîtresse de Quintus Curius, révèle le secret de la conspiration de Catilina, t. I, p. 238, 247, n. 11.

FULVIE, femme d'Antoine. Octave épouse la fille qu'elle avoit eue de Clodius, l'ennemi de Cicéron, t. II, p. 228, n. 9. Elle dévoue des citoyens à la mort de son autorité privée, p. 256, n. 9. Témoin Rufus, p. 272. Services que Pomponius Atticus lui avoit rendus, p. 275, n. 7. Sa férocité au sujet de la tête de Cicéron, p. 281, n. 20. Indigne accueil qu'elle fait aux dames romaines, p. 289. Elle commence à s'agiter contre Octave, t. III, p. 27. Elle veut contenir Lucius Antonius, mais Manius change ses intentions, p. 36. Elle fait suivre et surveiller Octave, *ibid.* Ses défiances à l'égard d'Octave, p. 38. Elle instruit Antoine de l'état des choses par un message, *ibid.* Son portrait; son influence sur Lucius Antonius, sur le sénat, et sur les comices, p. 47, n. 2. Elle forme pour elle une sorte de *conseil privé*, composé de sénateurs et de chevaliers, p. 49, n. 9. Elle excite les chefs des corps de troupes d'Antoine à venir au secours de Lucius, p. 56. Elle prend la fuite et va s'embarquer à Brindes,

p. 94. Antoine la trouve à Athènes, p. 95. Il la laisse malade à Sicyone, p. 99. Sa mort, p. 111. Résultat de cet évènement, *ibid.* 120, n. 1.

Fulvius Flaccus, triumvir pour l'exécution de la loi agraire, de Tib. Gracchus, t. I, p. 38. Il est élu tribun du peuple, p. 42. Il est adjoint à C. Gracchus pour une commission en Libye, p. 46. Il seconde les menées séditieuses de Gracchus, et périt avec lui, p. 47, 48 et 49.

Fulvius, proscrit. Détails de sa mort, t. II, p. 267.

Funèbre (pompe, oraison) chez les anciens, t. I, p. 202, n. 10.

Funérailles publiques étoient accordées à ceux à qui l'on accordoit la sépulture dans le Champ-de-Mars, t. II, p. 173, 11.

Furfidius. Son mot au sujet des proscriptions de Sylla, t. I, p. 177, n. 40.

Furius, chargé par Antoine de lui apporter la tête de Décimus Brutus, t. II, p. 220, n. 11.

Furius (Publius), tribun du peuple, s'oppose au rappel de Métellus, t. I, p. 64. Il est cité en jugement à ce sujet, et mis en pièces par le peuple, *ibid.*

Furnius, député par Lucius Antonius vers Octave, t. III, p. 72. Antoine le charge de lui aller chercher quatre légions en Libye, 138. Lieutenant d'Antoine en Asie, il accueille Pompée, et bientôt il se met en mesure, p. 243. Est battu par Pompée, p. 245. Il reçoit des renforts, et poursuit Pompée, p. 246. Il s'abstient de traiter avec lui, p. 248.

G

Gabie, ville d'Italie, t. III, p. 41.

Gabinius (A.), tribun du peuple, t. I, 245, n. 2.

Gabinius fait voile avec quelques troupes de César, que des peuples d'Illyrie taillent en pièces, t. I, p. 355.

Galba (Servius), complice de la conjuration contre César,

DES MATIÈRES.   425

t. I, p. 462. Sa relation de la défaite d'Antoine adressée à Cicéron, t. II, p. 155, n. 9.

GALÈZE, petite rivière d'Italie, près de Tarente, t. III, p. 105, n. 1.

GALLIUS (Quintus) attente à la vie d'Octave, t. II, p. 212. Il s'embarque et ne reparoît plus, *ibid.*

GALLUS, envoyé d'Octave auprès de Cléopâtre, t. III, p. 339.

GALLUS (Cornélius), lieutenant d'Octave, s'avance de la Libye vers l'Égypte, t. III, p. 334, n. 29. Ses succès contre Antoine, *ibid.*

GALLOGRÈCE (la), région de l'Asie mineure, t. II, p. 389, n. 15.

GANGA (le) ou le Gangitès, fleuve voisin de la ville de Philippes, t. II, p. 415, n. 9.

GARGANUS (le mont), t. I, 221, 229, n. 10; t. III, p. 110, n. 20.

GÉDOYN, traducteur de Pausanias, t. I, p. 36, n. 8.

GELLIUS CANUS, proscrit, mais sauvé par Antoine, t. II, p. 275, n. 7.

GELLIUS (L.) propose de décerner à Cicéron une couronne civique, t. I, p. 251, n. 26.

GÉMINIUS, ami d'Antoine. Sa réponse à Cléopâtre, t. III, p. 273.

GÉNUSUS, fleuve d'Épire, t. I, p. 360, n. 2.

Γέρρα, t. III, p. 68, n. 14.

GESLEN, t. I, p. 175, n. 27, p. 280, n. 21, p. 348, n. 6; t. II, p. 406, n. 2; t. III, p. 18, n. 19, p. 85, n. 6, 18, p. 106, n. 6, p. 173, n. 5, p. 255, n. 11.

GÉTA, proscrit, comment il fut sauvé, t. II, p. 302.

GÈTES, peuples d'Illyrie, accusés de projets d'invasion, t. II, p. 50.

GIGANTOMACHIE, monument de sculpture à Athènes, t. III, p. 288, n. 56.

GIRALDI (Lilius), cité, t. III, p. 20, n. 20.

GLADIATEURS (des) s'échappent de Capoue, t. I, p. 220. Prennent parti pour les assassins de César, p. 480.

GLANIS, fleuve d'Italie, t. I, p. 164, 174, n. 18.

GLAPHYRA, mère de Sisinna. Impression que sa beauté fait sur Antoine, t. III, p. 9.

GLAUCIAS est menacé d'être chassé du sénat, t. I, p. 57. Il se met sur les rangs pour le consulat, et fait assommer Memmius, son compétiteur, p. 62. Il est proscrit par décret du sénat, p. 63. Il est mis à mort à coups de pierres, *ibid*.

GLAUCON, médecin du consul Pansa, arrêté et mis en prison par Torquatus, comme auteur de la mort du consul, t. II, p. 167, n. 2. Brutus écrit à Cicéron une lettre en sa faveur, *ibid*.

GLOSE d'Orléans, t. III, p. 20, n. 20.

GOMPHOS, ville de Thessalie, t. I, p. 367. Elle est livrée au pillage. Prodige, *ibid*. 377, n. 6.

Γονυκλίνης, t. II, p. 43, n. 26.

GRANIUS MARCELLUS court risque d'être immolé par Tibère, t. III, p. 89, n. 22. Il est acquitté, p. 90, n. 22.

GRAVINA, t. I, p. 26, n. 11.

GRECS d'Asie. Comment traités par Antoine, t. III, p. 7.

GROTIUS, philologue batave, cité, t. III, p. 22, n. 22, p. 173, n. 5.

GRUMENTE, ville d'Italie, t. I, p. 81, 99, n. 28.

GUERRE sociale (la) éclate, t. I, p. 72. Ses causes, *ibid*. Les alliés se donnent des otages. L'insurrection commence dans Asculum, p. 77. Noms des peuples confédérés, p. 78. Ils envoient des députés au sénat. Réponse du sénat, p. 79. Chefs de l'armée romaine, et leurs lieutenants, *ibid*. Chefs de l'armée des alliés, p. 80. Évènements, p. 81, 82, 83, 84, 85, 86. L'insurrection menace de s'étendre, p. 87. Quelques uns des alliés sont admis au droit de cité, *ibid*. Le sénat finit par accorder le droit de cité à tous les alliés, à l'exception des Samnites, p. 91. Les alliés en avoient l'ambition depuis long-temps, p. 92, n. 2. Cette guerre coûta plus de sang que n'en avoient coûté celle de Pyrrhus, et celle d'Annibal, p. 105, n. 59.

H.

HACHE, avoir la tête tranchée d'un coup de hache, à l'instar des victimes, c'étoit une ignominie, t. I, p. 229, n. 12, p. 250, n. 25.

HALIS, lieu de la sépulture de Timon le misantrope, t. III, p. 316.

HANNON, chef des Carthaginois, t. I, p. 99, n. 28.

HARMÉNOPULE, sa définition du mot *esclavage*, t. II, p. 367, n. 9.

HARMOSTES, mot grec, t. II, p. 243, n. 8, 9.

HARPAGUS, lieutenant de Cyrus le Grand, attaque les habitants de Xanthe, t. II, p. 372.

HARPESSUS, rivière de Thrace, t. II, p. 412, 416, n. 2.

HARPOCRATION, lexicographe, t. III, p. 68, n. 14.

HÈBRE, fleuve de Thrace, t. II, p. 412, 416, n. 3.

HECTOR refuse le vin que sa mère lui présente, et pourquoi; t. III, p. 336, n. 40.

HÉLÉNUS, lieutenant d'Octave, perd la Sardaigne qu'il avoit surprise; t. III, p. 118. Bien traité par Ménodore, p. 124, n. 14.

HELLÉNISME, t. II, p. 40, n. 19.

HÉLIODORE, auteur des Æthiopiques, t. III, p. 336, n. 41.

HELVIUS BLASIO, ami de Décimus Brutus, lui donne l'exemple de mourir en Romain, t. II, p. 220, n. 11.

HENRY IV. Vénération pour sa statue, t. I, p. 36, n. 9.

HERCULANUM, ville d'Italie, t. I, p. 103, n. 48.

HERCULES. Ses exploits en Epire, t. I, p. 316. Chef de la ligne généalogique d'Antoine; t. II, p. 27; t. III, p. 274.

HERNEGGERUS, annotateur de Suétone, t. III, p. 191, n. 11.

HÉRODIEN, grammairien grec, cité, t. III, p. 22, n. 23.

HÉRODE, nommé roi de l'Idumée et de Samarie par Antoine, t. III, p. 137. Il envoie un corps de troupes à Antoine, p. 291. Il passe dans le parti d'Octave, p. 317.

Hérodote, t. I, p. 36, n. 8, p. 350, n. 15, p. 398, n. 9; t. II, p. 377, n. 6, p. 408, n. 9; t. III, p. 110, n. 20, p. 351, n. 5.

Hésychius, le lexicographe, t. II, p. 365, n. 14, p. 416, n. 4; t. III, p. 67, n. 11, 14.

Hésychius de Milet, t. III, p. 256, n. 15.

Hétrusques (les), peuples d'Italie, t. I, p. 87, 88.

Hippone, ville d'Italie, promise avec son territoire aux troupes des triumvirs, t. II, p. 224. Octave promet à ses citoyens de les excepter de cette mesure, p. 383, 387, n. 3; t. III, p. 173, n. 3.

Hirpins (les), peuples d'Italie, t. I, p. 78, 79.

Hirtius, auteur de l'histoire de la guerre d'Alexandrie, t. I, p. 425, n. 4, p. 437, n. 9.

Hirtius (A.), consul désigné par César, succède à Antoine, t. II, p. 107, n. 8. Son installation, p. 111. Le sénat le charge d'aller au secours de Décimus Brutus, p. 113. Il fait le partage des troupes avec Octave, p. 147. Il entre en campagne pour défendre Modène, *ibid.* Grand succès qu'il obtient contre Antoine, p. 152. Il s'efforce de pénétrer dans Modène, p. 158. Brillant succès; il est tué en entrant dans le camp d'Antoine, p. 159, par un assassin qu'on accuse Octave d'avoir aposté, p. 167, n. 2. Il est inhumé dans le Champ-de-Mars, p. 173, n. 11.

Hirtius, du nombre des proscrits, comment il se sauva, t. II, p. 304.

Hispon, accusateur aposté par Tibère, t. III, p. 90, n. 22.

Hobbes, une des ses sentences, t. I, p. 510, n. 7.

Homère, t. I, p. 398, n. 9, p. 402, n. 25; t. II, p. 389, n. 10; t. III, p. 87, n. 15, p. 144, n. 29, p. 336, n. 40, p. 352, n. 9.

Hoplophore, t. III, p. 225, n. 2.

Horace, t. I, p. 99, n. 27, p. 100, n. 35, p. 101, n. 37, p. 173, n. 12; t. II, p. 316, n. 1, 2; t. III, p. 85, n. 7, p. 105, n. 1, p. 145, n. 29, p. 214, n. 5, p. 232, n. 1, p. 286, n. 53, p. 355, n. 24.

DES MATIÈRES.

HORTENSIA. Véhément discours qu'elle adresse aux triumvirs. t, II, p. 290, 294, n. 3.

HORTENSIUS, ami de Caton d'Utique, le prie de lui céder Marcia sa femme, t. I, p. 433. Détails à ce sujet; motif honorable de la conduite d'Hortensius, p. 440, n. 17.

HORTENSIUS, lieutenant de Brutus en Macédoine, reçoit ordre de donner la mort à Caïus Antonius, t. II, p. 183, n. 6, p. 294, n. 3. Il périt à la bataille de Philippes, p. 473, n. 21.

HOSTILIA CURIA, t. I, p. 69, n. 22.

HYDRUNTE, ville d'Italie, t. I, p. 318, 324, n. 9.

HYPASPISTE, t. I, p. 358, 364, n. 19.

I

JAMBLICHUS, roi d'Arabie. Antoine le fait périr au milieu des tortures, t. III, p. 305, n. 11.

ICON, une des Cyclades, t. III, p. 8, 17, n. 13.

JEAN-BOND, commentateur d'Horace, t. III, p. 145, n. 29.

Ἱερὸν (τὸ), en quoi diffère du mot ναὸς, t. I, p. 35, n. 8, p. 69, n. 21, p. 102, n. 45.

IGNARRA (Nicolas), antiquaire napolitain, t. III, p. 253, n. 1.

IGNATIUS (Marius), bat le consul J. Sextus César, t. I, p. 84.

ILERDE, ville d'Ibérie, t. I, p. 320.

IMPÉRATOR, origine, et nature de ce titre d'honneur, t. I, p. 328, 335, n. 1; t. III, p. 219, n. 29.

IMPOSER, ou EN IMPOSER, t. I, p. 301, n. 19.

INSUBRIENS (les), peuples de la Gaule cisalpine, p. 65, n. 5.

INTERDICTION du toit, du feu, et de l'eau, t. I, p. 68, n. 14.

JOHANNAU, étymologiste, t. III, p. 19, n. 20.

JOSEPHE, historien grec, t. I, p. 102, n. 46, p. 541, n. 17; t. II, p. 323, n. 17; t. III, p. 68, n. 14, p. 140, n. 7.

Ἴπνος, t. II, p. 283, n. 23.

IRA, femme de chambre de Cléopâtre, t. III, p. 274. On la trouve morte à côté de la reine, p. 347.

Isauricus (Servilius), consul et collègue de César, t. I, p. 333.

Isis, son temple à Rome, t. II, p. 323, n. 17. Un de ses prêtres aide à sauver un proscrit, *ibid.* Manœuvre d'un autre prêtre, qui favorise une intrigue adultère, *ibid.* Forme de ses cornes, t. III, p. 161, n. 9.

Juba, attaché au parti de Pompée, t. I, p. 328. Taille en pièces l'armée de Curion, p. 330. Il abuse de sa victoire, p. 331. Il seconde les opérations militaires de L. Scipion, p. 428. Il vole au secours de sa capitale envahie par Bocchus, p. 430. Après la défaite de L. Scipion, il se donne la mort, p. 434.

Judacilius, entraîne de nouveaux alliés dans la guerre sociale, t. I, p. 82. Il bat Cn. Pompée, p. 85. Il vole au secours d'Asculum sa patrie. Il y pénètre à force ouverte. Il se défend jusqu'à l'extrémité. Il meurt en héros, p. 86.

Judiciaire (pouvoir), influence majeure de ce pouvoir, t. I, p. 93, n. 8.

Juifs, donnent des regrets à la mort de César, t. I, p. 541, n. 17. Avoient rendu des services à César, *ibid.*

Julia, mère d'Antoine, recueillie par Pompée, se rend auprès de son fils, t. III, p. 95, 106, n. 5. Ses vertus, *ibid.* p. 122, n. 7.

Juliopolis, nom donné à la ville de Tarse, t. II, p. p. 346, n. 10.

Julius Pollux, lexicographe, t. III, p. 67, n. 11, p. 279, n. 20.

Julius Sextus, parent de César, commande en Syrie, t. II, p. 174. Sa conduite envers Bassus. Il est tué par ses soldats, *ibid.*

Junia, femme de Lépidus, fille de Scribonie, la sœur de Caton, t. II, p. 325, n. 27.

Junius Brutus, fondateur de la république romaine, t. I, p. 36, n. 9. De quel nombre de sénateurs il composa le sénat, p. 93, n. 9.

Junius, proscrit, sauvé par son affranchi Philopœmen, t. II, p. 306.

DES MATIÈRES. 431

JUNIUS SATURNINUS, son témoignage touchant la fureur d'Octave contre les proscrits, t. II, p. 245, n. 17.

JUNON LACINIENNE, son temple, t. III, p. 253, n. 1.

JUSTICE (la). Son empire, t. I, p. 228, n. 4.

JUVÉNAL, t. I, p. 217, n. 14; t. III, p. 18, n. 18.

K.

KIRCHMAN, t. I, p. 203, n. 10, p. 535, n. 4.

Κολοφῶνα (τὸν) ἐπιτιθῆναι, t. II. p. 334, n. 6.

Κοδρόπολις, t. III, p. 123, n. 10.

KRASPÈDE, t. I, p. 31.

L.

LABÉON, son opinion sur le compte des lois d'Octave, t. I, p. 68, n. 13. Se donne la mort après la bataille de Philippes, t. II, p. 462.

LABIÉNUS, lieutenant de L. Scipion, bat César en Libye, t. I, p. 428. Il est blessé, 429.

LABIÉNUS, proscrit. Détails de sa mort, t. II, p. 269, 285, n. 32.

LABIÉNUS, réfugié chez les Parthes, t. III, p. 118, 124, n. 13.

LACÉDÉMONE. Brutus en promet le pillage à son armée, t. II, p. 436.

LACINIAE TOGAE, t. I, p. 34, n. 6.

LACINIUM, promontoire du pays des Bruttiens, t. III, p. 239, 253, n. 1.

LACTANCE. Son jugement touchant le suicide de Caton et de Cléombrote, t. I, p. 438, n. 14.

LÆLIUS, lieutenant de Cornificius, assiège Cirta, t. II, p. 329. Il lève le siège, p. 331. Détails militaires, *ibid.* Revers. Il s'égorge lui-même, p. 332.

LAMPONIUS bat Licinius Crassus, t. I, p. 80.

Lampsaque, ville d'Asie, dans la Mysie, t. III, p. 244, 254, n. 7. Artaxercès donne cette ville à Thémistocle, *ibid.*

Lanuvium, t. I, p. 273, 280, n. 21; t. III, p. 42.

Laodicée, ville de Syrie occupée par Dolabella, t. II, p. 340. Antoine rend la liberté à ses habitants, t. III, p. 8.

Larcher (M.), t. I, p. 36, n. 8, p. 398, n. 9, p. 410, n. 1, 4; t. III, p. 51, n. 17, p. 67, n. 11, p. 215, n. 5.

Largus, proscrit. Détails de sa mort, t. II, p. 272.

Larinates (les), peuples d'Italie, t. I, p. 91.

Larisse, ville de Thessalie, t. I, p. 394.

Laronius, lieutenant d'Agrippa, amène du renfort à Cornificius, t. III, p. 204.

Latérésius instruit Lépidus des manœuvres d'Antoine, t. II, p. 189. Ses conseils étant méprisés par Lépidus, il se poignarde, p. 196, n. 2.

Lauron, ville d'Ibérie, t. I, p. 206.

Lavinie, ville d'Italie, t. I, p. 132.

Lavinius, fleuve d'Italie, dans une île duquel se forme le triumvirat d'Antoine, Octave, et Lépidus, t. II, p. 222.

Lefèvre de Villebrune, traducteur du Manuel d'Épictète, t. III, p. 191, n. 10.

Légion de Mars abandonne Antoine, t. II, p. 97. Brillante action qu'elle soutient, p. 149.

Légions romaines. Variation du nombre d'hommes dont elles étoient composées, t. II, p. 199, n. 15.

Lénas, centurion, assassine Cicéron, t. II, p. 261, 279, n. 13.

Lentulus (Cornélius), complice de Catilina, t. I, p. 238. Il est destitué de ses fonctions de préteur et constitué prisonnier, p. 240.

Lentulus Batiatus, t. I, p. 228, n. 1.

Lentulus, proscrit. Comment il se sauva, t. II, 300. Courage et tendresse conjugale de sa femme, *ibid.*

DES MATIÈRES. 433

Lentulus Spinther se déclare en faveur des conjurés après la mort de César, t. I, p. 481, 491, n. 6.

Lentulus, lieutenant de Cassius au siège de Rhodes, t. II, p. 358. Sa lettre au sénat, p. 363, n. 7. Il s'empare de Myra, p. 374.

Léon (l'empereur), t. III, p. 161, n. 9, p. 193, n. 18.

Lépidus (Marcus Émilius), consul, se déclare en faveur des alliés, et contre les partisans de Sylla, t. I, p. 204. Battu par Catulus, son collègue, il va mourir en Sardaigne, p. 205. Son intention étoit de faire abroger toutes les lois de Sylla, p. 214, n. 2 et 3.

Lépidus (Émilius). César lui donne le commandement de Rome, t. I, p. 319. De l'Ibérie, p. 333. Tandis qu'il retourne de l'Ibérie, il décerne la dictature à César, p. 337, n. 9. Reçoit César à souper chez lui la veille de son assassinat, p. 463. Sa conduite lorsqu'il apprend la mort de César, p. 480. Il entre dans Rome avec des forces pour empêcher les troubles, p. 496. Il sort du sénat avec Antoine, p. 501. Le peuple l'invite à se rendre au Forum, et il s'y rend, p. 503. Ses jongleries, *ibid*. Ses enfants envoyés en otage aux conjurés, p. 522. Commande quatre légions en Ibérie, t. II, p. 99. Statue érigée en son honneur, p. 132, n. 4. On le charge de combattre Antoine, p. 162. Antoine s'approche de lui et pratique son armée, p. 189. Son armée reconnoît Antoine pour chef, p. 190. Son caractère, *ibid*. 196, n. 1, p. 197, n. 4. Le décret qui le déclaroit ennemi de la patrie est révoqué, p. 212. Il est associé au triumvirat, p. 223. Il fait son entrée à Rome en cette qualité, p. 234. Il fait mettre son frère sur la liste des proscrits, p. 254, n. 3. Il reçoit les honneurs du triomphe : sa proclamation à ce sujet, p. 288. Devenu homme privé, traitement qu'il éprouve de Mécène et du consul Balbinus, au sujet d'une conspiration de son fils, p. 314, 324, n. 26. Soupçonné par Antoine et Octave de servir les intérêts de Pompée, t. III, p. 4, 15, n. 6. Il est purgé de ce soupçon, p. 24. Il est compris dans le nouveau partage de l'Empire, p. 118. Octave l'appelle en Sicile, p. 177. Il vient débarquer en Sicile et s'empare de plusieurs cités, p. 178. On lui amène du renfort, p. 183. Il fait sa jonction avec Octave, p. 206. Il traite avec Plennius, p. 211. Il prétend rester maître de la Sicile, p. 221. Brouillerie entre Octave et lui, p. 222. Ses troupes l'abandonnent, p. 223. Octave lui ôte toute autorité, p. 224.

Lépidus (Paulus), frère du triumvir, du nombre des proscrits, t. II, p. 242, n. 6. Son nom est inscrit le premier, p. 246, 254, n. 1. Les centurions des triumvirs l'épargnent: il se retire à Milet, p. 298.

Lépidus, lieutenant de Brutus, maître de l'île de Crète, t. III, p. 3.

Leucopètre, promontoire, t. III, p. 197, 212, n. 1.

Leucophryne, surnom de Diane, t. III, p. 10, 18, n. 20. Étymologie de ce mot, p. 19, n. 20.

Lévesque (M.), traducteur de Thucydide, t. I, p. 509, n. 4; t. III, p. 213, n. 5.

Libon (Lucius), beau-père de S. Pompée, accompagne Julia auprès d'Antoine, t. III, p. 95. Il est mandé à Rome pour négocier, p. 130.

Libon, historien latin, t. II, p. 175, 182, n. 1.

Liburnides, espèce de vaisseaux, t. I, p. 317, 323, n. 6; t. III, p. 191, n. 11.

Liburniens, peuple d'Illyrie, t. I, p. 317.

Libye. Ses différents noms chez les Romains, t. II, p. 328.

Ligarius (Quintus), complice de la conjuration contre César, t. I, p. 462.

Ligarius, deux frères de ce nom, proscrits. Détails de leur mort, t. II, p. 264.

Ligarius, autre proscrit de ce nom. Détails de sa mort, t. II, p. 265. Intrépidité de sa femme, p. 266, 283, n. 24.

Lilybée, ville de Sicile, t. I, p. 428; t. III, p. 177, 190, n. 3.

Lipara, île sur les côtes de Sicile, t. III, p. 177, 190, n. 4.

DES MATIÈRES.

LIPSE (Juste), t. I, p. 192, n. 23, p. 230, n. 12; t. II, p. 377, n. 3; t. III, p. 68, n. 14.

LIRIS, fleuve d'Italie, t. I, p. 78, 99, n. 30.

LITERNE, fleuve d'Italie, t. I, p. 78.

LIVIE, femme de Tib. Claud. Néron, suit son mari fugitif, t. III, p. 106, n. 4. Détails de son mariage avec Octave, p. 158, n. 3. Bon mot des Romains au sujet de ses couches, p. 160. Pronostic qu'elle reçoit de la future grandeur d'Octave, p. 189, n. 2.

LIVIUS DRUSUS, tribun du peuple, se déclare contre Caïus Gracchus, t. I, p. 45. *Voyez* ci-dessus l'article Drusus (Livius).

LOI *curiata* relative aux adoptions, t. II, p. 206.

LOI Licinia, t. I, p. 14, p. 23, n. 3.

LOI (mise hors de la loi), t. I, p. 69, n. 20.

LOI qui permettoit de se soustraire à la vindicte publique par un exil volontaire, t. II, p. 406, n. 4.

LOIS (les) étoient déposées dans le trésor public, *in ærario*, t. I, p. 298, n. 8.

LOIS agraires, leur nature et leur origine, t. I, p. 12. Abus et résultat de ces lois, *ibid.* p. 13. Débats des citoyens au sujet de ces lois, *ibid.* p. 16 et 17. Discours de Tibérius Gracchus en faveur de sa loi agraire, *ibid.* p. 18 et 19. Difficultés d'exécution de cette loi, p. 38.

LOIS (effet rétroactif des), t. I, p. 297, n. 1.

LOIS prohibitives de tout culte étranger à Rome, t. II, p. 323, n. 17.

LORYME, port dans la Carie, t. II, p. 358, 364, n. 11.

LUCAIN, t. I, p. 279, n. 17, p. 302, n. 22, p. 313, n. 15, 17, p. 323, n. 2, p. 325, n. 13, p. 380, n. 23, p. 397, n. 1, 2, 6, 7, 8, 16, 18, 20, 23, p. 510, n. 5; t. II, p. 197, n. 3, p. 229, n. 11; t. III, p. 105, n. 1, p. 174, n. 7, p. 218, n. 20, p. 352, n. 5, 25.

LUCANIENS (les), peuple d'Italie, t. I, p. 78, 89.

Lucilius, ami de Brutus, se laisse arrêter sous son nom, t. II, p. 449. Il se fait conduire à Antoine : mot énergique qu'il lui adresse, *ibid.* Il accompagne Antoine fugitif en Afrique, t. III, p. 314.

Lucius Antonius, frère d'Antoine. Son intention d'égorger son frère pour se mettre à sa place, t. II, p. 139, n. 26. Consul, il agit pour empêcher Octave d'accaparer la confiance des légions, t. III, p. 27. Ami des principes républicains, il déclame contre Octave, p. 35. Il protège les citoyens spoliés, p. 36. Fulvie l'invite à se modérer, *ibid.* Elle l'excite de nouveau : il prend des mesures militaires, *ibid.* Divers chefs de troupes le réconcilient avec Octave : conditions, p. 37. Nouvelles défiances : nouvelles tentatives de rapprochement, p. 40. Il n'achève pas d'arriver au rendez-vous, p. 41. La guerre s'allume : forces respectives, *ibid.* Il fait de nouvelles levées, p. 44. Les peuples de l'Italie inclinent en sa faveur, *ibid.* Il accuse Octave d'hypocrisie, et récrimine contre lui, p. 46. Il commence les hostilités, p. 53. Il se rend à Rome : il harangue le peuple, p. 54. Détails des opérations militaires, p. 55. Il vient s'enfermer dans Péruse, *ibid.* Sa détresse, p. 59. Il fait de vains efforts pour se faire jour, p. 60. Après l'action la plus chaude, il est forcé de rentrer dans la place, p. 62. Il se dispose à capituler, p. 63. Motif qui l'avoit appelé à Rome, p. 65, n. 3. Il obtient le surnom de *Pius*, et pourquoi, *ibid.* n. 4. Sa harangue à ses troupes, p. 70. Il envoie des députés à Octave, p. 72. Il se rend lui-même auprès d'Octave, p. 73. Discours énergique qu'il lui adresse, p. 74. Motifs de sa conduite, p. 75. Il livre son armée à Octave, p. 79. Les chefs de son parti se dispersent, p. 93. Il est mandé par Octave : réponse qu'il lui fait, p. 98. Octave l'envoie en Ibérie, *ibid.*

Lucius, frère de Cassius, est accueilli par Antoine, t. III, p. 8.

Lucius, proscrit. Détails de sa mort, t. II, p. 269.

DES MATIÈRES.

Lucius Rufus, meurtrier de Tibérius Gracchus, t. I, p. 36, n. 10.

Lucius Sestius. Voyez *Publius*, t. II, p. 326, n. 3o.

Lucius, beau-père d'Asinius Pollion, proscrit. Détails de sa mort, t. II, p. 270.

Lucrétius, proscrit. Comment il se sauva, t. II, p. 306, 322, n. 13.

Lucrin (le lac). Agrippa le fait communiquer avec la mer, t. III, p. 189, n. 1.

Lucullus, auteur d'un Essai sur la guerre sociale, t. I, p. 92, n. 1. Arrive à Brindes, de retour de la guerre contre Mithridate, p. 225.

Lucullus, fils du vainqueur de Mithridate, périt à la bataille de Philippes, t. II, p. 473, n. 21.

Lupercales durant la célébration desquelles Antoine offre le diadème à César, t. I, p. 457.

Lupies, ville d'Italie voisine de Brindes, t. II, p. 19.

Lyciens (les) refusent des secours à Cassius, t. II, p. 341. Ils envoient des députés à M. Brutus pour lui offrir leurs services, p. 374. Antoine les exempte de toute contribution, t. III, p. 8.

Lysias, orateur grec, t. II, p. 366, n. 14.

Lysimachie, ville de Thrace, t. II, p. 386, 389, n. 12.

M

Machiavel, t. I, p. 35, n. 7.

Macrobe, t. I, p. 265, n. 16, p. 278, n. 7; t. II, p. 285, n. 32; p. 319, n. 10, 11.

Magnésie, ville d'Éolie, t. III, p. 18, n. 20.

Malchus, roi d'Arabie, auxiliaire d'Antoine, t. III, p. 390.

Manius, ami zélé d'Antoine, défend ses intérêts contre Octave, t. III, p. 27. Il excite les sentiments jaloux de Fulvie, p. 36. Ses déclamations contre Octave, p. 39. Il empêche la réconciliation entre Octave et Lucius, p. 40. Il entrave de nouveau tout rapprochement entre Octave et Lucius, p. 46. Antoine le fait mettre à mort, p. 118, 125, n. 17.

MANLIUS (Caïus), complice de Catilina, t. I, p. 238.

MARCELLUS (Claudius), est nommé consul, t. I, p. 288. De concert avec son collègue, il charge Pompée de marcher contre César, p. 295. Il rend nulle une prévarication de Pompée, p. 298, n. 8.

MARCELLUS, son animosité contre César, t. I, p. 288.

MARCIA, femme de Caton d'Utique, t. I, p. 432. Caton la cède à son ami Hortensius, *ibid.* Détails à ce sujet, p. 439, n. 17.

MARCIAN l'Héracléote, cité, t. III, p. 51, n. 20.

MARCUS, officier de Dolabella, refuse de se laisser séduire par Cassius, t. II, p. 341. Sa mort, p. 342, 346, n. 6.

MARCUS, proscrit. Comment il fut sauvé, t. II, p. 304.

MARCUS, lieutenant de Brutus, proscrit et sauvé, se met au service de Barbulas, t. II, p. 312.

MARCUS ANTONIUS est élu consul, t. I, p. 62.

MARIUS, consul, seconde Apuléius et Glaucias pour faire exiler Métellus, t. I, p. 58. Il tend un piège au sénat touchant la loi agraire d'Apuléius, p. 60. Il prête le serment prescrit par cette loi, *ibid.* Il est forcé d'agir contre Apuléius et Glaucias, p. 63. Motifs de son inimitié contre Métellus, p. 67, n. 9. Sa versatilité, p. 70, n. 22. Il ne peut souffrir le spectacle des honneurs rendus à Métellus, lors de son rappel, p. 71, n. 25. Il reçoit le commandement de Rutilius dans la guerre sociale, p. 83. Il bat les Marses, p. 84. Il convoite le commandement de la guerre contre Mithridate, p. 110. Il se le fait décerner par une loi, *ibid.* Battu par Sylla dans le sein de Rome, il prend la fuite, p. 114. Il est déclaré ennemi du peuple romain, avec ses adhérents, p. 116. Il va se cacher dans les marais de Minturne, *ibid.* Il s'embarque, rencontre quelques amis, est repoussé de la Libye, et passe l'hiver sur les flots, p. 117, 118. Son avarice, p. 120, n. 3. Pronostic qui décide de son

DES MATIÈRES. 439

salut, p. 124, n. 23. Marius vient débarquer en Toscane, p. 130. Il embrasse le parti de Cinna, et vient se joindre à lui, p. 131. Il cerne Rome, de concert avec Cinna, *ibid*. Cl. Appius le laisse pénétrer dans la ville ; mais Octavius et Cn. Pompée le repoussent, p. 132. Il ravage les environs de Rome, *ibid*. Son rappel est prononcé : il entre dans Rome avec Cinna, p. 134. Ses proscriptions, p. 135, 136, 137. Il fait révoquer les lois de Sylla, raser sa maison, confisquer ses biens, et le fait déclarer en outre ennemi de la république, p. 138. Il est élu consul pour la septième fois, et meurt plein de projets de vengeance contre Sylla, p. 139. Mot de Marius, p. 140, n. 14.

MARIUS le jeune est nommé consul : il est battu auprès de Préneste, t. I, p. 162. Il s'enferme dans cette place, p. 163. Il envoie ordre au préteur Brutus de faire égorger quatre de ses mortels ennemis, *ibid*. Vains efforts pour le débloquer, p. 166. Il tente vainement de se faire jour au travers des retranchements ennemis, *ibid*. Il se donne la mort, p. 170. Mot de Sylla à son sujet, *ibid*.

MARONÉE, ville de Thrace, t. II, p. 386, 389, n. 11.

MARSEILLE assiégée par César, t. I, p. 326, n. 16.

MARSES (les), peuples d'Italie, t. I, p. 78. Ils sont battus par Marius, p. 84. Ils tuent Cornélius Caton, le collègue de Cn. Pompée, p. 88, 90.

MARTIAL. Son opinion sur le suicide, t. I, p. 439, n. 15.

MARUCINS (les), peuples d'Italie, t. I, p. 78, 90.

MARYLLUS, tribun du peuple. Violente conduite de César à son sujet, t. I, p. 456. Son vrai nom, 470, n. 9.

MASSADA, ville de la Judée, t. I, p. 102, n. 46.

MATIUS, favori de César, t. II, p. 66, n. 2.

MATTHIEU (évangile selon saint), t. I, p. 536, n. 7.

MAXIME-DE-TYR, t. I, p. 25, n. 10.

MÉCÈNE accuse le fils de Lépidus d'avoir conspiré contre Octave, t. II, p. 313. Sa conduite à l'égard du jeune homme et de sa mère, p. 325, n. 26. Octave l'envoie à Antoine,

p. 169. Il le charge d'aller contenir à Rome les partisans de Pompée, p. 179.

Médicis (Catherine de), t. I, p. 424, n. 1. Son mot atroce à l'aspect du cadavre de Coligni. *ibid.*

Mégabate, auxiliaire de Pompée, t. I, p. 375.

Mégabyze, prêtre de Diane, t. III, p. 10, 20, n. 22. Nature de son sacerdoce, *ibid.*

Μεγαλοπραγία, t. III, p. 106, n. 6.

Mégare, ville de Sicile, t. III, p. 213, n. 5.

Mélan (le golfe) en Thrace, t. II, p. 386, 388, n. 14.

Memmius mis en jugement en vertu d'une loi de Pompée, t. I, p. 285. Il veut user d'une des dispositions de cette loi. Il est obligé d'y renoncer, p. 286.

Memmius, concurrent de Glaucias pour le consulat, est assommé, t. I, p. 62.

Memmius, le conquérant de l'Asie, est condamné à l'exil, t. I, p. 77.

Ménage, auteur d'étymologies, t. II, p. 210, n. 12.

Ménécrate, affranchi de Pompée, chef de ses forces navales, t. III, p. 150. Son combat contre Ménodore, p. 151. Il est blessé, p. 152.

Ménénius, proscrit. Comment il se sauva, t. II, p. 306.

Ménodore, chef des forces navales de Pompée, est envoyé au secours d'Antoine, t. III, p. 101. Il reprend la Sardaigne surprise par un lieutenant d'Octave, p. 118. Dion Cassius le nomme Ménas, p. 125, n. 15. Il conseille à Pompée de ne pas faire la paix, p. 131. Conseil qu'il donne à Pompée, pendant que les triumvirs sont dans son vaisseau, p. 135. Intrigues pour le desservir auprès de Pompée, p. 147. Il traite de sa défection, p. 148. Menace d'Antoine, p. 149. Comment il est accueilli par Octave, *ibid.* Il combat contre Ménécrate, p. 151. Il le bat, p. 151. Tempête qu'éprouve sa flotte, p. 165. Il repasse dans le parti de Pompée,

DES MATIÈRES. 441

p. 172. Il machine une nouvelle défection, p. 180. Octave ratifie le traité; mais il disgracie Ménodore, p. 182.

Μηνοειδὴς, t. III, p. 161, n. 9.

Mérula (Lucius) remplace Cinna dans le consulat, p. 128. Il est dépouillé de cette magistrature, qui est rendue à Cinna, p. 133. Il est appelé en jugement, et se donne lui-même la mort, p. 138.

Messala, proscrit, rappelé, reste attaché au parti de Brutus, t. II, p. 299, 316, n. 2. Il traite avec les triumvirs après la journée de Philippes, p. 463, 474, n. 23. Il traite avec Ménodore, t. III, p. 182. Il passe en Sicile avec deux légions, p. 183. Après être repassé sur la côte d'Italie, il sauve Octave battu par Pompée, p. 201. Générosité de sa conduite envers Octave, p. 202.

Messine, ville de Sicile, t. I, p. 428, 435, n. 1; t. III, p. 161, n. 7. Anciennement appelée Zancle. *ibid.*

Métapont, ville d'Italie, t. I, p. 229, n. 7.

Métellus (Caïus). Question hardie qu'il ose faire à Sylla, t. I, p. 189, n. 4.

Métellus (Cécilius) succède à Cosconius, durant la guerre sociale, et bat Pompédius, chef des alliés dans la Pouille, t. I, p. 91.

Métellus, depuis surnommé Pius, sollicite en vain le tribun P. Furius de cesser de s'opposer au rappel de son père, t. I, p. 64. Il vient se joindre à Sylla, p. 152. Il est nommé consul avec lui, p. 188. Il fait la guerre à Sertorius, de concert avec Pompée, p. 207. Il bat Perpenna, *ibid.*

Métellus, tribun du peuple, menacé de la mort par César, t. I, p. 319, 324, n. 13.

Métellus, proscrit. Comment il fut sauvé, t. II, p. 303.

Meursius, critique batave, t. III, p. 256, n. 15.

Midaïum, ville de Phrygie, t. III, p. 257, n. 23.

Milanion, ennemi des femmes, t. III, p. 329, n. 10.

Milet, ville de l'Asie mineure. Le frère de Lépidus le triumvir s'y réfugie, t. II, p. 298. Sextus Pompée y est égorgé, t. III, p. 251.

Milon, tribun du peuple, instigué par Pompée, provoque le rappel de Cicéron, t. I, p. 268. Piqué contre Pompée, il se retire à Lanuvium, p. 273. Un de ses esclaves assassine Clodius, *ibid.* Il se rend à Rome pour se justifier de ce meurtre, p. 274. Il corrompt le tribun du peuple M. Cœlius, *ibid.* Manœuvre à ce sujet, p. 275. Il est chassé avec Cœlius du Forum, à force ouverte, et réduit à prendre la fuite, *ibid.* Suites de ces voies de fait, p. 276. Il est condamné par contumace, p. 285. Il lève des troupes et se met en campagne contre César, p. 361, n. 6. Il périt, *ibid.*

Mindius Marcellus, favori d'Octave, traite avec Ménodore de sa défection, t. III, p. 181.

Minerve (promontoire de), sur la côte d'Italie, t. III, p. 178.

Minturne, ville d'Italie, t. I, p. 81.

Minucius, préteur, du nombre des proscrits. Détails de sa mort, t. II, p. 259.

Misène, promontoire sur la côte d'Italie, t. III, p. 141, n. 11.

Mithridate, roi d'Asie, t. I, p. 109. Son portrait, p. 120, n. 2. Il reprend les armes, p. 208. Battu par les Rhodiens, t. II, p. 352, 362, n. 3.

Mithridate, roi de Commagène, auxiliaire d'Antoine, t. III, p. 290.

Mitylène, ville de Lesbos, t. I, p. 410, n. 1; t. III, p. 239.

Mnaséas, citoyen de Rhodes, provoque la résistance contre Cassius, t. II, p. 351. On le nomme commandant des forces navales, *ibid.* Il perd une bataille à Myndes, p. 356.

Modène, ville forte de la Gaule Transalpine, assiégée par Antoine, t. II, p. 111, 131, n. 1. Antoine lève le siège, p. 160.

DES MATIÈRES. 443

Μοίρᾳ (Δαιμονίᾳ), t. II, p. 170, n. 8.

Moïse. Son passage de la mer Rouge, t. I, p. 551, n. 5.

Mongault, traducteur des Lettres de Cicéron, t. II, p. 81, n. 3.

Montesquieu. Son opinion touchant les résultats de la mort de César, t. I, p. 491, n. 8, 9, 12, 18, p. 511, n. 8, 11; t. II, p. 35, n. 2; t. III, p. 34, n. 6, p. 233, n. 6, p. 278, n. 15.

Mort. Quelle est, pour l'homme, la meilleure manière de la recevoir? t. I, p. 464.

Munda, ville d'Ibérie, célèbre par la victoire de César contre le fils de Pompée, t. I, p. 450, n. 1, 7.

Mundus, chevalier romain. Son intrigue adultère servie par les prêtres d'Isis, t. II, p. 323, n. 17.

Murcinum, ville de la Thrace, t. II, p. 414.

Murcus se déclare en faveur des conjurés après la mort de César, t. I, p. 481. Chargé de marcher contre Bassus, t. II, p. 175. Il reconnoît l'autorité de Cassius, *ibid.* Il va se mettre en croisière contre Cléopâtre, auprès du Ténare, p. 361. Après le naufrage de Cléopâtre, il vient bloquer Brindes, p. 375. Il surveille le passage des forces des triumvirs, p. 384. Les chefs du parti de Brutus se joignent à lui après la bataille de Philippes, t. III, p. 3. Il se renforce, p. 28. Il se joint à Pompée, p. 42. Pompée se défie de lui; il le prend en haine, et le fait égorger par un de ses chiliarques, p. 131.

Musgrave, t. I, p. 10, n. 4, p. 218, n. 16; t. III, p. 88, n. 17, p. 163, n. 16, p. 173, n. 1.

Mutia, mère de Pompée, négocie la réconciliation de son fils et d'Octave, t. III, p. 107, n. 7. Menaces que lui fait le peuple, p. 130, 139, n. 6.

Myles, ville de Sicile, t. III, p. 184, 194, n. 26.

Myndes, ville de l'Asie mineure, t. II, p. 350; t. III, p. 8, 17, n. 12.

Myra, ville de l'Asie mineure, se soumet à Lentulus, lieutenant de M. Brutus, t. II, p. 374.

Mysus, fleuve d'Italie, t. I, p. 173, n. 13.

N.

Nason (Sextus), complice de la conjuration contre César, t. I, p. 462. Proscrit; acte d'intrépidité de sa part; sa mort, t. II, p. 269.

Naulochum, ville de Sicile, t. III, p. 205, 217, n. 15.

Naxos, ville de Sicile, t. III, p. 198, 213, n. 5.

Naxos, une de Cyclades, t. III, p. 8, 16, n. 11. Les femmes de Naxos avoient la prérogative d'accoucher le huitième mois, p. 16, n. 11.

Νεανίσκος, t. III, p. 353, n. 15.

Néapolis, ville de Thrace, t. II, p. 415.

Néapolis, ville d'Italie, t. I, p. 165, 175, n. 23.

Nécrophores, mot grec, t. II, p. 271, 286, n. 36.

Némus, ville d'Italie, t. III, p. 42. Détails sur cette ville, p. 50, n. 16.

Nepos. Sens primitif de ce mot latin, t. II, 55, n. 3.

Népos (Cornélius), t. I, p. 157, n. 6; t. II, p. 276, n. 7; t. III, p. 254, n. 7.

Néron. Son avis touchant Catilina et ses complices, t. I, p. 241.

Néron (l'empereur), descendant d'Antoine, t. III, p. 357, n. 38.

Nestus, rivière de Thrace, t. II, p. 388, n. 8.

Nicarchus, bisaïeul de Plutarque, t. III, p. 313.

Nicée, ville de la Bithynie, t. III, p. 255, n. 12.

Nicomède lègue la Bithynie aux Romains, t. I, p. 208.

Nicomédie, ville de la Bithynie, t. III, p. 255, n. 13.

Nicopolis, ville de l'Acarnanie, t. III, p. 292, 304, n. 10.

DES MATIÈRES. 445

Nocère, ville d'Italie, t. I, p. 100, n. 33.

Noces (secondes). Ancien droit romain à ce sujet, t. III, p. 125, n. 16.

Nole, ville d'Italie, t. I, p. 81, 89, 99, n. 29, p. 229, n. 7.

Nonius est désigné pour le tribunat, t. I, p. 58. Il est assassiné par les intrigues d'Apuléius et de Glaucias, *ibid.*

Nonius, centurion d'Octave, assailli par les troupes et mis à mort, t. III, p. 30.

Norbanus (Caïus), consul, suit les projets de Carbon contre Sylla, t. I, p. 154. Il est battu par Sylla, p. 159. Il échappe au complot d'Albinovanus, p. 167. Abandonné de ses partisans, il s'enfuit à Rhodes, où il se donne la mort, p. 168.

Norbanus, lieutenant des triumvirs, vient s'emparer des défilés entre l'Europe et l'Asie, t. II, p. 385. A l'aspect de la flotte de Tillius Cimber, il quitte ses positions, et se retranche dans les gorges des Sapéens, p. 411.

Norbe, ville d'Italie, t. I, p. 171. Généreuse intrépidité de ses habitants, *ibid.* p. 177, n. 38.

Novum-Comum, ville fondée par César, t. I, p. 287, 293, n. 10.

Nucérie, ville d'Italie, t. I, p. 229, n. 7, p. 315. Elle est promise avec son territoire aux troupes des triumvirs, t. II, p. 224.

Numérius, député de César auprès de Pompée, t. I, p. 326, n. 18.

Nursium, ville d'Italie, se déclare contre Octave, t. III, p. 64, n. 1.

Nymphée, ville de Macédoine, t. I, p. 355, 361, n. 9.

O.

OBSÉQUENS, t. I, p. 380, n. 23.

OCTAVE, fait décerner à César, son père adoptif, les honneurs divins, t. I, p. 535. Généalogie d'Octave, *ibid.* n. 1. Il reçoit à Apollonie la première nouvelle de la mort de César, t. II, p. 18. Conseils de ses amis, *ibid.* Conseils de sa mère, *ibid.* Il vient débarquer à Lupies, p. 19; et de là à Brindes, *ibid.* Il prend le nom de César, *ibid.* Résultats, p. 20. Il prend le chemin de Rome, *ibid.* Il y arrive, p. 21. Nouveaux conseils de ses parents et de ses amis, *ibid.* Sa détermination, p. 22. Sa mère l'encourage et l'exhorte à se conduire avec artifice et dissimulation, p. 23. Il se rend chez Antoine; discours qu'il lui adresse, *ibid.* Reproches, éloges, prières, réclamation des trésors, p. 24, 28. Détails sur ses ancêtres, p. 33, n. 1. Prodiges qui signalent sa naissance, *ibid.* Rapprochement entre Catilina et lui, p. 34, n. 2. Son indignation contre Antoine, p. 44. Procès qui lui sont intentés pour ruiner sa succession, p. 45. Ses intrigues pour empêcher le rappel de M. Brutus et de Cassius, p. 48. Antoine lui défend d'exécuter un sénatus-consulte relatif à César, p. 60. Invectives et déclamations de sa part contre Antoine, p. 62. Il se réconcilie avec lui et le seconde auprès du peuple, p. 64. Jeux qu'il fait célébrer en l'honneur de César, p. 66, n. 2. Il brigue les suffrages pour le tribunat, p. 68. Antoine se déclare contre lui, *ibid.* Antoine l'accuse d'en vouloir à sa vie, p. 83. Il s'agite fort à ce sujet, p. 84. Il se met en mesure contre Antoine, en prenant les armes, p. 85. Il entre dans Rome, et invective contre Antoine, p. 87. Ses troupes l'abandonnent, *ibid.* Les vétérans viennent de nouveau se ranger sous ses enseignes, p. 89. Le sénat fait semblant de se déclarer pour lui, p. 100. Son armée l'invite à prendre le titre de propréteur: adroit refus de sa part, *ibid.* Ses libéralités envers ses soldats, p. 101. Honneurs que le sénat lui décerne, p. 109, n. 9, p. 114.

DES MATIÈRES.   447

Les sénatus-consultes votés en faveur de Brutus et de Cassius lui donnent des sollicitudes, p. 145. Il s'évertue à se concilier ses troupes de plus en plus, p. 146. Il laisse faire à Hirtius le partage des forces communes, p. 147. Il bat Antoine avec Hirtius, et pénètre dans son camp, p. 159. Il refuse de voir Décimus Brutus, p. 161. Il est accusé d'être l'auteur de la mort de Hirtius et de Pansa, p. 166, n. 2. Sa conférence avec D. Brutus, p. 168, n. 5. Éloges que Cicéron fait de sa conduite devant Modène, p. 169, n. 6. Le sénat méprise la demande qu'il fait des honneurs du triomphe, p. 177. Il médite de traiter avec Antoine, *ibid.* Il fait des ouvertures à ce sujet à Ventidius, p. 178. Il s'ouvre plus clairement avec Asinius et Lépidus, *ibid.* Il se met sur les rangs pour le consulat, et tâche de mettre Cicéron dans ses intérêts, p. 180. Le sénat, alarmé de ses intrigues pour se raccommoder avec Antoine, lui donne le commandement de la guerre contre ce dernier, p. 191. Il aigrit son armée contre le sénat; ses intrigues secrètes: il agit enfin à découvert, p. 192. Son hypocrisie, *ibid.* Ses centurions vont à Rome demander pour lui le consulat, p. 194. Sur le refus du sénat il prend le chemin de Rome, enseignes déployées, p. 195. Audace de Cornélius, un de ses centurions, p. 199, n. 14. Terreur à Rome, p. 200. Révolution dans les esprits, p. 201. Révolution nouvelle, p. 202. Le sénat se décide à résister : mesures, p. 203. Il continue d'avancer jusqu'en-deçà du mont Quirinal, p. 204. Nouvelle révolution dans le sénat, *ibid.* Sa mère et sa sœur le reçoivent dans le temple de Vesta, *ibid.* Quatrième révolution dans le sénat, p. 205. Il se fait nommer consul; détails, p. 206. Il forme une commission pour juger les assassins de César, p. 212. Il négocie avec Antoine, p. 212. Il marche contre Décimus Brutus, p. 213. Il traite avec Antoine et Lépidus; formation du triumvirat, p. 223. Détails, p. 224. Funestes pronostics, p. 225. Son peu de confiance à l'égard d'Antoine, p. 227, n. 4. Il épouse la ... de Fulvie, femme d'Antoine, p. 228, n. 9. Il fait son entrée à Rome, en qualité de triumvir, p. 234. Il répugne d'abord aux proscriptions, mais il se montre ensuite plus féroce que ses collègues, p. 245, n. 17. Forcé de rendre hommage au patriotisme de Cicéron, p. 282, n. 21. Forcé de sauver un proscrit, p. 318, n. 7. Il déclare qu'il proscrira jusqu'à ce qu'il n'ait plus d'ennemis, p. 321, n. 12. Il fait attaquer Pompée, p. 382. Il vient joindre Antoine à Philippes, p. 419. Sa phalange est mise en déroute par Brutus, p. 422. Motifs qui le pressèrent de se rendre, quoique malade, de Dyrrachium au camp près Philippes, p. 425, n. 1. Songe qui le sauva, p. 426, n. 4. Il partage avec Antoine les troupes de Brutus, p. 461. Actes de férocité de sa part, p. 474, n. 21. Il ne participe point à la bataille de Philippes, p. 474, n. 24. Il retourne en Italie, t. III, p. 4. Sa défiance à l'égard d'Antoine, p. 15, n. 7. Le bruit de sa mort fait plaisir à beaucoup de monde, *ibid.*, n. 8. Il fait son entrée à Rome, p. 24. Difficultés qu'il éprouve à spolier les propriétaires pour récompenser ses soldats, p. 25. Entravé par Lucius Antonius, par Fulvie et par Manius, p. 27. Son embarras, p. 28. Excès de ses troupes, p. 29. Sa lâche indulgence, p. 30. Son portrait, p. 34, n. 6. Fulvie le fait surveiller, p. 36. On le réconcilie avec Lucius, p. 37. Conditions du traité, p. 38. Nouveaux nuages; nouvelle tentative de réconciliation, *ibid.* Des légions députent vers lui: sa réponse, p. 40. La guerre devient inévitable, p. 41. Il met à contribution les trésors sacrés, p. 42. Ses revers en Libye et dans la mer Ionienne, p. 43. Il fait rétrograder Salvidiénus qui se rendoit en Ibérie, p. 44. Il lève de nouvelles troupes, *ibid.* Il convoque les sénateurs et les chevaliers: langage qu'il leur tient, *ibid.* Excédé des intrigues de Fulvie, il répudie Clodia sa fille, p. 48, n. 4. Il intrigue auprès des chefs des troupes pour qu'ils le réconcilient avec Lucius, *ibid.* n. 6. Il provoque une députation de leur part, p. 49, n. 11. Les hostilités commencent, p. 53. Détails militaires, p. 54. Il accourt avec ses lieutenants pour bloquer Lucius dans Péruse, p. 55.

DES MATIÈRES.

Détails du siège, p. 56, 63. Il reçoit des députés de la part de Lucius, p. 72. Sa réponse au discours de Lucius, p. 78. Ses mesures envers les troupes de Lucius, p. 79. Il se plaint de ses propres soldats, p. 80. Sa conduite envers les prisonniers de guerre et les citoyens de Péruse, p. 81. Atroce même dans ses bienfaits, p. 89, n. 21. Ses menées auprès de ses soldats, p. 90, n. 26. Il fait conduire à Rome quatre cents sénateurs ou chevaliers pour être égorgés, p. 91, n. 27. Il s'empare de l'armée d'Antoine, commandée par Calénus, p. 94. Il intrigue auprès de l'armée, lorsqu'il apprend qu'on machine un traité entre Pompée et Antoine, p. 96. Il fait demander en mariage Scribonia, sœur de Libon, beau-père de Pompée, *ibid.* Il mande Lucius, p. 97. Langage qu'il lui tient, *ibid.* Il l'éloigne, en lui donnant le commandement de l'Ibérie, p. 98. Il fait marcher Agrippa contre Antoine, p. 101. Il accourt au secours de Brindes, mais il n'ose rien entreprendre, p. 102. Communications de ses troupes avec celles d'Antoine, p. 103. Il répudie Scribonia, p. 107, n. 8. Son goût pour l'adultère, *ibid.* Son colloque avec L. Coccéius, p. 112. Détails, p. 114, 115. Il écrit à Julia, mère d'Antoine, p. 116. Les troupes le réconcilient avec Antoine, p. 117. Nouveau partage des provinces romaines, p. 118. Il résiste aux efforts d'Antoine, qui veut le réconcilier avec Pompée, *ibid.* Il accède au traité de Domitius Ænobarbus avec Antoine, p. 118. Réflexions à ce sujet, p. 123, n. 12. Détresse à Rome touchant les subsistances, p. 127. Le peuple se soulève contre lui, p. 128. Danger qu'il court : il est sauvé par Antoine, p. 129. Il traite avec Pompée : conditions, p. 133. Il reprend avec Antoine le chemin de Rome, p. 136. Il rompt le traité avec Pompée, p. 146. Il réclame le secours d'Antoine, p. 148. Nouvelles dispositions militaires, p. 149. Astucieuse lettre qu'il adresse à Rome, p. 150. Il entre en campagne, *ibid.* Opérations militaires, p. 154. Déconfiture de sa flotte, p. 155. Situation critique, p. 156. Détails de son mariage avec Livie, p. 158, n. 3. Jeu qu'il fait de la religion, *ibid*. Plaisanterie des Romains au sujet des couches de Livie, p. 160. Nouveaux revers de ses forces navales, p. 164. Détails, p. 166. Il envoie Mécène à Antoine, p. 169. Nouvelle querelle entre Antoine et lui, p. 170. Octavie les remet bien ensemble, *ibid*. Il se proroge dans le triumvirat pour autres cinq ans, p. 172. Hypocrisie de sa part, p. 174, n. 8, 12. Sa prudence, p. 175, n. 14. Ses préparatifs pour une nouvelle campagne contre Pompée, p. 176. Détails, p. 177. Il part de Dicœarchie et fait des libations, p. 178. Assailli par une tempête, il se réfugie dans le golfe d'Éliate, *ibid*. Il ajourne encore à l'été suivant, p. 179. Il envoie Mécène faire la police à Rome, *ibid*. Détails militaires, *ibid*. Il rentre en campagne : ses dispositions, p. 183. Il vient prendre poste à Strongyle, p. 184. Ses mouvements, *ibid*. Pronostics, p. 189, n. 2. Son impudeur dans la distribution des magistratures, p. 190, n. 2. Il redoute les mânes du grand Pompée, p. 192, n. 14. Il ne peut pas soutenir l'aspect d'une bataille, p. 195, n. 36. Ses mouvements, p. 197. Il débarque en Sicile, p. 198. Il est surpris par Pompée, p. 199. Il se retire de la Sicile, p. 200. Battu par Pompée, il se sauve à Abala, p. 201. Il écrit à Agrippa d'envoyer des secours à Cornificius, *ibid*. Il fait repartir Mécène pour Rome, *ibid*. Il débarque à Tyndaride, p. 205. Il s'empare des défilés abandonnés par Pompée, *ibid*. Il passe une mauvaise nuit sous le bouclier d'un Gaulois, p. 206. Il ravage le pays des Palesteniens et fait sa jonction avec Lépidus, *ibid*. Il accepte la proposition de Pompée de tout décider par une bataille navale, *ibid*. Détails de cette bataille, p. 207. Un esclave tâche de l'assassiner, p. 216, n. 12. Motifs d'accélérer la fin de cette guerre, p. 218, n. 21. Lépidus lui dispute la Sicile, p. 221. Il se rend dans le camp de Lépidus, p. 222. Danger qu'il y court, p. 223. Maître de l'armée de Lépidus, il le dépouille de toute autorité, p. 225. Sédition de son armée, p. 226. Il parvient à l'apaiser, et fait escamoter un centurion, p. 227. Dispositions qu'il fait à l'égard de ses troupes,

DES MATIÈRES. 451

p. 228. Honneurs qui lui sont décernés après son retour à Rome, p. 229. Il fait saisir le même jour dans toutes ses légions les esclaves fugitifs qui étoient sous les armes, p. 230. Il rétablit le bon ordre en Sicile et en Italie, *ibid.* Il promet aux Romains le rétablissement de la république, p. 231. Il fait égorger plusieurs des amis de Pompée, p. 234, n. 9. Il eut deux fois l'intention d'abdiquer, p. 236, n. 20. Époque à laquelle il fut investi de la puissance tribunitienne, p. 237, n. 21. Sa joie de la mort de Pompée; indécents témoignages qu'il en donne, p. 259, n. 29. Il tympanise Antoine auprès du sénat et du peuple, p. 266. Son embarras quand il est informé des préparatifs d'Antoine, p. 270. Plancus et Titius embrassent son parti : ils lui révèlent le secret du testament d'Antoine, p. 271. Il se sert de ce testament pour irriter contre Antoine le sénat et le peuple, *ibid.* Autres griefs, *ibid.* Il fait déclarer la guerre à Cléopâtre, et dépouiller Antoine de son autorité, p. 274. Pronostics, *ibid.* Il s'abstient de faire déclarer Antoine ennemi de la patrie, p. 287, n. 54. Ses forces de terre et de mer, p. 291. Il provoque Antoine, p. 292. Pronostic, p. 296. Détails de la bataille d'Actium, p. 297. Résultats, p. 31. Son message à Antoine par l'entremise de Mésius, p. 304, n. 6. Il refuse le cartel qui lui est adressé par Antoine, *ibid.* n. 7. Sa harangue à son armée avant la bataille d'Actium, p. 307, n. 19. Vraie position de ses forces de terre et de mer, p. 308, n. 23. Il s'embarque pour Athènes, p. 313. Il fait mettre à mort Alexas, transfuge du parti d'Antoine, p. 319. Il refuse de négocier avec Antoine et Cléopâtre, p. 320. Il envoie Thyrée à la reine, *ibid.* Il est forcé de se rendre à Rome, p. 321. Il se remet en campagne contre Antoine, *ibid.* Il prend Pelusum, *ibid.* Il craint que Cléopâtre ne livre aux flammes toutes ses richesses; il lui fait luire des espérances, p. 322. Il vient camper près de l'Hippodrome, *ibid.* Réponse qu'il fait à Antoine, qui lui propose un combat singulier, *ibid.* La flotte et la cavalerie d'Antoine passent de son côté, p. 323, 324. Il envoie

Proculéius vers Antoine mourant et vers Cléopâtre, p. 327. Sa réponse aux négociateurs que Cléopâtre lui avoit envoyés, p. 333, n. 25. Il charge Thyrée, son agent, de conter fleurettes à Cléopâtre, *ibid.* n. 26. Sédition de son armée, *ibid.* n. 38. Vains efforts d'Antoine pour séduire ses troupes avec des libelles, p. 335, n. 33. Conduite d'Octave à la nouvelle de la mort d'Antoine, p. 338. Il charge Proculéius de prendre Cléopâtre vivante, p. 339. Il fait son entrée dans Alexandrie, p. 340. Égards qu'il montre au philosophe Arrius, *ibid.* Il fait égorger Antyllus, le fils aîné d'Antoine, et Césarion, le fils de Cléopâtre et de César, p. 341, 342. Il vient rendre visite à Cléopâtre: détails, p. 343. Il apprend qu'elle a disposé d'elle, p. 347. Magnificence des honneurs funèbres qu'il lui rend, p. 348. Vains efforts qu'il fait pour rendre la vie à la reine, p. 355, n. 25. Sa férocité sanguinaire à l'égard d'Antyllus, p. 356, n. 30.

OCTAVIE, sœur d'Octave, épouse Antoine, t. III, p. 117. Elle suit Antoine en Asie, et de là à Athènes, p. 138. Elle reçoit un message d'Antoine, qui l'invite à l'attendre à Athènes, p. 262. Elle adresse de son côté un message à son mari, *ibid.* Elle retourne à Rome : noble générosité de sa conduite envers Antoine, p. 264. Éloge de cette conduite, p. 278, n. 25. Sa tendresse maternelle envers les enfants d'Antoine après sa mort, p. 349.

OCTAVIUS (Caïus), père d'Octave, t. II, p. 33, n. 1. Salué *imperator*, p. 35, n. 5. Se rend à Rome pour briguer le consulat, et meurt dans la Macédoine, *ibid.*

OCTAVIUS (Cnæus) le consul, se déclare contre Cinna son collègue, et l'oblige à sortir de Rome, t. I, p. 127. Secondé par Cn. Pompée, il repousse Marius et Cinna, qui entroient dans Rome, p. 132. Il est proscrit et mis à mort, p. 135. Il refuse de promettre la liberté aux esclaves, p. 142, n. 3. Son caractère superstitieux, *ibid.*

OCTAVIUS (Marius) tribun du peuple, interpose son *veto* contre la loi agraire de Tibérius Gracchus, t. I, p. 19. Octa-

DES MATIÈRES. 453

vius persévère dans son *veto*, et il est destitué de ses fonctions de tribun par le suffrage du peuple, *ibid.* p. 20 et 21.

Œnodiens (les), peuples de Lycie, aident aux Romains à prendre Xanthe, t. II, p. 371.

Œnomaus, lieutenant de Spartacus, t. I, p. 221.

Œnotrie, t. II, p. 319, n. 8.

Ofella (Lucrétius), lieutenant de Sylla, chargé du siège de Préneste, t. I, p. 163. Il repousse Marius, qui fait de vains efforts pour se faire jour, p. 166. Il fait promener les têtes de Marcius et de Carinas autour des murs de Préneste, p. 170. Il est égorgé par Sylla, p. 185.

Olympus, médecin de Cléopâtre, la seconde dans l'intention de se laisser mourir de faim, t. III, p. 342.

Onobala, fleuve de Sicile, t. III, p. 198, 212, n. 2.

Ombriens (les), peuples d'Italie, t. I, p. 87.

Oppius, proscrit. Comment il fut sauvé, t. II, p. 302. Exemple notable de la piété filiale de son fils, *ibid.* Récompense qu'il en reçut, p. 303, 318, n. 6.

Opheltot de la Pause, traducteur de Suétone. Réflexion sur un trait de la conduite de César, t. I, p. 441, n. 18, cité p. 450, n. 4, p. 490, n. 3, p. 535, n. 1, p. 539, n. 15, p. 555, n. 24; t. II, p. 54, n. 2, 3, p. 154, n. 1.

Ophillius, centurion de l'armée d'Octave, chef de révolte, t. III, p. 227. Il est escamoté, *ibid.* p. 235, n. 12.

Opimius (le consul), agit contre C. Gracchus, et Fulvius Flaccus, t. I, p. 48. A ceux qui lui apportent les têtes de Gracchus et de Fulvius, il leur en fait donner le poids en or, p. 49.

Opiner. Le droit d'opiner le premier, privilège des consuls désignés, t. I, p. 248, n. 16.

Oricum, ville d'Épire, t. I, p. 344, 349, n. 13.

Orose, t. I, p. 67, n. 8, p. 92, n. 1, p. 97, n. 18, p. 451, n. 8, 13.

ORTÉLIUS, géographe moderne, t. III, p. 217, n. 17, p. 218, n. 20.

ORTÉSIE, *Voy.* HORTENSIA, t. II, p. 294, n. 3.

OSTIE, ville d'Italie, t. I, p. 131.

OVATION, t. I, p. 232, n. 24.

OVIDE, t. I, p. 103, n. 47, p. 200, n. 2; t. III, p. 17, n. 14, p. 277, n. 13.

OXYNTAS, fils de Jugurtha, t. I, p. 81.

P

PACUVIUS, t. I, p. 536, n. 10.

PALESTÉNIENS (les), peuples de Sicile, t. III, p. 206, 218, n. 20.

PALLACOPAS, canal de Babylone, t. I, p. 548, 554, n. 20.

PALLANTE, ville d'Ibérie, t. I, p. 210.

PALLENTIA, ville d'Italie, t. III, p. 100, 108, n. 13.

PALMÉRIUS, t. I, p. 351, n. 19; t. III, p. 123, n. 10.

PALMYRE, ville d'Asie sur les bords de l'Euphrate. Ordre d'Antoine de la piller, t. III, p. 11. Les Palmyréens ont le temps de passer le fleuve avec leurs effets les plus précieux, *ibid.*

PANGÉE (le mont), en Thrace, t. II, p. 388, n. 9.

PANOPION, proscrit. Comment il fut sauvé, t. II, p. 305.

PANSA (C.), consul désigné par César, succède à Dolabella, t. II, p. 107, n. 8. Il est installé p. 111. Il est chargé par le sénat de marcher contre Antoine, p. 113. Il lève des troupes pour agir contre Antoine, p. 147. Il engage un combat dans des défilés, p. 149. Il est blessé et transporté à Bologne, p. 151. Blessé deux fois, p. 155, n. 7. Prétendus conseils de Pansa mourant à Octave, p. 163. Il meurt; remet le commandement des troupes à Torquatus, son questeur, p. 165. Son message à Décimus Brutus, p. 171, n. 9. Preuve qu'il ne conféra point avant de mourir avec

DES MATIÈRES. 455

Octave, *ibid.* Pronostics de sa fin tragique, p. 172, n. 10. Il est inhumé dans le Champ-de-Mars, p. 173, n. 11.

PAPIAS, lieutenant de Pompée, détruit un convoi de Lépidus, t. III, p. 183.

PAPIRIUS CARBON, triumvir pour l'exécution de la loi agraire de Tib. Gracchus, t. I, p. 38.

PAPIUS (Caïus) s'empare de Nole, t. I, p. 81. De Minturne, de Stabie, de Salerne; il ravage les environs de Nucérie; il vient assiéger Acerrie; il fait mettre en liberté Oxyntas, fils de Jugurtha; il est forcé par le consul Sextus César de lever le siège d'Acerrie, p. 81 et 82. Il vient remettre le siège devant Acerrie, p. 84.

PARŒTONION, ville d'Égypte, t. III, p. 314.

PARTHÉNIENS (les), peuples d'Illyrie, t. III, p. 137.

PARTHÉNOPE. *Voyez* Néapolis, t. I, p. 175.

PATARA, ville de Lycie, se soumet à M. Brutus, t. II, p. 373, 377, n. 8.

PATISCUS se déclare en faveur des conjurés après la mort de César, t. I, p. 481.

PATRA, ville de l'Achaïe, t. I, p. 151, 158, n. 7; t. III, p. 274.

PATRIE (père de la). Origine de ce titre, t. I, p. 243.

PATRIE. Amour dominant de la patrie, un des premiers ressorts de la grandeur du peuple romain, t. I, p. 34, n. 4.

PATRES CONSCRIPTI. Origine de cette expression, t. I, p. 94, n. 9, p. 510, n. 6.

PATRONAT. Son origine, son objet, t. I, p. 247, n. 15.

PAULINA, dame romaine. Son intrigue sacrilège avec le dieu Anubis, t. II, p. 323, n. 17.

PAUSANIAS, t. I, p. 157, n. 6, p. 265, n. 16; t. III, p. 288, n. 56.

PAYENS, t. I, p. 313, n. 18.

PÉDAGOGUE. Ce que c'étoit chez les Grecs et les Romains, t. II, p. 294, n. 1.

PÉDICULAIRE (maladie). Sylla périt de cette maladie, t. I, p. 202, n. 7.

PÉDIUS, cohéritier d'Octave. Sa démarche auprès d'Antoine, t. II, p. 46. Il cède à Octave sa part dans la succession, p. 48. Il est nommé consul, p. 206. Il parle au sénat de paix et de réconciliation, p. 212. Il est chargé de proclamer le nom des premiers proscrits. Sa mort, p. 233.

PÉLIGNES (les), peuples d'Italie, t. I, p. 78.

PÉLORUM, promontoire de Sicile, t. III, p. 184, 194, n. 25.

PÉLUSUM, ville d'Égypte, t. III, p. 321, 334, n. 30.

PÉPARÉTHOS, une des Cyclades, t. III, p. 8, 17, n. 16. Propriété singulière de son vin, *ibid.*

PERGAME, ville d'Asie sous les ordres de Trébonius, t. II, p. 51. Sa bibliothèque, t. III, p. 271.

PÉRIZONIUS, t. I, p. 104, n. 58.

PERPENNA amène des renforts à Sertorius en Ibérie, t. I, p. 205. Il est battu par Métellus, p. 207. Il conspire contre Sertorius, et le fait égorger, p. 211. Ses intrigues pour amortir l'indignation de ses troupes, *ibid.* Battu par Pompée et abandonné de son armée, il est égorgé, p. 212 et 213.

PERSE, poëte latin, t. II, p. 284, n. 29.

PERSES (les) avoient proscrit le prêt, t. I, p. 106.

PÉRUSE, ville d'Italie, t. III, p. 55. Sa ruine, p. 83.

PÉTILIE, ville d'Italie, t. III, p. 253, n. 1.

PETIT (Samuel), auteur des lois attiques, t. II, p. 406, n. 4.

PETRA, ville d'Arabie, t. III, p. 315.

PÉTRÉIUS, lieutenant de Pompée en Ibérie, t. I, p. 320. Il traite avec César, et se retire, p. 321. Il bat César en Libye, p. 428. Après la bataille perdue par L. Scipion, il se donne la mort avec Juba, p. 434.

DES MATIÈRES.

PÉTRONIUS, complice de la mort de César. Antoine refuse de lui faire grace, t. III, p. 5.

PEUPLE ROMAIN (le) se retire sur le mont Sacré, t. I, p. 1. Sa conduite lors de l'abolition du décemvirat, *ibid*, p. 9, n. 1.

PEUPLE. Versalité de ses affections, t. II, p. 32.

PHALANTUS, Lacédémonien, t. III, p. 105, n. 1.

PHARNACE, fils de Mithridate, bat Domitius, lieutenant de César, t. I, p. 418. César marche contre lui, *ibid*. Il est battu et prend la fuite, p. 419.

PHÉNICE, ville de Sicile, t. III, p. 199, 215, n. 7.

PHILADELPHE, affranchi d'Octave, t. III, p. 147.

PHILADELPHE, roi de Paphlagonie, auxiliaire d'Antoine, t. III, p. 290. Il passe dans le parti d'Octave, p. 306, n. 13.

PHILIPPES, ville de Thrace, t. II, p. 414. Sa description topographique, *ibid*.

PHILIPPIQUES de Cicéron. Vraie date de la cinquième, t. II, p. 133, n. 6. Contiennent le texte des décrets qui donnent la plus haute consistance au parti de Brutus et de Cassius, p. 143, n. 35.

PHILOCRATE, t. I, p. 53, n. 13.

Φιλολογεῖν, t. III, p. 22, n. 23.

PHILOLOGIE, *philologue*, *philologuer*, t. III, p. 22, n. 20.

PHILOLOGUS, affranchi de Quintus, frère de Cicéron, indique ce dernier aux bourreaux des triumvirs, t. II, p. 278, n. 12.

PHILON, t. I, p. 229, n. 12.

Φιλοψύχειν, t. III, p. 353, n. 14.

PHILOSTRATE, philosophe d'Alexandrie, proscrit par Octave, mais sauvé par le philosophe Arrius, t. III, p. 341.

PHŒCASION, espèce de brodequin, t. III, p. 13.

PHŒNIX (le mont), dans l'Asie mineure, t. II, p. 364, n. 10.

PHOTIUS, t. I, p. 280, n. 21.

PHRATRIES. Distribution politique des citoyens chez les Grecs, t. II, p. 207. Étymologie de ce mot, p. 209, n. 12.

PICENTINS (les), ou les Picènes, peuples d'Italie, t. I, p. 78.

PIERSON, docte critique, cité, t III, p. 22, n. 23.

PINARIUS, cohéritier d'Octave, agit auprès d'Antoine pour sauver sa portion dans la succession de César, t. II, p. 46. Il la cède à Octave, p. 48.

PINARIUS SCARPUS, lieutenant d'Antoine en Libye, refuse de l'accueillir, et fait égorger ses envoyés, t. III, p. 328, n. 5.

PINDARE, t. I, p. 201, n. 2; t. II, p. 316, n. 1; t. III, p. 213, n. 4.

PINDARUS, affranchi de Cassius, lui donne la mort. Variantes à ce sujet, t. II, p. 428.

PIRATES (guerre des), t. I, p. 208. Terminée, p. 236.

PIRÉE, ville de l'Attique, t. I, p. 151, 157, n. 6.

PIROUETTE, formalité d'affranchissement des esclaves chez les Romains, t. II, p. 462.

PISAURUM, ville d'Italie, engloutie par un tremblement de terre, t. III, p. 274.

PISON, ennemi de César, t. I, p. 249, n. 19.

PISON (Lucius), dépositaire du testament de César, t. I, p. 513. Il se plaint hautement contre ceux qui veulent empêcher qu'il publie cet acte, *ibid.* Son discours en faveur d'Antoine, t. II, p. 118. Il n'en est pas l'auteur, p. 135, n. 12.

PISON. Intrépidité de son apostrophe à Tibère, t. III, p. 90, n. 22.

PITHÉCUSES, île sur la côte de l'Italie, t. III, p. 130, 139, n. 4.

PLAISANCE, ville d'Italie, t. I, p. 168, 175, n. 30.

PLANCUS commande trois légions dans la Gaule Transalpine, t. II, p. 99. On lui envoie ordre de traiter Antoine en

DES MATIÈRES.

ennemi, p. 162. Il vient se joindre à Décimus Brutus, p. 179. Sa lâche défection, p. 185, n. 11. Il embrasse le parti d'Antoine par l'entremise d'Asinius Pollion, p. 213. Détails de sa conduite, p. 218, n. 7. Il fait mettre son frère sur la liste des proscrits, p. 254, n. 3. Il entre en campagne contre Octave, et taille en pièces une de ses légions, t. III, p. 57. Agrippa lui enlève deux légions : il s'embarque avec Fulvie, p. 94. Il est présumé avoir donné l'ordre d'égorger S. Pompée, p. 251. Il abandonne Antoine, p. 270. Son portrait, p. 284, n. 42. Il se constitue l'accusateur d'Antoine, *ibid.* Bon mot de Coponius à ce sujet, *ibid.*

PLATON, auteur comique, t. III, p. 315, 329, n. 10.

PLATON. Son Traité du Phœdon occupe les derniers moments de Caton d'Utique, t. I, p. 432, 438, n. 14, 15. Son Lysis, t. II, p. 294, n. 1, p. 365, n. 14.

PLAUTIUS SYLVANUS, auteur de la Loi *de vi publicâ*, t. I, p. 108, n. 5. Il en provoque une autre relative à la promiscuité des fonctions judiciaires, *ibid.*

PLENNIUS, lieutenant de Pompée, se porte sur Lilybée, t. III, p. 177. Il accourt avec huit légions au secours de Pompée, et le trouve parti, p. 211. Il prend possession de Messine, et traite avec Lépidus, *ibid.*

Πλευραῖς (ἐν), t. II, p. 208, n. 4.

PLINE l'ancien, t. I, p. 53, n. 13, p. 92, n. 1, p. 100, n. 31, 32, p. 123, n. 22, p. 216, n. 10, p. 299, n. 12, p. 349, n. 13, p. 360, n. 2; t. II, p. 37, n. 7, p. 219, n. 10, p. 228, n. 6, p. 364, n. 10, p. 387, n. 3, 8, 10, 12, 13, p. 408, n. 9, 11; t. III, p. 16, n. 10, 16, p. 51, n. 20, p. 105, n. 2, 15, p. 139, n. 4, p. 191, n. 7, p. 193, n. 22, p. 255, n. 9, 15.

PLOTIUS trahi par ses parfums, t. I, p. 100, n. 32.

PLOTIUS, frère de Plancus, son nom est le troisième sur la liste des proscrits, t. II, p. 246.

PLUTARQUE, t. I, p. 24, n. 5, p. 27, n. 14, p. 36, n. 10, p. 50, n. 5, p. 52, n. 11, p. 53, n. 12, 13, p. 54, n. 15,

p. 67, n. 9, 11, p. 68, n. 14, p. 92, n. 1, p. 94, n. 9,
p. 96, n. 14, p. 120, n. 3, p. 121, n. 6, 7, p. 123, n. 22,
p. 124, n. 23, 25, 26, p. 141, n. 10, p. 142, n. 13, p. 143,
n. 15, 18, p. 144, n. 20, 21, 23, p. 145, n. 26, p. 146,
n. 27, 28, 30, p. 158, n. 10, p. 172, n. 2, 5, p. 173, n. 11,
p. 176, n. 32, 34, p. 177, n. 33, 37, p. 189, n. 2, 4, 5,
p. 190, n. 10, p. 191, n. 17, 18, p. 193, n. 24, p. 201,
n. 2, 6, 7, 8, 9, p. 203, n. 10, p. 214, n. 5, 6, 7, 8,
p. 216, n. 9, 11, p. 218, n. 16, 19, p. 219, n. 20, p. 228,
n. 1, 5, 6, p. 230, n. 15, p. 231, n. 17, 19, 20, 21, p. 232,
n. 23, 24, 27, p. 245, n. 2, 3, p. 261, n. 1, 4, p. 263,
n. 8, p. 265, n. 13, 15, 16, p. 266, n. 17, 18, p. 277,
n. 1, 2, 3, 5, 6, 7, 8, 9, 10, 11, p. 279, n. 14, 16,
p. 280, n. 20, p. 297, n. 3, 4, 5, p. 298, n. 7, 9, p. 299,
n. 11, p. 300, n. 14, 16, 17, p. 302, n. 23, 24, p. 303,
n. 26, 27, 28, p. 311, n. 2, 3, 9, p. 312, n. 11, 14, 15,
p. 313, n. 20, p. 314, n. 22, p. 323, n. 7, p. 324, n. 11,
12, 13, p. 325, n. 16, p. 326, n. 18, p. 337, n. 9, p. 348,
n. 1, 2, 5, p. 360, 1, 2, 3, p. 361, n. 5, p. 362, n. 10,
p. 363, n. 15, 19, 22, p. 376, n. 5, p. 378, n. 10, 11,
14; p. 379, n. 16, 18, 20, p. 380, n. 21, 23, 24, 25, 27,
31, p. 397, n. 3, 12, 13, 14, 21, 22, 26, 27, 31, 32,
p. 410, n. 1, 5, 7, 8, 10, 11, 14, 18, p. 424, n. 1, 4,
5, 7, 14, p. 436, n. 7, 8, 11, 12, 19, p. 450, n. 1, 7, 9,
13, p. 469, n. 1, 2, 4, 5, 6, 7, 9, 10, 12, 13, 14, 15,
17, 22, 23, 25, 26, 28, 31, 32, 33, 34, 37, 38, 39, 40,
41, 42, 43, 44, 46, 48, 49, 52, 53, p. 490, n. 1, 2, 6,
16, 17, 18, p. 511, n. 10, p. 521, n. 7, 10, 13, p. 538,
n. 14, 15, 17, p. 551, n. 3, 4, 5, 17, 22, 23; t. II, p. 14,
n. 8, 9, p. 66, n. 1, p. 80, n. 1, 7, p. 184, n. 6, p. 196,
n. 1, 4, 5, p. 209, n. 9, p. 216, n. 1, p. 227, n. 1,
p. 244, n. 16, p. 277, n. 8, 10, 11, 12, 15, 16, 35, p. 363,
n. 6, 15, p. 377, n. 5, 6, 9, 13, p. 406, n. 1, 10, p. 426,
n. 3, 6, p. 433, n. 2, 4, 5, 6, 7, p. 451, n. 5, 8, 9, 10,
p. 466, n. 2, 4, 9, 17, 20, 22, 24; t. III, p. 106, n. 5,
p. 122, n. 7, 16, p. 142, n. 14, 18, 20, p. 160, n. 4, p. 277,

DES MATIÈRES. 461

n. 9, 22, 41, p. 303, n. 3, 39, p. 330, n. 14, 36, 41. Il vivoit du temps de Néron, p. 357, n. 37.

PLUTARQUE (annotateurs de), t. I, p. 51, n. 7, p. 121, n. 5, 22, p. 215, n. 7, p. 231; n. 17, p. 303, n. 29, p. 311, n. 7, p. 312, n. 14, p. 323, n. 1; t. III, p. 282, n. 29, p. 310, n. 35, 37, p. 329, n. 8, 11.

POLÉMOCRATIE, veuve d'un roi de Thrace, vient implorer le secours de Brutus, t. II, p. 368. Elle lui remet son trésor et son fils, *ibid.*

POLÉMON, nommé roi, en Cilicie, par Antoine, t. III, p. 137. Auxiliaire d'Antoine, p. 290.

POLICASTRO, ville d'Italie, t. III, p. 253, n. 1.

POLYBE, t. I, p. 158, n. 7, p. 174, n. 18, p. 177, n. 39, p. 229, n. 12, p. 400, n. 20, p. 537, n. 13; t. II, p. 199, n. 15; t. III, p. 51, n. 20, p. 65, n. 5, p. 173, n. 5.

POMPÉDIUS (Quintus). Succès du piège qu'il tend à Cépion, t. I, p. 83. Il est battu par C. Métellus, p. 91.

POMPÉE (Cn.), un des chefs des Romains dans la guerre sociale, est battu par Judacilius, T. Afranius et P. Ventidius, t. I, p. 85. Il s'enferme dans Firmum : il est dégagé par Sulpicius, et vient mettre le siège devant Asculum, *ibid.* Il bat un corps d'alliés, p. 88. Réduit les Marses, les Marucins, et les Vestins, p. 90. Il seconde Sylla dans sa guerre contre Marius, p. 112. Il est égorgé par l'armée dont on lui donne le commandement, p. 119. Il fut le père du grand Pompée: son ambition et ses intrigues, p. 141, n. 19.

POMPÉE (le Grand) vient se joindre à Sylla, t. I, p. 152. Estime que Sylla faisoit de lui, *ibid.* Il obtient les honneurs du triomphe, malgré sa jeunesse, avant d'être sorti de l'ordre des chevaliers, p. 153. Il bat Marcius, lieutenant de Carbon, p. 163, 166. Obtient un grand succès contre les troupes de Carbon, p. 168. Il est chargé d'aller combattre Sertorius en Ibérie, p. 206. Il est battu, *ibid.* Il est battu de nouveau par Sertorius, p. 207. Il bat Perpenna et le fait égorger après avoir refusé d'entendre ses révélations, p. 212.

et 213. On le charge de marcher contre Spartacus, p. 224. Sa rivalité et sa réconciliation avec Crassus, p. 226. Il termine la guerre des Pirates, p. 236. Ses succès contre Mithridate, *ibid.* Triumvirat entre Crassus, César et lui, p. 254. Il fait exiler et rappeler Cicéron, p. 268. Nommé consul avec Crassus, il partage avec lui le commandement des provinces, p. 270. Il est nommé surintendant des approvisionnements, p. 271. Il perd sa femme, fille de César; dangers de cet évènement, *ibid.* Bruits sourds à ce sujet, p. 272, 273. Il est nommé consul en seul, p. 276, 282, n. 25. Loi de Pompée, source de défiance entre César et lui, p. 284. Suites de cette loi, p. 285. Il se donne Scipion pour collègue, sans perdre sa prépondérance, p. 286. Son message au sénat, p. 290. Rapport qu'on lui fait touchant les dispositions de l'armée de César, p. 293. Les consuls le chargent de marcher contre César, p. 295. Sa forfanterie, p. 302, n. 24. Grand pouvoir donné par le sénat à Pompée, p. 307, Pronostics, p. 309. Il prend le parti d'établir le théâtre de la guerre au-delà de la mer Ionienne, *ibid.* Son armée passe la mer, p. 316. Ses forces, p. 339. Il harangue son armée, p. 340. Il prend ses quartiers d'hiver, p. 342. Il se hâte d'arriver avant César à Dyrrachium, p. 346. Occasion de vaincre qu'il laisse échapper, p. 354. Escarmouches entre les deux armées, p. 356. Il obtient un grand succès contre César, p. 358. Il ne profite pas de sa victoire, p. 359. Après la retraite de César, il assemble un conseil de guerre, p. 367. Il se décide à suivre César en Thessalie, p. 368. Et à livrer bataille, p. 370. Pronostics, p. 371. Sinistres pressentiments, p. 372. Ses forces, p. 373. Confiance de ses partisans, p. 376, n. 5. Il harangue son armée, p. 383. Ordre de bataille, p. 387. L'action s'engage, p. 390. Sa phalange commence à plier, p. 392. Sa déroute, p. 393. Son camp est forcé: il prend la fuite, p. 394. Résultats de la bataille, p. 395. Il arrive à Mitylène, p. 404. Il prend la route de l'Égypte, p. 405. Il quitte son vaisseau pour se rendre auprès du roi: il est égorgé, p. 406, 407. Son tombeau, *ibid.* Détails à ce sujet, p. 412, n. 14. Nommé consul avant l'âge requis, t. II, p. 194.

POMPÉE le fils, suivi de Labiénus et de Scapula, fait voile pour l'Ibérie, t. I, p. 408. César arrive pour le combattre, p. 446. Terreur que son armée inspire aux troupes de César, p. 447. Il est néanmoins battu, p. 448. Il prend la fuite, *ibid.* Il est atteint et mis à mort, p. 449. On présente sa tête à César, *ibid.*

POMPÉE (Sextus), fils du grand Pompée, recueille quelques débris de l'armée de son frère, t. I, p. 449. Antoine propose son rappel, et la restitution de ses biens, t. II, p. 4. Il est rappelé, p. 5. Quoique absent de Rome à l'époque de la mort de César, il est condamné comme un de ses assassins, p. 216, n. 1. Il ouvre un asile aux citoyens de Rome proscrits par les triumvirs, p. 296. Ses efforts, ses mesures, ses largesses pour les sauver, p. 297. Détails historiques le concernant, p. 380. Il enlève la Sicile à Bithynicus, p. 381. Sa puissance, p. 382. Octave le fait attaquer, *ibid.* Il bat Salvidiénus, p. 383. Il est maître de la mer, t. III, p. 27. Il affame Rome, p. 35. Progrès de ses forces et de ses moyens militaires, p. 42. Murcus se joint à lui, *ibid.* Grande faute qu'il fait de ne pas attaquer l'Italie, p. 43. On négocie un traité entre lui et Antoine, p. 95. Antoine l'appèle à son secours; il lui envoie Ménodore, p. 101. Mauvais succès de Pompée devant Sipunte et Thurium, p. 103. Antoine lui envoie ordre de cesser les hostilités contre Octave, p. 117. Il continue d'affamer Rome, p. 127. Exaspération du peuple à ce sujet, p. 128. Il consent à négocier par l'entremise de Libon son beau-père, p. 130. Horrible attentat de sa part; il fait égorger Murcus, p. 131. Il se rend dans l'île d'Ænaria pour traiter avec les triumvirs, p. 132. Conditions du traité, p. 133. Ils se donnent à manger réciproquement, p. 134. Conseil que lui donne Ménodore; sa magnanime réponse à ce sujet, p. 135. Son calembourg, p. 142, n. 19. Il se défie de Ménodore, p. 147. Chagrin qu'il a de sa défection, p. 150. Détails militaires, *ibid.* Il ne sait pas profiter des revers d'Octave, p. 168. Menacé de nouveau par Octave, il fait ses dispositions, p. 177. Nouvelle faute de Pompée, qui ne sait pas prendre l'offensive : enflé de la protection des dieux, il se regarde comme le fils de Neptune, p. 180. Nouveaux préparatifs de sa part, p. 183. Mouvements, p. 197. Il surprend Octave au moment où il débarque en Sicile, 199. Succès contre la flotte d'Octave, p. 200. Détails, p. 205. Faute qu'il fait d'abandonner des défilés, *ibid.* Dans sa détresse, il propose à Octave de tout décider par une bataille navale, p. 206. Détails de cette bataille, p. 207. Il est battu et prend la fuite, p. 211. Raisons qu'il avoit de se hâter d'en finir, p. 218, n. 21. Il pille le temple de Junon à Lacinium, p. 239. Il s'arrête à Mitylène, *ibid.* Incertitude de ses projets, p. 240. Il envoie des députés à Antoine, aux princes de la Thrace et du Pont, et aux Parthes en même temps, *ibid.* Discours de ses députés à Antoine. p. 241. Duplicité de sa conduite envers Furnius, p. 244. Il médite une perfidie contre Ænobarbus, et fait égorger son affranchi Théodore qui avoit révélé le complot, *ibid.* Il s'empare de Lampsaque, il est repoussé à Cyzique, et fait sa retraite sur le port des Achéens, *ibid.* Il attaque Furnius et le bat, p. 245. Il s'empare de Nicée et de Nicomédie, *ibid.* Il brûle ses vaisseaux : ses amis l'abandonnent, p. 246. Il s'enfonce dans les terres ; Furnius, Titius et Amyntas le poursuivent, *ibid.* Il les bat et ne sait pas profiter de sa victoire, p. 247. Il entre en pourparler avec Furnius, qui lui répond que c'est à Titius qu'il faut qu'il s'adresse, p. 248. Il forme le projet d'aller brûler la flotte de Titius, p. 249. Il est décélé par un transfuge, poursuivi par Amyntas, abandonné de ses troupes et fait prisonnier, p. 250. Titius le fait égorger à Milet, p. 251.

POMPÉIENS (les) peuples d'Italie, t. I, p. 78, p. 103, n. 48.

POMPONIUS-MÉLA, t. I, p. 217, n. 13 ; t. II, p. 409, n. 11 ; t. III, p. 51, n. 20, p. 139, n. 4, p. 162, n. 13.

POMPONIUS, proscrit. Audace qui le sauva, t. II. p. 307.

DES MATIÈRES.

PONT (le) des vaisseaux des anciens, t. III, p. 195, n. 34.

POPILIUS LÉNAS. Vive inquiétude qu'il donne à Brutus et à Cassius, t. I, p. 465. Son entretien avec César, p. 466.

PORCIA, femme de Brutus. Sa mort, t. II, p. 474, n. 22.

POSTHUMIUS passe la mer Ionienne pour aller chercher le reste de l'armée de César, t. I, p. 354; t. II, p. 66, n. 2.

POTHINUS, ministre de Ptolémée, t. I, p. 405. César le fait arrêter et punir de mort, p. 417.

POURPRE. Les habits de pourpre, attribut des magistratures, t. III, p. 233, n. 11.

Πραττόμαι, πραττόμενοι, t. III, p. 283, n. 40.

PRÉNESTE, ville d'Italie, t. I, p. 128, 162, 163; t. III, p. 38.

PRÉSENTÉIUS (Publius) bat Perpenna, t. I, p. 80.

PRÉTEURS (les) ne concouroient pas à Rome pour la présidence des comices, t. I, p. 66, n. 6.

PRÊTRES eunuques, t. III, p. 21, n. 22.

PRIÈNE, ville de l'Asie mineure, t. III, p. 269, 282, n. 35.

PROCONNÈSE, ville de la Propontide, t. III, p. 246, 255, n. 15.

PROCONSUL. Origine de cette magistrature, t. I, p. 77.

PROCULÉIUS, officier d'Octave, envoyé vers Antoine mourant, t. III, p. 327. Il entre en pourparler avec Cléopâtre, p. 339. Il pénètre dans le monument et se saisit de la reine, *ibid.*

PROMÉTHÉE. Ses fêtes chez les Grecs, t. II, p. 365, n. 14.

Προμηθεία, t. II, p. 365, n. 14.

PROPERCE, poète latin, t. III, p. 355, n. 24.

PROSCRIPTIONS pratiquées par les triumvirs, t. II, p. 231. Leur début, p. 232. Elles s'étendent, p. 234. Préambule des tables de proscription, p. 235, 239. Salaire promis aux bourreaux des proscrits, p. 239. Précautions pour la sûreté des bourreaux, p. 240. Différence entre les proscriptions de Sylla et celles des triumvirs, p. 241, n. 1. Circonstance qui les aggrava, p. 243, n. 14. Détails, p. 247, 253. Celles des triumvirs plus horribles que celles de Sylla, pag. 256, n. 8.

PROSCRIT qui se sauve en se faisant raser, et en tenant école publique à Rome, t. II, p. 309.

PROSCRITS. Motifs qui en sauvèrent quelques uns, t. II, p. 255, n. 7. Les pleurer, c'étoit se faire proscrire, p. 256, n. 8.

PROSERPINE. Où fut-elle enlevée par Pluton, t. II, p. 414.

Προσποίημα, t. I, p. 11, n. 9.

PROVINCES (commandement des). A qui appartenoit le droit de le déférer, t. II, p. 15, n. 11, p. 133, n. 7, p. 136, n. 13.

PRUDENTIUS, poëte latin, t. III, p. 159, n. 3.

Ψυχὴ, expression figurée pour signifier la vie, t. I, p. 535, n. 7.

PSYLLES. Leur art, t. III, p. 355, n. 25.

PTOLÉMÉE, le géographe, t. I, p. 99, n. 28, p. 215, n. 7, p. 217, n. 13; t. II, p. 364, n. 10, p. 378, n. 10; t. III, p. 50, n. 20, p. 110, n. 16, p. 155, n. 15.

PTOLÉMÉE, roi d'Égypte, abdique, t. I, p. 194.

PTOLÉMÉE, fils de Lagus, lègue Cyrène au peuple romain, t. I, p. 208.

PTOLÉMÉE, frère de Cléopâtre, t. I, p. 405. On abuse de son nom pour faire égorger Pompée, p. 406. Il est battu par César, p. 418.

PTOLÉMÉE, fils de Cléopâtre, couronné par Antoine, t. III, p. 266.

PTOLÉMÉE, imposteur de ce nom, livré à Cléopâtre par ordre d'Antoine, t. III, p. 10.

PUBLIUS, proscrit pour être demeuré fidèle au parti de Brutus, t. II, p. 315. Rappelé, il devient l'ami d'Octave, et conserve chez lui les statues de Brutus, *ibid.* Son vrai nom, p. 326, n. 30.

PUBLIUS SATURÉIUS, meurtrier de Tib. Gracchus, t. I, p. 36, n. 10.

PURIFICATIONS religieuses, t. III, p. 176.

PYTHAGORAS (le devin), prédit la fin prochaine d'Éphestion et d'Alexandre, t. I, p. 545.

Q

QUINTE-CURCE, auteur de l'Histoire d'Alexandre, cité, t. I, p. 472, n. 17, p. 551, n. 4, 5, 6. Il n'a pas été la dupe de la jonglerie d'Alexandre, p. 553, n. 14, 15, 16, 19.

QUINTILIEN, t. I, p. 144, n. 20 ; t. II, p. 317, n. 2.

QUINTUS, beau-père d'Asinius Pollion. Son nom est le quatrième sur la liste des proscrits, t. II, p. 246.

QUINTUS, frère de Cicéron, est du nombre des proscrits. Détails de sa mort, t. II, p. 263.

QUINTUS, fils de Fulvius Flaccus, est arrêté par ordre du consul Opimius, t. I, p. 49.

QUINTUS CÆCILIUS METELLUS, censeur, entreprend de faire chasser du sénat Glaucias et Apuléius Saturninus, t. I, p. 57. Il est exilé par leurs intrigues, p. 61. Il est rappelé, p. 64.

QUINTUS, officier de Dolabella, à Laodicée, le trahit. Antoine refuse de lui faire grace, t. III, p. 5.

RABÉRIUS, t. I, p. 70, n. 23.

RACINE, poëte tragique, t. I, p. 541, n. 16.

RAVENNE, ville d'Italie, t. I, p. 165, 175, n. 22 ; t. II, p. 213 ; t. III, p. 57, 66, n. 8.

RÉBULUS, proscrit ; comment il se sauva, t. II, p. 311 ; 314, n. 22.

REIMAR, traducteur latin de Dion-Cassius, t. II, p. 255, n. 6, p. 295, n. 6.

REISKE, docte critique allemand, t. II, p. 366, n. 14 ; t. III, p. 332, n. 21.

Restion, proscrit. Comment il fut sauvé, t. II, p. 305 Auteur d'une loi somptuaire qui défendoit de manger hors de sa maison, p. 319, n. 10.

Rhascupolis, prince de Thrace, se déclare en faveur de Brutus et de Cassius, t. II, p. 385. Il indique à Brutus et à Cassius le moyen de se porter sur Philippes, p. 411. Il dirige les travaux, malgré les murmures et les outrages des soldats romains, p. 412. Il dirige les sodats de Brutus dans leur fuite, p. 448. Il est sauvé par Rhascus, son frère, p. 462.

Rhascus, prince de Thrace, embrasse le parti des triumvirs, t. II, p. 385. Il évente le secret du passage de Brutus et de Cassius, p. 413. Il ramène aux triumvirs plusieurs corps de troupes de Brutus, après la journée de Philippes, p. 462. Il demande la grace de son frère, *ibid.*

Rheggium, ville d'Italie, t. I, p. 428, 435, n. 1. Son territoire est promis aux troupes des triumvirs, t. II, p. 224. Octave promet à ses habitants de les excepter de cette mesure, p. 383.

Rhodes. César s'y rend, et la quitte bientôt après; t. I, p. 416. Menacée par Cassius, lui envoie des députés, t. II, p. 350. Elle député de nouveau le rhéteur Archélaüs, p. 351. Elle est livrée à Cassius, p. 359.

Rhodiens (les), refusent des secours à Cassius, t. II, p. 341. Leurs succès contre Mithridate et Démétrius, p. 352. Ils aident aux Romains à battre Antiochus, *ibid.* Battus par Cassius, p. 356. Comment ils sont traités par Cassius après qu'il s'est rendu maître de Rhodes, p. 359. Teneur de leur traité avec les Romains, p. 363, n. 7. Peu disposés en faveur du parti républicain de Rome, *ibid.* Ils se révoltent après la mort de Brutus, t. III, p. 2. Antoine leur rend leurs possessions, p. 8.

Rhodon, instituteur de Césarion, fils de Cléopâtre, livre ce prince à Octave, qui le fait égorger, t. III, p. 342.

Ricard, dernier traducteur de Plutarque, t. III, p. 276

n. 3, 14, 18, 22, 33, 36, 45, 50, 52, 56; p. 303, n. 1, 2, 16, 20, 22, 40, 45; p. 328, n. 3, 4, 7, 12, 13, 14, 15, 17, 19, 20, 34, 40; p. 351, n. 1, 7, 11, 20, 23, 25.

RICHES, leur égoïsme chez les Romains, t. I, p. 65, n. 2.

ROI (titre de), César est soupçonné de vouloir le prendre, p. 457. Horreur des Romains pour ce titre, p. 470, n 11.

ROLLIN, t. I, p. 52, n. 8; p. 70, n. 23; p. 71, n. 24; p. 93, n. 5; p. 102, n. 46; p. 108, n. 2; p. 121, n. 5; p. 233, n. 29.

ROMULUS, assassiné en plein sénat, t. I, p. 463.

ROSCIUS, lieutenant de Cornificius, voit son camp enlevé, et se fait donner la mort, t. II, p. 332.

ROSINUS, t. I, p. 336, n. 8; t. II, p. 199, n. 15.

ROSTRES (les), origine de ce nom, t. I, p. 140, n. 4.

ROUSSEAU (J.-B.), t. I, p. 382, n. 30.

ROUSSEAU (J.-J.). Son opinion sur le suicide, t. I, p. 439, n. 15.

RUBICON, fleuve d'Italie. César le passe, t. I, p. 308. Détails à ce sujet, *ibid*. Octave le passe, marchant sur Rome comme César, t. II, p. 195.

RUBRIUS RIGA, complice de la conjuration contre César, t. I, p. 462.

RUFUS, proscrit de l'autorité de Fulvie. Détails de sa mort, t. II, p. 272.

RUTGERSIUS, t. I, p. 351, n. 19, p. 400, n. 20.

RUTILIUS LUPUS (le consul), est battu par Vétius Caton. Blessé, il meurt de sa blessure, t. I, p. 82.

RULLUS (Publius Servilius), t. III, p. 110, n. 19.

S

SACERDOCE, son influence à Rome; les grands en ambitionnoient les fonctions; t. III, p. 141, n. 14.

SACRIPORTUM, ville d'Italie, t. I, p. 162.

SAFÉIUS (Caïus) seconde les manœuvres séditieuses d'Apuléius et de Glaucias. Il périt avec eux, t. I, p. 63.

SAGONTE, ville d'Ibérie, t. I, p. 208, 215, n. 10.

SAINT-RÉAL (l'abbé de), son éloge d'Octavie, t. III, p. 278, n. 15.

SALAPIES, ville d'Italie, t. I, p. 90; p. 104, n. 54.

SALASSUS, proscrit. Détails de sa mort, t. II, p. 266. Scélératesse de sa femme, p. 267, 284, n. 26.

SALERNE, ville d'Italie, t. I, p. 81, 100, n. 32.

SALINATOR (Livius), t. I, p. 174, n. 13.

SALLUSTE, t. I, p. 65, n. 5; p. 246, n. 4, 7, 9, 11, 12, 14; p. 249, n. 17, 18, 19, 21, 22, 23, 24. Son silence touchant Cicéron, p. 251, n. 27.

SALLUSTIUS CRISPUS, en danger d'être égorgé par les soldats de César, t. I, p. 420. César lui donne le commandement des états de Juba, p. 434.

SALOMON, pluralité de ses femmes, t. I, p. 538, n. 15.

SALVIDIÉNUS (Rufus), lieutenant d'Octave, est chargé d'attaquer les forces navales de Pompée, t. II, p. 382. Il est battu. Il se rend en Ibérie. Octave lui envoie ordre de rétrograder, p. 44. Il se porte des Gaules en Italie pour seconder Octave, p. 54. Antoine révèle à Octave ses projets de défection, et Octave le fait mettre à mort, p. 129. Détails sur ce personnage, p. 121, n. 6.

SALVIUS, tribun du peuple, défend Antoine dans le sénat, t. II, p. 113, p. 134, n. 11. Il est proscrit. Détails de sa mort, p. 258.

SAMOS, île de l'Archipel, Octave y fait la revue de ses prisonniers, t. II, p. 303.

SAMNITES, battus par Sylla, t. I, p. 89, 163. Faute de pouvoir débloquer Préneste, ils marchent sur Rome, p. 169. Grande défaite, *ibid.*

SAPÉENS, peuples de Thrace, t. II, p. 385, 388, n. 8, p. 411, 512.

DES MATIÈRES.

SARMENTUS, mignon d'Octave, t. III, p. 273, 286, n. 53.

SARNUM, rivière d'Italie, t. I, p. 100, n. 3; p. 103, n. 48.

SARPEDON, son temple à Xanthe, en Lycie, t. II, p. 370.

SATURNIA, ville d'Italie, t. I, p. 165.

SCAURUS, mis en jugement en vertu d'une loi de Pompée, t. I, p. 285.

SCHEGKIUS, critique moderne, t. III, p. 257, n. 23.

SCHWEIGHÆUSER, t. I, p. 9, n. 2; p. 27, n. 15; p. 50, n. 2, 4; p. 65, n. 4; p. 68, n. 13; p. 94, n. 10, 13; p. 96, n. 16; p. 97, n. 20; p. 98, n. 23; p. 101, n. 40; p. 102, n. 44; p. 158, n. 11; p. 172, n. 6; p. 175, n. 27; p. 191, n. 15, 16, 17; p. 192, n. 20, 21; p. 214, n. 4; p. 218, n. 15, 16, 18; p. 228, n. 6; p. 246, n. 5; p. 280, n. 21; p. 282, n. 26; p. 297, n. 2; p. 299, n. 11; p. 311, n. 5; p. 312, n. 12; p. 335, n. 4; p. 336, n. 6; p. 351, n. 19; p. 378, n. 13; p. 381, n. 27; p. 400, n. 21, 22; p. 410, n. 4; p. 426, n. 12, 15; p. 509, n. 1; p. 535, n. 1, 3; t. II, p. 35, n. 3, 4, 19, 24; p. 56, n. 6; p. 67, n. 6; p. 136, n. 15, 21; p. 185, n. 12; p. 285, n. 32; p. 316, n. 1; p. 324, n. 20, 24, 29; p. 333, n. 1; p. 364, n. 9; p. 377, n. 4; p. 387, n. 2; p. 416, n. 2, 7, 8, 9; t. III, p. 14, n. 3, 6, 19, 22; p. 49, n. 7; p. 68, n. 16; p. 88, n. 17; p. 121, n. 5; p. 141, n. 12; p. 161, n. 11; p. 173, n. 1, 5, 13; p. 191, n. 6, 7, 19, 22, 31, 33; p. 215, n. 10, 18; p. 259, n. 28, 30.

SCIPION (Cornélius), est chargé de l'exécution de la loi agraire de Tib. Gracchus, t. I, p. 39. Son embarras : on le trouve mort dans sa maison, p. 40. Nommé consul avant l'âge requis par les lois, t. II, p. 194.

SCIPION (le consul), fait démolir le théâtre commencé par Lucius Cassius, t. I, p. 57. Son motif, *ibid.*

SCIPION (Lucius), consul, agit contre Sylla, t. I, p. 154. Il négocie avec Sylla, p. 159. Il est abandonné de toute son armée, p. 160.

SCIPION (Lucius), beau-père de Pompée, se rend en Libye,

t. I, p. 408. Il est nommé général en chef, p. 409. Absent de l'armée, lorsque César arrive en Libye, p. 428. Il est battu et prend la fuite, p. 430. Près d'être fait prisonnier de guerre, dans une bataille navale, il se poignarde, et se précipite dans les flots, p. 434.

Scipion Nasica, marche contre Tibérius Gracchus vers le Capitole, t. 1, p. 30 et 31. Il avoit été élu souverain pontife, quoique absent de Rome, p. 34, n. 5.

Scœva, centurion de l'armée de César. Sa bravoure, t. I, p. 356, 362, n. 11, 13.

Scoponius, proscrit. Comment il se sauva, t. II, p. 302, 318, n. 5.

Scotuse, ville de Thessalie, t. I, p. 379, n. 18.

Sculakion (le mont), sur la côte d'Italie, t. III, p. 183, 193, n. 21.

Scylax, géographe de l'antiquité, t. III, p. 17, n. 13; p. 51, n. 2; p. 191, n. 5, p. 255, n. 15.

Scylla, promontoire en Italie, t. III, p. 154.

Sédition, pourquoi les troupes de César ne se livrèrent point à la sédition durant la guerre des Gaules, t. I, p. 426, n. 13.

Séléucus, roi de Syrie, abdique, t. I, p. 194.

Séléucus, ministre de Cléopâtre, accuse la reine d'avoir célé des choses de prix, p. 344. Emportement de Cléopâtre contre son ministre, *ibid.*

Séléucus, officier de Cléopâtre, accusé d'avoir livré une des clefs de l'Egypte à Octave, t. III, p. 321. Sa femme et ses enfants livrés à Antoine, *ibid.*

Sempronius, soldat romain, assassin de Pompée, t. I, p. 407.

Séna, ville d'Italie, t. I, p. 163, 173, n. 13.

Sénat Romain. Nombre de ses membres, t. I, p. 93, n. 9. Le sénat destitue un consul, p. 140, n. 5. Nombre de ses membres, p. 303, n. 25.

Sénatus-consulte, portant que ceux qui périroient en campagne seroient inhumés sur les lieux mêmes, t. I, p. 83.

DES MATIÈRES.   473

Qui déclare la personne de César sacrée et inviolable, p. 494, n. 15.

Sénèque, le philosophe, t. I, p. 24, n. 4; p. 94, n. 14; p. 103, n. 48, p. 348, n. 5, p. 472, n. 17; t. II, p. 37, n. 7, p. 277, n. 8, 13, 15, 22; t. III, p. 140, n. 7.

Sentia, ville d'Italie, t. III, p. 53, 64, n. 1.

Sentius Saturninus, proscrit, rentre à Rome après que les triumvirs ont traité avec Pompée, t. III, p. 144, n. 25.

Septimius, proscrit. Détails de sa mort, t. II, p. 266. Atroce conduite de sa femme, *ibid.*

Septimuléius porte la tête de C. Gracchus au consul Opimius, t. I, p. 53, n. 13, 14.

Sérapion, lieutenant de Cléopâtre, envoie des secours à Cassius, t. II, p. 341. Est livré à Cléopâtre, par ordre d'Antoine, t. III, p. 10.

Sergius, proscrit, sauvé par Antoine, t. II, p. 307.

Serrhium, promontoire de Thrace, t. II, p. 405, 409, n. 11.

Sertorius embrasse le parti de Cinna, t. I, p. 132. Scipion l'envoie à Norbanus, p. 160. Il s'empare de Suesse, *ibid.* Se rend en Ibérie, p. 161. Ses premiers succès, p. 205. Il compose un sénat, *ibid.* Sa biche blanche, p. 207. Mécontentement de ses troupes, p. 209. Son génie l'abandonne : il est battu et devient ombrageux, p. 210. Perpenna le fait égorger dans un repas, p. 211. Surnommé *Annibal*, p. 209, 217, n. 12.

Servilie, sœur de Caton, mère de M. Brutus, t. I, p. 460; t. II, p. 461.

Servilius, évente les sourdes menées de la guerre sociale. Il se rend à Asculum, où il est égorgé, t. I, p. 78.

Servius, commentateur de l'Énéide, t. I, p. 103, n. 48, p. 299, n. 12; t. II, p. 389 n. 10.

Sestos, ville sur l'Hellespont, du côté de l'Europe, t. II, p. 375, 378, n. 13.

Sétia, ville d'Italie, t. I, p. 162, 173, n. 10.

SEXTILIUS, sa conduite envers Marius, t. I, p. 124, n. 25.

SEXTIUS, commandant en Libye. Le sénat lui ôte ses légions, t. II, p. 191. Il somme Cornificius de sortir de l'ancienne Libye, p. 329. Hostilités, succès, *ibid.* Il bat Ventidius, et poursuit son armée, p. 331. Détails militaires, *ibid.* Il fait périr les chefs de l'armée ennemie, et demeure le maître des deux Libyes, p. 332. Pronostics, p. 335, n. 8. Il livre son commandement à Octave, t. III, p. 24. Il bat Fangon, et reprend son commandement, p. 43.

SEXTUS CÉSAR (Julius), est battu par Marius Ignatius, t. I, p. 84.

SEYSSEL (Claude de), traducteur d'Appien, t. I, p. 37, n. 11, p. 65, n. 1, p. 158, n. 11, p. 172, n. 6; t. II, p. 242, n. 7, p. 235, n. 31; t. III, p. 18, n. 19, p. 20, n. 22, p. 88, n. 17, 18, p. 121, n. 5, 9, 10, 11, p. 141, n. 12, 29, p. 162, n. 12, p. 191, n. 7.

SICORIS, fleuve d'Ibérie, t. I, p. 322.

SIGNIA, ville d'Italie, t. I, p. 173, n. 11.

SILANUS, consul désigné. Son avis contre Catilina et ses complices, t. I, p. 241.

SILANUS (M.), proscrit, rentre à Rome par le traité de Pompée avec les triumvirs, t. III, p. 141, n. 25. Ami d'Antoine, il l'abandonne, p. 273.

SILICIUS (Publius), pleure en entendant les hérauts sommer les meurtriers de César de comparoître devant la commission d'Octave, t. II, p. 216, n. 2. Son vrai nom étoit Sicilius Coronas, p. 217, n. 4. Proscrit, pour avoir eu le courage de voter en faveur de Brutus et de Cassius, et à découvert, dans le tribunal nommé pour les juger; détails de sa mort, p. 271, 286, n. 35.

SILIUS ITALICUS, t. I, p. 99, n. 29, p. 100, n. 34, p. 103, n. 48, p. 173, n. 9, p. 216, n. 10; t. III, p. 68, n. 12, p. 109, n. 13, p. 140, n. 7.

SINUS PŒSTANUS, t. III, p. 191, n. 7.

DES MATIÈRES.

SIPUNTE, ville d'Italie, t. III, p. 101, 109, n. 14.

SIRÈNES, où étoit leur siège, t. III, p. 191, n. 7.

SIRÉNUSES, petites îles sur la côte d'Italie, t. III, p. 191, n. 5.

SISINNA, Son différent avec Ariarathe. La beauté de sa mère lui fait gagner son procès auprès d'Antoine, t. III, p. 9, 17, n. 17.

SISINIUS, proscrit. Détails de sa mort, t. II, p. 270.

SITTIENS, se déclarent pour le parti d'Octave, et se joignent à Sextius, t. II, p. 330.

SITTIUS s'exile volontairement, t. II, p. 329. Il sert en Libye et la victoire reste toujours de son côté, p. 330. Il se déclare en faveur de César; sa récompense; sa mort, *ibid*, p. 334, n. 5.

SITTIUS, proscrit, sauvé par ses concitoyens, t. II, p. 309.

SKELLIUS, ami d'Antoine, l'accompagne dans sa fuite, t. III, p. 299.

SKIATOS, île de la mer de Thessalie, t. III, p. 8, 17, n. 15.

SMYRNE, ville d'Asie, sous les ordres de Trébonius, t. II, p. 51.

SOLDATS DES TRIUMVIRS. Leur insolence, t. II, p. 293. Efforts des triumvirs pour la réprimer, *ibid*. Leur audace et leur insolence se perpétuent, et pour cause, t. III, p. 26. Trait notable, p. 291. Excès, *ibid*, p. 31.

SOLEIL, phénomènes à son sujet, t. II, p. 472, n. 13.

SOLINUS, polyhistor., t. I, p. 92, n. 1; t. II, p. 388, n. 7, 8, 13, p. 408, n. 9, 11, p. 416, n. 3.

SOPHOCLE, t. I, p. 406.

SOSSIUS (Caïus), consul et ami d'Antoine, déclame contre Octave, t. III, p. 281. Il est obligé de s'enfuir de Rome, *ibid*. Il est tué dans une action navale, p. 305, n. 15.

SPARTACUS, chef des gladiateurs, t. I, p. 220. Il lève l'étendard de la guerre, et bat les premières troupes qui marchent contre lui, p. 221. Il bat les deux consuls l'un après l'autre, p. 222. Nouveaux succès contre les consuls, *ibid*.

Il est battu par Crassus, p. 223. Il fait pendre un prisonnier romain, p. 224. Il tente de négocier, p. 225. Il est taillé en pièces, et il périt sur le champ de bataille, p. 225. Trait de bravoure, p. 231, n. 20.

SPOLETTE, ville d'Italie, t. I, p. 165, 175, n. 24; t. III, p. 57, 66, n. 10.

SPURINNA, aruspice romain, prédit à César qu'il ne survivrait point aux ides de mars, t. I, p. 551, n. 2. Sa réponse à César, le jour même de ces ides, p. 555, n. 21.

SPURIUS (Marcus), complice de la conjuration contre César, t. I, p. 462,

SPURIUS THORIUS révoque la loi agraire de Tib. Gracchus, t. I, p. 56.

STABIE, ville d'Italie, t. I, p. 81, p. 100, n. 31.

STADIUS, t. I, p. 5., n. 7.

STATILIUS, pressenti sur la conjuration contre César. Sa réponse, t. I, p. 474, n. 32.

STATIUS, le Samnite, proscrit. Détails de sa mort, t. II, p. 267.

STIGMATES, Orthographe fautive de ce mot, t. II, p. 319, n. 9.

STRABON, t. I, p. 96, n. 17, p. 102, n. 42, 47, p. 103, n. 48, p. 215, n. 7, p. 350, n. 15, p. 360, n. 2, p. 410, n. 4; t. II, p. 334, n. 4, 6, p. 376, n. 2, 11, p. 387, n. 3; t. III, p. 18, n. 20, 21, 22, p. 51, n. 20, p. 109, n. 16, p. 139, n. 4, p. 162, n. 14, p. 190, n. 4, 5, 22, 25, 26, p. 212, n. 1, p. 225, n. 15, 23.

STRABON, un des amis de Brutus, lui tend le glaive contre lequel il se tue, p. 467, n. 2.

STRATON L'ÆGÉATE, ami de Brutus, lui donne la mort qu'il demandoit, t. II, p. 456, n. 2.

στρατὸς, t. I, p. 311, n. 8.

STRONGYLE, une des îles Æoliennes, t. III, p. 184.

STRYMON, fleuve de Thrace, t. II, p. 414.

DES MATIÈRES. 477

STYLIDE, monument sur le bord de la mer, t. III, p. 154, 162, n. 13, p. 183.

SUCCÈS, erreur de jugement dont il est la cause, t. II, p. 37, n. 9.

SUCRON, ville d'Ibérie, t. I, p. 207, 215, n. 7.

SUESSE, ville d'Italie, t. I, p. 160; t. II, p. 137, n. 18.

SUÉTONE, t. I, p. 141, n. 6, p. 203, n. 10, p. 229, n. 12, p. 249, n. 16, p. 261, n. 5, p. 262, n. 6, p. 263, n. 6, p. 264, n. 11, 12, p. 298, n. 8, p. 299, n. 10, p. 301, n. 22, p. 336, n. 5, p. 362, n. 11, p. 363, n. 13, p. 397, n. 5, 21, p. 425, n. 7, 8, 13, p. 435, n. 6, 7, 8, 18, 19, p. 450, n. 1, p. 472, n. 20, 35, 47, 50, 51, 52, p. 490, n. 3, 12, 15, p. 523, n. 1, 4, p. 535, n. 1, 8, 10, 12, 13, 14, , 17, p. 551, n. 2, 10, 11, 12, 18, 24; t. II, p. 33, n. 1, 2, 5, 6, 7, p. 54, n. 2, 3, p. 80, n. 1, p. 90, n. 1, p. 166, n. 1, 2, p. 199, n. 14, p. 209, n. 9, p. 217, n. 5, 12, p. 245, n. 17, p. 255, n. 5, p. 321, n. 12, 17, 28, p. 347, n. 7, p. 426, n. 6, p. 469, n. 9, p. 473, n. 21; t. III, p. 33, n. 4. Anachronisme de cet historien, p. 64, n. 1, 4, p. 91, n. 27, p. 107, n. 8, p. 139, n. 4, p. 194, n. 26, 33, 36, p. 216, n. 11, 12, 16, p. 236, n. 20, p. 256, n. 17, p. 280, n. 26, 54, p. 328, n. 2, 28, p. 355, n. 25, p. 356, n. 30, 33, 34, 36.

SUFFRAGES. Impudeur avec laquelle on en trafiquoit, t. I, p. 262, n. 6. Ordre suivant lequel on les recueilloit dans le sénat, *ibid*, n. 7, p. 2, 275.

SUICIDE. Celui de Caton et de Cléombrote est blâmé par Lactance, t. I, p. 438, n. 14. Opinions diverses sur le suicide en général, *ibid*, n. 15. Opinion de M. Brutus sur le suicide, t. II, p. 470, n. 10.

SULMONA, ville d'Italie, t. I, p. 323, n. 1.

SULPICIUS (Publius), le tribun du peuple, seconde Marius avide de la guerre contre Mithridate, t. I, p. 110. Il fait voter une loi à cet effet, p. 111. Sylla le fait déclarer ennemi du peuple romain : il est égorgé, p. 115, 116. Son portrait, p. 121, n. 4.

SULPITIUS vient dégager Cn. Pompée assiégé dans Firmum, t. I, p 85.

συμπτώμασιν, t. III, p. 173, n. 2.

συμφέρεσθαι, t. III, p. 256, n. 16.

συναποθανούμενοι, t. III, p. 318, 335, n. 20.

συνειναι, vrai sens de ce verbe, t. I, p. 539, n. 15.

SYLLA (Cornélius), s'empare de la dictature : sa conduite : son abdication, t. I, p. 3 et 4. Il bat les Marses dans la guerre sociale, page 84. Il bat Cluentius, page 89. Il bloque Æqulanum, la prend et la livre au pillage, *ibid*. Il bat les Samnites, et prend Bovianum, p. 90. Il se rend à Rome pour demander le consulat, *ibid*. Ses titres, p. 104, n. 53. On le charge de la guerre contre Mithridate, p. 109. Instruit des intrigues de Sulpicius, il harangue son armée et prend le chemin de Rome, p. 112. Il entre dans Rome à force ouverte, et oblige Marius à prendre la fuite, p. 113. Ses lois, p. 114. Son départ, p. 126. Après trois ans de succès contre Mithridate, il reprend le chemin de Rome, p. 147. Son message au sénat, p. 148. Il arrive à Brindes, p. 151. Cécilius Métellus, et Pompée depuis surnommé le Grand, se joignent à lui, p. 152. Terreur qu'il inspire, p. 153. Présages sinistres, p. 155. Il bat Norbanus à Canuse, p. 159. Il attire dans son parti toute l'armée de Scipion, et tente le même succès auprès de Norbanus, p. 160. Il entre en pleine campagne, p. 161. Il se rend à Rome, p. 164. Il retourne à l'armée, *ibid*. Succès contre ses ennemis, p. 165. Il fait demander à Rhodes la tête de Norbanus, p. 168. Grand succès contre les Samnites sous les murs de Rome, p. 169. Sa conduite à Préneste, p. 170, 171. Il invoque Apollon, p. 176, n. 32. Sa froide cruauté, *ibid*. n. 34. Il entre à Rome en vainqueur, p. 178. Ses proscriptions, *ibid*, p. 523, n. 5. Causes de proscription, p. 179. Détails à ce sujet, *ibid*, p. 180. Il envoie Métellus en

DES MATIÈRES.

Ibérie pour y combattre Sertorius, *ibid.* Il prend le surnom de *Faustus*, *d'heureux*, p. 181. Oracle qui lui prédit sa grandeur future, *ibid.* Manœuvre pour se faire décerner la dictature perpétuelle, p. 182. Il est nommé par le peuple, p. 183. Il permet qu'on élise des consuls, p. 184. Ses lois et autres actes politiques, p. 185. Il égorge Lucrétius Ofella de sa propre main : son apologue à ce sujet, p. 186. Il rend le royaume d'Égypte à Alexandre, p. 187. Quoique dictateur, il se laisse nommer consul, p. 188. Ce fut lui-même qui se donna le surnom d'heureux, p. 190, n. 10. Attributions de la dictature, p. 191, n. 18. Il abdique la dictature, p. 194. Il est insulté par un jeune homme : son pronostic à ce sujet, p. 195. Sa retraite, p. 196. Sa mort, p. 197. Ses funérailles, *ibid.* et 198. Maladie pédiculaire, p. 202.

SYMBOLE (le mont), en Thrace, t. II, p. 388, n. 9.

SYRIE. Sommaire historique à son sujet, t. III, p. 12.

T

TABLES de proscription, leur préambule, t. II, p. 235, 239. Sylla n'eut qu'une table, les triumvirs en ont deux, p. 255, n. 6.

TACITE, t. I, p. 262, n. 6, p. 282, n. 25, p. 335, n. 1, p. 400, n. 20, p. 427, n. 13; t. III, p. 90, n. 22, p. 159, n. 3, p. 238, n. 21.

TANUSIA, sauve Vinius son mari, qui étoit du nombre des proscrits, t. II, p. 321, n. 12.

Ταφρος, t. III, p. 84, n. 6.

TARCONDÈME, roi de Cilicie, auxiliaire d'Antoine, t. III, p. 290.

TARENTE, ville d'Italie, t. I, p. 318, 324, n. 9; t. III, p. 105, n. 1.

TARQUIN LE SUPERBE, défend que la pompe funèbre de Servius Tullius soit conduite au Forum, p. 202, n. 10.

TARSE, ville de Syrie. Comment traitée par Cassius, t. II, p. 343. Antoine lui fait du bien, t. III, p. 8.

TAULENTIENS, peuples d'Illyrie, t. I, p. 317.

TAURUS, lieutenant d'Octave, chef de forces navales, t. III, p. 177. Il se porte vers le mont Sculakion, p. 183. Débarqué en Sicile, il reçoit ordre de couper les vivres à Pompée, p. 206. Il commande les forces de terre auprès d'Actium, p. 296.

TAUROMENIUM, ville de Sicile, t. III, p. 183, 193, n. 22.

TAXILE, auxiliaire de Pompée, t. I, p. 375.

TÉANUM, ville d'Italie, t. I, p. 85, 159; t. III, p. 37, 48, n. 5.

TÉLÉSINUS, chef des Samnites, battu par Sylla sous les murs de Rome, t. I, p. 169, p. 176, n. 33.

TEMPLE bâti en l'honneur de la Concorde, t. I, p. 49. Les anciens tenoient leurs trésors sacrés dans leurs temples, t. III, p. 50, n. 17.

TÉNARE, promontoire, t. II, p. 361; t. III, p. 301.

TÉNÉDOS, île de la Troade, t. III, p. 19, n. 20.

TÉNOS, une des Cyclades, t. III, p. 8, 16, n. 10.

TÉRENCE, poëte comique, t. III, p. 333, n. 27.

TERGESTE, fleuve d'Italie, t. II, p. 219, n. 10.

TERRACINE, ville d'Italie, t. II, p. 21.

THASE (île de), dans la mer de Thrace, à la hauteur de Philippes, t. II, p. 415, p. 433, n. 7.

THÉMISTOCLE, fait construire le Pirée, t. I, p. 157, n. 6. Sa présence d'esprit le sauva, t. II, p. 312; p. 324, n. 23. Artaxerce lui donne Lampsaque, t. III, p. 254, n. 7.

THÉODORE, instituteur d'Antyllus, le fait égorger, t. III, p. 341. Il est lui-même mis en croix, ibid.

THÉODOTE, le rhéteur. Il fait passer l'avis d'égorger Pompée, t. I, p. 406, 411, n. 7. Il présente l'anneau de Pompée à César, p. 424, n. 1. Brutus le fait mettre à mort, p. 425, n. 5; t. II, p. 378, n. 13.

THÉOGNIS, t. I, p. 398, n. 9.

DES MATIÈRES. 481

THÉOPHILE, agent d'Antoine à Corinthe, t. III, p. 301, 312, n. 45.

THÉOGNIS, t. I, p. 398, n. 9.

THESMOPHORES (les déesses) t. I, p. 381, n. 27.

THESSALONIQUE. Brutus en promet le pillage à ses troupes, t. II, p. 436, 450.

THORANIUS, proscrit. Détails de sa mort, t. II, p. 230.

THUCYDIDE, t. I, p. 317, p. 350, n. 15; t. II, p. 324, n. 23. Son scholiaste cité, p. 364, n. 9, p. 417, n. 6; t. III, p. 51, n. 20, p. 213, n. 5.

THURIUM, ville d'Italie, t. I, p. 222,; t. III, p. 101, 109, n. 15.

TIBÈRE. Son mot au sujet du sénat romain, t. I, p. 251, n. 28. Sa politique, t. II, p. 198, n. 10; t. III, p. 89, n. 22. Il veut contraindre le sénat à voter à haute voix, *ibid.*

TIBÉRIUS CLAUDIUS NÉRON. Il lève l'étendard contre Octave, t. III, p. 105, n. 4. Il prend la fuite et se sauve en Sicile avec Livie sa femme, *ibid.* Il retourne à Rome, p. 144, n. 25.

TIBÉRIUS CANUTIUS. *Voyez Canutius.*

TIBÉRIUS GRACCHUS. Tableau des troubles qui suivirent sa catastrophe, t. I, p. 2 et 3. Son éloge, et projet de sa loi agraire, p. 15. Contradiction qu'elle éprouve, p. 16. Portrait de Tibérius Gracchus, p. 24, n. 4. Il intrigue pour se faire élire tribun du peuple une seconde fois, p. 28. Il a recours aux voies de fait, p. 29 et 30. Scipion Nasica marche contre lui, p. 31. Il est assommé dans le Capitole, avec un grand nombre de ses fauteurs, p. 31 et 32. Présages de sa fin tragique, p. 33, n. 1.

TIBULLE, poëte latin, t. II, p. 317, n. 2, p. 389, n. 11.

TIBUR, ville d'Italie, t. I, p. 128. Antoine prêt à entrer en campagne se rend dans cette ville, t. II, p. 98. Octave met son trésor sacré à contribution, t. III, p. 42.

TIMON, le misantrope, t. III, p. 315. Son dialogue avec

Apémante, p. 316. Singulier avis qu'il vient donner aux Athéniens, en pleine assemblée publique, *ibid.* Son épitaphe, p. 317. Vrai sens de son épitaphe, p. 330, n. 15.

Tisiénus, lieutenant de Pompée, achève d'exterminer le convoi qu'on amène à Lépidus, t. III, p. 184, 194, n. 23.

Tite-Live, t. I, p. 23, n. 3, p. 93, n. 9, p. 94, n. 9, p. 99, n. 28, p. 100, n. 33, p. 102, n. 46, p. 172, n. 1, p. 177, n. 38, p. 203, n. 10, p. 216, n. 10, p. 230, n. 17, p. 247, n. 10, p. 360, n. 2; t. II, p. 229, n. 11, p. 279, n. 13, p. 323, n. 17; t. III, p. 17, n. 13, p. 51, n. 20, p. 105, n. 2, 13, 14, 15, p. 123, n. 10, p. 139, n. 4, p. 190, n. 3, p. 253, n. 1.

Titinius, ami de Cassius, se tue après lui, t. II, p. 429.

Titius, fils d'un proscrit de ce nom, est sauvé par Pompée, t. III, p. 125, n. 15, Il retourne à Rome, p. 144, n. 25, Antoine le charge de se mettre en mesure contre Pompée, p. 240. Il vient renforcer Furnius, p. 246. Avec Furnius et Amyntas il se met aux trousses de Pompée, *ibid.* Amyntas le lui livre, après l'avoir fait prisonnier, p. 250. Il le fait égorger à Milet, p. 251. Acte de scélératesse qu'on lui reproche à ce sujet, p. 258, n. 25. Indignation que le peuple romain lui témoigne, *ibid.* Le lâche Plancus étoit son oncle, *ibid.* n. 27. Il quitte le parti d'Antoine en même temps que Plancus, p. 270.

Titius, tribun du peuple. Sa conduite envers Servilius Casca son collègue, t. II, p. 216, n. 3. Il ne survécut pas un an à cet acte d'iniquité, *ibid.* On le charge de faire ratifier l'acte du triumvirat par les comices, p. 234.

Titius (Sextus), est exilé sous prétexte qu'il avoit chez lui le portrait d'Apuléius, t. I, p. 70, n. 24.

Tituréius, lieutenant de César, battu dans les Gaules, t. I, p. 293, 301, n. 22.

Titus (l'empereur). Quel châtiment il fait infliger aux délateurs, t. I, 436, n. 6.

Tollius (éditeur d'Appien, de), t. I, p. 25, n. 9, p. 27, n. 15,

DES MATIÈRES. 483

p. 68, n. 13, p. 175, n. 27, 31, p. 191, n. 15, 16, p. 192,
n. 20, 21, p. 217, n. 15, p. 229, n. 12, p. 232, n. 24,
p. 246, n. 5, 7, p. 282, n. 26, p. 297, n. 2, p. 311, n. 5,
p. 312, n. 12, p. 335, n. 4. p. 336, n. 6, p. 535, n. 1.

Τόμουροι, t. III, p. 21, n. 22.

Tonnerre (le bruit du) faisoit dissoudre les comices du peuple romain, t. I, p. 59.

Toranius, tuteur d'Octave, est mis sur la liste des proscrits, t. II, p. 246. Il avoit été le collègue du père d'Octave, p. 255, n. 5.

Torquatus, accuse Cicéron de se donner des airs de *roi*, t. I, p. 471, n. 11.

Torquatus, questeur de Pansa, t. II, p. 151 Il ferme les yeux à Pansa, et reçoit le commandement des troupes, p. 165. Il fait arrêter et emprisonner son médecin, p. 167, n. 2.

Toryne, petite ville d'Épire, t. III, p. 292, 304, n. 11.

Trajan (l'empereur). Quel châtiment il fait infliger aux délateurs. t. I, p. 436, n. 6.

Trébonius (Caïus), chargé par César du siège de Marseille, t. I, p. 326, n. 16. Il est du nombre des conjurés, p. 462. Il amuse Antoine à la porte du sénat, p. 467. Il se rend en Asie, t. II, p. 2. Il refuse de recevoir Dolabella dans Pergame et dans Smyrne, p. 51. Il est surpris par Dolabella, qui lui fait trancher la tête, p. 52. Avanies prodiguées à sa tête et à son cadavre, p. 53. Importance qu'il attachoit à être compté parmi les meurtriers de César, p. 58, n. 10. Ses reliques apportées à Rome, p. 128.

Trésors, les anciens les tenoient-ils dans leurs temples, t. III, p. 50, n. 17.

Trenton, fleuve d'Italie, t. I, p. 101, n. 30.

Tribuns du peuple, leur création, t. I, p. 2. Leurs dissensions avec le sénat, *ibid.* Ne pouvoient pas s'absenter de Rome un seul jour, p. 26, n. 11. Il falloit être plébéien, pour être nommé tribun du peuple, p. 291, n. 23; t. II, p. 54, n. 2. Une de leurs prérogatives, t. I, p. 293.

Tripolis, ville de l'île nommée *Aradus*, t. III, p. 20, n. 21.

Triumvirat d'Antoine, de Lépidus et d'Octave, ses suites, sa fin, t. I, p. 6 et 7.

Triumvirs, chargés de l'exécution de la loi agraire de Tibérius Gracchus, t. I, p. 21.

Triumvirs, préambule de leurs tables de proscription, t. II, p. 235, 239. Leur embarras, leur besoin d'argent, p. 289. Leur projet de loi pour mettre à contribution les dames romaines, *ibid*. Discours véhément qui leur est adressé en plein Forum par Hortensia, l'une de ces femmes, p. 290. Terreur que leur inspire ce discours, p. 292. Ils sont forcés de réduire le nombre des femmes mises à contribution, *ibid*. Leurs mesures pour réprimer l'audace de leurs soldats, p. 293. Excès de leurs spoliations, t. III, p. 15, n. 8. Difficultés, réclamations, clameurs, mouvements séditieux à ce sujet, p. 25. Leur impossibilité de réprimer les désordres, p. 31. Relâchement total de la discipline, p. 32. Brigandages à Rome, p. 35.

Triumviri coloniæ deducendæ, t. I, p. 51, n. 8.

Trivulce (le maréchal de). Son mot, t. II, p. 407, n. 7.

Tropoeum, mot latin. Son étymologie, t. I, p. 537, n. 13.

Truentus, fleuve d'Italie, t. I, p. 96, n. 17.

Tubéron. Son témoignage au sujet des testaments faits par César, t. I, p. 523, n. 1.

Tuca, ville de Lybie, t. II, p. 335, n. 8.

Tuditanus (le consul), est substitué aux triumvirs chargés de l'exécution de la loi agraire de Tibérius Gracchus, t. I, p. 40.

Tullius (Servius). Sa pompe funèbre, t. I, p. 202, n. 10.

Turulius, lieutenant de Brutus, chef de quelques forces navales, t. III, p. 2.

Tusciens (les), peuples d'Étrurie, p. 65, n. 6.

DES MATIÈRES.

Tusculum, maison de campagne de Cicéron, t. II, p. 277, n. 8.

Tyndaryde, ville de Sicile, t. III, p. 184, 194, n. 27.

Tyriens (les), envoient des secours à Cassius, t. II, p. 341.

U

Ufens, fleuve d'Italie, t. I, p. 173, n. 10.

Ulpien, scholiaste de Démosthène, cité, t. III, p. 51, n. 19.

Ὑπερέτης, t. I, p. 68, n. 13.

Ὑποζωννύειν, t. III, p. 173, n. 5.

Urie, ville d'Italie, t. III, p. 103, 110, n. 20.

Usure, anciennement proscrite chez les Grecs et chez les Romains, t. I, p. 106.

Utique, ville de la Libye, t. I, p. 330. César y entre en vainqueur, p. 434.

V

Vaisseaux. Les anciens les retiroient de l'eau à l'approche de l'hiver, t. III, p. 144, n. 29.

Valère-Maxime, t. I, p. 33, n. 1, p. 53, n. 13, p. 67, n. 8, p. 68, n. 12, p. 70, n. 22, 24, p. 96, n. 15, p. 124, n. 23, p. 143, n. 17, 19, p. 145, n. 25, p. 217, n. 14, p. 229, n. 12, p. 246, n. 4, p. 363, n. 13, p. 510, n. 15; t. II, p. 220, n. 11, p. 275, n. 2, 3, 6, 10, 13, p. 320, n. 10, 11, 14, 17; t. III, p. 256, n. 17.

Valérius Flaccus est nommé consul en remplacement de Marius, t. I, p. 139. Sa mort, *ibid.*

Valérius (Flaccus), entre-roi pour faire décerner la dictature à Sylla, t. I, p. 183.

Valérius Publicola porte le nombre des sénateurs à trois cents, t. I, p. 94, n. 9, p. 202, n. 10.

Valérius (Publius) battu par Spartacus, t. I, p. 221.

VARINIUS GLABER battu par Spartacus, t. I, p. 221.

VARIUS (Quintus), tribun du peuple, fait voter une loi pour mettre en jugement ceux qui favorisoient les prétentions des alliés, à l'égard des droits de cité, t. I, p. 76. Cette loi lui coûte la vie, p. 96, n. 15.

VARRON, t. I, p. 93, n. 8, p. 232, n. 26. Proscrit, il est sauvé par Calénus, l'ami d'Antoine, t. II, p. 310, 324, n. 20.

VARRON se donne la mort après la bataille de Philippes, t. II, p. 473, n. 21.

VARUS (Lucius), lieutenant de Cassius, commande à Rhodes, t. II, p. 360.

VARUS ATTIUS, lieutenant de Pompée en Libye, t. I, p. 328. Il taille l'armée de Curion en pièces, p. 330.

VARUS, proscrit. Détails de sa mort, t. II, p. 271.

VARUS QUINCTILIUS se donne la mort après la bataille de Philippes, t. II, p. 473, n. 21.

VATINIUS. Son sarcasme au sujet de Cicéron, t. I, p. 278, n. 7.

VATINIUS livre ses trois légions à Brutus, t. II, p. 367, 376, n. 1. Son portrait, *ibid*.

VÉGÈCE, t. II, p. 197, n. 3.

VEILLES, partageoient en quatre la nuit des Romains, t. II, p. 196, n. 3.

VELLÉIUS PATERCULUS, t. I, p. 24, n. 6, p. 34, n. 4, 5, p. 53, n. 12, 13, p. 68, n. 12, p. 69, n. 22, p. 70, n. 22, p. 92, n. 4, p. 93, n. 5, p. 94, n. 14, p. 97, n. 18, 19, 22, p. 98, n. 25, p. 104, n. 52, 59, p. 122, n. 14, p. 123, n. 19, 21, p. 140, n. 1, 2, 5, p. 141, n. 8, 9, p. 142, n. 12, p. 143, n. 16, p. 144, n. 25, p. 145, n. 26, p. 157, n. 2, 3, 4, p. 158, n. 10, p. 172, n. 1, 2, 7, p. 173, n. 11, p. 174, n. 14, 15, p. 175, 24, 25, 30, p. 176, n. 33, p. 177, n. 35, 36, p. 191, n. 17, p. 192, n. 22, p. 218, n. 16, p. 228, n. 1, p. 245, n. 2, 3, p. 264, n. 11, p. 266, n. 17, p. 278, n. 10, 13, 15, 16, p. 280, n. 17, 22, p. 282, n. 25, p. 299, n. 12,

DES MATIÈRES.

13, p. 300, n. 16, p. 301, n. 20, p. 313, n. 19, p. 364,
n. 22, p. 377, n. 9, p. 402, 23, 27, 32, p. 410, n. 2, 6,
15, 17, 18, p. 450, n. 1, 5, p. 470, n. 8, 13, 20, p. 512,
n. 10, p. 525, n. 13, p. 537, n. 12, p. 555, n. 24; t. II,
p. 33, n. 1, 2, 5, 6, 7, 9, 13, p. 132, n. 4, p. 184, n. 9,
11, p. 196, n. 2, 10, p. 209, n. 9, p. 219, n. 11, p. 227,
n. 1, 2, 6, 9, p. 254, n. 1, 3. Bel éloge qu'il a fait de Cicéron, p. 281, n. 21, p. 325, n. 26, p. 376, n. 1. p. 426,
n. 6, p. 433, n. 1, p. 467, n. 2, 4, 5, 11, 21, 25; t. III,
p. 14, n. 2, p. 65, n. 4, p. 90, n. 24, 27, p. 105, n. 4, 10,
p. 120, n. 2, 6, p. 141, n. 11, 19, 25, p. 158, n. 1, 3,
p. 194, n. 26, 36, p. 233, n. 4, 7, p. 258, n. 27, p. 278,
n. 13, 24, 42, p. 303, n. 4, 11, 15, 33, 46, p. 352,
n. 10.

Vénafre, ville d'Italie, t. I, p. 80.

Vénalité des suffrages, t. I, p. 262, n. 6, p. 281, n. 24. Loi repressive, p. 284, 297, n. 3.

Ventidius, proscrit, sauvé par son affranchi et ses esclaves, t. II, p. 308. Il est tué en Libye, p. 331.

Ventidius (Publius), un des chefs des alliés dans la guerre sociale, aide à battre Cn. Pompée, t. I, p. 85.

Ventidius (Publius), ami d'Antoine, lève des troupes pour aller s'emparer à Rome de la personne de Cicéron, t. II, p. 148. Instruit de l'évasion de Cicéron, il va droit à Antoine, *ibid.* Ses motifs de haine contre Cicéron, p. 155, n. 4. Octave vient camper auprès de lui, p. 178. Il vient se mettre sous les ordres d'Antoine avec trois légions, p. 190. Il est nommé consul, p. 225, 228, n. 6. Il entre en campagne contre Octave, t. III, p. 48, n. 6. Détails de ses mouvements, p. 55, 57. Et du siège de Péruse, p. 58. Antoine l'envoie en Asie contre les Parthes, p. 118.

Vénuse, ville d'Italie, t. I, p. 81. Elle est promise avec son territoire aux troupes des triumvirs, t. II, p. 221.

Vénusiens (les), peuples d'Italie, t. I, p. 78, 82, 91.

Vertot, t. I, p. 24, n. 5, p. 36, n. 10, p. 71, n. 26, p. 201,

n. 5, p. 261, n. 3, p. 348, n. 5; t. II, p. 11, n. 3, 6, 7, p. 38, n. 5.

Vertu. Mot de Brutus à son sujet, t. II, p. 467, n. 2, p. 468, n. 3. Nécessaire sous la république, elle est remplacée par la bassesse et la lâcheté, p. 475, n. 26. Vertu des anciens Romains, t. III, p. 84, n. 2.

Vestales. Les hommes n'entroient point dans leur temple, t. I, p. 107. Receuillent la mère et la sœur d'Octave, t. II, p. 204.

Vestales. Les lois les constituoient dépositaires de certains testaments, t. I, p. 523, n. 1.

Vestias s'exile spontanément, t. I, p. 76.

Vestins (les), peuples d'Italie, t. I, p. 78, 90.

Vétérans se trouvent à Rome en grand nombre le jour de la mort de César, p. 482. Ils s'agitent dans leur intérêt personnel, p. 488. On vote un sénatus-consulte en leur faveur, p. 508. Un grand nombre d'entre eux présents au discours que Brutus prononce au Capitole, p. 518. Promesses que leur fait Brutus, p. 521. Ils se déclarent en faveur d'Octave contre Lucius, t. III, p. 44. Leur affection pour le parti de Pompée, p. 101. Ils se laissent séduire par Agrippa, p. 102. Dans quelle vue, *ibid.*

Vétius Caton bat le consul Sextus Julius César, t. I, p. 80. Il bat le consul Rutilius, p. 82.

Vétius se dit chargé d'égorger César, t. I, p. 257. Il est étranglé en prison, *ibid.* Auteur de ce meurtre, p. 264, n. 10.

Veto des tribuns du peuple à Rome. Sa nature, sa plénitude, t. I, p. 26, n. 11, p. 50, n. 6.

Vétulinus, proscrit. Intrépidité de sa conduite : détails de sa mort, t. II, p. 268, 284, n. 28, 29.

Viator, t. I, p. 68, n. 13.

Vibullius Rufus, chargé de négocier entre César et Pompée, t. I, p. 350, n. 17.

Victime. La fuite de la victime étoit de mauvais augure, t. I,

p. 380, 21. On tuoit les victimes à coups de hache, p. 230, n. 12.

Vie. Il en coûte quelquefois de vivre trop long-temps, t. I, p. 300, n. 16.

Villius Annalis (L.), préteur, du nombre des proscrits. Détails de sa mort, t. II, p. 259.

Vincent, auteur du Voyage de Néarque, t. I, p. 554, n. 10.

Vinius, proscrit, sauvé par sa femme, t. II, p. 321, n. 12.

Virgile, t. I, p. 34, n. 7, p. 100, n. 34, p. 103, n. 47, 51, p. 173, n. 12, p. 261, n. 3, p. 299, n. 12; t. II, p. 217, n. 4, p. 388, n. 10. Ses vers sur Pollion regardés comme un plagiat des vers sibyllins, p. 218, n. 6, p. 243, n. 11.

Virginius, proscrit, sauvé à l'aide de son talent oratoire, t. II, p. 310.

Virius Vibius se donne la mort avec beaucoup d'intrépidité, t. I, p. 102, n. 46.

Vivès (L.), t. I, p. 53, n. 13.

Voltaire, cité, t. III, p. 34, n. 8, p. 108, n. 9, p. 124, n. 12.

Volumnius (Publius), philosophe, ami de Brutus, dément l'apparition du spectre, t. II, p. 451, n. 5, 8. Son récit au sujet de l'exclamation de Brutus, p. 466, n. 1, 2.

Volusius, édile. Il est proscrit : comment il se sauve, t. II, p. 309.

Vossius, t. II, p. 182, n. 1; t. III, p. 162, n. 13, p. 257, n. 23.

Vulturne, fleuve de la Campanie, t. I, p. 99, n. 26, 27.

Vulturtius, complice de la conspiration de Catilina, t. I, p. 240.

Walkenaer, docte helléniste batave, cité, t. III, p. 21, n. 22.

X

Χαράκωμα, t. III, p. 84, n. 5.

Xanthe, ville de Lycie, attaquée par Brutus, t. II, p. 368. Elle est prise, p. 372. Horrible trait de désespoir d'une femme de cette ville, p. 377, n. 5.

Xanthiens (les), peuples de l'Asie mineures, attaqués par M. Brutus, se défendent avec la plus grande vigueur, t. II, p. 369. Leur désespoir et leur dévouement à la mort quand ils voient l'ennemi maître de leur ville, p. 372, Leur refus de reconnoître l'autorité d'Alexandre, fils de Philippe, p. 373. Brutus permet à ceux qui se sauvèrent de retourner dans leurs foyers, p. 374. Antoine les exhorte à reconstruire leur ville, t. III, p. 8.

Xanthus, fleuve de la Troade, t. III, p. 255, n. 9.

Xénophon, cité, t. III, p. 19, n. 20.

Xerxès. Son passage à Doriscum, t. II, p. 408, n. 9.

Χρεία, interprétation erronée de ce mot familier à Appien, t. I, p. 25, n. 9.

Χρηματίζειν, t. I, p. 426, n. 12; t. II, p. 56, n. 6; t. III, p. 254, n. 4, 14.

Xylander, traducteur de Dion Cassius, t. II, p. 241, n. 1, p. 243, n. 10; t. III, p. 19, n. 20.

Z

Zancle, ancien nom de Messine, t. III, p. 161, n. 7.

Zosime, t. I, p. 228, n. 1.

Zugactès, fleuve de Thrace, t. II, p. 414, 417, n. 9, p. 448.

FIN DE LA TABLE ALPHABÉTIQUE.

ERRATA DES TROIS VOLUMES.

PRÉFACE.

PAGE lix, *lig.* 26, que je n'yai, *lisez*, que je n'y ai.
lxxix, *lig.* 3, *tibus periit*, lisez, *periit*.
lxxx, *lig.* 9, *cujus tum, fuit*, lisez, *cujus tum fuit*.
  lig. 31, *hæc lego, non audire Romanorum gesta dùm*, lisez, *dùm hæc lego*, etc.

PREMIER VOLUME.

Page 9, *lig.* 17, *id altera sibi*, lisez, *id alterâ*...
12, *lig.* 8, le droit de conquête les avoient, *lisez*, les avoit.
35, *lig.* 5, *cum sœne coorta est*, lisez, *cùm sœpe*.
39, à côté de la section XIX, *lisez*, an de Rome 625, jusqu'à la section XXI.
42, *lisez*, an de Rome 629, 630, 631.
43, *lisez*, an de Rome 632 jusque vers la fin de la section XXIV.
44, *lig.* 18, que ne faisoient, *lisez*, que ne le faisoient.
46, Vers la fin de la page, *lisez*, an de Rome 633, jusqu'à la section XXVII.
52, *lig.* 2, note 11, *Opimins*, lisez, *Opimius*.
58, *lisez*, an de Rome, 653.
  Section XXIX, *lisez*, an de Rome 654.
60, *lig.* 25, à cette loi eu, tant qu'elle, *lisez*, en tant qu'elle, etc.
69, *n.* 21, τὸ ἱηρὸν, lisez, τὸ ἱερὸν.
70, *n.* 24, *lig.* 7, de la bibliothèque impériale, *lisez*, de la bibliothèque d'Augsbourg.
72, section XXXIV, *lisez*, an de Rome 655.
73, section XXXV, *lisez*, an de Rome 663, jusqu'à la section XXXIX.
74, *lig.* 9, de le faire entrer, *lisez*, de les faire entrer.
80, *lisez*, an de Rome, 664.
89, *lig.* 26 et 27, Mulitus, *lisez*, Mutilus.
99, *lig.* 1, Popœdius, *lisez*, Popédius.

ERRATA.

Page 102, *lig.* 1, du même nom, *lisez*, de même nom.
103, *lig.* 32, aussi sur la fin, *lisez*, aussi vers la fin.
104, *lig.* 5 et 6, *cùm regnum et gentium arbitro populus*, lisez, *cùm regum et gentium arbiter populus.*
Lig. 8, lib. III, cap. 16, *lisez*, lib. III, cap. 18.
109, *lig.* 23, roi du Pont, *lisez*, roi de Pont.
118, *lig.* 10, les états d'Eiempsal, *lisez*, les états d'Hiempsal.
124, *lig.* 20, de ce dernier nom, *lisez*, de ce premier nom.
132, *lig.* 4, le souvenir. des services, *lisez*, le souvenir des services.
141, *lig.* 10, la bonne grace, *lisez*, les bonnes graces.
143, *lig.* 2, et Marins, *lisez*, et Marius.
159, *lig.* 6, *de l'arg.* égorgement, *lisez*, massacre.
177, *lig.* 7, *circa Prænesta*, lisez, *circa Prœneste.*
183, *lig.* 22, de voionté politique, *lisez*, de volonté, etc.
191, *lig.* 5, λήψη λράτος, lisez, λήψη κράτος.
Lig. 11, incorection, *lisez*, incorrection.
192, *lig.* 3, a qui, *lisez*, à qui.
193, *lig.* 4, trouva, *lisez*, trouve.
195, *lig.* 27, en rentrant chez lui, *lisez*, en rentrant dans sa maison.
200, *lig.* 23, *Trist. lib.* III *et* V, lisez, *lib.* III, *Eleg.* V.
215, *lig.* 25, (9), *lisez*, (10).
216, *lig.* 10, (10), *lisez*, (9).
229, *lig.* 32, *mactaverunt. Lib.* VII, lisez, *Liv. lib.* VII.
246, *lig.* 24, le tableau, *lisez*, (8) le tableau.
Lig. 26, penè, lisez, pene.
247, *lig.* 8, *Sull. Bell. Catil.*, lisez, *Sall.*
254, *lig.* 21, de ce eemps-là, *lisez*, de ce temps-là.
266, *lig.* 26, *cum M. Pison*, lisez, *Piso.*
273, *lig.* 26, Ennemis comme ils étoient, *lisez*, comme ils l'étoient.
276, *lig.* 5, servoit, *lisez*, servit.
280, *lig.* 32, venu jus, *lisez*, venu jus-.
284, *lig.* 3, *de l'arg.* d'animosité, *lisez*, d'inimitié.
290, *lig.* 17, supérieure, *lisez*, spécieuse.
299, *lig.* 11, son 36e livre, *ajoutez*, chap. XV.
302, *lig.* 21, *secta fecit*, lisez, *fuit.*
313, *lig.* 9, *Jugens visa duci*, lisez, *Ingens.*
325, *lig.* 33, *Pompeii*, lisez, *pompeii.*
336, *lig.* 7, *utramque*, lisez, *utrumque.*

ERRATA.

Page 337, *lig.* 18, *esset augustior*, lisez, *angustior*.
338, *lig.* 17, à cheval Son. âge, *lisez*, à cheval. Son âge.
380, *lig.* 30, *Lentulus Spintheo*, lisez, *Spinther*.
393, *lig.* 11, composé, *lisez*, composée.
399, *lig.* 31, *Ullâ*, lisez, *Ulla*.
413, lig. dernière, *Peterculus*, lisez, *Paterculus*.
423, *lig.* 14, envers elle que César se montrât seule inexorable, *lisez*, envers elle seule que César se montrât inexorable.
428, *lig.* 10, *Reggium*, lisez, *Rheggium*.
490, *lig.* 27, Ce Dolabella, *lisez*, (5). Ce Dolabella.
493, *lig.* 5, ainsi que César, *lisez*, en même temps que Cesar.
Lig. 6, en même temps que nous l'avons, *lisez*, ainsi que nous l'avons.
523, *lig.* 30, sect. C. XXVI, *lisez*, sect. CXXVI.

TOME SECOND.

Page 90, *lig.* 9, du penple, *lisez*, du peuple.
145, *lig.* 19, adopter, *lisez*, adopter dans leur entier.
144, *lig.* 10, *alterutero*, lisez, *alteruter*.
154, *lig.* 7, *pro prætore*, lisez, *proprætore*.
216, *lig.* 30, de ses légiens, *lisez*, de ses légions.
242, *lig.* 15, jamais démord e, *lisez*, démordre.
256, *lig.* 11, πλεἶστον, lisez, πλεἶστην.
297, *lig.* 27, dévonement, *lisez*, dévouement.
310, *lig.* 24, après qu'Ils, *lisez*, qu'il.
316, *lig.* 23, Ἄλλοτ ἀλλοῖαι, lisez, Ἄλλοτ' ἀλλοῖαι.
375, *lig.* 4; Péloponèse, *lisez*, Péloponnèse.
377, *lig.* 5, *Poliorketiccon*, lisez, *Poliorketicon*.
411, *lig.* 16, forces, *lisez*, force.
429, *lig.* 4, presenta, *lisez*, présenta.

TOME TROISIÈME.

Page 14, *lig.* 18, *ut de derat*, lisez, *ut dederat*.
Lig. 21, voyez ci-dessus, *lisez*, ci-dessous.
16, *lig.* 26, Dypnosophistes, *lisez*, Deipnosophistes.
Lig. 31, étoit aussi nommée, *lisez*, ainsi nommée.
18, *lig.* 30, la beauté de la royne, *lisez*, de la reine.
20, *lig.* 16, d'une ville nommée, *lisez*, d'une île.
Lig. 19, sur les côtes, *lisez*, sur ses côtes.

ERRATA:

Page 22, lig. 5, οὐκ ἐσθέεις, lisez, οὐκ ἐσθίεις.
33, lig. 19, gregarium militum, lisez, militem.
50, lig. 29, mettoient les trésors, lisez, leurs trésors.
51, lig. 31, Phangon, lisez, Fangon.
86, lig. 11, ἢ δὲ ἀρετὴν, lisez, ἢ δι ἀρετὴν.
    Lig. 17, Wichel, lisez, Wechel.
134, lig. 7, Pélopoenèse, lisez, Péloponnèse.
145, lig. 7, envoyée pa Junon, lisez, par Junon.
163, lig. 11, chap. 4, lisez, chap. 6.
213, lig. 19, L'Evêque, lisez, Levesque.
214, lig. 5, 16, 23, 29, L'Evêque, lisez, Levesque.
217, lig. 4, L'Evêque, lisez, Levesque.
    Lig. 14, Naulochus, lisez, Naulochum.
259, lig. 33, il renvoie, lisez, je renvoie.
273, lig. 14, le même parti à beaucoup, lisez, parti beaucoup.
328, lig. 9, liv. LXVIII, lisez, sect. LXVIII.
337, lig. 6, il faut périr nécessairement, lisez, il faut nécessairement.

www.ingramcontent.com/pod-product-compliance
Lightning Source LLC
Chambersburg PA
CBHW060223230426
43664CB00011B/1533